墨竹工卡年鉴

མལ་གྲོ་གུང་དཀར་གྱི་ལོ་རིམ་མེ་ལོང་།

2023

（总第13卷）

墨竹工卡县人民政府办公室　编

方志出版社
Publishing House of Local Records

图书在版编目（CIP）数据

墨竹工卡年鉴. 2023 / 墨竹工卡县人民政府办公室编. — 北京 : 方志出版社, 2023.9

ISBN 978-7-5144-5815-2

Ⅰ. ①墨… Ⅱ. ①墨… Ⅲ. ①墨竹工卡县 – 2023 – 年鉴 Ⅳ. ①Z527.54

中国国家版本馆CIP数据核字（2023）第256396号

责任编辑：刘方圆
责任校对：张玉霞
责任印制：梅中英
出 版 者：方志出版社
地　　址：北京市朝阳区潘家园东里 9 号（国家方志馆4层）
邮　　编：100021
网　　址：http://www.zgfzcb.cn
发　　行：方志出版社图书营销中心（010-67110500）
印　　刷：河南金宝丽印刷科技有限公司
开　　本：889毫米 × 1194毫米　1/16
印　　张：18.75
字　　数：555千字
版　　次：2023年9月第1版
印　　次：2023年9月第1次印刷
定　　价：350.00元

2022年11月21日，西藏自治区党委副书记、主席严金海（左二）一行到墨竹工卡县调研产业项目建设运营情况

2022年4月19日，西藏自治区党委常委、纪委书记、监委主任王卫东（右排右二）一行到墨竹工卡县调研

2022年4月27日，西藏自治区党委常委、拉萨市委书记普布顿珠（左三）一行到墨竹工卡县调研

2022年6月27日，西藏自治区人大常委会党组成员、副主任唐明英（左二）一行到墨竹工卡县调研大学生就业创业工作

2022年11月26日，西藏自治区副主席江白（右三）一行到墨竹工卡县矿区调研生态环境保护工作

2022年6月9日，西藏自治区政协副主席桑杰扎巴（左四）一行到墨竹工卡县扎西岗乡扎西岗村调研

2022年6月22日，国家矿山安全监察局青海局局长牛银海（前排右二）一行到墨竹工卡县巨龙铜业有限公司调研指导安全生产工作

2022年4月28日，西藏自治区党委宣传部副部长周黎明（右二）一行到墨竹工卡县调研指导融媒体中心建设运行情况

2022年5月10日，西藏自治区医疗保障局党组成员、副局长宋卫东（右二）一行到墨竹工卡县调研城乡居民基本医疗保险管理使用情况

2022年7月25日，西藏自治区旅游发展厅党组成员、副厅长顿珠（右二）一行到墨竹工卡县调研349国道沿线（墨竹工卡段）旅游资源开发利用工作。图为座谈会

2022年6月23日，西藏自治区气象局党组成员、副局长边巴次仁（左二）一行到墨竹工卡县气象局调研

2022年5月5日，拉萨市委常委、常务副市长占堆（前排中）一行到墨竹工卡县调研重点项目建设情况

2022年7月8日，拉萨市委常委、常务副市长张永林（主席台中）到墨竹工卡县开展“大宣讲”活动

2022年4月29日，拉萨市人大常委会党组成员、副主任达瓦（右三）一行到墨竹工卡县调研

2022年7月12日，拉萨市人大常委会党组成员、副主任彭飞跃（左四）一行到墨竹工卡县门巴乡鑫湖矿业有限公司调研

2022年6月15日，拉萨市副市长潘文卿（中）一行到墨竹工卡县调研生态环境保护工作

2022年7月12日，拉萨市政协党组成员、副主席刘亮（右四）一行到墨竹工卡县日多乡开展“四联四包”工作暨“大宣讲大调研大排查大落实”活动。图为推进会

2022年7月28日，西藏自治区烟草专卖局（公司）党委委员、副总经理，拉萨市烟草专卖局（公司）党组书记、经理、副局长程伟（右二）一行到墨竹工卡县扎西岗乡仁青林村调研乡村振兴示范村项目推进情况

2022年2月18日，拉萨市妇联党组书记、副主席叶海缨（右四）一行到墨竹工卡县扎西岗乡扎西岗村农民妇女卡垫制造专业合作社调研

2022年8月1日，县委书记沈鹏里（左一）慰问困难退役军人家属

2022年3月24日，县委副书记、县长巴桑在墨竹工卡县举行的“改进作风狠抓落实　全面推进乡村振兴”墨竹工卡县2022年重点项目暨援藏项目集中开工仪式上致辞

2022年6月10日，共青团南京市委员会副书记吴丹（左二）一行到墨竹工卡县南京实验小学出席南京—墨竹工卡“圆梦教室”揭牌仪式

2022年1月9日，中国共产党墨竹工卡县第十届委员会第三次全体（扩大）会议召开

2022年1月14日，墨竹工卡县召开改进作风狠抓落实工作动员部署会

2022年1月18日，墨竹工卡县第十四届人民代表大会第三次会议第一次全体会议召开

2022年3月19日，中国共产党墨竹工卡县第十届纪律检查委员会第二全体会议召开

2022年6月20日，墨竹工卡县召开第九批、第十批援藏干部欢迎欢送大会

2022年9月30日，墨竹工卡县召开疫情防控、安全生产暨“二十大”安保维稳部署会议

2022年12月28日，中国人民政治协商会议第三届墨竹工卡县委员会第三次会议召开

2022年12月29日，墨竹工卡县第十四届人民代表大会第四次会议第一次全体会议召开

2022年2月18日，墨竹工卡县举行改进作风狠抓落实·我为群众办实事系列活动暨广播电视接收设备发放仪式

2022年3月15日，墨竹工卡县举办“共促消费公平　共建放心消费”“3·15”主题晚会

2022年3月16日，墨竹工卡县举行春耕春播仪式

2022年3月28日，墨竹工卡县举行“升国旗、唱国歌”仪式，纪念西藏百万农奴解放63周年

2022年5月12日，墨竹工卡县人民医院举办第111届“5·12”国际护士节表彰大会暨文艺汇演

2022年7月15日，墨竹工卡县2022年“松赞”文化旅游节暨第五届“油菜花”节在扎西岗乡举办

2022年7月21—22日，首届西藏文化艺术节暨“喜迎中共二十大·我们的生活充满阳光”群众文艺演出在墨竹工卡县嘎则新区举行，图为首届西藏文化艺术节活动现场

2022年7月21日，墨竹工卡县人民政府、中国农业银行拉萨分行举行巩固拓展脱贫攻坚成果暨服务乡村振兴战略合作签约仪式

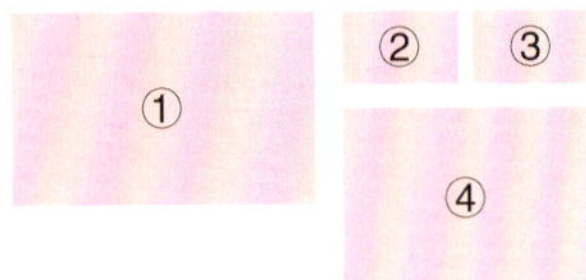

① 2022年8月9日，志愿者为核酸检测群众提供服务

② 2022年9月24日，党员干部职工先锋队开展医疗垃圾规范处理工作

③ 2022年8月12日，墨竹工卡县消防救援大队指战员对县城重要街区、街道进行消毒

④ 2022年8月23日，墨竹工卡县公安局民警、协警、辅警在一线执勤

医疗废物暂存点

消防
西藏消防救援总队

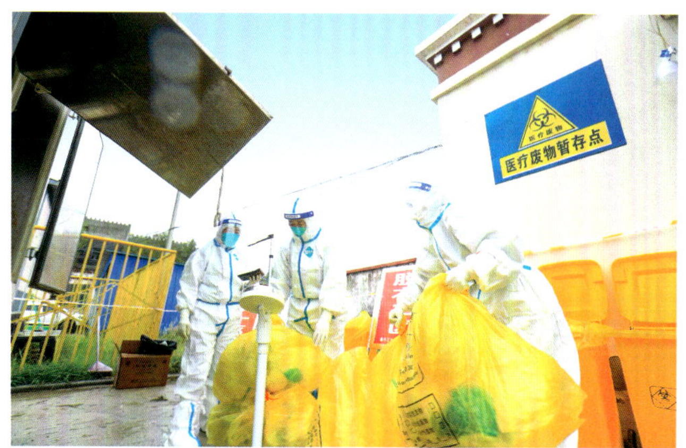

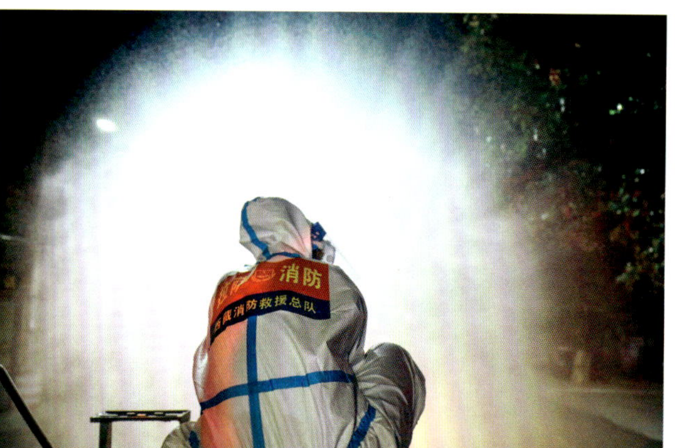

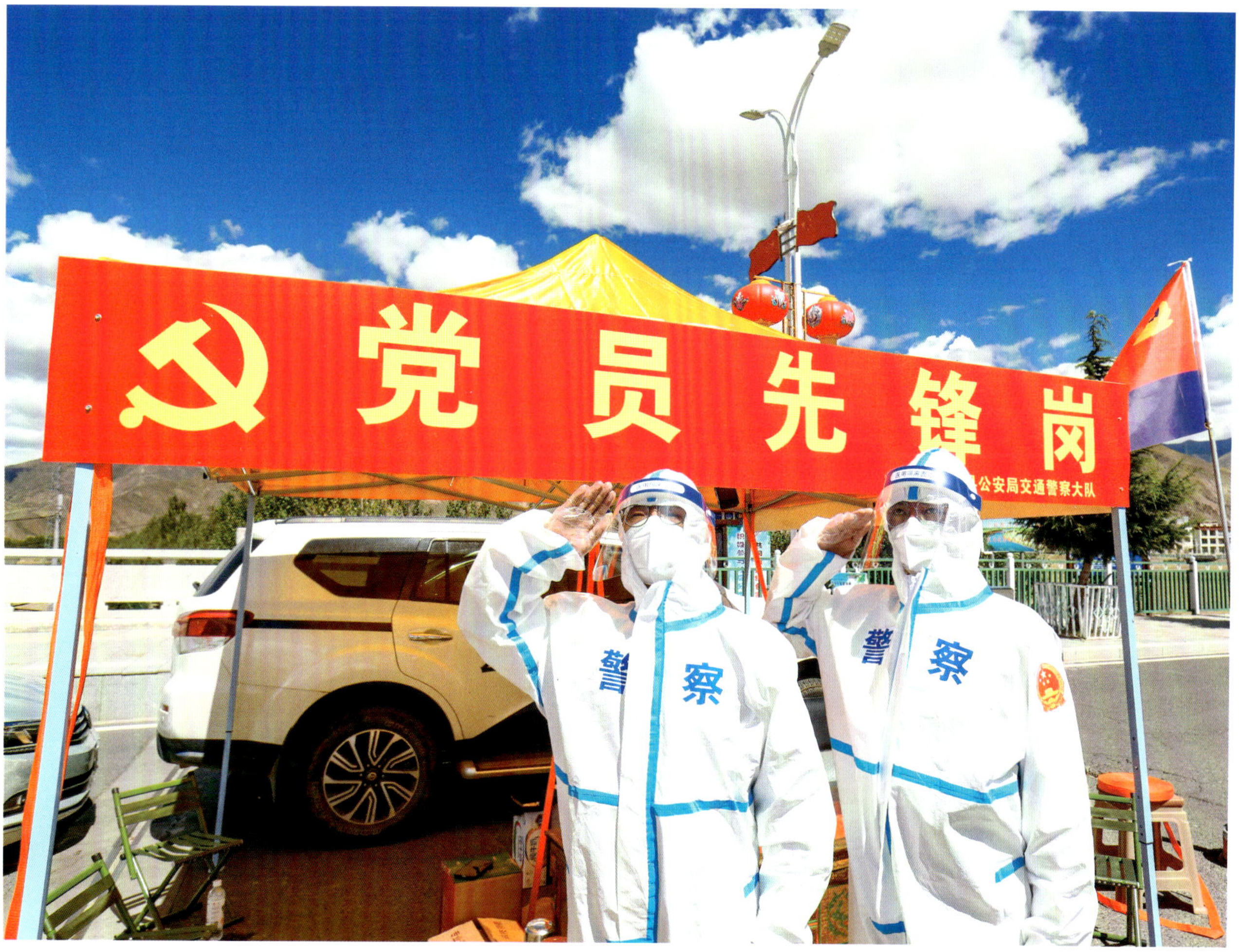
党员先锋岗
公安局交通警察大队
警察
警察

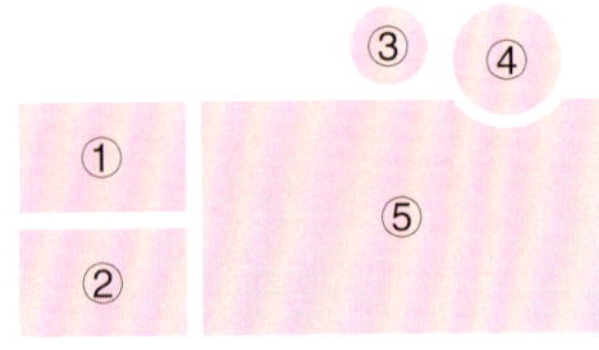

① 墨竹工卡农牧业净土产业发展有限公司奶牛养殖基地奶牛饲喂（2022年摄）
② 2022年9月8日，墨竹工卡县门巴乡贴朗沟秋季牧场转场
③ 国家农产品地理标志——斯布牦牛（2022年摄）
④ 墨竹工卡县标准化奶牛养殖中心奶牛运动场（2022年摄）
⑤ 斯布班禅牧场（2022年摄）

①

② ③

④

① 国家级非遗直孔刺绣唐卡（2022年摄）

② 拉萨市级非遗扎西岗泥塑制作技艺（2022年摄）

③ 西藏自治区级非遗塔巴陶瓷（2022年摄）

④ 西藏自治区级非遗柳条编织技艺（2022年摄）

国家级非遗普堆巴宣舞（2022年摄）

西藏自治区级非遗甲玛谐钦表演（2022年摄）

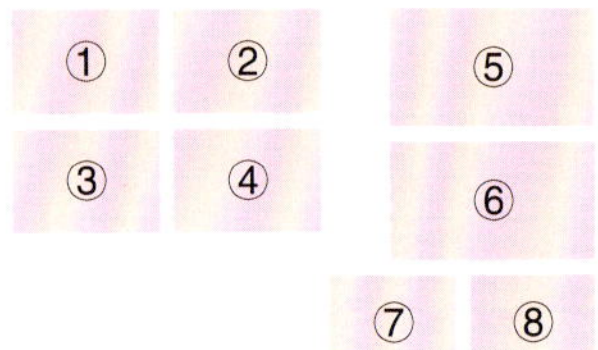

① 2022年墨竹工卡农牧业净土产业发展有限公司农业生产基地内技术员查看圣女果长势
② 2022年墨竹工卡农牧业净土产业发展有限公司农业生产基地内西葫芦长势
③ 2022年墨竹工卡农牧业净土产业发展有限公司农业生产基地内莲花白长势
④ 2022年墨竹工卡农牧业净土产业发展有限公司农业生产基地内青笋长势
⑤ 2022年墨竹工卡农牧业净土产业发展有限公司农业生产基地内西红柿苗长势
⑥ 2022年墨竹工卡农牧业净土产业发展有限公司农业生产基地内小葱长势
⑦ 2022年墨竹工卡农牧业净土产业发展有限公司农业生产基地内白萝卜长势
⑧ 2022年墨竹工卡农牧业净土产业发展有限公司农业生产基地内大白菜长势

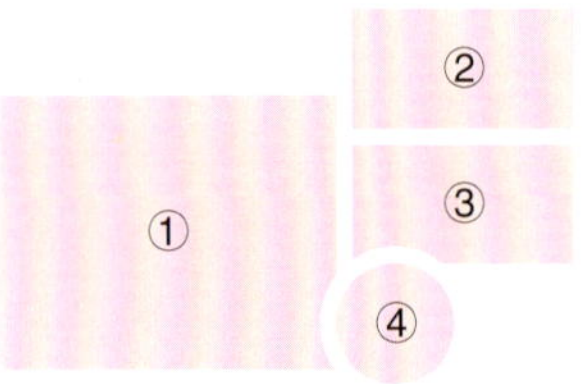

① 秀色甲玛沟（2022年摄）
② “松赞故里·幸福墨竹”油菜花大地景观（2022年摄）
③ 墨竹工卡县唐加乡莫冲村“藏青3000”良种青稞繁育基地（2022年摄）
④ 斯布沟风景（2022年摄）

松赞故里幸福墨竹

日多温泉（2022年摄）

德仲上温泉（2022年摄）

墨竹工卡段拉萨河（2022年摄）

尼玛江热乡直孔水库（2022年摄）

墨竹工卡县工卡镇格桑村人居环境整治项目（2022年摄）

唐加乡同盖古墓群（2022年摄）

思金拉措彩虹道（2022年摄）

斯布村秋洛察加岩画（2022年摄）

思金拉措（2022年摄）

墨竹工卡县日多乡温泉特色小城镇夜景（2022年摄）

《墨竹工卡年鉴》编纂委员会

《墨竹工卡年鉴》编辑部

编辑说明

一、《墨竹工卡年鉴》以马克思列宁主义、毛泽东思想、邓小平理论、“三个代表”重要思想、科学发展观、习近平新时代中国特色社会主义思想为指导，坚持辩证唯物主义和历史唯物主义的立场、观点和方法，始终以“实事求是、质量第一、存史资政、服务大众”的办鉴宗旨，全面、系统、翔实地记述墨竹工卡县上一年政治、经济、文化、社会等各项事业的基本情况，为社会各界人士了解和研究墨竹工卡县提供翔实资料。

二、《墨竹工卡年鉴（2023）》正文采取分类编辑法，以类目、分目、条目为主要框架结构，条目为主要叙事单元，个别包含多方面资料的条目，则设次分目，在段落间加插楷体标题提示，方便读者查阅全书。

三、《墨竹工卡年鉴（2023）》记述时限为2022年1月1日至2022年12月31日。设有特载、大事记、县情概览、中国共产党墨竹工卡县委员会、墨竹工卡县人民代表大会、墨竹工卡县人民政府、中国人民政治协商会议墨竹工卡县委员会、纪检·监察、人民团体、军事、法治、经济管理、农业农村、城市建设·环保、社会事业、交通·通信、金融、乡镇、国有企业、附录、索引等内容。

四、《墨竹工卡年鉴（2023）》统计数据使用法定计量单位，价值指标绝对数凡未注明的，按2022年价格计算。计量单位采用国家技术监督局1993年12月发布的《量和单位》系列国家标准，农田土地面积单位沿用“亩”；标点符号以2011年发布的《标点符号用法》（GB/T 15834—2011）为准；数字以2011年发布的《出版物上数字用法》（GB/T 15835—2011）为准。

五、《墨竹工卡年鉴（2023）》入鉴资料、图片均由各撰稿单位提供，并经主要负责人审核。部分资料由编辑部收集，主要数据和统计资料由统计局提供，部分数据由各相关部门提供。由于统计口径等原因，相关部分的个别数据与统计资料不一致的，以统计资料为准。

目 录

特 载

大事记

县情概览

中国共产党墨竹工卡县委员会

综述

办公室工作

组织工作

宣传工作

统一战线

巡察工作

党校

墨竹工卡县人民代表大会

综述

办公室工作

墨竹工卡县人民政府

综述

办公室工作

应急管理

消防救援

藏语言及编译工作

信访工作

中国人民政治协商会议墨竹工卡县委员会

综述

办公室工作

纪检·监察

综述

自身建设

人民团体

工会

共青团

妇联

军　事

人民武装

武警

法　治

政法委及综治

公安

检察

法院

司法行政

经济管理

发展和改革

财政

审计

自然资源

统计

经济和信息化

税务

市场监督管理

农业农村

综述

乡村振兴

水利

城市建设·环保

住房和城乡建设

生态环境保护

城市管理和综合执法

社会事业

民政

人力资源和社会保障

卫生健康

墨竹工卡县中学

气象

交通·通信

交通运输

墨竹工卡养护段

电信

邮政

移动

联通

金 融

中国银行股份有限公司墨竹工卡县支行

中国农业银行股份有限公司墨竹工卡县支行

西藏银行股份有限公司墨竹工卡县支行

乡 镇

工卡镇

甲玛乡

唐加乡

扎西岗乡

日多乡

尼玛江热乡

扎雪乡

门巴乡

国有企业

墨竹工卡县思金拉措旅游发展有限公司

墨竹工卡农牧业净土产业发展有限公司

墨竹工卡县扶贫开发有限公司

中国人民财产保险股份有限公司西藏分公司墨竹工卡县分公司

国网墨竹工卡县供电公司

墨竹工卡县城市建设投资经营有限公司

附　录

特 载

用党的二十大精神凝心聚力
奋力谱写全面建设社会主义现代化墨竹
新篇章

——在中共墨竹工卡县委十届四次全体会议上的报告

中共墨竹工卡县委书记 沈鹏里

（2022 年 12 月 15 日）

2022 年是党的二十大胜利召开之年，是进入全面建设社会主义现代化国家、向第二个百年奋斗目标进军新征程的重要一年，也是本届县委团结带领全县各族人民走过光辉历程，用鲜血、泪水、汗水铸就壮丽篇章的一年，这一年极为特殊、极不平凡，必将载入墨竹振兴发展的光辉史册。历史画卷总是在前后相继中铺展，时代华章总是在接续奋斗中谱写，我们要始终牢记领袖嘱托，奋进新征程、建功新时代，矢志不渝把建设美丽幸福西藏、共圆伟大复兴梦想宏伟事业推向前进！

一、过去一年极不平凡，全县各项事业取得历史性进步和成就

一年来，面对严峻复杂的经济下行压力、尖锐复杂的反分裂斗争形势，以及突如其来的新冠肺炎疫情冲击，在以习近平同志为核心的党中央坚强领导下，在区、市党委的关心支持下，县委坚持以习近平新时代中国特色社会主义思想为指导，深入贯彻落实新时代党的治藏方略和中央第七次西藏工作座谈会精神，大力弘扬伟大建党精神，团结带领全县广大党员干部群众，团结一心、奋勇拼搏，推动经济社会发展取得新成效。

这一年，我们紧紧围绕迎接服务、宣传贯彻党的二十大精神这一主线，坚持对标对表、紧跟紧随，“两个维护”更加坚定自觉。先后召开县委常委会会议 24 次，县委理论学习中心组学习会 23 次，第一时间开展党的二十大精神集中学习研讨会 7 次，31 名县级领导深入联系点开展宣传宣讲，真正把党的二十大精神融入血液、铸入灵魂。紧扣喜迎党的二十大主题，深化“铸牢中华民族共同体意识—强国复兴有我”群众性宣传活动，先后举办“喜迎党的

二十大、忠诚护航新征程—庆七一”、“松赞”文化旅游节暨第五届“油菜花”节，承办首届“自治区文化艺术节”，群众自发组织开展“更换国旗、我与国旗合影”等活动，全县广大党员干部群众拥戴信赖追随习近平总书记的信心决心更加坚定自觉。持续推动党史学习教育常态化长效化，把深入开展“三个意识”宣传教育作为加强和改进群众思想教育的基础性、长期性工作，融入群众日常生活，做到春风化雨、润物无声。

这一年，我们举全县之力坚决打赢打好三月份和二十大安保维稳攻坚战，基层治理水平取得新成效。深刻汲取“2·25”事件教训，深化“强认识、查隐患、补短板、夯根基”大讨论活动成果，常态化开展政法队伍教育整顿、扫黑除恶斗争，反对分裂、维护稳定的铜墙铁壁越筑越牢。以工卡镇为试点积极推进党建引领基层治理，市域社会治理现代化试点工作稳步推进。“雪亮工程”织密防护网，“智慧警务”点亮“平安墨竹”建设，安全生产形势持续稳定向好。妥善化解朗杰林次仁砂石厂历史债务纠纷和门巴乡虫草采挖纠纷，主动加强对同心苑社区、三岩片区易地扶贫搬迁群众不合理诉求教育管控和管理服务工作，变“上访”为“下访”主动解决群众信访诉求，全年无集体上访和群体性事件发生。依法管理宗教事务，严守“三个不增加”底线，“三个严禁”要求，持续推动寺庙财税监管工作，全面提升寺管会规范化管理水平。深入开展宗教领域“三个意识”教育，累计开展宣讲137场次，受教僧尼达2277人次。持续淡化宗教消极影响，引导合理宗教消费，全县参加宗教活动的人数和频率不断减少。全力推进民族团结进步模范县创建工作，探索形成墨竹工卡县民族团结“九进九促”工作法，完成89家县级民族团结进步示范单位的申报、审核和验收，24家单位成功申报拉萨市民族团结示范单位，10家单位、3个优秀集体和1户家庭成功申报自治区级民族团结示范单位。国家通用语言文字在各级学校及基层组织中推广普及，村（居）干部国家通用语言文字使用水平测试成绩达到合格以上的占86.67%，全面交往广泛交流深度交融的格局基本形成，中华民族共同体意识不断铸牢。

这一年，我们高效统筹疫情防控与经济社会发展，完整准确全面贯彻新发展理念，高质量发展呈现新局面。全年地区生产总值完成61.61亿元；全社会固定资产投资完成24.48亿元；规模以上工业总产值完成125.2亿元；规上工业增加值完成59.15亿元；社会消费品零售总额实现4.28亿元；一般公共预算收入剔除增值税留抵退税后完成3.1亿元；农牧民人均可支配收入完成22695元。坚守耕地红线，确保粮食安全，全县落实粮食播种面积7.28万亩，粮食总产达2.76万吨，同比增长2.99%。种植墨竹小油菜3.1万亩，菜籽油销售额达380.57万元，带动4000余名种植户实现增收。不断优化营商环境，积极开展助企纾困。疫情期间，协调各方开通绿色通道，完成精矿粉运输7960车次、37.37万吨，全力保障华泰龙、巨龙两大矿企不停工、不停产。积极加强与比优集团对接，天仁矿业重组迈出实质性步伐。旅游业不断发展，以雅嫩景区为代表的旅游基础设施建设项目有序推进，全域旅游迈出新步伐，全年接待游客4.4万人次，综合收入396.45万元。

这一年，我们坚定不移把生态环境保护放在首位，举全县之力迎接中央环保督察，污染防治攻坚战赢得新胜利。为全力以赴做好迎接中央环保督察各项工作，抓实任务整改，我们第一时间高效统筹、成立专班，第一时间部署安排、分析研判，第一时间赶赴现场、核查处置，第一时间举一反三、建立机制，中央第二轮环境保护督察组交办的信访问题已基本完成整改。严格落实生态文明建设责任制，统筹推进山水林田湖草沙冰一体治理，以更大力度开展国土绿化行动，完成造林绿化3100亩、栽植苗木13万株，在扎雪乡、门巴乡实施5000亩退化草原生态修复治理工程，国土增绿提质取得新成效。持续推进矿山环境治理和生态修复，绿色矿山建设不断推进，巨龙铜业知不拉铜多金属矿完成自治区绿色矿山复核工作，待国家评估验收。生态文明高地示范县创建工作有序推进，6个乡镇、29个行政村荣获全区生态文明建设示范称号。铁腕治水治污，有序实施拉萨河墨竹工卡县城区段水生态综合修复治理工程，为进一步筑牢拉萨河上游生态屏障作出了墨竹贡献。

这一年，我们聚焦人居环境整治，持续改善基础设施条件，美丽墨竹建设实现新突破。交通、水利等基础设施加快建设，全年累计投资1.75亿元新建老城区环境综合整治、高海拔地区供暖改造等基础设施项目88个，续建甲玛乡特色小城镇水厂提升改造、老城区排水管网改造、工卡村三组棚户区等基础设施项目27个。组织实施甲玛乡孜孜荣村至龙达村、尼玛江热乡其玛卡村、直孔替寺道路修复和宗孜寺道路养护工程，为群众提供安全、便捷的出行环境。47座溪桥二期工程已完成初验，"智能交通"管理体系初步形成，有效保障了群众出行安全。建成5G基站99个，有效解决门巴乡德仲村、日多乡怎村等地处偏远、居住分散的农牧区网络覆盖问题。在12个村组实施饮水安全巩固提升工程，受益群众478户3459人。在日多乡、门巴乡等高海拔村组试点推进冬季饮水管网保温工程，稳步有序解决季节性用水难问题。累计投入3.07亿元实施巩固拓展脱贫攻坚成果同乡村振兴有效衔接项目18个，在工卡镇、日多乡、尼玛江热乡、扎雪乡4个乡镇7个村实施第二批"美丽乡村·幸福家园"建设工程，惠及群众214户1156人。文明城市创建工作有序推进，城市软实力逐步提升。

这一年，我们举全县之力打赢疫情防控阻击战，聚力解决群众急难愁盼问题，人民生活品质得到新提升。面对突如其来的疫情，我们始终把人民生命安全和身体健康放在第一位，县委靠前指挥，召开91次会议研究决策，成立10个工作专班，投入疫情防控资金3880万元，投入5000余名干部、公安、医务和志愿者奋战疫情一线，在县人民医院、县公安局公寓楼设立集中救治点，建成全市首家新冠患者县(区)级救治医院，分阶段分区域对县域所有人员开展核酸检测、坚决守住"四防"底线，累计配送生活物资100余吨，全力做好群众生活物资供应保障，夺取疫情防控的阶段性胜利。持续巩固拓展脱贫成果同乡村振兴有效衔接，抓好防返贫动态监测，牢牢守住不发生规模性返贫的底线，2022年全县脱贫人口人均纯收入达1.69万元，同比增长14.23%。接续办好"540+"民生实事，深入开展"领导干部下基层大接访办实事"活动，常态化推进"四联四包"机制落实，累计开展宣讲8601场次、调研1200场次，办结群众急难愁盼问题98件，排查化解矛盾纠纷172起。就业更加充分，全县累计实现城镇新增就业578人，农牧民转移就业8796人，创收9103.13万元，505名应届高校毕业生实现稳步就业，就业率达97.11%。教育更加均衡，新建、改扩建学校、幼儿园等一批基础设施建设项目，在扎雪乡中心小学启动"城乡结对"教学交流共建活动，圆满完成自治区级"互联网+教育"示范县创建工作，21名学生考入其他省市西藏班，教学质量不断攀升。尼玛江热乡中心小学被评为国家第三批"乡村温馨校园"。医疗更加普惠，成功申报1.5亿元的县人民医院新建门诊医技综合楼项目，本级投入4500万元实施综合住院楼建设项目，助力医疗质量提升，信息化三期工程有效实施，智慧医疗工作走深走实，县域医疗服务水平稳步提升。5名援藏医生赴墨任职，真情书写医者情怀。保障更加到位，投入600万元为全县4.9万名城乡居民购买"医疗互助保险"，医保互助工作在全市乃至全区树立标杆，养老服务和儿童福利事业持续加强，食品药品安全、退役军人服务保障等工作深入推进。

这一年，我们全面加强党的建设，继续推进党的建设新的伟大工程，全面从严治党取得新成果。深入贯彻新时代党的建设总要求和新时代党的组织路线，扎实推进抓党建促乡村振兴，在基层党组织建设上持续发力，加大保障力度，将乡镇党建经费从原每年36万元增加至160万元，对乡村两级党建实行交叉考核，激发基层党组织创先争优意识，投入35.1万元提高村干部薪酬待遇，全年人均工资增加1429元。在工卡镇、甲玛乡深入探索"党建+基层社会治理"模式，用心打造"幸福驿站"基层党建新品牌。举办各类思想政治理论培训班12期，培训干部755人次，广大干部能力素质日益增强。坚持严管与厚爱相结合，加大干部提拔使用力度，推荐提拔使用、晋升职级县处级干部45人，先后调整科级干部5批次690人，大力推荐选拔"90后"正科6人、"95后"副科11人。《关心关爱干部职工八项举措》有效落实，投入224.06万元对机关食堂进行提升改造,投入1870万元对各乡镇、机关干部职工周转房进行维修改造,投入170万元为机关干部周转房安装电热水器,有效改善了干部职工食宿条件。投入122.46万元为2600名干部职工、村干部、乡村振兴专干等财政供养人员统一购买人身意外伤害保险,切实让广大干部职工安心安身安业。年初以来,县委严格落实政治巡察要求,通过"上下联动、下借上势"的方式,第二轮同步对本级6家单位党组织开展"对口式"联动巡察,实现巡察工作同频共振、同向发力。第三轮对7家寺庙领域党组织开展常规巡察,两轮巡察共发现问题98个,进一步强化巡察整改和成果运用,有力推动以巡促改、以巡促建、以巡促治。深入落实中央八项规定及其实施细则精神,推进改进作风狠抓落实工作,通过设立"红黑黄"榜制度,有力推动干部作风明显转变。始终坚持严的主基调正风肃纪反腐,坚决整治群众身边的不正之风和腐败问题,紧盯重点领域、关键环节精准惩治,支持纪检监察机关全面履行监管责任。今年以来,县纪委机关共立案14件,批评教育帮助干部14人、给予党纪政务处分16人,特别是对1名科级干部严重违纪违法问题给予开除党籍、开除公职处分,将其涉案犯罪问题移交检察机关审查起诉,实现运用"第四种形态"处理问题线索"零的突破",进一步巩固了良好政治生态,彰显了县委从严惩治腐败的坚强决心。

这一年,县委常委会充分发挥统揽全局、协调各方的作用,带头落实《中国共产党章程》《中国共产党地方委员会工作条例》等党内法规,统筹做好各方面工作。支持人大、政府、政协、监委、法院、检察院依法依规依章履行职能,扎实推进新形势下的统一战线和民族宗教工作,加强和改进党管武装工作,充分发挥工会、共青团、妇联、工商联等联系群众的桥梁纽带作用,凝聚起全县上下同心协力谋发展的强大合力。顺利完成第九批、第十批援藏干部轮换工作,续写宁墨两地深情厚谊。

同志们,掩卷回望2022年,是披荆斩棘、砥砺前行的一年。我们先后获得自治区第七次全国人口普查先进集体、拉萨市2021年度综合考核优秀领导班子、拉萨市2021年度县(区)目标绩效考核争先三等奖等荣誉,成功创建国家级农业现代示范区。这些成绩凝聚着广大党员干部的辛勤汗水,凝聚着广大群众的集体智慧结晶。2022年是令人揪心、充满温暖的一年。面对挑战,我们勇往直前,以明知山有虎偏向虎山行的战斗豪情,以上下同欲仁者赢的勠力同心,在抗击疫情战斗中,涌现出一批担当作为的"好干部"、温情暖心的"好群众",谱写了一曲惊心动魄、感天动地的时代赞歌,添上了一抹无愧于人民、无愧于历史的奋斗底色。同时,2022年也是共克时艰、蕴含希望的一年。面对严峻复杂的国内外形势、艰巨繁重的改革稳定发展任务,我们一茬接着一茬干、一棒接着一棒跑,全县经济承压前行、稳中向好,群众收入持续增长、日子越过越好,墨竹政治生态日益清朗,党风政风持续向好。实践证明,墨竹各级领导班子是团结奋进、担当作为的好班子,墨竹的干部是敢打硬仗、能打胜仗的好干部。只要我们心往一处想、劲往一处使,就一定能汇聚起干事创业的强大合力,在全面建设社会主义现代化新墨竹的征程中走在前、作表率。

回顾过去一年,成绩来之不易。这些成绩的取得,根本在于习近平总书记党中央核心、全党核心的掌舵领航,根本在于习近平新时代中国特色社会主义思想和习近平总书记关于西藏工作的重要指示及新时代党的治藏方略的科学指引,离不开区市党委的坚强领导和南京市的无私援助,更离不开全县广大党员干部群众的团结奋斗。在此,我代表县委常委会,向同志们致以崇高的敬意,并表示衷心的感谢!

同时,我们也要清醒地认识到,面对当今世界百年变局和世纪疫情互相交织影响,墨竹发展面临新的战略机遇、新的战略任务和新的战略要求,更需迫切解决诸多问题。主要是:反分裂斗争的形势严峻复杂,治理体系和治理能力亟待提升,公共安全和应急管理体系不够健全,影响和谐稳定的风险隐患依然较多;产业发展结构不优,一产、三产特色挖掘不够,二产延链发展不足,带动集体经济的大项目不多、带动群众增收致富的好项目不多,发展瓶颈制约依然明显;生态环境向好基础尚不稳固,生态文明建设任务依然艰巨;改革工作步入深水区，固边兴边富民行动载体依然不多；一些干部思想观念、能力水平与高质量发展的要求还不相适应，腐败和作风问题仍有发生，新时代党的建设新的伟大工程任务依然繁重。对此，我们必须高度重视，切实加以解决。

二、坚持守正创新、强化使命担当，以实际行动推动党的二十大精神落地落实

学习宣传贯彻党的二十大精神，是当前和今后一个时期的首要政治任务，是全县各级党组织和广大党员干部的头等大事。全县上下要在前期学习宣传贯彻的基础上，进一步向广度拓展、向深度进展，真正在学懂、弄通、做实上下功夫，坚决捍卫“两个确立”，做到“两个维护”，紧密结合墨竹实际，奋发有为做好工作，确保党的二十大精神在墨竹落地落实、结出硕果。

（一）深入学习贯彻党的二十大精神，必须注重从政治上抓落实。党政军民学，东西南北中，党是领导一切的。全县上下要时时刻刻事事把维护习近平总书记的核心地位作为第一位的政治要求，做到思想上充分信赖、政治上坚决维护、组织上自觉服从、感情上深刻认同、行动上始终跟随，坚决做政治上的明白人、老实人。要深刻感悟“两个确立”的决定性意义，牢记“国之大者”，增强“四个意识”、坚定“四个自信”、做到“两个维护”，自觉把思想和行动统一到党的二十大精神上来，把力量凝聚到实现党的二十大确定的各项任务上来，锚定“四件大事”、聚焦“四个创建”、争当“七个排头兵”，进一步把准方向、完善思路、强化举措，切实用党的二十大精神统一思想、统一意志、统一行动。

（二）深入学习贯彻党的二十大精神，必须注重从思想上抓落实。伟大时代孕育伟大思想，伟大思想引领伟大征程。全县上下务必坚持学思践悟，自觉做习近平新时代中国特色社会主义思想的坚定信仰者、忠实践行者，运用科学的学习方法，发扬理论联系实际的学风，真正把新思想内化于心、外化于行。务必做到融会贯通，同学习习近平总书记关于西藏工作的重要指示精神贯通起来，同把握党的二十大作出的各项战略部署贯通起来，真正学在深处、谋在新处、干在实处。务必做到知行合一、学以致用，推动各项工作落地落实，在战略部署上“扣扣子”，在责任履行上“担担子”，在任务落实上“钉钉子”，真正把科学理论转化为指导实践的强大力量。

（三）深入学习贯彻党的二十大精神，必须注重从战略部署和具体行动上抓落实。大道至简，实干为要。全县上下要紧紧围绕党的二十大作出的战略部署，结合墨竹县情特征和发展阶段，排出任务书、时间表、路线图，谋划推进全县改革发展。要盯紧盯牢重点任务，完整、准确、全面贯彻新发展理念，积极融入拉萨市“强中心”战略，主动服务“五融一体”拉萨河谷经济带建设，加快打造“三区两中心”；要加强人民当家作主制度保障，全面发展协商民主，积极发展基层民主，巩固和发展最广泛的爱国统一战线；要牢牢掌握党对意识形态工作领导权，强化社会主义核心价值观引领，加快推进全国文明城市创建工作；要深入践行以人民为中心的发展思想，扎实推进共同富裕，大力实施民心守护、富民增收、全民健康等高品质生活工程，不断实现人民对美好生活的向往。要坚定践行习近平生态文明思想，深入打好污染防治攻坚战，协同推进减污、降碳、扩绿、增长，持续推进美丽墨竹建设；要坚定贯彻总体国家安全观，更好地统筹发展和安全，坚决维护国家安全和社会稳定；要坚定不移全面从严治党，深入推进新时代党的建设新的伟大工程，不断巩固发展风清气正的良好政治生态。

（四）深入学习贯彻党的二十大精神，必须注重从作风建设上抓落实。作风关乎党的形象、关乎事业成败、关乎民心向背。全县上下必须一以贯之坚持严的主基调不动摇，把全面从严治党引向深入，把党的自我革命进行到底。要驰而不息正风肃纪，加固中央八项规定的堤坝，锲而不舍纠“四风”树新风，做到越往后执纪越严，防止老问题复燃、新问题萌发、小问题坐大；坚持不敢腐、不能腐、不想腐一体推进，惩治震慑、制度约束、提高觉悟一体发力，在严管严治上长期坚持，确保严的态度不变、决心不减、尺度不松；坚持严管厚爱结合、激励约束并重，精准把握“四种形态”与“三个区分开来”的界限，做到强化监督有态度、执纪问责有力度、治病救

人有温度，让墨竹政治生态日渐向好、持续向好。

（五）深入学习贯彻党的二十大精神，必须注重从组织领导上抓落实。复兴伟业，关键在党。全县各级党组织要准确把握新时代党的建设总要求，坚持问题导向，保持战略定力，全面推进党的政治建设、思想建设、组织建设、作风建设、纪律建设，把制度建设贯穿其中，纵深推进党风廉政建设，为全县改革发展稳定提供坚强保障。要切实加强党的全面领导，自觉履行管党治党政治责任，认真贯彻地方党委工作条例，加强政治领导，注重分类指导，强化有效督导，充分发挥党总揽全局、协调各方的领导核心作用。要增强党组织政治功能和组织功能，推动各领域党组织全面进步、全面过硬，打造服务大局、攻坚克难的战斗堡垒。各级领导干部要带头弘扬党的光荣传统和优良作风，提高能力素质、加强实践锻炼，始终做到忠诚干净担当，更好担负起新时代改革发展的重任。

三、坚持自信自立、务求实干实效，奋勇争当转型跨越发展的排头兵

党的十八大以来，习近平总书记始终心系西藏、情系西藏，亲自为西藏工作把舵定向、谋篇布局，亲临西藏视察指导，多次对西藏工作作出重要指示批示，在中央第七次西藏工作座谈会上，将稳定、发展、生态、强边"四件大事"作为西藏工作的战略性任务，确立了新时代党的治藏方略。自治区第十次党代会锚定"四件大事""四个确保"，作出了"四个创建""四个走在前列"的战略部署。在拉萨市干部大会上，王君正书记聚焦发挥首府城市引领作用，提出当好"七个排头兵"的具体要求。实践证明，困难越多，越能展现我们迎难而上的斗志；挑战越大，越能砥砺我们争当排头的追求。墨竹作为拉萨的"东大门"和重点工业县，聚焦着社会各界的目光，更肩负着区市党委、政府的重托，我们有能力、有实力、更有潜力在全市乃至全区长治久安和高质量发展中当好排头兵。新时代新阶段，全县上下务必坚定信心、主动作为，冲锋在前、唯旗是夺，深入实施"七大行动"，以"抢前争先"的意识只争朝夕，以"一往无前"的决心奋勇争先，努力在墨竹新征程上续写崭新篇章。

（一）要大力实施"政治忠诚教育"行动，在坚定捍卫"两个确立"、坚决做到"两个维护"上争当排头兵。要全面落实党的二十大关于坚持和加强党中央集中统一领导的各项要求，深刻领悟"两个确立"的决定性意义，不断增强"四个意识"、坚定"四个自信"，铸牢政治忠诚，坚定做到"两个维护"。一要夯实理论之基。坚持学思用贯通、知信行合一，坚持理论武装同常态化长效化开展"五史"学习教育相结合，深入开展党的二十大学习宣传教育，引导各级党员干部在把控方向、谋划重点、解决难题上下功夫，切实当好强化理论武装的"尖兵"，在深入学习贯彻习近平新时代中国特色社会主义思想上作表率。二要铸牢政治之魂。要把维护核心作为"根本点"，把对党忠诚作为"生命线"，自觉看齐紧跟，经常对标对表，深刻领会什么是党和国家最重要的利益、什么是最需要坚定维护的立场，不断提高政治判断力、政治领悟力、政治执行力，切实当好践行"两个维护"的"标兵"，在始终同以习近平同志为核心的党中央保持高度一致上作表率。三要激发奋进之力。要立足"两个大局"，胸怀"国之大者"，严格贯彻执行党的理论和路线方针政策。面对复杂形势和风险挑战，广大党员干部要冲锋在前、吃苦在前、担当在前，切实当好落实中央部署的"精兵"，在坚决贯彻落实党中央和区市党委各项决策部署上作表率。

（二）要大力实施"高水平平安墨竹"建设行动，在维护社会稳定、实现长治久安上争当排头兵。必须坚定不移贯彻总体国家安全观，把维护稳定作为第一要务，树牢居安思危底线，确保国家安全、社会和谐、宗教和顺、民族和睦、人民幸福。一要守住维护稳定底线。要坚持警钟长鸣、警惕常在，持续深入开展反分裂斗争，深化"断血"、断勾连等专项行动，严密防范和坚决打击渗透破坏活动、暴力恐怖活动、民族分裂活动和宗教极端活动，开展常态化扫黑除恶斗争，持续推动政法队伍教育整顿走深走实。要严格落实维稳"双十"措施，贯彻落实好《关于进一步提升全区基层治理体系和治理能力现代化水平的实施意见》，加快推进高水平治理和精细化管理，推进更高水平平安墨竹建设。要坚持和发

展新时代“枫桥经验”,综合运用“四联四包”机制,落实领导信访包案制度,及时回应、妥善解决群众合理诉求,最大限度将矛盾化解在基层、解决在萌芽状态,进一步提升社会治理效能。坚持依法治县、依法执政、依法行政,一体建设法治墨竹、法治政府、法治社会。依法加强宗教事务管理,积极推进藏传佛教中国化。要坚持“五个有利于”要求,深入推进重点寺庙“一寺一策”专项攻坚,全面落实利寺惠僧政策。建好“三支队伍”,凝聚做好新时代宗教工作的强大合力。扎实开展“三个意识”教育,持之以恒教育引导信教群众理性对待宗教、淡化宗教消极影响、减少宗教消费,过好今生幸福生活。二要守好安全生产红线。时刻紧绷安全这根弦,牢记“一失万无”、确保“万无一失”。严格落实安全生产责任制,持续推进重点领域安全生产专项整治,强化非煤矿山安全管理,开展自然灾害综合风险督导检查,全力做好“大应急、多灾种”预防和救援,确保粮食安全、产业安全。要健全食品药品治理体系,强化全链条质量安全保障,护航“舌尖上的安全”。三要筑牢疫情防控防线。坚持人民至上、生命至上,全面落实疫情要防住、经济要稳住、发展要安全重要要求,进一步提高疫情防控效能,加大为市场主体纾困解难力度,提升民生服务保障水平。始终坚持稳中求进,强化统筹协调,压实“四方责任”,把握好政策导向和工作节奏,科学精准落实疫情防控措施,不断健全分级、分层、分流的重大疫情救治体系,以变治变、以快制快,全力保障人民群众生命安全和身体健康。

(三)要大力实施“民族团结+融合发展”行动,在创建民族团结进步模范区上争当排头兵。要坚持以铸牢中华民族共同体意识为主线,加快完善大统战工作格局,进一步促进各民族广泛交往、全面交流、深度交融。一要构筑共有精神家园,实现荣辱与共。健全铸牢中华民族共同体意识教育常态化机制,大力实施“五个认同”增进工程,不断夯实民族团结进步教育的思想基础。要教育引导全县各族干部群众自觉以中华民族伟大复兴为己任,积极培育和践行社会主义核心价值观。要久久为功、绵绵用力,大力推广普及国家通用语言文字,推动各民族团结一心、凝聚一体。二要高举民族团结旗帜,实现休戚与共。立足创建全国民族团结进步模范县实际,深入实施“民族团结+融合发展”行动,切实带动产业发展、基层治理、生态保护、乡村振兴、精神文明等重点工作,积极推动形成互嵌式社会结构,让各族群众在学习、工作、生活等各环节中共居共学、共建共享、共事共乐。要坚持长期共存、互相监督、肝胆相照、荣辱与共,引领各族群众像爱护自己的眼睛一样爱护民族团结、像珍视自己的生命一样珍视民族团结,让民族团结成为新风尚、新潮流。三要聚焦宁墨携手并进,实现命运与共。深入推进产业升级提质、项目建设提标、民生事业提升、智治赋能提效、抓好干部提振等五大攻坚,实施好“溪桥工程”、乡(镇)邻里服务中心、村庄环境整治等一批民生领域“微实事”项目,全力打造援藏工作升级版。持续深化两地友好协作,深入开展医疗援藏、教育援藏、“小组团”援藏,接续开办大学生就业创业特训营和成长营。持续深化帮扶途径,加大“融合式”援藏路径探索,接续办好“格桑花开·南京墨竹周”等系列活动,推进多层次、宽领域交往交流交融,不断开创援藏工作新局面。

(四)要大力实施“产业兴县、工业强县”行动,在创建高原经济高质量发展先行区上争当排头兵。要完整、准确、全面贯彻新发展理念,坚持“三个赋予、一个有利于”,切实把墨竹的比较优势转化为发展优势、经济优势。一要坚持产业富民,巩固优势领先地位。坚持“人无我有、人有我优”的发展理念,深入实施“特色产业提质升级”工程,加快推进墨竹小油菜种植推广,唱响“天边花海、醉美墨竹”乡村旅游品牌。要坚持建基地、强龙头、树品牌、拓市场,加快构建现代牦牛产业链发展体系,擦亮斯布牦牛“金字”招牌。要按照“旅游+农牧业、文化、生态、体育、康养”思路,精心打造“温泉+藏医养生”“温泉+欢乐休闲”“温泉+人文体验”“温泉+山水情缘”旅游品牌体系,全力打造“雪域温泉康养旅游中心”,让“冷资源”变成“热经济”。要抓好旅游沿线公共服务设施建设,提升318国道中国最美景观大道等精品旅游线路影响力,打造全区旅游、通道经济示范窗口。要积极探索以农牧业种植、民族手工艺、观光旅游为抓手，以产业链、价值链、利益链三链同构为目标的三产融合发展新格局，共同推进墨竹国家农村产业融合发展示范园建设。深入实施“筑巢引凤”工程，聚焦产业发展，优化营商环境、打造招商队伍、创新招商方式、提升服务水平，建立常态化招商奖励机制，构筑招商引资“暖巢”。围绕打造“新型工业化发展示范区、大众创业万众创新集聚区”和“矿产品精深加工先行区”的目标，优化产业布局，加快延链补链强链，力推园区产业再提速再升级再发力。深入实施“项目建设攻坚”工程，建立常态化抓项目机制，动态管理项目清单，推动实施扎西岗乡巴洛村人居环境改造等21个乡村振兴建设项目以及龙珠岗大桥建设、县医院医技楼建设、县城饮用水水源点建设等一批重点项目尽快落地，做到目标亮相、考核亮牌，形成梯次推进、可持续发展的项目建设新格局。深入实施“绿色低碳发展”工程，加快推进巨龙光伏发电、直孔一期抽水蓄能项目建设，推进资源全面节约、集约、循环利用，走出一条生态优先、绿色低碳的高质量发展之路。立足打造东部绿色矿业转型发展片区，前瞻谋划资源型经济转型，促进工旅协调发展。深入实施“国企改革”工程，要理顺关系、厘清边界、分清事权；要健全制度体系，强化内部管理，规范企业运行；要优化产业布局，延伸产业链条，提升经济效益。二要坚持乡村振兴，加快城乡建设步伐。严格落实“四个不摘”要求，全力做好巩固拓展脱贫攻坚成果同乡村振兴有效衔接，让脱贫基础更加稳固、成效更可持续。健全防止返贫动态监测和帮扶机制，常态化监测易返贫致贫人口，做到早发现、早干预、早帮扶。精准谋划实施好产业扶贫项目，推动扶贫产业扩面增效。加强易地扶贫搬迁群众后续扶持，多渠道促进就业、增加收入，强化服务管理，实现勤劳致富、安居乐业。提升城市功能品质，优化公共服务体系，聚焦市政建设、便民服务等领域，系统推进城乡基础设施建设和棚户区改造，开展“两违”专项整治，完善充电桩、公交线路等新型配套设施，实施好老城区“四化”工程，落实好“路长制”工作机制，让群众生活得更舒心、更安心。要提升城镇对产业的集聚能力，有序推进农牧区人口市民化，着力提高县城和重点乡（镇）的人口规模，加快推进高原地区新型城镇化先导区建设。继续实施好“美丽乡村·幸福家园”建设行动计划，推进生态宜居示范乡村建设，走好城乡融合发展之路。三要坚持以人为本，强力推动共同富裕。要强化就业优先导向，健全就业促进机制，突出抓好高校毕业生、退役军人、城镇就业困难人员、农民工等重点群体就业工作。要全面贯彻党的教育方针，提升教育教学水平，持续放大“墨竹南京班”示范效应，促进教育公平，推动教育均衡发展。深入推进健康墨竹工程，加快疾控体系改革和医药卫生体制改革，深化“组团式”医疗援藏工作，实施“千县工程”，深化“以院包科”建设，全面提升卫生健康服务水平。要不断完善社会保障体系，促进多层次医疗保障有序衔接，持续提升社会保障公共服务能力。要用心用情办好民生实事，打通惠民利民“最后一公里”。要努力增加群众收入，积极有为地促进共同富裕。

（五）要大力实施“蓝天、碧水、净土”行动，在创建国家生态文明高地上争当排头兵。要忠实践行习近平生态文明思想，牢固树立绿水青山就是金山银山的理念，筑牢生态安全屏障，以良好的生态环境增进人民福祉，着力打造“美丽西藏”墨竹样板。一要推进生态环境建设。严格落实生态环境保护责任制、生态环境损害责任终身追究制和河湖长制、林长制。高起点谋划好南山绿化工程，大规模开展国土绿化行动，加快推进国家级和自治区级生态文明建设示范县、乡、村创建工作。要持续巩固“一保两治三减四提升”目标，协同推进减污、降碳、扩绿、增长，持续推进美丽墨竹建设。二要推进生态环境治理。统筹山水林田湖草沙冰一体化保护和系统治理，重点围绕水土流失、地质灾害综合治理和历史遗留矿山生态修复，实施生态系统保护和修复工程，持续打好蓝天、碧水、净土保卫战。要巩固扩大“厕所革命”成果，持续加大生态综合治理力度。要坚决抓好第二轮中央生态环境保护督察反馈问题整改，坚持举一反三、健全长效机制。三要推进生态环境保护。建立完善国土空间规划体系，构建“一区两廊多点”的国土空间格局，提升土地利用质量效率。严格执行“三区三线”，加快自然保护地体系建设，实施好朗杰林沙棘林自然保护区保护与修复项目、墨竹工卡县城区段水生态综合修复治理工程，持续加大黑颈鹤栖息地保护力度。推进生态文明宣传教育，让保护环境成为干部群众的自觉行动。

（六）要大力实施“屯兵安民”行动，在创建国家固边兴边富民行动示范区上争当排头兵。一要全力做好深化国防动员体制改革工作。支持边境一线地区在墨竹发展“飞地”经济，推动区域协调发展。二要加大退役军人就业保障力度。严格实施退役军人工作体系和保障制度，全面落实优待抚恤政策，帮助解决就业创业、生活、医疗、住房等方面的实际困难，切实维护军人军属、退役军人和优抚对象的合法权益。三要营造拥军爱军良好氛围。深化全民国防教育，积极宣传立功受奖军人先进事迹，营造全社会崇尚光荣的良好氛围。要坚决落实党管武装制度，高质量推进征兵工作，进一步夯实国防动员基础。

（七）要大力实施“强基础、固根本”行动，在全面加强党的建设上争当排头兵。深入贯彻落实新时代党的建设总要求和新时代党的组织路线，坚定不移全面从严治党，深入推进新时代党的建设新的伟大工程，着力增强党组织政治功能和组织功能。一要在建强基层战斗堡垒上下大功夫。深刻汲取“2·25”事件、疫情防控工作中的经验教训，树立大抓基层、大抓基础的鲜明导向，在加强“六个基本”建设上持续用力，统筹推进各领域基层党建工作，坚持抓两头促中间，打造一批具有墨竹特色的党组织示范点。持续整顿软弱涣散基层党组织，把基层党组织建设成为有效实现党的领导的坚强战斗堡垒。大力实施基层党组织“头雁”工程，创新开展“乡村振兴擂台比武”、书记论坛、不断提升党组织书记抓党建促乡村振兴的能力和水平。二要在保持党员先进性、纯洁性上下真功夫。把好党员政治入口关，做好党员发展工作，注重在新兴群体中发展党员，提高发展党员质量，持续优化党员队伍结构，加强和改进党员教育管理，分层分类开展党员教育培训。持续开展违规违纪发展党员排查，推行党员积分管理制度，加大日常监测力度，搭建党员发挥作用平台，激励党员在乡村振兴、基层社会治理、服务群众中发挥先锋模范作用。三要在干部能力素质提升上下实功夫。树立选人用人正确导向，选拔忠诚干净担当的高素质干部队伍，持续加强各级领导班子建设，扎实推进“四个一百”工程，注重在基层一线磨砺干部，注重干部精细化管理，注重干部专业化培养锻炼，着力打造堪当民族复兴重任的高素质干部队伍。严格干部日常监督管理，推动干部能上能下，让“躺平式干部”躺不住，让混日子没有市场。加大《墨竹工卡县关心关爱干部职工八项举措》落实力度，深入推进机关后勤体制改革、持续拓展基层减负工作，完善适应基层、面向一线的激励保障机制。锲而不舍落实中央八项规定精神，抓住关键少数以上率下，持续深化纠治“四风”，推进作风建设常态化长效化。要发挥政治巡察利剑作用，加强巡察整改和成果运用，一体推进不敢腐、不能腐、不想腐，不断巩固发展风清气正的良好政治生态。

同志们，沧海横流方显英雄本色，时代发展呼唤责任担当。让我们更加紧密地团结在以习近平同志为核心的党中央周围，在习近平新时代中国特色社会主义思想的引领下，在区市党委的坚强领导下，以翻篇归零的进取精神、不畏艰难的担当精神、敢为人先的创新精神、埋头耕耘的实干精神，争做先行者，勇当排头兵，为全面建设社会主义现代化国家、全面推进中华民族伟大复兴作出墨竹应有的贡献。

名词解释

1. 习近平新时代中国特色社会主义思想：2017年10月18日，在中国共产党第十九次全国代表大会上习近平总书记首次提出“新时代中国特色社会主义思想”。

2. 党的二十大：2022年10月16日上午10时，中国共产党第二十次全国代表大会在北京人民大会堂开幕，习近平代表第十九届中央委员会向大会作了题为《高举中国特色社会主义伟大旗帜为全面建设社会主义现代化国家而团结奋斗》的报告。

3. 西藏自治区十届三次全会：中国共产党西藏自治区第十届委员会第三次全体会议于2022年11

月16日在拉萨召开，会议审议通过了《中共西藏自治区委员会关于深入贯彻党的二十大精神全面建设社会主义现代化新西藏的意见（草案）》。

4. 新时代党的治藏方略：①必须坚持中国共产党领导、中国特色社会主义制度、民族区域自治制度；②必须坚持治国必治边、治边先稳藏的战略思想；③必须把维护祖国统一、加强民族团结作为西藏工作的着眼点和着力点；④必须坚持依法治藏、富民兴藏、长期建藏、凝聚人心、夯实基础的重要原则；⑤必须统筹国内国际两个大局；⑥必须把改善民生、凝聚人心作为经济社会发展的出发点和落脚点；⑦必须促进各民族交往交流交融；⑧必须坚持我国宗教中国化方向、依法管理宗教事务；⑨必须坚持生态保护第一；⑩必须加强党的建设特别是政治建设。

5. 中央第七次西藏工作座谈会：2020年8月28日至29日，中央第七次西藏工作座谈会在北京召开，习近平总书记出席会议并发表重要讲话。强调，面对新形势新任务，必须全面贯彻新时代党的治藏方略，坚持统筹推进“五位一体”总体布局、协调推进“四个全面”战略布局，坚持稳中求进工作总基调，铸牢中华民族共同体意识，提升发展质量，保障和改善民生，推进生态文明建设，加强党的组织和政权建设，确保国家安全和长治久安，确保人民生活水平不断提高，确保生态环境良好，确保边防巩固和边境安全，努力建设团结富裕文明和谐美丽的社会主义现代化新西藏。

6. “两个确立”：党确立习近平同志党中央的核心、全党的核心地位，确立习近平新时代中国特色社会主义思想的指导地位。

7. “两个维护”：坚决维护习近平总书记党中央的核心、全党的核心地位，坚决维护党中央权威和集中统一领导。

8.“四个意识”：政治意识、大局意识、核心意识、看齐意识。

9. “三个意识”教育：国家意识教育、公民意识教育、法治意识教育。

10. “三支队伍”：各级党政领导干部队伍、宗教学研究队伍、宗教界代表人士队伍。

11. 民族团结“九进九促”工作法：进机关促为民务实、进乡镇促共同富裕、进村居促团结友爱、进学校促同心筑梦、进部队促鱼水情深、进寺庙促和谐稳定、进企业促共同发展、进家庭促守望相助、进景区促交往交流。

12. “三个务必”：务必不忘初心、牢记使命，务必谦虚谨慎、艰苦奋斗，务必敢于斗争、善于斗争。

13. “六个必须坚持”：必须坚持人民至上、必须坚持自信自立、必须坚持守正创新、必须坚持问题导向、必须坚持系统观念、必须坚持胸怀天下。

14. “四件大事”：稳定、发展、生态、强边。

15. “四个确保”：确保国家安全和长治久安，确保人民生活水平不断提高，确保生态环境良好，确保边防巩固和边境安全。

16. “四个创建”“四个走在前列”：创建全国民族团结进步示范区，努力做到民族团结进步走在全国前列；创建高原经济高质量发展先行区，努力做到高原经济高质量发展走在全国前列；创建国家生态文明高地，努力做到生态文明建设走在全国前列；创建国家固边兴边富民行动示范区，努力做到固边兴边富民行动走在全国前列。

17. “七个排头兵”：在坚定捍卫“两个确立”、坚决做到“两个维护”上当好排头兵，在维护社会和谐稳定、实现长治久安上当好排头兵，在着力创建全国民族团结进步示范区上当好排头兵，在着力创建高原经济高质量发展先行区上当好排头兵，在着力创建国家生态文明高地上当好排头兵，在着力创建国家固边兴边富民行动示范区上当好排头兵，在全面加强党的建设上当好排头兵。

18. “七大行动”：“政治忠诚教育”行动、“高水平平安墨竹”建设行动、“民族团结＋融合发展”行动、“产业兴县、工业强县”行动、“蓝天、碧水、净土”行动、“屯兵安民”行动、“党建领航、凝心聚力”行动。

19. “五史”：党史、新中国史、改革开放史、社会主义发展史、中华民族发展史。

20. “两个大局”：实现中华民族伟大复兴的战略全局和世界百年未有之大变局。

21. “国之大者”：指关乎党和国家前途、民族命运的大使命、大方向、大格局、大利益、大战略，是党和政府关注的最核心、最关键、最迫切的问题。

22. 新时代“枫桥经验”：在开展社会治理中实行“五个坚持”，即坚持党建引领，坚持人民主体，坚持“三治融合”，坚持“四防并举”，坚持共建共享。

23. “五个有利于”：有利于维护祖国统一和社会稳定；有利于增进“五个认同”；有利于团结宗教界人士和信教群众；有利于藏传佛教健康传承；有利于减轻信教群众负担为标准，积极引导藏传佛教与社会主义社会相适应，不断推进藏传佛教中国化。

24. “三个赋予、一个有利于”：习近平总书记在中央第七次西藏工作座谈会上提出的“坚持所有发展都要赋予民族团结进步的意义，都要赋予维护统一、反对分裂的意义，都要赋予改善民生、凝聚人心的意义，都要有利于提升各族群众获得感、幸福感、安全感”。

25. “五个认同”：对伟大祖国的认同、对中华民族的认同、对中华文化的认同、对中国共产党的认同、对中国特色社会主义的认同。

26.“四个不摘”：摘帽不摘责任、摘帽不摘政策、摘帽不摘帮扶和摘帽不摘监管。

27. “四化”工程：亮化、美化、绿化、净化。

28. “一区两廊多点”：“一区”即中心城区；“两廊”即构建拉萨河上游、雪融藏布生态廊道，挖掘沿河特色，打造自然风光、人文特色、农牧业休闲等多元融合的生态休闲景观带；“多点”即挖掘各乡镇特色，优势互补，协同发展，促进墨竹全域发展。

29. “三区三线”：农业空间、生态空间、城镇空间三种类型空间，永久基本农田保护红线、生态保护红线、城镇开发边界三条控制线。

30. “六个表率”：坚持对党绝对忠诚，带头做坚定践行“两个维护”的表率、坚持群众路线，带头做勤政为民的表率、坚持求真务实，带头做勇于担当的表率、要坚持民主集中制，带头做团结干事的表率、坚持怀德自重，带头做清正廉洁的表率、坚持从严治党，带头做管党治党的表率。

墨竹工卡县人民代表大会常务委员会工作报告

——在墨竹工卡县第十四届人民代表大会第四次会议上

墨竹工卡县人大常委会主任 张志文

（2022 年 12 月 29 日）

2022 年主要工作

2022 年，是党的二十大胜利召开之年，也是进入全面建成社会主义现代化强国、向第二个百年奋斗目标进军新征程的重要一年。一年来，在县委的坚强领导和市人大常委会的有力指导下，县人大常委会坚持以习近平新时代中国特色社会主义思想为指导，全面贯彻党的十九大、十九届历次全会和中央第七次西藏工作座谈会精神，深入学习宣传贯彻党的二十大精神，全面贯彻中央和区市党委人大工作会议精神，紧紧围绕县委中心工作，转变作风真抓实干，依法履行宪法法律赋予人大的各项职责，为墨竹经济社会发展做出了人大贡献。

一年来，共召开人民代表大会 1 次，人大常委会党组会议 11 次，人大常委会会议 7 次、主任会议 8 次，听取和审议专项工作报告 28 项。

一、坚持党的全面领导，始终沿着正确方向前进

突出政治引领，始终坚持把握正确方向，自觉接受县委领导，彰显人大政治机关的鲜明特征。

坚持党的领导不动摇。始终把坚持“两个维护”作为最根本的政治纪律和政治规矩，坚定坚决做到思想上、政治上、行动上同以习近平同志为核心的党中央保持高度一致。毫不动摇把坚持党的领导贯穿人大工作全过程，严格落实请示报告制度，重要会议、重要工作、重大事项和主要工作向县委请示报告 20 余件次，在经济发展、财政预决算等方面形成决议 11 项，将县委主张通过法定程序转化为全县人民的共同行动。

坚决贯彻县委部署。自新冠肺炎疫情发生以来，县人大常委会坚持人民至上、生命至上，第一时间向全县各级人大代表发出倡议书，常委会带领 400 余名各级人大代表积极响应上级关于疫情防控工作的要求和号召，迅速行动，战斗在抗击疫情第一线，全县各级人大代表共 1 万余人次参与疫情防控工作，为全县疫情防控工作做出了应有贡献。按照 3 月领导干部“下基层大接访办实事”活动和常态化开展“四联四包”工作要求，常委会领导积极指导联系点乡村振兴、维护稳定、疫情防控等工作，走村入户收集群众意见建议，督促工作落实，在助力墨竹和谐稳定发展方面发挥了积极作用。

坚持党管干部与依法任免相统一。坚持党管干部原则，依法做好国家机关工作人员的任免，既体现党的意图，又反映人民意愿，努力做到用制度管权管事。根据县委提议和“一府一委两院”提请，依法任免国家机关工作人员 43 人次、补选市级人大代表 2 名、县级人大代表 2 名，组织宪法宣誓 6 场次。

二、坚持正确有效依法监督，监督实效不断增强

认真履行宪法法律赋予的监督职责，统筹运用法定监督方式，不断提升监督工作质量水平。

在经济和社会事业领域，加强对国民经济和社会发展计划及预算执行情况的监督，听取和审议墨竹工卡县2021年财政收支决算执行和2022年上半年财政预算执行情况的报告，审查批准预算调整、盘活存量资金及预备费动用的报告；听取和审议国有资产管理情况报告、《西藏自治区民族团结进步模范区创建条例》贯彻落实情况报告，依法审查审计查出问题整改情况。听取生态环境保护工作开展情况报告和中央环保督察反馈问题整改情况报告，组织区市县乡四级人大代表120人次对生态环境大排查大整治工作开展跟踪督查2次，提出整改意见5条，全力推进环保督察反馈问题整改工作。专题听取疫情防控工作开展情况报告并开展视察，向县政府反馈4个方面12项问题。同时，积极深入各乡镇和矿区实地了解安全生产、环境保护、纠纷排查、基层治理、教育卫生、大学生就业创业、基础设施建设等方面工作，及时向县政府及相关部门反馈问题、提出建议。

在民主法治领域，首次听取和审议监察委员会工作报告，支持监察机关依法规范独立行使监察权。审议通过县人民政府《关于在全县开展法治宣传教育第八个五年规划（2021—2025年）》的议案，推动“八五”普法规划落实。听取审判、检察工作情况报告，要求两院充分发挥审判、检察职能作用，以服务大局和提高人民满意度为己任，忠实履行宪法法律赋予的职责，推动刑事、民事、行政、公益诉讼等各项工作全面协调发展。组织人大代表20人次旁听案件庭审，参加检察开放日、公开听证会等活动。积极配合南京市和区市人大常委会开展调研4次，完成《拉萨市南北山绿化管理条例》等法规的意见征集4次，推进人大工作形成合力。

三、坚持代表主体地位，代表履职成效不断增强

完善保障机制，创新服务载体，全力支持和保障人大代表依法履职行权。

*扎实开展代表学习活动。*依托“人大代表之家”“村级代表活动室”，密切与群众的联系，抓好全县各级人大代表的反分裂斗争、铸牢中华民族共同体意识和淡化宗教消极影响教育；要求各乡（镇）人大主席团将国家通用语言文字的学习列入年度计划，督促人大代表带头学习使用国家通用语言文字。组织人大代表和相关部门40余人参加全国人大常委会地方立法培训班视频培训学习，组织人大代表和人大工作人员25人次参加上级组织的代表培训，切实提高代表履职水平和机构工作能力。

*扎实开展“双联系”活动。*始终坚守履职为民初心，主动担当作为，把解决人民群众急难愁盼问题作为主要目标，秉持“民有所呼、我有所应”的理念，改进作风狠抓落实，激发代表履职热情，解决尼玛江热乡中心小学添置校园广播系统资金等18件急难愁盼问题。此项工作在西藏党员教育网、《西藏日报》、西藏新闻网、《拉萨日报》、西藏人大、拉萨人大等新闻媒介和杂志上刊登。

*扎实开展建议交办督办。*针对县十四届人大三次会议上收集到的67项代表意见建议，召开主任会议专题研究处理意见，会同县政府召开代表意见建议交办会，并通过走访代表、电话回访等形式开展督办检查，切实推动意见建议办理工作。

四、坚持强基层固基础，自身建设全面加强

*加强思想政治建设。*制定《中共墨竹工卡县人大常委会党组2022年理论学习中心组学习计划》，依托每月一课、县委理论学习中心组学习、人大常委会党组理论学习中心组学习、“三会一课”、“学习强国”学习平台等载体，坚持自学与辅学相结合，集中学与交流学相结合，深入学习贯彻习近平新时代中国特色社会主义思想和党的二十大精神，真正把党的二十大精神融入血液、注入灵魂，用党的二十大精神武装头脑、指导实践、推动工作，确保党的决策部署在人大工作中落地生根。

*全面加强作风建设。*召开改进作风狠抓落实工作推进会6次、专题学习会10次；开展“作风怎么看，工作怎么干”大讨论活动1次；在全县范围内率先开展“对标找差、比学赶超”活动，结合查找出的差距清单，制定整改方案，健全台账资料，规范党员活动室建设，规范党组会议、主任会议、人大常委会会议流程，完善人大常委会及机关相关工作制度，促进作风进一步转变、工作更好落实。

*全面提升工作能力。*购置印发组织法、选举法、代表法等，组织人大工作者围绕我县人大工作召开

2次座谈会，认真分析存在的困难问题，并提出意见建议，通过学习交流，进一步提高了人大工作者的业务素质和能力，明确了人大工作的定位。

全面加强人大宣传。为进一步加强党和国家相关政策法规宣传力度，讲好墨竹人大故事，开通“墨竹人大”微信公众号，在自治区级媒体刊发人大创新发展的新闻报道2篇，在市级媒体刊发7篇，在县级媒体刊发30篇，展现了人民代表大会制度在墨竹的生动实践。

各位代表，这些成绩的取得，得益于县委的正确领导和市人大常委会的有力指导，得益于全县各族人民的高度信任和“一府一委两院”的协同配合，得益于各乡（镇）人大主席团的大力支持和全县各级人大代表的履职尽责。在此，我谨代表县人大常委会向大家的辛勤付出表示崇高的敬意！向一直以来关心和支持墨竹人大工作的社会各界人士表示衷心的感谢！

虽然取得了一定的成绩，但对照县委对人大工作的新要求、宪法和法律赋予的职责及全县人民的期望还有一定差距和不足：一是学习运用党的二十大精神、习近平新时代中国特色社会主义思想指导实践还不够，对照中央、区市党委人大工作会议精神的新要求还有差距；二是对标党中央正确监督、有效监督、依法监督的要求，在监督效果上还有待提升；三是代表主体作用发挥还不充分，代表意见建议与“内容高质量、办理高质量”的要求仍然有距离；四是对标“四个机关”建设要求，在工作质量和作风能力建设上还需加强。

2023年主要任务

各位代表：

2023年，是全面贯彻落实党的二十大精神的开局之年，是全党全国各族人民迈上全面建设社会主义现代化国家新征程、向第二个百年奋斗目标进军的第一年，完成好新一年各项目标任务，意义重大、使命光荣。县人大及其常委会将始终坚持党对人大工作的全面领导，高举中国特色社会主义伟大旗帜，坚持以习近平新时代中国特色社会主义思想为指导，深入贯彻落实党的二十大、二十届一中全会精神，全面贯彻中央和区市党委人大工作会议精神，紧紧围绕县委十届四次全会确定的目标任务，锚定“四件大事”、聚焦“四个创建”、争当“七个排头兵”，依法行使人大职权，充分发挥代表作用，为全面建设社会主义现代化国家、全面推进中华民族伟大复兴作出墨竹人大应有的贡献。

一、以政治建设统领新时代人大工作，打造自觉坚持党的领导的政治机关

党的领导是人民当家做主的根本保证，坚持党的领导是人大工作的最高政治原则，要把学习贯彻落实党的二十大精神及中央、区市党委人大工作会议精神作为当前和今后一个时期的重要政治任务，学深学透、抓紧抓实，转化为做好人大工作的生动实践。主动接受县委对人大工作的全面领导，严格落实向县委请示报告制度，把县委的要求变成人大的行动自觉。切实发挥常委会党组把方向、管大局、保落实的重要作用，坚持党建工作与人大工作同谋划、同部署、同融合，推动县委重大决策部署落地执行。

二、毫不动摇地坚持人民代表大会制度，打造保障人民当家作主的国家权力机关

一是跟踪检查“八五”普法决议落实情况，深入开展普法宣传，持续推进法治建设，推动全社会尊法学法守法用法，确保宪法在墨竹得到全面贯彻执行。二是加强对公、检、法、司的工作监督和法律监督，促进依法行政，公正司法，维护社会和谐稳定。三是坚持党管干部与依法任免干部有机统一，及时任命县委推荐人选；坚持在“一府一委两院”中开展“向人民报告”活动，凡人大及其常委会选举或任命人员，在本届任期内至少1次向常委会报告履职情况，并开展人民满意度测评，促使其尽职尽责，不辜负党和人民的重托。

三、实行正确监督、有效监督、依法监督，打造全面担负起宪法法律赋予各项职责的工作机关

结合二十大精神认真谋划人大监督工作新举措，切实加强对经济社会发展情况的监督。一是强化财经工作监督。定期听取和审议计划执行情况的报告，强化计划执行监督；加强对财政预决算

执行和审计整改情况的监督，建成预算联网监督系统并投入使用。二是强化重点工作监督。突出生态建设、项目落实、资金使用等重点工作，通过听取和审议专项工作报告、执法检查、调研视察、跟踪督查等多种形式加大监督力度，促进经济持续健康发展。三是强化民生工作监督。以促进民生改善为本，重点围绕乡村振兴、疫情防控、科教文卫、就业保障、公共服务等，督促和支持“一府一委两院”及时回应群众关切，全力办好民生实事，不断提高公共服务水平，努力让人民群众过上幸福美好生活。

四、充分发挥人大代表主体作用，打造始终同人民群众保持密切联系的代表机关

注重代表工作能力建设，全面提升保障服务水平。一要充分利用“人大代表之家”、“村级代表活动室”、微信公众号等平台，常态化开展党的二十大精神、习近平总书记重要讲话精神以及国家相关法律法规、国家通用语言文字学习；按照各级人大代表届内培训一遍的要求，采取多种形式开展县级人大代表集中轮训，着力提升代表依法履职的能力和水平。二要进一步规范代表列席县人大常委会，参与视察调查、执法检查、工作测评、专题询问等工作制度，推选人大代表参加县委、县政府邀请的有关会议、活动，拓宽代表知情知政渠道，推进闭会期间代表履职活动规范化、常态化、制度化。三要不断规范代表议案建议办理机制和落实情况跟踪机制，加强对代表议案建议办理工作的督促和协调，促进办理工作由“答复满意”向“结果满意”的转变。四要发挥常委会领导联系乡（镇）人大工作制度作用，加强对乡（镇）人大工作的联系与指导，加强乡（镇）人大主席和专干业务能力培训，树立好典型，推广好经验，努力提高基层人大工作水平。五要加强与选民的联系，突出落实“双联系”制度，严格报批程序，继续落实好办实事经费，发挥好桥梁纽带作用。继续完善代表误工补贴发放制度。

五、全面加强人大常委会自身建设，以新担当新作为奋力开创新时代人大工作新局面

立足新时代人大工作新部署、新要求，全力打造政治坚定、服务人民、尊崇法治、发扬民主、勤勉尽责的人大工作队伍。一要强化思想教育，坚定政治方向。坚持以习近平新时代中国特色社会主义思想统揽和指导人大工作，增强“四个意识”、坚定“四个自信”、做到“两个维护”，严守政治纪律和政治规矩；深入学习贯彻落实党的二十大精神，学习相关法律法规以及经济、社会管理等知识，不断深化对党的领导、人民当家作主、依法治国有机统一的认识。二要强化责任担当，树立良好形象。牢固树立强烈的责任意识和担当精神，牢记人大工作的使命和职责，牢记全体代表和全县人民的重托，严守纪律、恪尽职守，敢于监督、善于监督，努力开创人大工作新局面，树立人大干部的良好形象。三要筑牢思想防线，推进廉政建设。要履行全面从严治党主体责任，认真贯彻落实中央八项规定及其实施细则，落实党风廉政建设和意识形态工作责任制，狠抓干部日常管理和财务管理，从严控制“三公”经费支出，持续改进工作作风。四要健全管理制度，规范工作程序。要适应新时代、新要求，坚持以制度办事，靠制度管人，着力加强制度建设，使常委会各项工作的开展依法有序、规范运作，机关管理水平和工作效率进一步提高。

各位代表！伟大时代成就伟大梦想。我们要更加紧密团结在以习近平同志为核心的党中央周围，在县委的坚强领导和市人大的有力指导下，以坚定的信念，坚韧的毅力，坚守为民初心、担当人大使命，为全面建设社会主义现代化国家、全面推进中华民族伟大复兴做出新的更大贡献。

政府工作报告

——在墨竹工卡县第十四届人民代表大会第四次会议上

墨竹工卡县人民政府县长 巴 桑

（2022 年 12 月 29 日）

一、2022 年工作回顾

2022 年，我们经历了过去前所未有的风险挑战。一年来，我们坚持以习近平新时代中国特色社会主义思想为指导，统筹推进疫情防控、经济发展和安全生产，团结带领全县广大干部群众，众志成城抗疫情、固本强基保稳定、立足资源谋发展、抢抓机遇兴产业，全县各项工作在大战大考中有序推进。

——盛世大会鼓舞人心。党的二十大胜利召开，为我们擘画了以“中国式现代化”全面推进中华民族伟大复兴的宏伟蓝图和实现路径，为新时代新征程新阶段墨竹各项事业发展指明了前进方向。以喜迎党的二十大为主线，严格落实“四联四包”机制，开展系列学习宣传活动，准确全面贯彻“新发展理念”，全力推动党的二十大精神在墨竹落地生根、见行见效。

——疫情防控成效显著。面对今年 8 月突如其来的新冠肺炎疫情，在区、市党委、政府和县委的高效指挥下，在南京的无私援助和社会各界的大力支持下，我们坚持“人民至上、生命至上”，累计投入疫情防控资金 4966 万元，举全县之力打好疫情防控攻坚战，在短短一个月之内高效高质实现“社会面清零”和“动态清零”，率先在全市实现复商复市、复工复产、复学复课，有力有效保护了人民生命安全和身体健康。

——经济发展负重前行。面对严峻复杂的发展环境和突如其来的疫情突袭，我们攻坚克难、承压奋进，认真贯彻落实区市稳经济临时措施，最大限度减少疫情对经济社会的影响。2022 年，地区生产总值完成 61.62 亿元；规模以上工业增加值增速 59.8%；一般公共预算收入剔除增值税留抵退税后完成 3.16 亿元；固定资产投资同比下降 15.8%；社会消费品零售总额实现 4.28 亿元；农牧民人均可支配收入实现 22695 元，同比增长 7.7%。

一年来，我们主要做了以下工作，取得了一定成效。

（一）坚持警钟长鸣、警惕常在，社会大局持续稳定。圆满完成中共二十大和各重要时段的维稳安保任务；受理来信来访 87 件、调解矛盾纠纷 156 起；依法管理宗教事务，积极开展“三个意识”教育宣讲活动，不断推进藏传佛教与社会主义社会相适应；探索推进“互联网 + 药品”“互联网 + 明厨亮灶”监管新模式，聘请区外专家对全县矿山企业、危化品经营单位开展拉网式“专家”会诊，全年未发生较大以上生产安全事故。

（二）坚持同心同向、宁墨情深，民族团结更加紧密。到位计划内援藏资金 8870.19 万元，实施援藏项目 12 个；落实计划外援藏资金 686.56 万元，继续推进 30 个“格桑花开 · 幸福助力”民生微实事；南京市捐赠 200 余万元防疫物资，选派 2 名专家赴墨指导疫情防控工作，宁墨深情经此疫情更加牢固。以铸牢中华民族共同体意识为主线，创建全区首家多功能退役军人之家；以民族团结创建“九进”为抓手，开展民族团结宣讲学习活动 700 余场次；全力推进区市民族团结示范单位、模范集体创建工作。

（三）坚持产业引领、协同推进，高质量发展承压前行。严守耕地红线，粮食总产量达 2.76 万吨；加快实施黄牛改良、牦牛良种推广和农畜产品质量安全行动。保障“华泰龙、巨龙”全年不停产，规上企业工业总产值实现 125.19 亿元，在全市占比达 50% 以上。积极落实中央、区市的各项稳经济政策，深入推进“放管服”改革，完成增值税留抵退税 3.02 亿元；减免国有房租 255.61 万元；落实自治区中小企业发展专项奖补资金 350 万元；引导群众参与“助企促消费”活动，享受优惠金额达 140 余万元；招商引资累计到位资金 18 亿元。全年接待游客 4.4 万人次，实现旅游综合收入 396.45 万元。

（四）坚持生态优先、绿色发展，县域环境持续向好。高质量通过全区生态环境保护考核，甲玛矿区创建国家级绿色矿山试点工作取得实质性成效，高质量办结第二轮中央环保督察转办的 9 个案件，高效推动工矿企业开展拉萨南北山绿化工程，完成矿山生态治理修复 320.9 亩；实施退化草原生态修复、“四旁”植树、县城绿化等项目，累计栽植苗木 13 万株；深入开展林长制、河湖长制、河湖“清四乱”专项整治行动。

（五）坚持民有所呼、政有所应，民生福祉成果显著。全面推进巩固拓展脱贫攻坚成果同乡村振兴有效衔接各项工作，年内整合涉农资金 3.07 亿元、实施项目 18 个；发放扶贫小额信贷 8172 万元；成功消除返贫风险 22 户 105 人；脱贫户人均纯收入同比增长 14.23%。探索推进“12369”促就业举措，应届高校毕业生就业率达 97.11%；10936 名农牧民实现转移就业，城镇失业登记率控制在 4% 以内。本级投入 1.2 亿元用于教育事业发展；全力推进自治区级“互联网 + 教育”示范县创建及校园基础设施提升工程，高质量通过自治区学前教育普及普惠过程督导。加快推动县医院信息化建设，探索“以院包科”新模式；县医院门诊医技楼专债项目成功落地，投入 4500 万元的住院楼项目开工建设；投入 600 万元为城乡居民购买“医疗互助保险”；累计为 31 名困难大病患者借支 465 万元诊疗资金。为 4758 名老人发放“幸福养老”金 1992.47 万元；疫情期间为 4201 名务工人员及困难群众发放补助资金及物资共计 115.4 万元。自主成功被举办“农旅”深度融合的油菜花节，9 个项目成功被列入第六批非遗传承项目。

（六）坚持共建共享、统筹推进，城乡发展更加协调。有序推进“一街一景”及老城区“四化”等基础设施提升项目，9 座县乡污水处理厂及 137 个 5G 基站建成运行。实施 7 个行政村 214 户“美丽乡村・幸福家园”整村推进、13 个乡村振兴示范村建设、防洪堤新建等项目；有序推进 30 处农村安全饮水巩固提升、维修养护及农村公路精细化提升工程，农村公路列养率达 100%；超指标完成 1102 户农村卫生厕所改造，普及率达 85%。圆满完成 40 个村 198 个小组清产核资、341 宗农村集体土地缮证及 6 个村庄规划编制，妥善处理 2 起“两违”问题，收缴罚款 1146.03 万元。智慧交通、智慧停车场、智慧城市建设取得显著成效，城乡环境实现“颜值”“气质”同步提升。

各位代表！一年来，我们始终把政治建设摆在首位，将党的领导贯穿工作全过程，坚定坚决捍卫“两个确立”，做到“两个维护”。规范政府工作规则，严格落实“三重一大”，32 个重大事项提请县委审议，自觉接受县人大、县政协及各方监督，办理人大建议 67 件，答复率达 100%、满意率达 99% 以上。审计、工青妇、保密、编译、档案、气象、地方志、人民武装、消防等工作有序推进。持续改进作风、狠抓落实，常态化推进党风廉政建设，政府治理能力和治理水平在各项大战大考中得到全面提升。

各位代表！回望这异常艰难的一年，面对疫情、经济下行等困难叠加的冲击，我们坚定信心、迎难而上、踔厉奋进，经历了疫情突发时的匆忙应对到迅速切断病毒传播链；经历了发展停滞时的举步维艰到全力以赴完成目标任务；经历了安全监管时的突击整顿到常态化执法全面落实。这一年，我们成功创建国家级农业现代化示范区；县人民医院入选全国首批“千县工程”；尼玛江热乡中心小学成功打造为全国“乡村温馨校园”；6 个乡（镇）、29 个行政村创建为自治区级生态文明建设示范区；墨竹工卡县成功被评为自治区级民族团结进步模范集体；打造全市“商业医疗保险”新标杆。

各位代表！这一年，让我们信心倍增的是，在复杂严峻的形势面前，有以习近平同志为核心的党中央掌舵领航，有区、市党委、政府和县委的坚强领导，有南京市的无私援助。这一年，让我们倍感敬佩的是，在发展环境遭遇多重压力的情况下，广大市场主体知难而进、负重前行、坚守初心，为墨竹经济社会发展作出了不可替代的贡献。这一年，让我们备受感动的是，在这场疫情大考中，广大医务工作者、党员干部、公安干警、基层工作人员和各级代表、委员冲锋在前、迎难而上、不分昼夜、任劳任怨，广大群众识大体、顾大局，对各项工作给予最大的关心、理解和支持，以一己之所能为墨竹增光添彩。在此，我代表县政府向大家表示衷心的感谢，并致以崇高的敬意！

在看到成绩的同时，我们也清醒地认识到，全县经济社会发展还面临一些困难和问题：受宏观环境影响，刚性压力持续加大，产业园区和产业集群总量不大、质量不优，产业结构不合理、产业项目带动能力不强等问题依旧存在；受建设用地指标制约，县域内重点产业项目落地不快甚至无法落地的问题依旧突出；受地理位置限制，企业管理运营人才短缺、基层治理能力有限、医疗卫生存在短板；少数干部的作风、能力还不能完全适应新形势、新任务、新要求。针对这些问题，我们一定迎难而上，全力予以解决。

二、2023 年经济社会发展总体要求

2023 年是全面贯彻落实党的二十大精神的开局之年，是实施“十四五”规划承上启下的重要之年，也是全县经受疫情大考后实现经济复苏的关键之年，做好明年各项工作，使命光荣、责任重大。2023 年工作的总体要求是：坚持以习近平新时代中国特色社会主义思想为指导，全面贯彻落实党的二十大和二十届一中全会以及中央经济工作会议精神，深入贯彻落实习近平总书记关于西藏工作的重要论述和王君正书记关于拉萨工作系列讲话精神，按照区市第十次党代会、十届历次全会和县委十届四次全会的安排部署，坚定坚决捍卫“两个确立”、增强“四个意识”、坚定“四个自信”、做到“两个维护”，坚持稳字当头、稳中求进工作总基调，瞄定“四件大事”，聚力“四个创建”“四个走在前列”、当好“七个排头兵”，全面建设富强民主文明和谐美丽的社会主义现代化新墨竹。

统筹考虑各种因素，2023 年全县经济社会发展的主要预期目标是：地区生产总值增长 10%；一般公共预算收入平稳增长；社会消费品零售总额增长 10%；规模以上工业增加值增长 8%；固定资产投资增长 20% 以上，农牧民人均可支配收入增长 13%。

要顺利完成上述目标任务，必须坚持做到以下三个方面：一是务必不忘初心、牢记使命。要紧紧围绕新时代新征程中国共产党的使命任务，弘扬伟大建党精神，聚焦群众的小需求、小期盼、小心愿，以政府不变的初心、不懈的奋斗、不惧的担当，实施“十大民生”工程，推进“十件民生”实事，用心用情用力答好新时代为民办实事的“新考卷”。二是务必谦虚谨慎、艰苦奋斗。要始终聚焦中华民族伟大复兴的中国梦，对标“四个创建”和“四个走在前列”，紧盯城乡发展不平衡不充分、产业结构不合理、基层协同治理衔接不顺畅等问题，在危机中育新机，在变局中开新局，抓住关键求突破。三是务必敢于斗争、善于斗争。进入新时代，我们面临的形势之复杂，斗争之严峻、改革发展稳定任务之艰巨前所未有。在新时代新征程上，要切实增强忧患意识，坚持底线思维，发扬斗争精神，重整行囊再出发，知重负重再前行，奋力谱写墨竹长治久安和高质量发展新篇章。

三、2023 年主要工作

党的二十大指出：“高质量发展是全面建设社会主义现代化国家的首要任务。”刚刚召开的县委十届四次全会，全面贯彻落实了党的二十大精神和区、市第十次党代会及十届历次全会精神。做好 2023 年工作，要紧紧围绕拉萨市“1+7、强中心”战略、“七大行动”方案及“三个百廊”建设，以争资立

项、改善民生为己任，以维护安全稳定为根本，以推动“高质量发展”为第一要务，着力做好以下工作。

（一）突出政治建设，契合高质量发展新要求。始终坚持把学习贯彻党的二十大精神作为首要政治任务，牢记“三个务必”，做到“两个维护”。政治上坚定坚决。坚决维护党中央权威和集中统一领导，深刻领悟“两个确立”的决定性意义，深学笃行、多措并举，切实提高党员领导干部的政治判断力、政治领悟力、政治执行力。行动上主动作为。深入开展学习党的二十大、政府“是什么、干什么、怎么干”学习实践活动，在经济复苏、产业发展、民生改善、基层治理、生态建设等重点工作中主动作为、攻坚克难，以实际行动贯彻落实区、市党委、政府及县委的各项决策部署。作风上求真务实。坚守“改进作风、狠抓落实”的恒心，持之以恒贯彻落实中央八项规定及其实施细则精神，驰而不息纠治“四风”。始终坚持问计于民、问需于民，真正把功夫下到察实情、出实招、办实事、求实效上，以求真务实的举措实现人民群众对美好生活的向往。

（二）突出维护稳定，夯实高质量发展基础。善治必达情、达情必近人。更好统筹疫情防控和经济社会发展，更好统筹发展和安全，为墨竹长治久安和高质量发展创造良好条件。以政治安全为根本。始终把维护稳定作为第一政治任务，认真落实总体国家安全观，严密防范和打击分裂渗透破坏活动，加强应急处突演练工作；牢牢牵住寺庙管理“牛鼻子”，深入推进“三个意识”教育活动，有序实施重点寺庙“一寺一策”专项攻坚行动。以人民安全为宗旨。始终坚持生命至上、安全至上，认真开展自然灾害综合风险督导检查；提升县乡村三级应急队伍能力和水平；有序推进直孔梯寺消防救援站建设；守牢“舌尖安全”底线，探索实施食品、药品监管领域改革，全面推进食品安全示范城市创建工作。以社会安全为保障。始终严守安全生产红线，不断健全应急管理体制机制；持续推进尾矿库和重大安全隐患县级干部包保制度；常态化开展安全隐患“大排查、大整治、大起底”行动及安全隐患“动态清零”工程；扎实推进基层治理能力与治理水平现代化，不断巩固提升基层网格化水平；持续开展平安边界创建，规范组建村级理事会，持续完善村规民约，着力打造10个以上基层治理示范村，推进平安墨竹建设再上新台阶。

（三）突出产业提质，打造高质量发展新引擎。坚持“优化一产、壮大二产、提升三产”的工作主基调，按照“产业兴县、工业强县”的发展格局，持续优化经济结构，推动经济稳中向好。在发展现代农牧业上摸准增长点。严守耕地红线，建立直孔白青稞、墨竹小油菜、斯布牦牛品种保护推广（繁育）基地。认真落实土地流转指导政策，探索实施5.87万亩连片种植新模式，大力推广“藏青3000、喜拉22”优良品种；实施2000亩高标准农田建设项目；订单种植小油菜2.65万亩、饲草种植7000亩。建设以斯布沟为中心的现代牦牛养殖中心，继续探索“农牧户统一养殖+合作社统一管理+公司统一对接市场及一乡（镇）一合作社”模式，切实提高产业发展能力。在推进绿色工业上找准着力点。紧紧抓住拉萨打造“百亿产业走廊”的发展契机，立足县域资源优势，大力发展新能源产业，积极推进直孔抽水蓄能项目建设，争取巨龙光伏发电项目建成运行。支持华泰龙、巨龙公司稳产增产；大力推进华泰龙三期尾矿库、巨龙公司20万吨日采选工程；稳妥有序推进天仁矿业重组工作；纵深推进探矿、采矿技术改革，力争工业增加值实现持续增长。在融合新型产业上瞄准切入点。重点围绕国家级农业现代化示范区建设，在积极推进青稞产业、斯布牦牛良种繁育等农牧业项目的基础上，深入推进乡村生态休闲馆、陶瓷展示馆、矿山博物馆等五个文化场馆项目提档升级。着力打造“农业+文化+旅游”新型品牌，着力打造“温泉+旅游”康养新型产业，着力打造思金拉措新业态整体旅游开发，稳妥举办民族文体活动，积极融入拉北旅游大环线，着力培育新的经济增长点。

（四）突出深化改革，激发高质量发展新活力。全面推进法治政府建设，加大政府信息公开力度，贯彻落实深化改革各项要求，大力提振市场信心。全力优化营商环境。清单式推进“放管服”改革，优化事项审批程序；探索推进项目论证、立项、规划等环节体制机制改革，提高审批效率；以“服务型”

政府建设为抓手，改进工作作风，强化要素保障，对企业发展过程中面临的各种困难，千方百计予以解决，以优质的营商环境激发各类市场主体活力，稳定发展预期、提振发展信心。全速推进招商引资。立足县域产业及援藏资源优势，创新招商引资机制，精准招商、援藏招商、以商招商，组建专业队伍，加强要素保障，以敢为人先的作风和全速抢跑的态度推进招商引资。坚持以延链补链为主线，围绕推动特色农牧业市场化、产业化、品牌化，大力招引农产品深加工龙头企业落户墨竹；以培优做强绿色工业、清洁能源等特色优势产业为抓手，探索矿渣再生资源综合利用和绿色新能源项目，延伸末端产业链；以建设拉萨东部"温泉小镇"、墨竹农业现代化示范园及格桑花开产业园为依托，大力招引资质优、能力强、水平高的第三方团队共同参与开发运营，争取招商引资到位资金实现20亿元。全面推进国企改革。优化完善《墨竹工卡县国有企业改革方案》，通过优化国有经济投资布局、整合重组和清理退出等方式，盘活存量低效资产，以市场化机制激发县属国有企业竞争力和影响力，切实发挥国企在推动经济社会发展中的支撑作用和骨干带动作用。

（五）突出城乡共建，启动高质量发展新驱动。围绕拉萨市"百里活力城乡长廊"建设构想，规划墨竹城乡建设新思路。探索实施多规合一。成立墨竹工卡县规划领导小组，以创建国家级文明城市为抓手，探索实施四个乡镇国土空间规划、剩余16个村庄规划及产业高质量发展规划等多规合一，加快推进国土空间规划编制成果落实，加大土地收储开发力度，充分释放存量建设用地潜力，助推重点建设项目和有效投资落实落地。加强城市精细化管理，进一步明确县城管职责，全面开展"两违"专项整治行动，纵深推进"四化"工作，推动县城客运站、车辆检测中心及6座公共停车场建成运营；加快推进县城智能交通项目投入使用；计划投资1.07亿元，开展县城排污、排水管道改造、棚户区基础设施改造、公租房建设等一批补短板项目；有序推进墨竹标准酒店及农贸市场建设等项目，加快升级老城区功能配套设施。推进现代乡村建设。在巩固拓展脱贫攻坚成果同乡村振兴有效衔接上下更大的功夫，进一步完善防返贫动态监测和帮扶机制，强化易地搬迁后续扶持，确保脱贫人口、监测对象人均纯收入实现稳步增长，坚决守住不发生规模性返贫底线。探索实施优势资源开发利益共享机制，创新优势资源开发占用农村集体土地补偿方式，建立集体股权参与项目分红的资产收益长效机制，实现资源开发与乡村全面振兴互惠共赢。申报2023年衔接推进乡村振兴补助资金项目19个，涉及资金2.68亿元。持续实施"美丽乡村·幸福家园"工程；推进2个村人居环境整治建设项目；农村卫生厕所普及率达90%以上；争取实施龙珠岗大桥、扎西岗乡朗杰林大桥等项目。强化专业人才培养。在加大乡村农技特岗人员培训的基础上，建立乡、村农技人才库，探索实施"政府补贴+施工企业+农牧民"模式，为41个村（居）培养水电工、钢筋工、木工等一大批乡村振兴实用型技能人才。

（六）突出民生普惠，共享高质量发展新成果。着力提升教育教学水平。有序实施智慧校园、中学基础设施、教工之家等校园改造提升工程，落实教学质量提升行动，强化家校联动，千方百计提高教学质量，争取中小学教学能力达到全市中上水平。着力提高就业创业质量。巩固提升援藏就业帮扶成果，大力推进格桑花开"培训就业"新模式，扎实推动紫金学院"定向委培"工作，争取应届毕业生实现100%就业。以"矿业促就业、项目促就业"为重点，探索"集中培训+实际操作"的劳动力技能培训模式，持续提升劳动力组织化输出程度。着力加快健康墨竹建设。深入开展健康墨竹行动，健全完善医疗卫生应急体系，全力优化县人民医院总体规划，重点实施县医院医技楼建设及北部片区医疗能力提升项目，巩固促进信息化建设成果，打通县乡村信息化三级联通渠道。健全绩效监管改革机制，深化组团式医疗援藏成果，积极培养一批专业人才。着力健全社会保障体系。继续实施工卡镇棚户区改造项目，建立健全公租房管理新模式；推动实现医疗参保全覆盖，不断优化完善"医疗互助"商业健康保险和医保经办服务，切实提升群众满意度；完善社会救助体系，织密兜牢基本民生；加快推进残疾人就业孵化基地建设和残疾人"两项补贴”适当扩面；建设运行2个农村养老邻里互助服务站。着力加强文体保护发展。

深入挖掘甲玛民族团结历史文化底蕴，持续做好“非遗”文化保护与传承，发展县域特色“非遗”文化品牌，举办好松赞文化节、油菜花节、南京墨竹周等活动，加快补齐县域公共体育设施短板，有序推进县城公共体育场建设项目。

（七）突出生态环保，厚植高质量发展新优势。以拉萨市打造“百里生态绿廊”为契机，适时启动国家级生态文明县创建，完成自治区级生态文明示范县、乡、村创建工作。在“绿”字上下功夫。牢固树立“两山”理念，坚定不移走绿色发展之路，深入推进河长制、林长制及路长制工作，纵深推进河道“清四乱”行动，继续开展国土绿化工作，逐步探索南山绿化工程。在“美”字上下功夫。实施沙棘林保护修复、水生态综合治理等一批综合环境提升工程，持续扩大垃圾分类覆盖面，全力补齐生态保护短板。健全完善村规民约，构建乡风文明、民风朴素的良好氛围，着力提升群众参与生态保护的积极性。在“严”字上下功夫。严把项目环评审批关，严格环境监管执法，严厉打击环境违法行为。深入落实水源地专项整治，强化危废规范化管理，持续开展绿盾行动，实现绿色高质量发展，努力建设生态文明高地。

各位代表！心中有理想、脚下有力量。踏上新时代新征程，让我们更加紧密地团结在以习近平同志为核心的党中央周围，坚持以习近平新时代中国特色社会主义思想为指导，认真贯彻落实区、市、县第十次党代会、十届历次全会精神，锚定“四件大事”，聚力“四个创建”“四个走在前列”、争当“七个排头兵”，踔厉奋发、务实笃行、真抓实干，为全面建设社会主义现代化新墨竹而不懈奋斗。

二十件民生实事清单

一、十大项民生工程

1. 实施第三批“美丽乡村 · 幸福家园”整村推进工程。2. 实现应届高校毕业生就业率达100%。3. 全县中小学教学能力达到全市中上水平。4. 实施龙珠岗大桥、扎西岗乡朗杰林大桥新建项目。5. 实施县医院综合门诊楼改造提升项目。6. 实现甲玛新水厂规范供水。7. 实施县中学基础设施改造提升工程。8. 县城水源地建设工程。9. 加快推进残疾人就业孵化基地建设。10. 实施1000户以上农村卫生厕所改造工程。

二、十件民生实事

1. 持续推进“格桑花开 · 幸福助力”民生微实事45件。2. 新建农牧区溪桥30余座，自然村道路通畅率达80%以上。3. 推进农牧区“四有创建”工作，即村村有水电工、村村有澡堂、村村有水管员、村村有钢筋工和木工。4. 实施2个乡（镇）邻里服务中心项目。5. 实施扎西岗村、宗雪村农村饮水安全改造工程。6. 实施高寒地区集中式牲畜暖棚暖圈。7. 推进县城公共体育场建设项目。8. 推进客运班线改革，加快开通县城公共交通班线，适当增加农村客运班车数量。9. 推进2所学校体育场建设项目。10. 推进北部片区医疗能力提升项目。

名词解释

1.“四个意识”：政治意识、大局意识、核心意识、看齐意识。

2.“四个自信”：道路自信、理论自信、制度自信、文化自信。

3. “中国式现代化”：中国式现代化是中国共产党领导的社会主义现代化。现代化的共同特征，更有基于自己国情的中国特色。中国式现代化是人口规模巨大的现代化，是全体人民共同富裕的现代化，是物质文明和精神文明协调的现代化，是人与自然和谐共生的现代化，是走和平发展道路的现代化。

4. “新发展理念”：创新、协调、绿色、开放、共享的发展理念。

5. “四件大事”：稳定、发展、生态、强边。

6.“四个创建”：创建全国民族团结进步示范区，创建高原经济高质量发展先行区，创建国家生态文明高地，创建国家固边兴边富民行动示范区。

7. “四个走在前列”：民族团结进步走在全国前列，高原经济高质量发展走在全国前列，生态文明建设走在全国前列，固边兴边富民行动走在全国前列。

8.“七个排头兵”：切实提高政治站位，在坚定捍卫“两个确立”坚决做到“两个维护”上当好排头兵；坚持警钟长鸣、警惕常在，在维护社会稳定、实现长治久安上当好排头兵；坚持以铸牢中华民族共同体意识为主线，在着力创建民族团结进步模范区上当好排头兵；坚持“三个赋予、一个有利于”在着力创建高原经济高质量发展先行区上当好排头兵；坚定不移走生态优先绿色发展之路，在着力创建国家生态文明高地上当好排头兵；努力建设强边大后方，在着力创建国家固边兴边富民行动示范区上当好排头兵；坚决扛起从严治党主体责任，在全面加强党的建设上当好排头兵。

9.“三个务必”：务必不忘初心、牢记使命；务必谦虚谨慎、艰苦奋斗；务必敢于斗争、善于斗争。

10.“三个意识”：国家意识、公民意识、法治意识。

11.“四旁”植树：水旁、田旁、路旁、村旁植树。

12.“放管服”改革：简政放权、放管结合、优化服务。

13.“清四乱”：对乱占、乱采、乱堆、乱建问题进行清理整治。

14.“两违”：违法用地、违法建设。

15.“两个确立”：确立习近平同志党中央的核心、全党的核心地位，确立习近平新时代中国特色社会主义思想的指导地位。

16.“两个维护”：坚决维护习近平总书记党中央的核心、全党的核心地位，坚决维护党中央权威和集中统一领导。

17.“三重一大”：重大决策、重要人事任免、重大项目安排和大额资金使用。

18.“1+7”：强中心 +7 大行动。

19.“七大行动”：强看齐、强治理、强团结、强经济、强生态、强后方、强党建。

20.“两项补贴”：贫困残疾人生活补贴，重度残疾人护理补贴。

21.“百亿产业走廊”：依托要素集聚、建圈强链、四化同步、产城融合，打造集中度高、特色鲜明、产城融合、绿色低碳等一体的百亿产业走廊。

22.“百里活力城乡长廊”：依托城乡发展联动，打造具有城乡融合、空间统筹、宜居宜业、幸福美丽等一体的百里活力城乡长廊。

23.“百里生态绿廊”：依托拉萨河，打造山清水秀、田丰业优、智慧治理等一体的百里生态绿廊。

24.“两山”理念：绿水青山就是金山银山，冰天雪地也是金山银山。

25.“四化”：美化、绿化、亮化、净化。

政协墨竹工卡县委员会常务委员会工作报告

——在政协第三届墨竹工卡县委员会第三次会议上

墨竹工卡县政协主席　央　旦

（2022 年 12 月 28 日）

2022 年工作回顾

2022 年，是党的二十大胜利召开之年，是向第二个百年奋斗目标进军新征程的重要一年。一年来，在县委的坚强领导下，市政协的精心指导下，在县人大常委会、县政府的大力支持下，坚持用习近平新时代中国特色社会主义思想指导政协事业发展，坚持发扬民主和增进团结相互贯通、建言资政和凝聚共识双向发力，积极开展政治协商、民主监督、参政议政，团结带领全体政协委员，瞄准“四件大事”“四个确保”，主动融入“四个创建”“四个走在前列”，争当“七个排头兵”，凝心聚力、砥砺奋进，把提质增效贯穿履职工作全过程，为全面建设社会主义现代化墨竹新篇章发挥了政协职能，体现了委员担当，贡献了政协力量。

一、坚持党的领导，人民政协的“政治底色”更加鲜明

唯有深学，方能笃行。县政协常委会始终把深入学习宣传贯彻习近平新时代中国特色社会主义思想作为首要政治任务，切实提高政治引领能力，把牢正确履职方向。

强化政治意识。坚持党对政协工作的全面领导，严守政治纪律和政治规矩，严格执行请示报告制度，做到重要工作、重要会议、重要活动及时向县委请示报告。全面落实意识形态工作责任制，加强“政协委员之家”、政协委员微信工作群等舆论阵地管理；紧扣县委县政府决策部署，谋划推进履职活动，把党的领导贯彻落实到政协工作全过程，始终与县委思想上同心同德，目标上同心同向，行动上同心同行。

深化理论武装。坚持以理论学习为引领，扎实推进县政协全委会、党组会议、主席会议、常委会会议和机关党支部等集体学习，认真学习习近平总书记关于加强和改进人民政协工作的重要思想和重要论述，联系实际学习习近平新时代中国特色社会主义思想特别是视察西藏时的重要讲话精神，持续加强党史学习教育常态化，学习宣传区市党代会精神。推进改进作风狠抓落实各项工作走深走实，进一步夯实了增强“四个意识”、坚定“四个自信”、做到“两个维护”的思想根基。一年里，组织召开政协全委会 1 次，常委会会议 6 次，主席会议 5 次，理论学习中心组学习研讨会议 13 次，党组书记带头讲党课 4 次。全力抓好党的二十大精神学习宣传工作，第一时间开展党的二十大精神集中学习研讨会 3 次；5 名党组班子成员深入联系点开展党的二十大精神宣传、宣讲工作，增进了对中国共产党和中国特色社会主义的政治认同、思想认同、理论认同、情感认同。

二、关注民生实事，建言资政的“履职本色”更加突出

思民之所忧，行民之所盼。县政协常委会紧扣

全县中心工作,精心制订年度协商计划、精选协商议题,开展协商议政活动,努力发出更多“政协声音”,释放更多“政协能量”。

关注民生反映社情民意。围绕县民生实事,基层群众关心的重点难点问题深入开展密切联系委员、联系基层、联系群众活动。一年来,全县近70名政协委员以座谈会、入户宣讲、电话联系等形式联系群众听取社情民意,其间收集意见建议27条,经核实调研后,梳理归纳重点难点和群众急需解决的问题16项,从委员办实事经费中安排100万元给予解决,目前已完成12件(如尼玛江热乡宗雪村修建磨面房、日多乡怎村便民超市等)。县政协常委会服从县委安排,5名班子成员第一时间分赴4个乡镇、7个行政村开展“领导干部下基层大接访办实事”和“四联四包”工作,组织开展“大接访”“大宣讲”“办实事”工作20余天,其间大接访10件,办实事13件,大宣讲23场次,受众党员干部群众达3100余人次。完成县委交办工作任务,协调抓好“三岩片区”和各项专班工作,扎实做好驻村工作任务。9名机关干部结对帮扶应届大学生24人,通过面谈、电话和微信对其就业创业宣传和正面引导近100人次。鼓励政协委员踊跃参与“我和群众心连心、我为群众办实事”送温暖活动,为扎西岗乡扎西岗村美间组益西次仁家送去价值1.3万元的家具,为群众解难题,谋出路,找收入。

三、锚定中心任务,担当有为的“主角姿态”更加积极

大道至简,实干为要。在服务保障墨竹工卡建设发展大局中,县政协常委会找准定位、精准发力,凝聚共识、汇聚合力,以“功成必定有我”的主角意识,变“跟着干”为“主动干”,助推全县中心工作顺利推进,彰显政协的担当和作为。

强化委员队伍管理。加强委员队伍建设工作的领导和统筹,及时研究解决委员队伍建设中出现的新情况、新问题,使委员履职能力和水平进一步提升。为增进党员委员与党外委员的沟通联系,建立了党员委员联系党外委员制度,45名党员委员联系67名党外委员,及时宣传党的大政方针政策、惠农利民政策法律法规等,实现党的工作对政协委员全覆盖。对112名政协委员建立委员履职档案,做到了底数清、情况明、管理严,全面了解和掌握委员参政议政、参加各类活动、提交提案及社情民意情况。

注重时效抓好提案办理。牢牢把握提案工作交办、督办和落实三个关键环节,开展协商座谈、跟踪办理,实现提办双方互动;注重提案全程协商,使提案办理成为知情明政、沟通协调、形成共识的过程,推动提案办理注重满意率向注重采纳落实率转变,助推了相关工作的加快落实。政协三届二次会议期间收到提案61件,经审查立案56件,占提案总数的92%,均得到了相关职能部门的办理和答复,答复率为100%,委员满意率为98%。

督导检查工作扎实开展。紧扣中心工作开展重点调研,组织相关部门赴全县七乡一镇就全面落实河(湖)长制工作进行联合督导检查,形成调研报告,提出意见建议为县委、县政府决策提供参考;组织各界别委员20余人对县创建文明城市工作进行实地视察调研,及时向有关部门反馈工作建议。

积极承担委员社会责任。面对突如其来的新冠肺炎疫情,广大政协委员发挥自身优势,积极投身疫情防控工作,奔赴前线敢当“排头兵”,捐款捐物甘为“送炭人”,舍身逆行勇做“志愿者”,为防控疫情作出了积极贡献。向全县112名政协委员发出倡议书,迅速组织政协委员及政协机关干部踊跃参与到全县疫情防控服务工作中,积极用奉献践行诺言,用真情传递温暖,汇聚起同心抗疫“政”能量,为打赢疫情防控阻击战贡献“政协力量”。全县广大政协委员共捐赠价值40.5万元的防疫物资及生活物资,捐赠现金2.5万元,减免房租折合人民币67.8万元。在传统节假日等期间,政协委员们走村入户慰问生活困难群众,到敬老院看望老人,传递党和政府的关怀与温暖;以志愿服务行动为契机,广大政协委员积极投身志愿服务活动,助农秋收、环境卫生美化、破损道路修补、健康义诊服务处处可见委员身影,践行志愿服务精神的同时,带动引领各界群众参与其中。县政协委员、甲玛赤康祥和商贸公司旺堆,门巴乡车队负责人旦普,龙珠岗农牧民建筑施工队负责人强巴晋美等,以勇担社会

责任的实际行动，彰显了新时代政协委员的卓然风采。

四、重视自身建设，强基固本的“自我修养”更加提升

根深则本固，基美则上宁。围绕新时代加强和改进人民政协工作的总体要求和着力重点，以完善制度、增强本领为抓手，推动政协工作提质增效。

完善政协制度建设。修订完善了《政协委员履职管理办法》《主席会议成员联系常委、常委联系委员制度》和《政协常委会工作规则》，不断完善多层次联络服务委员机制，为政协委员更好的履行政治协商、民主监督和参政议政职能提供了新平台，较好地发挥了委员联系群众、服务群众的桥梁与纽带作用。

提高委员履职能力。始终把委员学习摆在突出位置，发放《习近平总书记在中央政协工作会议暨庆祝中国人民政治协商会议成立70周年大会上的讲话》《关于加强新时代人民政协党的建设工作的若干意见》和提案工作基本知识等学习资料，帮助委员深入掌握政协“是什么”“干什么”“怎么干”，切实将全体委员的思想和行动统一到县委县政府的决策部署上来，提高广大委员为政协工作服务，为统一战线服务，为经济社会建设服务的能力和水平。

提升政协机关效能。以落实县委持续开展作风纪律专项整治工作为契机，进一步规范办文、办会、办事程序，完善会议、调研、视察和各种活动的规章制度及管理规则，健全运转高效的机关工作机制。以作风建设为抓手，不断增强干部职工的学习力、执行力、创新力，努力提升机关为工作大局服务、为履行职能服务、为政协委员服务的绩效，致力于打造文明和谐、团结向上、优质高效、清正廉洁的机关形象。

加强交往交流。主动配合区、市政协的有关调研视察工作，加强同兄弟县（区）政协的工作交流。今年，山南市贡嘎县政协委员和林芝市工布江达县政协委员赴我县考察学习2次12人。配合区政协围绕“实施固体废物处理和利用服务生态文明高地建设”“中央环保督察问题整改情况”等开展调研2次。配合市政协围绕“基层政协机构运行、机构设置、人员配备、委员履职”及“两个薄弱”方面存在的问题和困难开展调研3次。成功举办首期“委员讲堂·赋能履职”活动，7名政协委员围绕以感悟西藏变化、民族团结和创业故事等为主题进行讲述，并在“学习强国”西藏篇刊登。紧扣喜迎党的二十大主题，围绕“铸牢中华民族共同体意识、争做民族团结进步的排头兵”等内容在全县七乡一镇组织基层政协委员开展宣讲活动，发放宣传手册100余份，受众委员达100余人次。

各位委员，我们深切感受到，今年所取得的成绩，是县委坚强领导的结果，是县人大常委会、县政府大力支持的结果，是全县各部门和社会各界协同配合的结果，也是广大政协委员充分发挥主体作用，认真履职的结果。在此，我代表县政协常委会对大家表示衷心的感谢，并致以崇高的敬意！

在肯定成绩的同时，我们也清醒地认识到工作中还存在一些不足，如县政协基础工作、人员力量的“两个薄弱”问题没有得到根本性解决；协商建言质量和水平需要进一步提升；委员的责任意识和履职能力不够，需要进一步强化；提案办结率仍不够理想，还需进一步提升；一些既定工作任务未能如期完成，还需继续推动落实等。这些都需要我们高度重视，切实加以解决。对此，真诚希望广大政协委员及社会各界提出批评建议，我们将高度重视，切实加以改进。

2023年工作任务

新的一年里，我们将以习近平新时代中国特色社会主义思想为指导，深入学习宣传贯彻党的二十大精神及中央第七次西藏工作座谈会，习近平总书记关于西藏工作的重要指示和新时代的治藏方略，深刻贯彻落实区市党委全会和县委十届四次全会精神，锚定“四件大事”“四个确保”，聚力“四个创建”“四个走在前列”，争当“七个排头兵”，不断深入领会人民政协在新的历史阶段的全新使命和目标任务，充分发挥人民政协社会主义协商民主重要渠道和专门协商机构作用，积极投身“七大行动”，

坚持发扬民主和增进团结相互贯通，在建言资政和凝聚共识上双向发力，努力推动政协工作再上新台阶。

一是不断夯实团结奋斗的思想政治基础。把学习宣传贯彻党的二十大精神作为政协组织和政协委员当前和今后一个时期的首要政治任务，作为政协各项履职工作的主题主线，认真贯彻落实习近平总书记“五个牢牢把握”的要求，学深悟透党的二十大提出的新思想新论断、作出的新部署新要求，把党的二十大胜利召开所激发出的热情干劲转化为担当尽责、认真履职的实际行动，更好发挥专门协商机构在全过程人民民主中的独特优势和重要作用，把党的二十大精神学习成果转化为推动政协事业发展的生动实践，不断推进政协工作提质增效。

二是坚持党对政协工作的领导。坚持以党的领导为根本，推进政协党的组织和党的工作有效覆盖。按照中共中央关于加强新时代人民政协党的建设总体要求，深入学习贯彻党的二十大精神和习近平总书记系列重要讲话、重要指示批示精神，用新思想武装头脑、指导实践、推进工作，以新思想凝聚人心、团结力量、汇集智慧，确保政协工作始终保持正确政治方向。落实政协党组全面从严治党主体责任，持续推进机关党建工作。

三是紧扣政协新发展建言资政。围绕县委县政府年度重点工作推进政协履职，把握团结和民主两大主题，科学安排协商计划，精心组织协商活动。充分调动委员参与监督热情开展民主监督，不断健全政协组织密切联系群众的工作机制，进一步拓宽民意表达渠道；积极探索政协监督与服务并举的新途径，为有关部门改进工作提供意见建议，推动县委、县政府重大决策的实施。通过会议、调研、视察、提案、座谈、走访等形式，积极主动，迅速准确地收集和反映社情民意信息，为县委、县政府决策服务。

四是广泛凝聚共识促团结联合。坚持以增合力为导向，守牢政协意识形态主阵地。继续做好政协委员联络服务工作，以“政协委员之家”为依托，通过面谈、电话、微信等方式，对委员履职情况进行考核；健全“上下联动”机制。创新推行委员履职“三联系”制度，即每名政协领导结合分工，分别联系若干名政协常委；每位政协常委联系若干名委员，实现常委联系委员全覆盖；每名委员根据界别特点，每年联系若干名基层群众。通过开展谈心交流、走访座谈、政策宣传等，发挥领导的示范作用、常委的骨干作用、委员的主体作用。组织委员开展帮困济弱、捐资助学、民生实事等社会公益活动，积极配合县委县政府各项工作，不断拓展服务民生改善的广度和深度。

五是抓队伍建设提升履职能力。加强日常管理，用好学习教育平台基础，抓好县政协委员和机关干部“两支队伍”建设。深化拓展“委员讲堂”影响力，创新性开展“委员讲堂”“书香政协”活动，通过邀请专家讲学、定期赠送好书、开展读书沙龙等方式，为政协委员、政协机关干部职工读书学习活动创造更多平台和条件。举办“委员履职能力提升培训班”，提高委员履职能力，推动政协工作再上新台阶。建立健全委员履职管理服务机制，优化委员履职环境，组织委员外出考察，优秀提案办理单位外出学习，进一步完善委员履职考核工作机制。发挥政协界别作用，坚持建言资政和凝聚共识双向发力，更好地发挥政协职能优势。

各位委员，历史的画卷，在砥砺前行中铺展；时代的华章，在接续奋斗中书写，踏上第二个百年奋斗目标新征程，政协组织使命光荣、重任在肩。在此，我们向全体政协委员发出号召：让我们更加紧密团结在以习近平同志为核心的党中央周围，在县委的坚强领导下，不断从党的百年奋斗史中汲取智慧和力量，同心同德、埋头苦干、勇毅笃行、不负韶华，为全面建设社会主义现代化墨竹新篇章贡献政协力量，在新时代的赶考路上谱写出华美的政协篇章。

大事记

1月

1日 墨竹工卡县文旅局在拉萨东郊万达广场，首次举办“墨竹工卡县民俗文化、墨竹工卡县特色产品”展销活动，为期3天，展销特色产品60余种。

4日 尼玛江热乡与中环城乡规划设计有限公司柳梧分公司合作，在尼玛江热乡邦达村幼儿园举行“爱暖冬日·情暖童心”爱心冬衣发放仪式，累计为羊日岗村、帮达村幼儿园学生发放冬衣89件。

6日 县委书记沈鹏里主持召开十届县委第十次常委会会议，传达学习《中国共产党机构编制工作条例》，习近平总书记在中央深化改革委第二十二、二十三次会议上及在全国宗教工作会、中央农村工作会、中央经济工作会议上等重要讲话精神，研究审议“三重一大”事宜。

8日 西藏自治区生态环境厅党组成员、副厅长周光树一行到墨竹工卡县开展生态环保专项环保督察工作。

9日 墨竹工卡县召开2021年度干部选拔任用“一报告两评议”暨政法队伍教育整顿领导班子和领导干部年度测评会议，县委书记沈鹏里，县委副书记、县长巴桑参加开展政法队伍教育整顿领导班子和领导干部年度考核测评工作。

同日 中国共产党墨竹工卡县第十届委员会第三次全体会议召开，县委书记沈鹏里代表县委常委会作报告，县委副书记、县长巴桑对2022年经济工作进行部署。

10日 挂牌第二批“美丽乡村·幸福家园”整村推进工程的塔巴村、龙珠岗村等7个村“邻里互助养老服务点”。

13日 墨竹工卡县春运工作安排部署会议召开，县委常委、常务副县长张家松，副县长任彦芳出席，研究审议通过《墨竹工卡县2022年春运工作和加强春运疫情防控方案》。

14日 墨竹工卡县召开“改进作风、狠抓落实”工作部署会议，县委书记沈鹏里参加并讲话，县委副书记、县长巴桑主持，印发《墨竹工卡县改进作风狠抓落实工作实施方案》。

同日 墨竹工卡县2021年度乡（镇）党委书记、行业系统党（工）委书记抓基层党建述职评议会议召开，县委书记沈鹏里主持并讲话，市委组织部干部监督举报中心副主任达娃到会指导。

17日 墨竹工卡县第十四届人民代表大会常务委员会第三次会议召开，县人大常委会主任张志文主持，审议通过政府《县人民政府关于2021年政府工作报告（草案）》《县人民政府关于2021年国民经济和社会发展计划执行情况与2022年国民经济和社会发展计划草案的报告》等相关报告、草案、方案。

同日 墨竹工卡县委理论学习中心组2022年

度第1次集中学习会议召开。

18日 中国人民政治协商会议第三届墨竹工卡县委员会第二次会议开幕。会议应到委员112名，实到98名。县政协主席央旦主持会议，县委书记沈鹏里，县委副书记、县长巴桑出席会议。央旦向大会作工作报告。

同日 召开墨竹工卡县“两会”党员大会，人大代表、政协委员中的党员参加，县委书记沈鹏里出席并讲话，县委副书记、县长巴桑主持。

19日 墨竹工卡县第十四届人民代表大会第三次开幕。大会应到代表147人，实到118人。县委副书记、县长巴桑向大会作政府工作报告，书面审查国民经济报告（草案）、预算报告（草案）。

20日 墨竹工卡县第十届人民代表大会第三次会议闭幕。大会应到代表147人，实到118人。选举产生县人大常委会副主任1名，表决通过人大工作报告、政府工作报告、国民经济报告（草案）、预算报告（草案）、“两院”工作报告的决议。

21日 墨竹工卡县委常委会班子召开党史学习教育专题民主生活会，县委书记沈鹏里主持，市委党史学习教育第三综合指导督导组成员、市委老干部局副局长拉乌次仁到会指导并点评讲话，县委班子成员逐一进行对照检查，开展批评与自我批评。

24日 墨竹工卡县召开党史学习教育总结会议，县委书记沈鹏里主持并讲话，在岗县级领导，各乡（镇）、县直各单位、寺管会、国有企业主要负责同志参加。

25日 墨竹工卡县2021年度县直机关党组织书记抓基层党建工作述职会议召开，县委副书记马永龙主持。

26日 县委副书记、县长巴桑一行对全县各乡（镇）巩固拓展脱贫攻坚成果同乡村振兴有效衔接重点任务、拉萨市反馈问题整改落实情况进行调研。

28日 墨竹工卡县政府党组班子党史学习教育专题民主生活会召开，县委副书记、县长主持讲话，县纪委、县委组织部、县党史学习教育领导小组办公室负责人到会指导，县政府班子成员逐一作了对照检查，开展批评与自我批评。

同日 墨竹工卡县召开春节、藏历新年期间疫情防控工作部署会议，县委副书记、县长巴桑参加并讲话，副县长任彦芳主持，听取相关部门疫情防控应急处理突发状况准备情况。

2月

1日 县委副书记、县长巴桑一行慰问坚守岗位的公安民警、疫情防控医务人员。

9日 拉萨市公安局交警支队副支队长、车辆管理所所长宋国玺出席墨竹工卡县机动车注册登记查验揭牌仪式，实现对个人国产（合资）机动车注册登记本地办理。

同日 县委副书记、县长巴桑一行对自治区专项督察组反馈的6个问题进行现场督导检查。

11日 墨竹工卡县召开自治区2021年生态环境专项督察反馈问题整改专题会议。

15日 县委常委、副县长索朗多吉带队到巨龙矿区开展中央和自治区环保督察转办案件“回头看”暨大排查行动。

21日 墨竹工卡县召开2022年生态环境保护工作会议，县委副书记、县长巴桑出席并讲话，县委常委、副县长索朗多吉主持，听取全县生态环境保护工作开展情况汇报，相关乡（镇）、部门作交流发言。

23日 墨竹工卡县开展2022年第一季度河湖长制工作督导检查工作，县政协党组书记、主席央旦带队，对各乡（镇）河湖长制责任落实情况进行联合督导检查。

25日 西藏自治区书法家协会一行到巴洛村开展“送福进万家”书法惠民活动，为村民现场书写对联、送福字。

同日 墨竹工卡县开展新冠肺炎疫情防控应急演练，副县长任彦芳以及相关部门参加，县卫健委安排演练流程及规范操作。

26日 墨竹工卡县公安局举行2021年发还赃款赃物仪式，县委常委、政法委书记、公安局局长多吉次仁参加。2022 年全县共侦破刑事案件 36 起、抓获犯罪嫌疑人 53 人,执行逮捕 25 人,追回赃款赃物折合人民币 82.85 万元。

28 日　墨竹工卡县召开关于开展领导干部“下基层大接访办实事”活动动员部署会,传达学习市县 2022 年度领导干部下基层大接访办实事活动实施方案。

3 月

1 日　县委书记沈鹏里一行先后到墨竹工卡加油站、中国石油公司、中国石化公司、德旺液化气站、巴桑工贸、农贸市场,督导检查疫情防控、安全生产、市场供应等工作。

2 日　拉萨市委常委、市政府党组副书记、常务副市长张永林,副市长赵世东一行到墨竹工卡县开展领导干部“下基层大接访办实事”活动。

9 日　墨竹工卡县达普天文历算观测台迎来天文历算观测日。

10 日　墨竹工卡县召开拉萨市优秀年轻干部挂职锻炼见面会,县委书记沈鹏里出席并讲话,县委常委、组织部部长靳小卉主持,12 名来自市直单位挂职干部、挂职对口单位负责人参加。

11 日　墨竹工卡县召开第 16 批南京市援藏医疗队见面座谈会,县委常务副书记、常务副县长施勇君等相关县级领导、第 16 批南京市援藏医疗队医生、县直相关部门负责人参加。

同日　全县中小学、幼儿园全部正式上课,并组织授课“刚健有为、自强不息”开学第一课。

13 日　墨竹工卡县召开农村工作会议,县委书记沈鹏里出席并讲话,县委副书记、县长巴桑安排部署“三农”工作重点任务。

同日　墨竹工卡县召开 2022 年意识形态暨创建文明城市、新时代文明实践中心建设推进会。

15 日　墨竹工卡县举办“3・15”国际消费者权益日主题晚会。

16 日　在唐加乡举行墨竹工卡县春耕春播仪式,拉萨市财政局党组书记、副局长劳明伟,县委副书记、县长巴桑等相关县级领导、相关部门参加,标志着墨竹工卡县 2023 年春耕春播正式启动。

17 日　县委副书记、县长巴桑到县信访局开展接访工作,接访 2 件涉及企业“双拖欠”信访事项,现场解决 1 件。

同日　县委书记沈鹏里到县信访局开展现场接访,现场成功协调解决 2 件疑难信访案件。

19 日　召开墨竹工卡县 2021 年度述责述廉暨质询评议会议,县委书记沈鹏里主持,拉萨市纪委副书记、监委副主任李荣锋到会指导,5 名述责述廉对象现场依次向全会述责述廉并接受现场质询询问,其他 8 名述责述廉对象提交书面述责述廉报告。

同日　中国共产党墨竹工卡县第十届纪律检查委员会第二次全体会议召开。

23 日　拉萨市委常委、常务副市长占堆一行到墨竹工卡县调研 2022 年重点项目建设情况。

同日　墨竹工卡县召开第二批“美丽乡村・幸福家园”二期建设项目推进会议。

24 日　墨竹工卡县举行 2022 年重点项目暨援藏项目集中开工仪式,县委书记沈鹏里参加并宣布项目开工,县委副书记、县长巴桑致辞。2022 年,全县计划项目 80 个,总投资 23.25 亿元。

同日　西藏自治区应急管理厅专家对西藏巨龙铜业有限公司驱龙铜多金属矿采矿工程安全设施进行现场核查,经专家组核查,一致认为具备安全生产条件,同意驱龙铜多金属矿采矿工程安全设施通过核查。

28 日　县委副书记、县长巴桑一行到门巴乡德仲村、德仲寺、扎西岗乡开展中央第四生态环境保护督察组信访转办案件现场核查。

30 日　墨竹工卡县公安局交警大队在扎雪乡举行摩托车驾驶证“送考下乡”业务启动仪式,西藏自治区公安厅交管局车辆管理支队队长次仁益西,县委常委、政法委书记、公安局局长多吉次仁出席。

同日　墨竹工卡县开展“播撒春天西藏・共建绿色墨竹”2022 年机关义务植树活动。

31 日　甲玛乡、赤康村、龙达村入选自治区卫生乡镇(县城)和村(居)名单。

4月

2日 墨竹工卡县举行"缅怀先烈·绿色清明"网上祭扫活动。

6日 墨竹工卡县委党的建设工作领导小组2022年第一次会议召开。

8日 墨竹工卡县首次对全县网络订餐进行专项大检查。

同日 墨竹工卡县召开森林督查问题整改推进工作会议。

11日 西藏自治区教育考试院院长刘炳一行到墨竹工卡县调研教育招生考试工作。

12日 墨竹工卡县召开突发疫情应急指挥部应急演练暨疫情防控工作推进会。

13日 拉萨市政协党组书记、主席尼玛一行到墨竹工卡县调研。

14日 墨竹工卡县召开进一步改进作风、狠抓落实工作第一次推进会。

同日 墨竹工卡县召开着力创建全国民族团结进步示范区第一次会议。

同日 墨竹工卡县召开2022年度基层党建工作推进会。

同日 墨竹工卡县召开2022年度市域社会治理现代化试点工作推进会。

19日 西藏自治区党委进一步改进作风狠抓落实第一调研指导组一行到墨竹工卡县调研指导工作，拉萨市委副秘书长、市委作风办副主任谷祥楚及其他市委作风办工作人员参加。

20日 县委常务副书记、常务副县长施勇君一行调研2022年援藏项目推进情况。

23日 西藏自治区生态环境厅副厅长、副巡视员税燕萍一行到墨竹工卡县开展中央生态环境保护督察转办问题现场督办工作。

26日 墨竹工卡县十届县委第二轮巡察动员部署会议召开，县委书记、县委巡察工作领导小组组长沈鹏里出席并讲话，县委巡察领导小组相关县级领导和成员单位参加，宣读《关于十届墨竹工卡县委第二轮巡察组组长授权任职和职务分工的决定》，签订《巡察工作承诺书》，将分别对县自然资源局、县经信局、县农业农村局、县司法局、帮萨寺管委会、芒热寺管委会开展为期2个月的巡察工作。

同日 墨竹工卡县召开2022年第一次干部大会，县委书记沈鹏里出席并讲话，县委副书记、县长巴桑主持，集中宣布201名同志晋升职级的决定。

26—27日 西藏自治区党委常委、拉萨市委书记普布顿珠到墨竹工卡县调研。

27日 墨竹工卡县4户家庭荣获市级"绿色家庭"称号，分别为工卡镇工卡村洛桑达瓦、尼玛江热乡章达村加洛、扎雪乡格老窝村扎西拉姆、日多乡拉龙村仁青桑姆，并进行授牌。

28日 西藏自治区党委宣传部一级巡视员嘎玛旦巴一行到墨竹工卡县调研指导新时代文明实践工作。

5月

6日 墨竹工卡县召开"喜迎中共二十大、建功立业新时代"青年干部座谈会，县委书记沈鹏里出席并讲话，县委副书记马永龙、县委常委、组织部部长靳小卉参加，与12名拉萨市挂职锻炼干部、34名专招生及12名"90后"副科级干部进行座谈交流。

同日 南京市委组织部一级调研员沈大春一行到墨竹工卡县调研援藏工作。

7日 武警西藏总队拉萨支队一行到墨竹工卡县扎西岗乡巴洛村开展义务巡诊、义务理发，为困难群众打扫卫生及捐赠物品等爱心活动，免费发放价值6500元的药品、8000元的慰问品，参与群众300余人。

9日 墨竹工卡县召开2022年度防止返贫监测和帮扶集中排查工作动员部署会议，全面启动2022年度防止返贫监测和帮扶集中排查工作。

10日 召开县委机构编制委员会2022年第一次会议，县委书记沈鹏里主持，研究审议关于设立便民服务中心等四项机构编制事项，县委编制委员会成员参加。

同日 墨竹工卡县召开干部任职宣布大会，县委书记沈鹏里出席并讲话，县委副书记、县长巴桑主持宣读132名干部任免职的决定，对新任职干部进行集体廉政谈话。

12日 墨竹工卡县召开生态文明高地建设工作暨第二轮中央环保反馈问题整改会议，县委书记沈鹏里出席并讲话，县委副书记、县长巴桑主持，在岗县级领导和各乡（镇）、各部门主要负责人参加审议《关于墨竹工卡县着力创建国家生态文明高地工作专班的请示》和《墨竹工卡县人民政府关于中央生态环境保护督察转办问题整改方案的报告》。

16日 墨竹工卡县第十四届人大常委会第四次会议召开，县人大常委会党组书记、主任张志文主持，审议通过县人大常委会关于疫情防控工作的视察方案，表决通过王庆红、加群、普布卓嘎任免职决定。

17—18日 墨竹工卡县有序开展2022年虫草采集群众进点安置工作，逐一排查运送货物车辆80余辆、认真核对2358名群众采集证、身份证等相关信息，各乡（镇）设立6个临时工作组。全县门巴乡、日多乡4个虫草采集点累计接收采集群众3755人。

19日 昌都市委宣传部二级调研员罗布带队的自治区县级融媒体中心交叉验收组一行到墨竹工卡县开展验收评估。

20日 墨竹工卡县召开宗教界深入开展"国家意识、公民意识、法治意识"教育动员部署会议，县委书记沈鹏里参加并讲话，县委副书记、县长巴桑主持，在岗县级领导参加，对《在全县宗教界深入开展"国家意识、公民意识、法治意识"教育实施方案》作说明。

23日 墨竹工卡县召开干部任职宣布大会，县委书记沈鹏里出席并讲话，宣读183名干部任职决定，对新任职干部进行集体廉政谈话。

同日 拉萨市副市长扎西白珍一行到墨竹工卡县调研督导墨达灌区续建配套与节水改造工程建设工作。

24日 墨竹工卡县十届县委第十八次常委会（扩大）会议召开。

25日 墨竹工卡县召开国土空间总体规划（2020—2035）暨"三区三线"划定工作座谈会。

26日 第十四届墨竹工卡县人民政府第一次廉政工作会议召开。

6月

8日 墨竹工卡县召开贯彻落实全国和区市稳住经济大盘电视电话会议精神部署推进会。

9日 西藏自治区副主席江白一行到墨竹工卡县调研"四旁"植树行动及林长制工作推进情况。

同日 西藏自治区政协党组成员、副主席桑杰扎巴一行到墨竹工卡县调研。

同日 墨竹工卡县举行第二届格桑花开大学生就业创业年会暨《高原零距离》特别节目活动，102名墨竹籍学员高质量就业。

10日 南京—墨竹工卡"圆梦教室"揭牌仪式举行，南京团市委副书记吴丹，县委常委、副县长陈亮参加。

13日 墨竹工卡县扎西岗乡消防工作站举行揭牌仪式，县委副书记、县长巴桑，拉萨市消防救援支队党委常委、副支队长张国富共同揭牌。

15日 西藏自治区市场监督管理局标准化处处长韦卫东、旺钦，区知识产权处副处长赵海燕一行到墨竹工卡县调研地理标志产品保护申报工作，实地调研墨竹小油菜榨油厂、塔巴陶瓷等企业，拉萨市拟申报2个地理标志保护产品均在墨竹工卡县。

20日 墨竹工卡县召开第九批、第十批援藏干部欢送大会，县委书记沈鹏里参加并讲话，县委副书记、县长巴桑主持，宣读南京市第十批援藏组组长、副组长人选。

21日 全区退役军人事务交流工作在墨竹工卡县举行，全区各地市和县（区）退军巨人事务局领导在墨竹工卡县退役军人事务局进行学习交流。

22—23日 国家矿山安全监察局青海局局长牛银海一行到墨竹工卡县督导检查矿山安全生产工作。

22—24 日 西藏自治区督学、教材编译中心副主任、自治区实验幼儿园党总支书记、副园长薛军利一行对墨竹工卡县学前教育普惠工作开展过程督导。

27 日 县委主要领导带队到一线指导开展防汛救灾工作，县委书记沈鹏里实地调研唐加乡拉东村二组、349 国道沿线等受灾情况，走村入户检查抢险救灾措施落实情况，指导排涝、防洪、救灾工作，并主持召开墨竹工卡县 2022 年防汛救灾工作会议。

同日 墨竹工卡县农牧业净土产业公司、弥盛塔巴陶瓷、宗穆夏民族服饰、直孔噶瑕农畜产品公司 4 家企业正式获批质量管理体系认证证书，填补了全县小微企业质量体系认证空白。

28 日 西藏自治区信访联席会议办公室副主任、区信访局副局长巴桑一行到墨竹工卡县开展“全国信访工作示范县”创建活动调研。

7月

1 日 墨竹工卡县第十四届人大常委会第五次会议召开，县人大常委会党组书记、主任张志文主持，听取县政府关于生态环境、审计及审计查出问题整改工作开展情况报告，表决通过扎西玉杰等 11 人免去职务、旦增罗布等 14 人任命决定。

3 日 中共中央政治局委员、国务院副总理胡春华一行到墨竹工卡县实地督导巩固拓展脱贫攻坚成果同乡村振兴有效衔接工作。

4 日 墨竹工卡县举办 2022 年“希望工程 1+1——幻方助学计划”助学金发放仪式，县委常委、宣传部部长胡小平参加，西藏青少年发展基金向墨竹工卡县捐赠资金 14.9 万元，用于资助全县 1—3 年级 149 名学生。

6 日 墨竹工卡县召开推行领导干部常态化“四联四包”工作机制暨“大宣讲大调研大排查大落实”活动部署会，县委书记沈鹏里参加并讲话，在岗县级领导，各乡（镇）、各部门参加，解读《墨竹工卡县关于在全县开展宣讲活动的实施方案》。

同日 墨竹工卡县举办第一期青年马克思主义者培养暨基层团干部基础团务培训开班仪式。

8 日 拉萨市委常委、副市长、全市“大宣讲大调研大排查大落实”活动墨竹工卡县包联组长张永林一行到墨竹工卡县开展“大宣讲”活动。

同日 拉萨市副市长郑卫国一行到尼玛江热乡主持召开推行“四联四包”工作机制暨“大宣讲大调研大排查大落实”活动安排部署会，并到直孔白琼合作社、为如夏合作社、乡幼儿园开展“大调研”工作。

12 日 墨竹工卡县举行 2022 年“松赞”文化旅游节暨第五届“油菜花”节活动新闻发布会，县委副书记马永龙介绍活动总体情况。

13 日 墨竹工卡县十届县委第 21 次常委会（扩大）会议召开。

14 日 西藏自治区发改委党组成员、主任助理丁玉一行到墨竹工卡县开展财政衔接资金使用情况督导调研，自治区发改委、生态环境厅和拉萨市相关部门领导参加，实地调研尼玛江热乡羊日岗村环境整治项目。

15 日 墨竹工卡县“松赞”文化旅游节暨第五届“油菜花”节开幕，开幕仪式上农牧业净土产业发展有限公司代表与唐加乡、扎西岗乡签订油菜籽认购、预售合同。

同日 西藏自治区医疗保障局机关单位专职副书记霍玉林一行到墨竹工卡县开展医疗保障系统行风建设中期调研，查看医疗保障服务中心大厅标准化设施配置情况，并召开座谈会议。

16 日 南京市人大常委会党组书记、主任龙翔一行到墨竹工卡县考察调研对口援藏工作，看望慰问援藏干部。

19 日 墨竹工卡县举行 2022 年“家燕归巢”返乡大学生社会实践活动启动仪式，为“墨竹工卡县大学生社会实践活动基地”揭牌。

21 日 墨竹工卡县人民政府与中国农业银行拉萨分行巩固拓展脱贫攻坚成果暨乡村振兴战略合作协议签约仪式，农行西藏分行党委委员、副行长兼拉萨分行党委书记、行长赵仕银，县委书记沈鹏里参加，签订《农村“三资”管理平台合作实施协议》及《保密协议》。

22 日　西藏自治区文化厅党组副书记、厅长晋美旺措，自治区群艺馆党组副书记、局长卓嘎，拉萨市文化局党组副书记、局长拉巴旺堆一行到墨竹工卡县调研，现场观看“西藏文化艺术节”墨竹工卡分会场演出。

25 日　西藏自治区旅发厅、自治区乡村振兴局一行到墨竹工卡县开展 349 国道沿线墨竹工卡段实地调研，由自治区旅发厅党组成员、副厅长顿珠带队，对旅游景区发展思路及规划进行交流研讨。

28 日　拉萨市融媒体中心主任格桑梅朵出席拉萨市融媒体中心墨竹工卡分中心揭牌仪式。

同日　西藏自治区烟草专卖局一行到墨竹工卡县调研乡村振兴工作，实地调研烟草专卖局投资建设的仁青林村乡村振兴示范村推进项目。

8 月

1 日　墨竹工卡县举行 2021 年度退役士兵一次性经济补助金和家庭优待资金集中发放仪式。

7 日　墨竹工卡县召开新冠疫情防控紧急会议，县委书记沈鹏里，县委副书记、县长巴桑，在岗县级领导，各乡（镇）、各部门主要负责人参加。

8 日　墨竹工卡县正式启动全县全员核酸检测工作，在县城及各乡（镇）全面开展第一轮核酸检测工作。

10 日　全县首次发现新冠肺炎疫情感染患者，确诊 1 人、无症状感染 1 人，并首次划定高风险区 2 个、中风险区 5 个。

12 日　国家医疗指导组专家一行到墨竹工卡县调研指导疫情防控工作。

13 日　西藏华泰龙矿业公司向墨竹工卡县捐赠 50 万元抗疫资金。

16 日　西藏巨龙公司向墨竹工卡县捐赠 50 万元资金和 6 万元抗疫物资。

同日　南京市为墨竹工卡县援助的 200 万元抗疫物资，从南京市正式出发，相关物资有 3 万套防护服、2.5 万套医用隔离衣、7 万双乳胶手套、2.5 万个 N95 口罩、2.5 万双防护靴套、1 万个护目镜。

19 日　墨竹工卡县自主救治的首批 6 名新冠肺炎患者治愈出院。

21—22 日　墨竹工卡县志愿者 74 人到城关区街道开展核酸检测驰援工作。

23 日　墨竹工卡县为同心苑社区搬迁群众送去大米、面粉、糌粑和蔬菜等生活物资和口罩、消毒水等防疫物资。

25 日　在做好疫情防控工作的基础上，墨竹工卡县正式启动 2022 年秋收工作，为相关乡（镇）提供机械保障。

27 日　印发墨竹工卡县应对新冠肺炎疫情工作领导小组办公室第一个公告，宣布实现社会面清零。

9 月

4 日　墨竹工卡县快速集结第二批 31 名党员干部到城关区纳金街道协同开展抗疫工作，墨竹工卡县累计派出医务工作者、党员干部志愿者 5 批次 149 人次驰援区，助力拉萨疫情防控工作。

同日　墨竹工卡县召开疫情防控调度暨动态清零部署视频会议，县委书记、县应对新冠肺炎疫情工作领导小组组长沈鹏里主持会议并讲话，县级领导和各乡镇、各部门、寺庙管委会负责人参加会议，通报最近全县疫情防控情况，各乡镇汇报疫情防控工作开展情况，各职能部门汇报有序恢复正常生产生活秩序的准备情况。

8 日　县委副书记、县长巴桑先后到扎西岗乡、甲玛乡、工卡镇、尼玛江热乡、扎雪乡、唐加乡调研疫情防控暨复工复产、防汛抗灾等重点工作。

21 日　墨竹工卡县召开疫情防控工作专题晨会，南京市卫健委专家殷国平和丁丰美正组织医院相关负责人，听取感控、人员调配、患者救治、设备物资等相关科室负责人的工作汇报，针对人员和场所管理、核酸检测、院内感染、人员转运等进行指导。

26 日　墨竹工卡县召开 2022 年安委会第四次全体（扩大）会议暨国庆、中共二十大期间安全生产工作部署会议，县委副书记、县长巴桑出席并讲话，县委常委、常务副县长张家松主持，各乡镇、县直相关部门、县安委会成员单位负责人参加，对国庆和中共二十大期间全县安全生产工作进行安排部署。

10月

1日 墨竹工卡县举行庆祝中华人民共和国成立73周年“升国旗、唱国歌”活动。

同日 县委副书记、县长巴桑带队到门巴乡各村委会、寺庙调研疫情防控、安保维稳和安全生产工作，针对疫情防控期间物资保供存在的突出问题进行协调并作出安排部署。

5日 在墨竹工卡县唐加乡拉东村6组，乡党委政府干部职工、拉东村“两委”班子成员、党员、志愿者到田间地头，帮助群众收小麦，秋收以来，累计投入志愿服务400余人次，检修收割机140余台，配送农机零件12150件，配送柴油16.42万升、汽油13.46万升，全县秋收工作圆满完成，粮食收获11.06万亩。

6日 墨竹工卡县召开贯彻落实自治区关于稳经济若干临时性措施工作推进会，县委副书记、县长巴桑主持，分析研判当前疫情防控形势，安排部署全县稳经济相关工作。

19日 县委副书记、县长巴桑一行到华泰龙、巨龙公司调研疫情防控、安全生产工作。

24日 第十四届墨竹工卡县人民政府2022年第九次党组会议召开，县委副书记、县长巴桑主持，政府党组成员、各乡镇、县相关部门主要负责人参加，与会人员围绕中共二十大报告精神作交流发言。

28日 墨竹工卡县召开学习贯彻中共二十大精神干部大会，县委书记沈鹏里主持并讲话，在岗县级领导，各乡镇科级干部、各村第一书记、各寺管委会、派出所、县直各单位主要负责人参加，会议传达学习中共二十大精神，中共二十届一中全会精神，自治区党委书记王君正在自治区学习贯彻中共二十大精神领导干部大会上的讲话精神，市委书记普布顿珠在拉萨市学习贯彻中共二十大精神领导干部大会上的讲话精神，安排部署全县学习贯彻工作。

同日 墨竹工卡县召开2022年第四次基建领导小组会议，县委常务副书记、常务副县长宋建主持并讲话，县委常委、副县长魏红星，县委常委、常务副县长张家松，县委常委、副县长索朗多吉，副县长雷青松，县直相关部门负责人参加，会议研究21个400万元以下项目建设事宜，其中本地农牧民施工队承接项目70%以上。

11月

5日 墨竹工卡县召开今冬明春森林草原防灭火暨安全生产工作部署会。

7日 墨竹工卡县政府主要领导督察调研学校开学复课工作，县委副书记、县长巴桑，县委常委、副县长魏红星分别带队到县小学，了解学校开学复课工作。

11日 墨竹工卡县十届县委第三轮巡察工作动员部署会召开，县委书记、巡察工作领导小组沈鹏里参加并讲话，县委常委、组织部部长、巡察工作领导小组常务副组长靳小卉参加，县委常委、纪委书记、监委代理主任、巡察工作领导小组常务副组长王庆宏主持。会议宣读《关于十届墨竹工卡县委第三轮巡察组组长授权任职及任务分工的决定》。

15日 墨竹工卡县召开学习贯彻中共二十大精神，助力自然资源领域高质量发展业务推进会。

17日 墨竹工卡县乡村振兴局召开2022年度第三次审定监测对象联席会议，审议通过扎雪乡4户22人标注消除风险监测对象及11户55人新纳入防返监测对象。

18日 墨竹工卡县召开迎接巩固拓展脱贫攻坚成果同乡村振兴有效衔接考核评估工作动员部署会，县委书记沈鹏里参加并讲话，县委副书记、县长巴桑主持，在岗县级领导，工卡镇、县直相关部门、各相关国有企业主要负责人在主会场参加。会议传达学习中央、自治区拉萨市2022年度巩固拓展脱贫攻坚成果同乡村振兴有效衔接考核评估工作方案，墨竹工卡县迎接中央、自治区拉萨市2022年度巩固拓展脱贫攻坚成果同乡村振兴有效衔接考核评估工作的实施方案，就近期工作动员部署。

23日 墨竹工卡县举行西藏巨龙铜业有限公司高校毕业生专项招聘及福州大学紫金地质与矿业学院委培招生活动，此次专项活动由墨竹工卡县委、县政府与西藏巨龙铜业有限公司联合举办，共计149名高校毕业生参加。

同日 县委书记沈鹏里带队到尼玛江热乡检查指导巩固拓展脱贫攻坚成果同乡村振兴有效衔接工作。

12月

2日 墨竹工卡县第十四届人大常委会第八次会议召开，县人大常委会党组书记、主任张志文主持，县委常委、组织部部长靳小卉，县相关领导参加，会议传达学习新华社理论文章《在法治轨道上全面建设社会主义现代化国家——在深刻领会新时代10年伟大变革中贯彻落实中共二十大精神之法治篇》，会议根据拉萨市人大常委会办公室《关于增补赵辉年、王庆宏为拉萨市第十二届人大代表的函》的精神，一致同意赵辉年、王庆宏为拉萨市第十二届人大代表。

5日 墨竹工卡县十届县委第三十二次常委会（扩大）会议召开，县委书记沈鹏里主持。会议听取《中国共产党墨竹工卡县第十届委员会第四次全体会议方案》《墨竹工卡县2022年干部驻村（社区）半年工作总结暨下一阶段工作计划》，并安排部署下一步工作。

9日 墨竹工卡县召开安全生产专题会暨森林草原防灭火工作推进会。

12日 墨竹工卡县召开2022年干部驻村工作推进会，县委副书记、驻村总领队洛桑扎西参加并讲话。

20日 墨竹工卡县残疾人联合会第一次代表大会召开。

29日 墨竹工卡县召开2023年度城乡居民医疗保险征缴动员部署会。

30日 政协第三届墨竹工卡县委员会第三次会议胜利闭幕，会议审议通过《政协第三届墨竹工卡县委员会第三次会议关于常务委员会工作报告的决议》《政协第三届墨竹工卡县委员会第三次会议关于政协三届二次会议以提案工作情况报告的决议》《政协第三届墨竹工卡县委员会第三次会议关于政协三届三次会议以提案审查情况的报告》《政协第三届墨竹工卡县委员会第三次会议政治决议》。

同日 墨竹工卡县第十四届人民代表大会第四次会议胜利闭幕，会议依次表决通过《墨竹工卡县人大常委会工作报告的决议》《墨竹工卡县人民政府工作报告的决议》《墨竹工卡县2022年国民经济和社会发展计划执行情况与2023年国民经济和社会发展计划的决议》《墨竹工卡县2022年财政预算执行情况与2023年财政预算的决议》《墨竹工卡县人民法院工作报告的决议》《墨竹工卡县人民检察院工作报告的决议》。

县情概览

【概况】 墨竹工卡县位于西藏中部、拉萨河中上游，地理坐标为北纬29°8′、东经91°77′。东与林芝市工布江达县相邻，西靠拉萨市达孜区、林周县，北连那曲市嘉黎县，南接山南市乃东区，交通区位优势较为明显，川藏公路（318国道）横穿而过。县域面积5500平方公里，属以农为主的半农半牧县。全县辖7个乡、1个镇，41个村（居）委会，总人口6万余人，平均海拔4200米。

【地名含义】 “墨竹工卡”是藏文译音。相传，文成公主入藏途经墨竹工卡留宿一夜，当地老百姓盛情款待，文成公主在寒冷的夜晚睡得香甜，一觉睡到暖洋洋的中午。“墨竹”是地名，“工卡”意为明亮，“墨竹工卡”因此得名。另外，也有称此地为“墨竹色青龙王居住的地方”，因此得名“墨竹工卡”。

【历史文化】 墨竹工卡县是松赞干布、阿沛·阿旺晋美的出生地，是元代十三万户之一的甲玛万户长驻地，直孔替寺至今已有800多年历史，甲桑古道是吐蕃第32代赞普朗日松赞从雅砻部落迁移甲玛沟的迁都之路、战略大通道；赤康村已被列入全国第二批传统村落保护名录；有刺绣唐卡、直孔藏香、门巴宣舞、塔巴陶瓷等46个非物质文化遗产以及直孔梯寺等大小寺庙48座。

【自然资源】 墨竹工卡县矿产资源有铜、铅、锌、金、钼、铬、大理石等，是亚洲重要的有色金属基地，拥有涉矿企业29家。动植物资源丰富，有黑颈鹤、斑头雁、藏红花、贝母、虫草、红景天、雪莲花等。旅游资源丰富，自然景观、人文景观交相呼应，尤其以“两泉一湖一寺一沟”最为出名，“两泉”即日多温泉和德仲温泉；“一湖”即日多思金拉措（又名财神湖）；“一寺”即直孔替寺，“一沟”即甲玛沟，墨竹工卡县先后建成甲玛特色景区、思金拉措景区等，其中德仲温泉、思金拉措景区成功申报AA级景区，甲玛兵器博物馆成功申报AAA级景区。

【经济发展】 2022年，全县地区生产总值完成61.61亿元、同比增长2.1%，地区生产总值中一、二、三产比例为6.9∶80.4∶12.7。工业总产值完成125.19亿元，增速83.59%，规上工业增加值同比增长59.8%，一般公共预算收入3.16亿元，社会消费品零售总额完成4.28亿元，农牧民人均可支配收入实现22695元，同比增长7.7%。

【区划沿革】 公元7世纪前，县境先后为吉若杰部落、森波杰部落和雅砻悉补野部落属地。7世纪初，吐蕃地方政权建立后，为卫茹所设墨竹域参、嫩龙域参共辖，元朝时隶属加玛、直贡万户府，明代系加玛都指挥使司所辖，清代为西藏地方政府的雪列空所设墨竹贡嘎尔城以及西藏地方政府所设墨竹宫宗、墨竹工卡宗管理，民国时期作为贵族庄园赏给夏扎家族管辖。1954年至1956年3月，属西藏地方政府卫区总管。1956年4月至1957年8月，自治区筹委会拉萨基巧办事处。于1959年9月10日成立墨竹工卡县人民政府（简称“县政府”）。10月，拉萨军管会和基巧办事处撤销，建立拉萨市，县政府隶属拉萨市管辖。1960年1月，国务院批准成立拉萨市人民政府，墨竹工卡县隶属拉萨市人民政府管辖。1965年7月，县政府更名为墨竹工卡县人民委员会，隶属拉萨市人民委员会管辖。1969年4月，墨竹工卡县成立革命委员会代替县人委行使职权，隶属拉萨市人民委员会管辖。1981年11月，撤销县革委会，恢复建立县人民政府，隶属拉萨市人民政府管辖。至2022年，墨竹工卡县人民政府下辖工卡镇、甲玛乡、唐加乡、扎西岗乡、日多乡、门巴乡、尼玛江热乡、扎雪乡8个乡（镇）人民政府。

【自然资源】 境内生物资源多，分布广。全县有野生动物22种，其中国家一级保护动物2种，二级保护动物3种。植物有上千种，分布面广，其中珍贵药用植物主要有雪莲花、贝母、红景天等。地下矿产资源繁多，有金、银、铜、锑、硫、刚玉等几十种矿藏，蕴藏量大，品位高，极具开采价值。

【地貌】 墨竹工卡县地域辽阔，人口稀少，资源丰富，被人们称为“天边之乡”。在西藏自治区地貌版图上位于偏东念青唐古拉山南麓，划归藏南谷地，处于雅鲁藏布江中游河谷地带，属拉萨河谷平原的一部分，喜马拉雅山构造运动控制着区内地面轮廓的形成，境内山川相间，河谷环绕，草原广布。其北部海拔超过5000米的山峰众多；中部和西南部山峰较少，主要有玛巴渣、错高日、拉莫南山、恩玛日、扎拉日巴等。总地势为东北偏高西南偏低，山脊及主干沟谷呈东西或近南北状，与主干构造线相吻合，并以差异性上升运动为主体的新构造运动及强烈的剥蚀作用，塑造出县域范围内的独特地貌形态。

【气候】 墨竹工卡县位于高原温带半干旱地带，高寒干燥，日照较为充足，降水集中，雨季明显，地面气温变化大，自然灾害较多，具有长冬无夏、春秋相连、四季不明、灾害频繁的高原温带半干旱大陆性季风气候特点。县境内的气候具有气温较低，日温差大，年温差小；干湿季分明，冬春干燥，多大风，水热同步，多夜雨；日照充足，辐射强烈；冬无严寒，夏无酷热；气压低，含氧量较少等特征。其气候分区主要有寒冷半干旱区、寒冷半湿润区、冷凉半干旱区、冷凉半湿润区、温凉半干旱区、温凉半湿润区、温和半干旱区等。

【墨竹工卡菜籽油】 墨竹工卡县小油菜籽单株较小，角果较长，结荚多，果实圆球形或卵圆形，呈褐黄色，皮薄完整，油性充足，是墨竹工卡县特有的品种。为进一步挖掘墨竹工卡小油菜价值，墨竹工卡县投资1800万元启动墨竹榨油厂建设，提出了高质量打造墨竹工卡县“一桶好油”特色品牌。

墨竹工卡县持续做优做强特色农产品加工，扩大辖区油菜种植规模，每年举办松赞文化旅游周暨油菜花旅游推介会等，大力发展墨竹工卡菜籽油特色产业，围绕品牌建立、渠道建设和营销推广三个方面制定墨竹工卡菜籽油年度营销策略，深度挖掘墨竹工卡菜籽油文化价值、营养价值、市场价值，整体提升市场销量，推动产业发展和群众增收致富，对巩固拓展脱贫攻坚成果与乡村振兴有效衔接发挥积极作用。2022年墨竹工卡县小油菜榨油厂以2022年以8000元一吨的单价收购菜籽原料470吨，带动本地2500余名种植户，每户增收0.154万元，年内销售额达685万元。

（旦增达吉）

中国共产党墨竹工卡县委员会

综述

【概况】 2022年，墨竹工卡县委团结带领全县各级党组织和广大党员干部群众，坚持以习近平新时代中国特色社会主义思想为指导，深入贯彻中共十九大、二十大精神以及中央第七次西藏工作座谈会精神，全面贯彻习近平总书记关于西藏工作的重要论述和新时代党的治藏方略，认真贯彻中央和区市党委决策部署，统筹抓好疫情防控和经济社会发展，全县经济社会发展和党的建设各项工作稳步推进。

2022年，全县地区生产总值完成61.61亿元、同比增长2.1%；农牧民人均可支配收入完成22695元、同比增长7.7%；全社会固定资产投资完成24.48万元、同比下降15.8%；规上工业总产值实现125.2亿元，同比增长83.6%，规上工业增加值完成59.15万元，同比增长59.8%；社会消费品零售总额实现4.28亿元，同比下降10%，经济发展总体可控。

2022年7月14日，县委书记沈鹏里（左二）到唐加乡调研指导“四联四包”工作

2022年，先后荣获自治区级第七次全国人口普查先进集体称号，拉萨市2021年度综合考核优秀领导班子，拉萨市2021年度县（区）目标绩效考核争先三等奖，拉萨市“喜迎二十大·礼赞新时代——‘书香拉萨’”农牧民（居民）国家通用语言文字诵读比赛二等奖、优秀奖和优秀组织奖，全县各项工作不断取得新突破。

【政治建设】 2022年，以县委常委会、县委理论学习中心组、“三会一课”等为载体，围绕迎接服务、宣传贯彻中共二十大这一主线，先后召开县委常委会会议20次，县委理论学习中心组会议19次，中共二十大集中学习研讨会4次，30名县级领导到联系点开展宣传宣讲，真正把中共二十大精神融入血液、注入灵魂。结合“四联四包”工作机制，市县乡三级256名包联负责人和630名“联组包户”一般干部、村（居）干部下沉一线，深入开展“大宣讲大调研大排查大落实”活动，围绕喜迎二十大等主题开展集中宣讲242场，入户宣讲8601次，涉及群众3万余人次。用好新时代文明实践中心（所、站）阵地，整合县城新华书店、电影院、“农家书屋”、“寺庙书屋”、农村放映队、县乡艺术团（队）等各类资源，有序推进写实画《南京墨竹一家亲 汉藏人民心连心》、纪实片《援藏——逆光而行的故事》、短视频《千年一遇松赞故里》等，用丰富的文艺作品和文化交流活动为中共二十大献礼。

【党的建设】 年内，做实村（居）换届“后半篇文章”，扎实开展换届“回头看”问题排查工作，排查并完成整改问题12个；提升党建品牌引领力，精心打造工卡镇塔巴村、甲玛乡赤康村、日多乡怎村、门巴乡达珠村4个组织振兴示范村，推动各级党组织在经济社会发展中发挥引领作用。严管厚爱并重，坚持正确选拔任用干部。制发《墨竹工卡县关心关爱干部职工的八项举措》，投入122.46万元为2600名干部职工、村干部、乡村振兴专干等财政供养人员统一购买人身意外伤害险，在政治上关爱、工作上支持、生活上关心激励广大干部新时代新担当新作为。

年内，共调整干部4批次，提拔使用679人次，大力选拔“90后”正科级干部4人和“95后”副科级干部7名。正风肃纪，有力有序重拳治顽疾。坚持将“四种形态”从监督执纪向监察执法拓展，先后处理干部5人，首次运用第四种形态处理干部1人，开展十届县委第三轮巡察工作，有力释放了县委从严管党治党、用好用活巡察利剑的强烈信号。改进作风狠抓落实，践行初心使命。对全县存在的作风问题进行摸底排查，设立“红黄黑”榜制度，共有16家单位、15名干部被列入黄榜，起到正向激励先进、反向倒逼后进的作用，全县干部作风转变明显，精神面貌得到极大改观。

【生态环保】 年内，贯彻“绿水青山就是金山银山”发展理念，全力建设好拉萨河上游生态文明高地。严格办理中央环保督察组转办案件，围绕中央环保督察组反馈的11条整改任务，已高质量办结9件（含标星2件），阶段办结2件（均涉及矿山生态修复工作）。扎实做好国土绿化行动，统筹推进山水林田湖草沙冰治理，以更大力度开展国土绿化行动，完成造林绿化3100亩、栽植苗木13万株，在扎雪乡、门巴乡实施5000亩退化草原生态修复治理工程，国土增绿提质取得新成效。

持续深入开展河湖“清四乱”专项整治行动、河道环境卫生整治工作、河道非法采沙专项整治行动，加强对护林员的日常管理，确保山有人管、林有人护、火有人防、责有人担，完成2022年度森林草原防火工作任务。着力推进“绿色”矿山建设。持续加快矿山环境治理和生态修复，全力打造甲玛矿区国家级绿色矿山试点，完成西藏巨龙铜业有限公司知不拉铜多金属矿自治区绿色矿山现场复核，西藏华泰龙矿业开发有限公司着手开展绿色矿山建设规划编制工作，有力推动矿产资源开发利用与生态环境保护协调发展。积极开展自治区级生态文明示范县创建工作，当前县域6个乡（镇）、29个行政村荣获西藏自治区生态文明建设示范区称号，生态强县纵深推进。

2022年8月28日，县委书记沈鹏里（左二），县委副书记、县长巴桑（左一）一行调研督察疫情防控和秋收工作

【深化改革】 年内，制定出台《墨竹工卡县基本建设项目管理办法（试行）》，建立集中采购竞争机制，

健全政府采购监督管理机制，推进政府购买服务改革。深化“放管服”改革和“互联网＋政务服务”，完善“县乡村”三级便民服务体系，进驻行政审批和便民服务事项100余项，推进政务服务“一网、一门、一次”改革和审批服务便民化。完成农村土地确权、农村宅基地、农村集体土地、集体建设用地确权颁证和农村集体资产清产核资及行政村、组数据录入工作。规范整合县域国有企业，制定出台《国有企业考核绩效管理办法和国有企业监督管理办法》，鼓励、支持、引导非公有制经济发展，着力优化营商环境。

2022年6月23日，县委常务副书记、常务副县长宋建（右一）到县文旅局调研

【城乡面貌】 年内，坚持以新型城镇化建设为引擎，着力补基础、强功能、惠民生。续建墨竹工卡县农村公路村道安全生命防护工程，完成溪桥二期工程项目47座桥梁的初验，“智能交通”管理体系初步形成，全县交通路网体系更加完善、道路循环更加畅通、群众出行更加便利。

切实解决门巴乡德仲村，日多乡怎村哈姆组、维巴组等地处偏远、居住分散的农牧区网络覆盖问题。全县三大通信运营商建设完成5G基站99个，覆盖县城和矿区区域。推进智慧化水务建设，开展农村安全饮水项目大排查工作，在12个村组实施饮水安全巩固提升工程，受益群众478户3459人；在高海拔村组试点推进冬季饮水管网保温工程，稳步有序解决季节性用水难问题。

年内，累计投资17463.4万元实施老城区环境综合整治项目、高海拔地区供暖改造工程、“美丽乡村·幸福家园”生态宜居工程、供氧建设等项目88个，城市建设水平日益提高。深入开展生态环境六大专项整治行动，全面开展村庄清洁行动，清运农村生活垃圾及白色垃圾共计1970.2吨，疏通河道及沟渠共计698.1公里，农村人居环境得到极大改善。

【产业运营】 年内，以优化结构为着力点，经济发展平稳运行。全面贯彻新发展理念，着力推进经济高质量发展。坚决压实粮食安全责任，牢牢守住11.11万亩耕地红线，2022年墨竹工卡县粮食总产量达到2.76万吨，同比增长2.99%；大力培育特色农牧产业，进一步凸显墨竹小油菜、斯布牦牛品牌效应，不断加快“一乡一业、一村一品”发展步伐。不断优化营商环境，积极开展助企纾困，疫情期间，确保华泰龙、巨龙两大矿企不停工、不停产，全县7家规模以上工业企业，全年实现工业总产值125.2亿元，同比增长83.6%。

【文化旅游】 年内，加快《墨竹工卡县沟域文化旅游整体规划》编制进度，树立拉北环线旅游标识牌，打造“旅游＋文化＋农林＋体育”开发模式。年内，接待游客4.4万人次，实现文旅创收396.45万元。

【教育事业】 年内，聚焦“六个提升”“六大校园建设”，巩固深化“五个100%”成效，完成“互联网＋教育”项目初验，教学硬件、软件实力持续攀升。

【医疗服务】 年内，持续深化医共体改革成果，加强县乡村三级医疗机构标准化建设。5名援藏医生赴墨任职，探索实施“教培强院”工程，“以院包科”模式成效明显，有序推进智慧疾控暨公卫平台建设，县域医疗水平稳步提升。

【城乡居民医疗保险】 年内，为655户683名城镇低保对象和299户956名农村低保对象兑现年度最低生活保障金906.11万元，有效发挥了托底线、救急难的作用；投入600万元为全县4.9万名城乡居民购买“医疗互助保险”，构建“基本医疗保险＋大病保险＋医疗救助＋超大额保险”四种保障体系，最大限度降低群众看病负担，让群众在看病上无后顾之忧。

【就业创业】 年内，开展“创百店、扶千生”专项行动，深挖对口援藏省市及县域内园区、企业市场就业岗位463个，全县累计实现城镇新增就业578人，农牧民转移就业8796人，创收9103.13万元。

（次仁德吉）

【机构领导】

书　记

沈鹏里

副书记、县长

巴　桑（藏族）

常务副书记、常务副县长

施勇君（江苏援藏，6月免）

宋　建（江苏援藏，6月任）

副书记、国安办主任

张子成（8月任国安办主任）

副书记

马永龙（回族，1月任）

办公室工作

【概况】 2022年，墨竹工卡县委办公室始终坚持以习近平新时代中国特色社会主义思想为指导，全面贯彻落实中共十九大和十九届历次全会精神以及中共二十大精神，全面贯彻新时代党的建设总要求和党的组织路线，持续深化党史学习教育成果，对标习近平总书记关于机关党建要“走在党的基层组织建设的前头”的指示要求，突出“打基础、抓班子、带队伍、创示范、促提升”，努力把县委办公室党支部建设成为坚强的战斗堡垒，把党员干部培养为干事创业的先锋模范，把县委办公室打造为县委放心、群众满意的模范机关，全力推动全县各项事业不断迈上新台阶。

县委办公室核定编制7名，实有人数10人（含县级领导4人）；县委机要局核定编制3名，实有人数3人；县委档案馆核定编制2名，实有人数2人。县委办党支部共有党员15人，性别结构：男性11人、女性4人；民族结构：汉族10人、藏族4人、回族1人；学历结构：大专及以上学历15人；年龄结构：30岁以下3人、31—35岁8人、35—50岁4人。

【政治建设】 年内，墨竹工卡县委办公室人员通过集中学习与利用“学习强国”平台自学等多种方式，坚持理论水平和业务能力“两手抓、两手硬”，增强党员干部纪律规矩意识，强化自身建设。坚持召开支委会、党员大会，认真开展组织生活会1次，举办党支部集中学习44次，中共二十大学习专题研讨1次，专题讲党课1次，支部成员作交流发言8人次，撰写交流发言材料8份、心得体会15篇，支部书记带头讲党课4次，开支部委员会10余次、支部党员大会4次，开展主题党日活动10次，并于5月召开党员大会进行换届选举，签订共产党员不酒驾等承诺书。组织开展庆祝“3·28”西藏百万农奴解放纪念日、重温入党誓词等系列活动3次，从党的百年奋斗历程中汲取继续前进的智慧和力量。

【抓党建促乡村振兴】 年内，始终把人民放在心中最高位置，把群众的急难愁盼作为头等大事、首要任务，强化政策落实、工作落实、责任落实，努力实现巩固拓展脱贫攻坚成果同乡村振兴有效衔接。

年内，县委办公室15名党员干部与23名脱贫户结对子、“认亲戚”，做到每年至少走访结对户4次，思想上引导，生活上帮助。

【办文办会】 年内，坚持严把“三关”，确保文稿质量。应由县委办公室起草的文件，认真拟稿，精益求精；对由部门代拟的文件，进行严格审核，仔细修改，力求准确到位。

所有文件必须经过办公室严格审稿、修改后，再逐级经领导签发，最后再次对其进行仔细校核，使格式、内容以及每一个标点符号都准确无误。年内，县委及办公室共发文127件，撰写领导讲话、各类文件、上报材料500余篇，确保县委各项工作及时、准确地安排部署。

安排专人负责上级文件的传阅登记，对文件及时进行整理存档。年内，共传阅上级文件612份，回收612份，杜绝文件丢失及泄密事件的发生。

【信息工作】 年内，充分发挥信息主渠道作用，及时做好上级党委信息反馈工作和本级信息上报工作，为领导决策参考提供高质量的信息保障。同时，不断增强信息工作的针对性，把热点、难点问题作为首选题材，着力挖掘有一定深度的高层次信息，让上级部门和县委、县政府了解重要工作动态，掌握社情民意。年内，共报送信息1359条，专报58篇，约稿45篇，被采纳信息146条。

【督查督办】 年内，紧紧围绕上级党委和县委的工作中心，不断加大督查力度，改进督查方法，在推动上级党委和县委重大决策贯彻落实中发挥了重要作用。年内，充分发挥职能作用，突出重点，把握关键，强化督导工作，采用“四不两直”、督查调研和回访核实等方法，在深入推动县委决策落实上下功夫，出色地完成各项督查活动，大力推进县委各项工作的落实。

年内，共开展县委全会、县委常委会等重要会议贯彻落实情况督查40余次，共编发《督查通知》3期，向市委督查室报送《督查专报》12期，向各单位下发督查提醒单14期，督查通报2期，使县委重大决策得到及时贯彻落实。

针对群众“急难愁盼”等社会问题主动进行督办40次，全力跟进240件民生实事办理进度，已督办完成68件、完成率56.67%。紧盯“领导干部下基层大接访办实事”活动收集民生实事102件，已督办完成81件，完成率79.41%，紧盯排查矛盾纠纷67件，完成督办化解58件，完成率86.57%。

针对基层减负、社会稳定等工作共开展常规督查20次，发现问题19项，均完成整改，保障全县日常工作的运行。

【保密工作】 年内，县委主要领导高度重视保密工作，多次督促指导保密办日常保密工作。保密办始终把保密工作作为一项政治任务来抓，列入办公室的重要议事日程，树立“保密工作无小事”的思想。保密工作围绕保密法制宣传，突出抓好通信和计算机信息系统以及重点部门、要害部门和重大节日保密工作，对全县主要涉密单位进行保密检查3次，下发整改通知书15份。现已督促整改完毕。通报一起微信扫描涉密文件事件；以“4·15”全民国家安全教育日为契机，送保密宣传进机关、进乡镇、进学校、进宗教场所等，通过宣讲和播放《保密防线》宣传片等方式，筑牢思想防线，共开展保密宣传活动12场次，参与人数500余人。扎实有序推进“安可替代”工作，共更换国产电脑183台。

【密码工作】 年内，坚持24小时值班，认真完成各项密码服务保障工作，共收发明传电报和密码电报192份，按照密码电报办理要求，及时呈送领导传阅350人次，未出现任何漏办、迟办现象。全年高质量完成12次应急密码通信演练，保障“520”加密会议150余次，负责全县党政信息网维护和管理，全年累计上门维修30余次，受理完成率达100%。

【档案工作】 年内，严格对照档案

2022年5月16日，县委办公室工作人员参加民族团结击鼓传花活动

2022年5月25日，县委办党支部召开党员大会进行换届选举

工作法律法规和规章制度，坚持档案集中统一管理原则，不断提高档案管理信息化水平和工作能力，积极做好档案管理与业务工作的有效促进，全年共接收档案2831件，档案查询150人次，全年档案检查2次，开展“6·9”国际档案日在线答题活动，充分发挥档案资源使用价值。

【对口支援】 年内，墨竹工卡县委办公室承担南京对口支援墨竹工卡县工作组工作，尽心做好援藏服务工作，为援藏干部干事创业营造良好环境。

举办第四届“南京墨竹周”。认真总结前三届“南京墨竹周”活动的好经验、好做法，强化成果转化运用，将“南京墨竹周”这一载体拓展成为一个开放式、共享式的发展平台，不断提升平台能级，不断丰富品牌内涵，不断扩大社会影响，持续深化宁墨两地文化交流、经济交往、感情交融。

搭建交流合作平台。通过“请进来、走出去”等多种形式，推动南京墨竹干部群众更深层次更广领域交往交流交融。围绕发展所需，有计划地邀请南京党政机关、企业等社会各界代表团到墨竹工卡县考察交流；依托南京大后方，持续拓展宁墨两地在文化旅游、产业发展、乡村建设、就业创业、人才培养、智志双扶、消费帮扶、医疗教育、公共服务、基层治理等方面的交往交流交融成果。

【综合协调】 年内，出主意、当参谋，服务领导决策是办公室最主要、最根本的职能，也是实现领导决策民主化、科学化的重要环节和前提。县委办公室充分发挥领导的“耳目”和“外脑”作用，全方位、深层次、宽领域地为领导决策搞好服务。围绕县委中心工作和全县经济社会发展大局，按照县委领导要求，开展调查研究，办公室工作人员深入基层、深入群众、深入实际调查研究，掌握第一手资料，准确反映客观真实情况，敏锐地发现问题，为县委和领导决策献计献策。年内，共开展调研活动30次。

【党风廉政建设】 年内，县委办党支部严格按照党风廉政建设的要求，不断加强办公室党风廉政学习和教育，始终加强廉洁教育。县委办公室负责人高度重视党风廉政建设工作，坚持把党风廉政建设工作纳入办公室重要议事日程，与办公室日常工作同部署、同落实、同检查、同考核，形成主要领导亲自抓、分管领导具体抓、具体工作人人抓的格局，确保党风廉政建设工作落到实处。凡事关党风廉政建设的工作安排，均以召开学习会的形式进行学习贯彻。截至年底，组织参观廉政警示教育基地1次，学习典型案例39次，切实筑牢思想防线。

【民族团结创建示范单位】 年内，坚持按照“三服务”要求，积极创建民族团结示范机关，着力营造心齐、风正、气顺、劲足的干事创业环境。大力倡导“六多六少”，即多关心少排斥，多支持少挑剔，多谦让少争执，多沟通少误解，多信任少猜疑，多宽容少计较。加强业务锻炼和岗位练兵，根据每个人的不同特长、不同能力、不同爱好，安排适合的工作岗位，做到人尽其才，各尽所能。

重点建立班子成员之间、成员与干部职工之间的谈心制度、约谈制度，倾听干部职工的合理化建议和反应的问题，消除隔阂，真正实现和谐相处，和谐共进，成功申报拉萨市民族团结示范单位。

（次仁德吉）

【机构领导】

主　任

龚 华 君（3月免）

何 学 志（4月任）

副主任

曹 仁 建

冯 晓 利（女，4月免）

葛　　锋（4月任）

西绕江措（藏族，4月任）

2022年7月8日，县委常委、组织部部长靳小卉（后排左一）到尼玛江热乡参加推行领导干部常态化"四联四包"工作机制暨"大宣讲大调研大排查大落实"活动安排部署会议

组织工作

【概况】 2022年，墨竹工卡县委组织部坚持以习近平新时代中国特色社会主义思想为指导，认真贯彻落实新时代党的建设总要求和党的组织路线，牢牢抓住党的政治建设这个根本，牢固树立大抓基层、大抓基础鲜明导向，以提升组织力为重点，以推动高质量发展为主题，大力实施组织建设强基固本行动、基本队伍优化提升行动、基层治理赋能增效和党建引领服务发展行动，持续强化政治优势、提升组织效能，着力打造基层强、基础稳、基底实基层党建格局，为墨竹奋进新时代、砥砺新征程提供最坚实、最有力的支撑。

2022年，全县共有党组织358个，其中，党委35个，党组21个，党总支17个、党支部285个。共有党员5776名，其中，农牧民党员3894人，"两新"领域党员114名，2022年新发展党员95名，吸收入党积极分子191名。

【学习中共二十大精神】 年内，墨竹工卡县各级党组织和广大党员干部持续兴起学习贯彻中共二十大精神热潮，坚持问题导向，聚力用功学、用情讲、用力做，扎实推动学习贯彻中共二十大精神走心走深走实，在墨竹工卡家喻户晓、深入人心、落地生根。制定印发《墨竹工卡县深入学习宣传中共二十大精神的实施方案》，采取个人自学+集中培训、线下学习+线上教育、系统学习+专项研讨的方式，开展多形式、分层次、全覆盖的全员学习培训，推动中共二十大精神学习持续深入。

各基层党组织紧抓"三会一课"这个有效抓手，相继组织开展"中共二十大精神·我来讲我来拍"展示活动、中共二十大知识竞赛等活动，迅速把中共二十大精神传达到每个支部、每名党员，传达到农牧区和广大干部群众中。县委党校采取腾讯会议线上培训方式对全县副科级及以上党员干部进行分期分批轮训210余人次，对县直各单位宣讲员、各乡镇农牧民宣传员120余人开展专题辅导培训，收听收看大会即时学、撰写心得体会5700余篇，学报告悟精神，凝聚共识汇聚团结奋进磅礴力量。

【党建工作】 年内，县委组织部始终坚持把党的建设摆在首位，以党的政治建设为统领，着力推进基层组织建设，党的建设取得新进步新成效。持续深化党史学习教育，以迎接学习宣传贯彻中共二十大精神为主线，贯彻落实"三级书记"讲党课要求，各级党委（党组）开展集中学习620余次，开展各级各类宣讲890余场次，以党的创新理论滋养初心、引领使命。常态化开展领导干部"下基层大接访办实事"活动，县、乡两级85名领导干部在联系点开门接访下访700余场次、现场办公200余场次，办结群众急难愁盼问题81件，排查化解矛盾纠纷58起。

扎实开展喜迎中共二十大"十项"系列活动，党员干部创作表演情景剧、小品、歌舞等节目，各乡镇党委书记集体朗诵《你从梁家河走来》，深切感悟领袖风范、锤炼过硬作风，以过集体政治生日、重温入党誓词、新发展党员集中宣誓、为"光荣在党50年"党员颁发纪念章、对党表白墙打卡等活动激励党员干部增强"四个意识"、坚定"四个自信"、做到"两个维护"。全面落实基层党组织在反分裂斗争工作中托底保障作用，在村（社区）、寺管会、学校等基层党组织选树464名反分裂斗争基层发言人，推动党员增强党性、履行承诺。

【干部管理】 年内，县委组织部严格执行新时代党的组织路线，坚持德才兼备、以德为先，推进干部队伍革命化、年轻化、知识化、专业化建设，真正把愿作为、敢作为、能作为的干部用起来，一手抓正向激励、一手治为官不为，推动广大干部积极作为、敢于担当。综合运用考核、巡察、信访举报成果，加大组织提醒函询诫勉力度。对1名因落实疫情防控责任不力的干部，进行免职和通报，调整不适宜现任岗位干部5名，强化庸者下、劣者汰的鲜明导向，彰显从严治党的鲜明态度。严格落实《关心关爱干部职工八项举措》，投入122.46万元为2600名干部职工、村（居）干部、乡村振兴专干等财政供养人员统一购买人身意外伤害保险，切实让广大干部职工安心安身安业。同时，正确对待被问责干部，提拔任用处分较轻、影响期满且表现优秀的干部3名。

始终坚持事业为上、人岗相适、人事相宜，围绕中心大局择优选拔干部、科学配置资源，不断调优班子结构、提优班子功能。年内，从乡村振兴、疫情防控、维护稳定等一线提拔干部占70%，乡镇党政正职、县直单位负责人中有任村第一书记经历背景的占25%，向市委推荐在疫情防控工作中表现突出干部14名。根据不同区域发展任务、不同单位职能定位选干部、配班子，有针对性地补充专业型、复合型领导干部。把一批熟悉基层治理、乡村振兴、产业发展、"三农"等工作的干部充实进各级领导班子。乡（镇）、县直单位班子成员平均年龄在37.3岁，比调整前下降1.3岁；在学历结构上，大学以上学历干部成为主体，科级领导干部队伍素质不断提高；汉族干部占比上升12.1%，"90后"干部占20%，领导班子整体实现年龄、学历、经历、民族结构"四个同步优化"。选派32名优秀干部到村（居）、巡察等岗位培养锻炼，选派351名干部支援城关区疫情防控，在实践中培养锻造一批可堪重用、能担大任的后备骨干力量。2022年，提拔使用6名"90后"乡科级正职、11名"95后"乡科级副职。

【教育培训】 年内，县委组织部认真贯彻区市组织工作会议精神，以服务全县经济社会突破发展为主线，以加强领导干部执政能力建设和先进性建设为重点，坚持重点干部重点培训，优秀干部加强培训，年轻干部经常培训，通过线上线下培训模式，努力培养和造就一支学习型、务实型、创新型干部队伍，为全县经济社会快速

2022年7月30日，县委常委、组织部部长靳小卉（后排中）到甲玛乡赤康村红色教育基地讲党课

2022年8月9日，县委常委、组织部部长靳小卉（右三）到尼玛江热乡指导疫情防控工作

发展提供人才保证和智力支持。依托县委党校培训主阵地，共举办培训班次18期，培训干部及其他人员1972人次。高效完成区、市调训任务31次，轮训干部2120人次，实现科级干部培训全覆盖。

坚持将优化干部教育培训作为提升干部能力的有效抓手，持续抓好“督学、述学、考学、评学”工作，全年共发放述学提醒单2288份，组织开展理论知识测试2次，通过“个人评价＋群众测评”“平时述学＋年度述学”“单位评价＋组织评价”方式全面、精准、客观进行评学，促进干部教育培训工作提质增效。

【机构编制】 年内，县委编委始终牢固树立大局意识，对承担县委、县政府重点工作的部门和单位重点考虑，将有限的编制资源向经济社会发展的重点领域、薄弱环节以及人民群众直接受益的方面倾斜，力保编制资源能够切实服务大局。为扎实推进墨竹工卡县长治久安和高质量发展，建设社会主义新墨竹，经5月10日县委编委2022年第一次会议研究决定，设立便民服务中心、党员教育和干部测评中心、融媒体中心。调整县公安局8个乡镇公安派出所，4个便民警务站以及1个检查站科级领导职数，将各派出机构3个科级领导职数由1正2副，调整至2正1副。

根据《中共拉萨市委员会机构编制委员会关于印发〈拉萨市优化乡镇（街道）机构设置和人员编制的实施方案〉的通知》精神，县委编委研究制定《墨竹工卡县优化乡镇机构设置和人员编制的实施方案》，并结合各乡镇的地域面积、常住人口、经济发展、维稳任务等情况，对各乡镇机构编制进行优化调整。进一步优化基层职责配置和机构设置，改进基层领导方式和体制机制，构建简约高效的基层管理体制，推动基层治理体系和治理能力现代化，确保基层有人、有物、有权办事，为推动墨竹全面高质量发展提供强有力的体制机制保障。

【老干部工作】 年内，县委老干部局把学习贯彻中共二十大精神作为重要任务，认真抓好学习研讨，积极组织引导广大离退休干部党员深入学习新时代党的创新理论，并通过多种形式学习大会报告，推动会议精神在广大离退休干部中落实落地。

围绕“奋进新征程·建功新时代”深入开展“建言二十大”“我看中国特色社会主义新时代”等活动。同时，以“七一”建党节为契机，组织离退休干部深入开展系列活动，通过过集体政治生日、重温入党誓词、支部书记讲党课等活动进一步增强了凝聚力，弘扬了主旋律。特别是新冠肺炎疫情发生以来，广大离退休干部捐款56600元，为抗击疫情做出重要贡献。

组织召开离退休干部学习会、慰问座谈会、情况通报会，举办干部荣休仪式，组织50名离退休干部到林芝、山南参观考察、健康疗养，广泛开展走访慰问活动，按时足额发放离退休费、按规定报销医药费，认真落实好政治待遇和生活待遇。依托离退休干部学习活动阵地，不断丰富老干部精神文化生活。

【强基惠民】 年内，按照区、市、县驻村办驻村工作统一安排部署，各驻村（社区）工作队深入学习宣传贯彻习近平新时代中国特色社会主义思想以及中共二十大精神等学习200余次，受教育群众1.1万余人次，发放宣传资料5000余份；开展庆“七一”系列活动、喜迎中共二十大系列活动80余次，1.32万余人次参加；实施村干部国家通用语言文字教育培训240余场次；开展爱国主义、民族团结、马克思主义“五观”教育等140余场次，受教群众1.2万余人次；组织开展民族团结进步创建活动等60余场次，参与群众1.7万余人次；举办“神圣国土守护者、幸福家园建设者”专题讲座52场次，参与群众1.3万余人次，发放宣传手册2000余份。

各驻村（社区）工作队协同派驻单位开展慰问活动180余次，慰问金额7.7万余元，慰问物资折款38万余元；协助开展农牧民实用技能培训31场次，受益群众790余人；开展返贫监测2次，帮助村（社区）厘清发展思路17条，制定、完善、实施经济发展规划14项；教育引导2022年应届毕业生转变就业观念，对接用人单位实现42名高校毕业生就业；落实民生实事项目4个，涉及资金413.1万元，提供就业岗位20个；拓宽群众增收渠道，转移就业人数840余人次，实现现金收入260万余元。

各驻村（社区）工作队利用微信、抖音等新媒介积极推送守卫边疆领土相关事迹270余次；大力宣讲卓嘎、央宗姐妹守土固边先进事迹40余场次，受教育群众1.3万余人次；积极组织开展相关演练40余场次，开展反分裂斗争教育40余场次，参与农牧民群众1.4万余人次；协助村“两委”制订相关方案预案72个，组建应急处突队41个；深入开展“国家意识、公民意识、法治意识”教育活动50余场次，受教育群众1.7万人次。

【档案管理】 年内，档案室现存在职干部人事档案1817卷，其中公务员档案777卷（科级干部档案694卷，科员档案83卷），事业档案1040卷（机关事业单位工作人员180卷，卫生系统专技人员148卷，教师系统教师712卷），离退休干部档案232卷，死亡干部人事档案10卷，新分配未到档案12卷。

（桑邓曲珍）

【机构领导】

县委常委、组织部部长

靳小卉（女）

常务副部长、县委编办主任

德　曲（女，藏族，4月任）

副部长、老干部局局长

德　曲（女，藏族，4月免）

席贤锋（4月任）

副部长

孙　睿（女，回族，4月任）

县组织编制信息中心主任

多吉次仁（藏族）

宣传工作

【概况】 2022年，墨竹工卡县委宣传部始终坚持以习近平新时代中国特色社会主义思想为指导，围绕迎接、学习、宣传、贯彻中共二十大精神这一主线，深入学习贯彻习近平总书记关于意识形态工作的重要论述、在全国宣传思想工作会议上的重要讲话精神、关于西藏工作的重要指标和新时代党的治藏方略，紧扣举旗帜、聚民心、育新人、兴文化、展形象的使命任务，在理论学习上下功夫、在宣传报道上做文章、在舆论引导上见实效，全力以赴抓好意识形态和宣传思想工作。

【机构编制】 中共墨竹工卡县委员会宣传部是中共墨竹工卡县委员会主管全县意识形态方面工作的综合职能部门，正科级建制。管理科级单位2个（县电视台、县融媒体中心），所属事业单位1个（互联网评论中心）。机构改革后，新设墨竹工卡县新闻出版局，墨竹工卡县政府新闻办公室、墨竹工卡县广播电视台归宣传部管理。

墨竹工卡县委宣传部核定编制7名，其中行政编制4名，事业编3名，正科级建制，科级领导职数4名；墨竹工卡县互联网评论中心核定编制3名，均为事业编，副科级建制；墨竹工卡县广播电视台核定编制4名，均为事业编，正科级建制，科级领导职数1名；墨竹工卡县融媒体中心核定编制10名，正科级事业单位，设主任1名（正科级）、副主任1名（副科级）、总编辑1名（副科级），内设机构科室负责人4名。

【意识形态工作】 年内，将意识形态目标责任考核纳入年终目标绩效考核检查内容，把意识形态工作列为县委常委会重点工作。县委书记专题研究意识形态工作2次，常委会听取意识形态工作汇报2次。

【理论武装】 年内，坚持把学习贯彻习近平新时代中国特色社会主义思想和新时代党的治藏方略作为重大政治任务，建立健全党委（党组）理论学习中心组制度、补学制度，开展理论学习中心组旁听工作，各级党委（党组）组织开展学习研讨680余场次，其中，县委理论学习中心组学习24次、补学4次。和中石油公司合作，凭借“学习强国”学习平台注册和学习积分享受加油优惠，促进党员干部加强学习。常态化开展党史学习教育，全县党员领导干部政治“三力”持续提高。

采取个人自学、集中学习、专题研讨、专家讲座、县级领导辅导报告、读书会、县政府院内显示屏刊播“每日一学”等多种形式开展学习。邀请自治区书协副主席、拉萨市书协副主席、市文联编辑部主任南杰旺扎到墨竹工卡县开展“品味书香共创文明”读书交流活动。深化以考促学、以学促行，组织全县2700余名党员干部开展集中考学，不断巩固学习成效。

【“四联四包”工作】 年内，落实领导干部“下基层大接访办实事”活动，市县乡三级85名领导干部在联系点开门接访下访700余场次、现场办公200余场次，搜集化解矛盾纠纷55件，办结群众急难愁盼问题实事106件，开展各类宣讲会、辅导班275场次，组织干部群众到县新时代文明实践中心参观新旧西藏成就展40余场次。

【新时代文明实践中心（所、站）】 年内，运营县、乡、村三级新时代文明实践工作机构。赤康村党建教育基地、松赞干布纪念馆等挂牌新时代文明实践点。整合县城新华书店、电影院、“农家书屋”“寺庙书屋”、农村放映队、县乡艺术团（队）等资源，丰富群众精神文化生活，切实做到月月有主题、月月有活动。

2022年和拉萨市委宣传部、拉萨市文明办联合举办“我们的节日·七夕”活动，使中华传统文化焕发新活力。年内，县、乡、村累计开展新时代文明实践活动615场次，5.5万余人次参与。

【融媒体中心建设】 年内，加快推进媒体融合发展，拉萨市融媒体中心墨竹工卡分中心挂牌运行，运营“微墨竹”“网信墨竹”微信公众号、“墨竹融媒”抖音号、“墨竹视讯”视频号、珠峰云、广播电视等媒体平台，统筹线上线下资源，加强主旋律报道，提高舆论引导力、传播力和影响力。

年内，在“微墨竹”“网信墨竹”公众号发布民生、经济、生态、民族团结、疫情防控、中共二十大等各类信息3005条，累计阅读量67.6万次；“墨竹融媒”抖音号、“墨竹视讯”视频号，累计推送短视频1600余条，累计播放量1650万次；墨竹新闻播出汉语、藏语新闻各46期；上传珠峰云稿件352条；通过服务群众微信群推送“拉萨发布”权威信息早知道、防疫政策、时政及科普知识等内容49544条次。

【广播电视管理】 年内，组建巡护队伍，对全县的有线光缆实行分段承包保护管理制。完善安全播出指挥系统，严格执行24小时值班制度。全面推进广播电视“村村通”“户户通”“寺寺通”，为扎

2022年1月6日，县委宣传部组织各单位干部职工参观墨竹工卡县新时代文明实践中心

雪乡整乡1099户免费安装第四代“户户通”地面卫星接收设备。国家应急广播系统覆盖8个乡镇、41个村级插播前端和546个村级音柱，每天定时播放习近平总书记重要讲话精神、《习近平的七年知青岁月》、党史、疫情防控、中共二十大等内容3300余条，累计时长13200余分钟，完成中共二十大召开期间安全播出任务。

【文明城市创建】 年内，划拨专项经费285万元保障文明城市创建各项工作有序开展。先后召开全县创建工作推进会4次、办公室工作例会15次，制定出台30项指标、72项内容、105条标准，全面推进文明城市创建工作。发放文明城市倡议书和宣传海报5300余份。实地指导检查23次，曝光不文明行为19起，确保问题能够及时发现、及时整改。开展治安秩序、市场秩序、环境清洁、“扫黄打非”等各类整治活动32场次。

【丰富群众性主题活动】 年内，以41个村(居)文艺演出队为主体，积极组织开展群众性歌舞表演、演讲比赛、知识竞赛、读书活动、我们的节日、我与国旗合个影、喜迎中共二十大等群众性活动350余场次，参与群众7.5万余人次；加强全县82名农牧民宣讲员管理，动员全县41个单位组建专业宣讲员队伍，采取“宣讲＋理论”“宣讲＋互动”“宣讲＋文艺”“宣讲＋志愿服务”“宣讲＋融媒体”等形式，开展乡村振兴、生态环境、党的创新理论、疫情防控政

2022年4月21日，墨竹工卡县委宣传部举行2021年农家（寺庙）书屋补充更新图书发放仪式

策、中共二十大精神等各级各类宣讲1010余场次，受众达18.1万余人次；组织5支电影放映队伍在全县8个乡镇开展“送电影下乡”活动。年内，共放映电影390余场，观众约3万人次。

【普及国家通用语言文字】 年内，以“汉语藏语双学双教”活动为载体，着力推进村(居)主干国家通用语言文字培训2年攻坚行动和3年巩固提升工程，拍摄通用语言文字宣传片。创新开展国家通用语言朗诵比赛，参加拉萨市“喜迎二十大·礼赞新时代——‘书香拉萨’”农牧民(居民)国家通用语言文字诵读比赛，分别荣获二等奖、优秀奖和优秀组织奖。

【志愿服务】 年内，依托县新时代文明实践中心，探索形成“1+8+5+N”志愿服务模式，统筹全县4500余名志愿者、70个志愿服务点，开展志愿服务活动840余场次，参与群众1.9万余人次。和团县委实施打造“家燕归巢”大学生志愿者服务品牌项目。1100余名社会志愿者逆行出征，投身全县疫情防控大局，覆盖所有卡点、封控区及管控区，筑起疫情防控阻击战的坚强防线。

【文艺创作】 年内，围绕迎接学习宣传贯彻中共二十大主题，加大在绘画、书法、诗歌、音乐、歌曲、舞蹈、小品等方面的创作力度，录制《如有欠薪案件，怎样维权》、疫情防控、中共二十大等文艺节目32期，开展“喜迎中共二十大·庆六一文艺会演”、“喜迎中共二十大·忠诚护航新征程——庆七一”主题文艺会演、墨竹工卡县传统舞蹈大赛、传统体育比赛、儿童绘画展、民俗音乐会、青年交友联谊会、墨竹工卡县热烈庆祝中共二十大胜利召开线上文艺会演等活动，切实丰富群众精神文化生活。

【文化交流】 年内，举办墨竹工卡

县第二届“格桑花开”大学生就业创业年会暨《高原零距离》访谈节目，有序推进写实画《南京墨竹一家亲·汉藏人民心连心》、纪实片《援藏——逆光而行的故事》、短视频《千年一遇·松赞故里》等项目，用丰富的文艺作品和文化交流活动为中共二十大献礼。

【文化市场管理】 年内，围绕净化文化市场、网络空间、新闻出版领域、娱乐场所、舆论环境5个净化专项行动开展日常检查，开展文化市场联合检查7次，出动执法人员40人次，检查经营单位32家次，出动执法车辆15辆次，要求立即整改11家，限期整改13家。

【外宣推广】 年内，加强和中央、区、市媒体合作，持续扩大墨竹宣传传播力度。率先入驻人民日报总网客户端实施乡村振兴传播计划；和中宣部合作，疫情期间邀请多位明星录制《墨竹加油》视频，助力墨竹抗疫。

年内，投稿被中央媒体刊登9条，《西藏日报》刊登153条，《拉萨日报》刊登122条，拉萨电视台刊登143条。祝福冬奥视频《梦想的光》浏览量首次突破100万人次；短视频《在希望的田野上》获得“幸福拉萨人”短视频二等奖；“格桑花开”组工干部讲故事喜庆中共二十大——墨竹工卡县短视频《千年一遇》被《人民日报》、新华网、《西藏日报》、《拉萨日报》等媒体推广，累计浏览量240万次。

【外宣活动】 年内，和县文旅局联合举办墨竹工卡县“松赞”文化旅游节暨第五届“油菜花”节，全方位、多维度、立体化展示近年来全县经济文化旅游蓬勃发展的良好态势，大力传播幸福墨竹、推介生态墨竹、营销潜力墨竹。成立并挂牌拉萨摄影家协会墨竹分会，推出喜迎中共二十大系列原创作品展、摄影展、图集、短视频等，全面展示墨竹十年发展变化和成就，讲好新时代墨竹故事。

2022年4月29日，墨竹工卡县委理论学习中心组2022年度第6次集中研讨学习会召开

【亮点工作】 墨竹工卡县融媒体中心依托“微墨竹”微信公众号、“墨竹视讯”视频号和“墨竹融媒”抖音号，围绕县委、县政府中心工作，聚焦“领导干部下基层大接访办实事”“四联四包”、疫情防控、中共二十大等主题，先后开设专栏23个，全方位、深层次、多角度回应群众关切。全县运营微信公众号18个、微博1个、今日头条1个、政府门户网1个、政府新闻网站1个、网站11个，形成“全面覆盖、上下联动、多元传播”的融媒矩阵宣传效应，媒体融合宣传效应呈现不断扩大态势，为全县高质量发展营造良好的舆论氛围。

充分发挥县融媒体中心媒体聚合作用，依托各类线上新媒体平台，结合国家应急广播、宣传车流动广播、LED电子显示屏、横幅、宣传栏、广告牌等线下载体，广泛开展疫情防控宣传，累计粘贴疫情防控宣传标语5000余张、悬挂横幅300余条。加强主旋律报道，提高舆论引导力、传播力和影响力。年内，全县应急广播累计播放疫情防控信息240余次，播放内容1020余条；“微墨竹”公众号推送疫情信息854条，总阅读量25.1万次；“墨竹融媒”抖音号转播自治区疫情防控发布会55场次，累计推送抗疫短视频350条，播放量860万次，及时向全社会传递墨竹抗疫取得的进展和成绩，为墨竹众志成城抗击疫情赢得新媒体端口的“主流话语权”。录制藏语版疫情防控相关

2022年8月4日，墨竹工卡县委宣传部组织新时代文明实践成员单位开展志愿服务活动

违法违规行为暨法律后果、疫情防控知识等报道43期。制作疫情防控歌曲1首，教育引导群众加强自我防疫意识，积极配合防疫；在“微墨竹”微信公众号刊登心理疏导知识91篇；邀请南京脑科医院医学心理科专家录制心理疏导视频20期，切实预防和疏解工作人员、群众因疫情带来的情绪影响，确保打赢抗击疫情“心理战”。

年内，全县紧紧围绕中共二十大工作主线，按照前中后三个阶段，做好迎接学习宣传贯彻相关工作。统筹疫情防控工作，采取“线上+线下”相结合的方式，更换悬挂红旗、彩旗11060余面，悬挂、张贴中共二十大宣传横幅600余条，推送宣传标语440余条，营造浓厚社会氛围。围绕中共十八大以来全县取得的成就和发生的变化，创新举办主题文艺会演、线上诗歌朗诵、“升国旗、唱国歌”、“我与国旗合个影”线上图片展示、绘制主题手抄报、“喜迎中共二十大——村党组织书记乡村振兴擂台比武”等活动，推出“喜迎二十大、奋进新征程”主题原创作品展、“喜迎二十大、墨竹新变化”系列图集展、“礼赞新时代、喜迎二十大”文艺作品展、“墨竹工卡县热烈庆祝中共二十大胜利召开线上文艺会演”、“喜迎二十大、农牧民群众谈变化”、“强国复兴有我喜迎二十大”、“非凡十年·看墨竹”7个主题报道，累计推送图文、视频信息49期，向中共二十大胜利召开献礼。依托县委常委会“第一议题”、理论学习中心组、“三会一课”、主题党日活动等载体，深入开展中共二十大的理论学习宣传。2022年，全县各级党委（党组）理论学习中心组累计开展中共二十大专题学习200余场次，其中县委理论学习中心组开展专题学习8次、理论测试1次、邀请专家辅导讲座3次；依托各类新媒体平台，推送、发布中共二十大相关信息、视频960余条，累计阅读量超450万人次。推出“主播说二十大”“墨竹工卡县迅速掀起学习中共二十大精神热潮”“我的二十大、说说心里话”“学习贯彻中共二十大进行时”“墨竹工卡县学习宣传贯彻中共二十大精神线上文艺展演”“每日一学”“每日一测”7个学习宣传主题，累计推送图文、视频信息71期，切实在全县范围内掀起学习宣传中共二十大精神热潮。整合、发动全县各级各类宣讲力量，以群众喜

2022年8月4日，墨竹工卡县举办“我们的节日·七夕”系列主题活动

2022年4月22日，墨竹工卡县委宣传部组织开展“书香拉萨”相约读书，“4·23”世界读书日活动

闻乐见的方式，创新推出“网红大V说墨竹”“微讲堂”“红色宣讲”“初心不改跟党走争做银发排头兵”“红领巾宣讲员”等主题活动，通过领导干部示范讲、宣讲团队巡回讲、行业系统分类讲、农牧民宣讲员定点入户讲、网络媒体互动讲等方式，结合区市县全会、拉萨市“两会”和墨竹工卡县“两会”精神，广泛开展“中共二十大精神进墨竹千家万户”大宣讲活动。截至年底，累计开展宣讲486场，受众3.7万人次。

（卡　果）

【机构领导】

县委常委、宣传部部长

胡小平

常务副部长

梅　子（女，藏族，4月免）

秦　鑫（4月任）

副部长

秦　鑫（4月免）

武继斌（彝族，4月免）

赵怡苹（女，4月任）

统一战线

【概况】 2022年，县委统战部牢牢把握新时代党的统战民族宗教工作正确方向和特殊使命，全面贯彻落实党中央和区市县党委对统战民族宗教工作的决策部署，按照《统一战线工作条例》和《宗教事务条例》要求，以及区市县主要领导关于统战民族宗教工作的指示精神，充分发挥凝聚人心、化解矛盾的职能作用，紧紧围绕中心、服务大局，强化政治引领、狠抓意识形态，坚决维护寺庙和社会大局持续和谐稳定，为全县高质量发展特别是喜迎中共二十大召开营造良好的社会氛围，为建设团结富裕文明和谐美丽新墨竹贡献积极力量。

【民族团结创建】 年内，按照《墨竹工卡县民族团结模范区创建规划2021—2025年实施方案》，坚持以铸牢中华民族共同体意识为主线，以民族团结创建“九进”为工作抓手，推动民族团结宣传教育常态化和民族团结进步示范创建工作向基层延伸，提升民族工作水平。

坚持把民族团结教育与“三个意识”等学习教育实践活动紧密结合起来，采取集中宣讲、上街宣讲、书法比赛、文艺会演等形式，并通过悬挂横幅、制作展板、播放视频、发放手册和宣传品等方式，加强民族团结宣传教育，营造出民族团结浓厚氛围。年内，全县共开展学习260余场次，宣讲宣传400余场次、覆盖群众4.5万余人次、发放宣传资料5万余份，书法比赛40场次、收集作品580余篇。

组织人员对全县30个不同民族成分分布、结构比例进行核查登记，对380多对民族通婚家庭的基础数据、饮食习惯、文化交流、语言使用、服饰穿戴、居住风格进行摸底掌握。

抽调6名人员成立全县民族团结创建办公室，从财政预算专项经费100万元，促进创建活动有专人、有专项经费，确保创建活动高质量完成。年内，共完成86家县级、24家拉萨市级、4家自治区级示范单位申报。共评选先进集体15家单位、个人20名、家庭5户为县级民族团结进步模范。全县民族团结进步模范表彰大会正在筹备，待区市召开后随即召开。

【宗教界“三个意识”教育】 年内，严格按照市委既定方案，成立以县委书记为组长，县委副书记、县长为常务副组长的全县“三个意识”教育领导小组，研究制定实施方案，统筹专项经费130万元，及时召开动员部署会议，县委常委会听取汇报2次，做到责任明确、领导重视、保障到位，为活动有序有力推进提供支撑。

组建由党校、统战宗教、检法司以及寺管会干部、寺庙高僧活佛140人组成的“三个意识”宣讲团，先后参加区市县宣讲员培训班6次，帮助宣讲员掌握政策，理顺思路，注入理念。

2022年5月20日，墨竹工卡县召开宗教界深入开展“国家意识、公民意识、法治意识”教育动员部署会

13名县级领导牵头挂帅，成立6个巡回宣讲组，划分宣讲片区，采取邀请区市宣讲团集中宣讲、县级领导巡回宣讲、寺管会干部面对面宣讲等措施，以接地气、通俗易懂、联系实际的方式，大力宣传国家的政策方针和法律法规，不断提升僧尼的国家意识、公民意识、法治意识的同时，在寺庙最显眼位置设立“三个意识”标示标语和宣传栏，积极营造国大于教、国法大于教规、公民大于教民的浓厚氛围。

依托寺庙文化补习班，合理组织僧尼学习国家通用语言，并以“树立‘三个意识’、争做先进僧尼”为主题，围绕喜迎中共二十大，举办寺庙僧尼国家通用语言演讲比赛，13名僧尼进入县级决赛，设立评比名次和奖励奖状环节，兑现奖金0.75万元，有效提高僧尼使用国家通用语言的积极性和主动性。

2022年1月3日，2022年度中共墨竹工卡县委员会宗教工作会议召开

采取录制宣讲视频、线上传达、微信群发、视频教育等方式，积极探索疫情期间寺庙僧尼线上宣讲、居家自学等创新举措，并有序开展国庆节“升国旗唱国歌”仪式和“我与国旗合个影”活动，切实做到疫情防控期间宣讲不停、学习不停、提高不断。截至年底，线下集中宣讲和巡回宣讲237场次，受教僧尼达800余人，开展线上宣讲29场次，受教僧尼600余人，累计谈心谈话600人，发放宣讲提纲140本、应知应会140本，专题宣传栏29个，张贴横幅57条，发布快讯6条。

按照不集中、不聚集的要求，合理组织寺庙僧尼观看中共二十大直播盛况和聆听习近平总书记代表十九届中央委员会所作的报告，并有序组织学习宣传、交流座谈等活动。年内，集中学习宣传、交流座谈活动60余场次，参与僧尼1000人次，撰写心得体会600余份。

【民营企业基本情况】 5月15日，召开工商业联合会（商会）第三届代表大会，选举新一届工商联主席（总商会会长）和执行委员会委员并颁发证书。

精心策划和组织开展非公有制经济人士思想政治教育活动3次，切实加强非公有制经济人士的政治思想教育工作。同时，为使中华民族共同体意识深深扎根于各族儿童心田，县工商联（商会）积极组织2家爱心企业自筹8.6万余元面向5所学校开展"致富不忘桑梓情 乐善助教暖人心"慰问活动。

做好军企民联系工作，积极组织2家会员企业开展慰问驻墨竹工卡部队活动，为驻墨竹工卡部队送去价值5万余元的物资及节日祝福。同时，疫情发生以来，14家民营企业为农牧民群众、滞留外来务工务商人员开展慰问活动30余场次，累计捐赠物资价值61.71万余元。此外，罗布工贸有限公司为旗下修理厂135间租户减免3个月的租金，共计58.04万余元。

【引导党外人士发挥作用】 年内，深入开展走访慰问和座谈交流活动。先后召开党外人士座谈会、宗教教职人员座谈会，走访慰问全县党外代表人士、定居藏胞，宗教界活佛、经师、堪布以及老弱病残僧尼等27人，发放慰问金2.16万元。

积极鼓励党外人士建言献策，为全县各项工作贡献智慧力量。2022年13名党外人士代表在墨竹工卡县"两会"上共建言献策20条。

疫情发生以来，全县各寺庙高僧活佛积极响应，寺庙高僧活佛主动发挥作用，自筹出资214万余元向疫情一线捐赠疫情防控物资、生活物资，展现"僧"爱家乡的情怀和彰显宗教界的责任担当。同时，严格落实《境外藏胞回国审批管理办法实施细则》，建立健全回国藏胞信息库，协调公安国保部门建立申请入境探访的境外藏胞境内亲属开展背景审查工作机制，认真开展审批工作。截至年底，无境外藏胞回县探访，疫情期间走访慰问定居在扎西岗乡的1名藏胞，及时掌握思想状况。

（尼玛多吉）

2022年6月15日，墨竹工卡县开展"国家意识 公民意识 法治意识"教育宣讲员培训

【机构领导】

县委常委、统战部部长
　　普布旺堆（藏族）
常务副部长
　　尼玛次仁（藏族，4月免）
　　罗桑顿珠（藏族，4月任）
副部长
　　德吉白玛（女，藏族，4月免）
　　尼玛多吉（藏族，4月任）
　　施　久　雄（4月任）
宗教事务局局长
　　尼玛次仁（藏族，4月免）
　　次仁顿珠（藏族，4月任）
宗教局事务局副局长
　　次仁顿珠（藏族，4月免）
　　郎卡洛追（藏族，4月免）
　　次仁旺旦（藏族，8月免）
　　路　春　侠（女，4月任）
　　拉　　　次（藏族，8月任）
工商联主席
　　斑旦曲扎（藏族，4月免）
　　黄　　　洋（4月任）
工商联副主席
　　尼玛多吉（藏族，4月免）
　　德吉白玛（女，藏族，4月任）

巡察工作

【概况】 2022年，县委巡察机构坚持以习近平新时代中国特色社会主义思想为指导，深入贯彻中

共十九大、十九届历次全会精神和中共二十大精神，全面贯彻落实“发现问题、形成震慑，推动改革、促进发展”的中央巡视工作方针，坚决维护以习近平同志为核心的党中央权威和集中统一领导，坚持党要管党、全面从严治党，坚定不移深化政治巡察，坚持稳中求进的工作总基调，努力推动全面从严治党在基层有效落实。

【全覆盖任务】 年内，坚持把“两个维护”作为巡察工作的根本任务，突出市县巡察“三个聚焦”监督重点，稳步推进十届县委巡察全覆盖。2022 年，共开展 2 轮巡察，经县委授权成立 4 个巡察组，对 4 个县直单位党组织、9 个寺管会党组织开展常规巡察，发现并反馈各类问题 120 条（含立行立改 68 条），巡察“全覆盖”达 19%。紧扣职能职责定位，健全完善信息共享、成果共享工作机制，巡前情况通报 28 次、巡中会商研判 10 余次、业务支持 7 次、巡后督促整改 3 次。贯彻落实书记专题会点人点事事项，向县纪委监委、县委组织部、宣传部、统战部等部门转办工作要求 23 条。

【工作举措】 年内，县委始终坚持把组织开展好政治巡察作为从严治党、维护党纪的重要手段，认真履行主体责任，4 次召开书记专题会研究审议巡察工作方案、听取巡察情况汇报，对重点人重点事不回避不遮掩，切实推动新形势下巡察工作高质量发展。县委巡察工作领导小组靠前指挥，组织召开会议 4 次，认真听取阶段性汇报，及时校准政治偏差，有效解决巡察工作中难点、堵点，主动派员参加进驻动员会、反馈会 26 人次，进一步传导工作压力，压实整改责任，推动巡察整改落实落细。

巡察办坚持组办协作机制，召开组办协商 10 余次，对报告中问题定性、表述等方面提出修改意见建议 20 余条。坚持实践探索在前，总结提炼在后，参照上级文件精神，结合墨竹工卡县实际，精心起草《中共墨竹工卡县委员会巡察工作规划（2022—2026）》，并根据市委巡察机构指导意见修改完善，报送县委审定后组织实施。

【整改成效】 巡察整改是政治巡察的“后半篇文章”，决定政治巡察的实际效果，要紧扣巡察震慑、遏制、治本作用，坚决落实习近平总书记关于巡视巡察整改重要论述，持续强化巡察整改和成果运用。严格落实《墨竹工卡县委巡察整改落实和成果运用暂行办法》，实行“四方台账管理”制度，强化日常监督，持续跟踪督办，形成监督合力。

年内，对十届县委第一轮巡察整改情况开展日常督导检查 6 次、涉粮领域巡察反馈问题整改专项监督检查 3 次、印发《关于做好十届县委巡察整改工作的通知》14 份，针对督查中发现的问题，进行现场签字确认、现场反馈、限期整改，有效推动整改不到位、不彻底的问题进行再整改、再排查，着力补齐短板弱项。

【队伍建设】 年内，立足于把巡察岗位打造成发现、培养、锻炼干部的重要平台，聚焦政治能力、注重实践锻炼，从严从实加强巡察队伍建设。2022 年，选派人员参加上级巡视巡察培训 7 人次、区党委巡视办跟岗学习 1 人次、自治区巡视 1 人次，组织本级巡前培训 2 次 16 人，巡后推选优秀干部 6 人。抓实“改进作风狠抓落实”工作，及时传达学习区市县改

2022年2月17日，县委巡察机构联合县纪委监委、县委组织部开展巡察整改期间督查指导工作

2022年1月5日，召开县委巡察工作领导小组第6次会议听取巡察情况报告

进作风狠抓落实工作精神，将改进作风狠抓落实工作要求融入日常、抓在平时。

召开节前警示教育大会4次、节后收心会3次，开展党员信仰宗教排查1次，观看反腐题材专题片《零容忍》2次，观看《问政拉萨》4次，组织全体巡察干部如实填写《西藏自治区领导干部廉政报告》。对标对表巡视巡察工作3个方面，20个问题，认领17个问题，制定整改措施43条，除需要长期坚持的以外，其余均整改完成。

【党组织建设】 年内，充分发挥基层党组织战斗堡垒作用，全方位履行党建工作责任，以做好党员日常教育、管理、监督、服务为抓手，努力夯实管党治党主体责任。全年共开展集中学习10次，专题讨论3次，应知应会测试1次，参加各类培训班12人次，现场述学12人次，参与疫情防控志愿服务活动4人，观看红色电影4人次，参观红色基地活动1次，廉政警示教育基地1次，"我为群众办实事"实践活动6件，并推动创建墨竹工卡县民族团结进步模范单位。

严格落实党风廉政建设主体责任要求，把党风廉政建设与业务工作深度融合，一起部署、一起落实，年初组织召开党风廉政建设会议，专题研究安排党风廉政建设工作，明确目标任务，厘清工作职责，形成党支部统筹，组办各司其职的工作局面。参照市委巡察机构组办联席会议议事规则，以组办会议协商的方式研究巡察工作中重要事项和重大问题及重要资金使用安排等事项，不断提高决策民主化、科学化。

（达瓦卓玛）

【机构领导】

主　任

扎西旺堆（藏族，9月免）

副主任

张国洋

县委巡察一组组长

钟其荣

县委巡察二组组长

普布卓嘎（女，藏族，5月免）

米玛措姆（女，藏族，5月任）

党校

【概况】 2022年，中共墨竹工卡县委党校核定编制10人，实有人员10人；副高级职称2人，中级职称4人，初级职称2人，员级2人；硕士研究生学历2人，中央党校研究生学历2人，本科6人。县委常委、组织部部长靳小卉兼任党校校长，县委配备1名副校长全面负责党校日常工作。

2022年，墨竹工卡县委党校认真贯彻落实中共二十大、二十届一中和二中全会精神，贯彻落实区市县党委重要会议精神，锚定"四件大事"，完整准确全面贯彻新发展理念，坚持"三个赋予一个有利于"，着力推进"四个创建"、努力做到"四个走在前列"，实现"四个确保"，通过党校党员干部的不懈奋斗，立足党校实际，克服各种困难，勇毅前行，充分发挥干部培训、思想引领、理论建设作用，大力开展党性教育和理论教育，全面提升教育培训质量，培养村（居）干部，助推全县经济社会高质量发展。

【党员干部教育培训】 年内，按照党员干部教育培训计划，先后开展培训18期，参训达1900余人次，主要涵盖各乡镇、各部门、各寺管会的副科级及以上干部，驻村工作队，村（居）党组织书记、主任、“两委”班子成员，机关事业单位骨干力量，党务工作者，农牧民优秀党员、党员发展对象等。

主要开设中共二十大精神解读，习近平新时代中国特色社会主义思想的核心要义、丰富内涵、历史地位，习近平生态文明思想，习近平法治思想和宪法精神，《习近平谈治国理政》导读，区市县第十次党代会精神解读，加强民族团结进步，铸牢中华民族共同体意识，改进作风狠抓落实，加强党性修养等党性教育和理论教育专题，并根据培训班次性质和培训对象实际，分模块、分单元纳入培训班次，邀请区内高校、区市党校系统专家学者和兄弟县区党校教师开展专题辅导，引导党员干部不断提高政治觉悟、政治能力和工作本领，深刻认识中国特色社会主义的制度优势和治理效能，不断增强“四个意识”、坚定“四个自信”、做到“两个维护”、捍卫“两个确立”，增强政治自觉、思想自觉、行动自觉。

2022年4月19日，县委常委、组织部部长、县委党校校长靳小卉（中）出席副科级及以上干部学习贯彻党的十九届六中全会精神第二期培训班开班仪式并讲话

【外出宣讲】 3月，县委党校选派2名藏语汉语教师用1个月时间到全县41个村（居）开展“下基层大接访办实事、党的理论政策宣讲”活动，重点宣讲全国两会精神、中央民族工作会议精神、中央宗教工作会议精神、自治区民族工作会议精神、加强民族团结进步铸牢中华民族共同体意识、生态文明建设等内容，主要宣讲对象为全县各村（居）“两委”班子成员、第一书记、工作队成员、党员，基层宣讲员、群众代表，受众达3500余人，取得了良好效果。

县委党校选派藏语汉语教师到乡村田间地头、虫草采集点开展“加强民族团结进步、铸牢中华民族共同体意识”巡回宣讲活动11场次，主要对象为田间地头劳动的群众，深受群众欢迎，普遍反映较好。联合县委宣传部选派藏语汉语教师在门巴乡、门巴虫草采集点、慈觉林同心苑开展宣讲。用群众看得见的事例、听得懂的语言，将党的最新理论成果、重要会议精神、惠民政策传入“寻常百姓家”。

选派藏语汉语教师开展专题宣讲4场次，受众人数300余人。根据市县党委的安排，县委党校于7月到日多乡拉龙村及所属的曲间组、拉龙组、党组、玛组开展“大宣讲大调研大排查”活动，通过集中宣讲、进组入户宣讲、入

2022年4月22日，西藏自治区党委党校常务副校长熊刚毅（右二）一行到墨竹工卡县检查指导国家通用语言文字教育培训工作开展情况

户调研排查等形式，问民情、解民意、知民需，掌握第一手资料，为最终形成高质量的调研报告，进而逐步解决群众的实际困难奠定了坚实基础。

【培养村（居）干部】 年内，县委党校积极开展村（居）干部专题培训，重点学习中共二十大、中央民族工作会议、中央农村工作会议、全国宗教工作会议、区市县第十次党代会精神及乡村振兴政策等，同时开展国家通用语言文字教育培训，不断提升村（居）“两委”班子成员使用国家通用语言文字的能力。

为进一步增强培训效果，县委党校在课程设置上一改以往以室内授课为主的形式，安排参训学员到曲水县才纳国家农业产业园、西藏百万农奴解放纪念馆参观学习。

年内，先后举办4期村（居）主干及“两委”班子成员培训，在学习贯彻习近平新时代中国特色社会主义思想的同时，均将国家通用语言文字作为重要内容列入其中，邀请县教育系统经验丰富的教师开展授课，以基础知识讲授、学员互动、场景模拟等形式进行教学，提高了参训人员的实际运用水平，进一步铸牢中华民族共同体意识。

2022年5月17日，墨竹工卡县委党校教师到尼玛江热乡田间地头开展巡回宣讲民族团结活动

4月，县委组织部、县委党校、县教育（体育）局组织全县各村（居）书记开展国家通用语言文字运用水平测试工作，共计36人参加本次测试。7月，县委组织部联合县委党校和县教体局组织国家通用语言文字市级测试未及格和缺考的69名村（居）干部在县委党校开展集中测试。测试分为笔试和口试两部分，口试采取“一对一”的方式，精准掌握学习效果。测试有效地检验村（居）干部学习国家通用语言文字的成效，调动村（居）干部学习的积极性、主动性，引导村（居）干部和广大群众由“要我学”向“我要学”转变，营造了比学赶超的浓厚学习氛围。

（普布曲扎）

【机构领导】

副校长

任松涛（主持工作）

墨竹工卡县人民代表大会

综述

【概况】 2022年，共召开人民代表大会2次，人大常委会党组会议11次，人大常委会会议7次、主任会议8次，听取和审议专项工作报告28项，向县委请示报告20余件次，在经济发展、财政预决算等方面形成决议11项，依法任免国家机关工作人员43人次、补选市级人大代表2名、县级人大代表2名，组织宪法宣誓6场次。

【人民代表大会】 1月18—20日，墨竹工卡县第十四届人民代表大会第三次会议召开。会议听取和审议县人民政府工作报告；审查县人民政府关于2021年国民经济和社会发展计划执行情况与2022年国民经济和社会发展计划草案的报告、2022年国民经济和社会发展计划草案；审查县人民政府关于2021年财政预算执行情况与2022年财政预算草案的报告、2022年财政预算草案；听取和审议县人民代表大会常务委员会工作报告；听取和审议县人民法院工作报告；听取和审议县人民检察院工作报告；审议县人民政府关于县十三届人大六次会议和县十四届人大一次会议代表提出意见建议办理情况的报告；依法补选县第十四届人民代表大会常务委员会副主任1名。

12月28—30日，墨竹工卡县第十四届人民代表大会第四次会议召开。会议听取和审议县人民政府工作报告；审查县2022年国民经济和社会发展计划执行情况与2023年国民经济和社会发展计划草案的报告、2023年国民经济和社会发展计划草案；审查关于县2022年财政预算执行情况与2023年财政预算草案的报告、2023年财政预算草案；审议县人民政府关于县十四届人大三次会议期间人大代表建议办理情况的报告；听取和审议县人民代表大会常务委员会工作报告；听取和审议县人民法院工作报告；听取和审议县人民检察院工作报告；依法补选县第十四届人民代表大

2022年5月25日，墨竹工卡县人大常委会党组书记、主任张志文（前排右二）一行考察新冠疫情防控工作

会常务委员会组成人员1名和县监察委员会主任1名。

2022年7月1日，墨竹工卡县第十四届人民代表大会常务委员会第五次会议召开

【人大常委会会议】 1月17日，墨竹工卡县十四届人大常委会召开第三次会议，审议关于召开县十四届人大三次会议的议案；审议县人民政府工作报告；审议县人民政府关于2021年国民经济和社会发展计划执行情况与2022年国民经济和社会发展计划草案的报告、2022年国民经济和社会发展计划草案；审议关于2021年财政预算执行情况与2022年财政预算草案的报告、2022年财政预算草案；审议县人民政府关于县第十三届人民代表大会第六次会议和县第十四届人民代表大会第一次会议代表提出意见建议办理情况的报告（书面）；审议县人民代表大会常务委员会工作报告；审议县人民法院工作报告；审议县人民检察院工作报告；审议通过县十四届人大三次会议工作方案；审议县十四届人大三次会议相关建议名单，辞职事项；审议关于调整县第十四届人民代表大会代表资格审查委员会组成人员的决定（草案）；审议县第十四届人民代表大会第三次会议选举办法（草案）；审议县第十四届人民代表大会常务委员会增补副主任名单（草案）；审议县第十四届人民代表大会第三次会议代表资格审查报告。

5月16日，墨竹工卡县十四届人大常委会召开第四次会议，会议传达学习《中华人民共和国地方各级人民代表大会和地方各级人民政府组织法》《全国人民代表大会关于修改〈中华人民共和国地方各级人民代表大会和地方各级人民政府组织法〉的决定》；听取县人民政府关于全县疫情防控工作开展情况的报告；审议县人大常委会关于疫情防控工作视察的方案；本次会议接受辞去县监察委员会主任1名，免去县人大常委会办公室副主任1名，任命县监察委员会副主任、代理主任1名，任命县人大常委会办公室副主任1名。

7月1日，墨竹工卡县十四届人大常委会召开第五次会议，会议传达学习《西藏自治区人大常委会 政协西藏自治区委员会关于组织全区各级人大代表、政协委员在着力创建全国民族团结进步示范区中发挥表率作用的通知》《西藏自治区民族团结进步模范区创建条例》。通报县人大常委会关于疫情防控视察反馈问题整改情况的报告；听取县人民政府关于生态环境保护工作开展情况的报告；听取县人民政府关于审计工作开展情况及审计查出问题整改情况的报告；听取县人民政府关于贯彻落实《西藏自治区实施〈宗教事务条例〉办法》《西藏自治区民族团结进步模范区创建条例》实施情况的报告；本次常委会任免政府部门主要负责人25人次。

8月1日，墨竹工卡县十四届人大常委会召开第六次会议，会议传达学习西藏自治区党委、拉萨市委人大工作会议精神。听取县人民政府2022年上半年工作总结暨下半年工作计划；听取县监察委员会工作开展情况；听取县人民法院2022年上半年工作总结暨下半年工作计划；听取县人民检察院2022年上半年工作总结暨下半年工作计划；听取和审议县2021年财政收支决算执行情况和2022年上半年财政预算执行情况的报告；听取和审议县人民政府《关于盘活财政存量资金及科目调剂请示》的议案；听取县2022年上半年国民经济和社会发展计划执行情况与下半年国民经济和社会发展计划安排；听取和审议县人民政府《关于在全县开展法治宣传教育第八个五年规划（2021—2025年）》的议案；听取县人大常委会2022年上半年工作总结暨下半年工作计划；本次会议任命县人民政府常务副县长1名、副县长1名。

11月10日，墨竹工卡县十四届人大常委会召开第七次会议，会议传达学习中国共产党第二十次全国代表大会会议精神；听取县人民政府关于中央环保督察组反馈问题整改情况的报告；本次常委会任免人大常委会办公室、政府部门、县人民法院负责人12人次。

12月2日，墨竹工卡县十四届人大常委会召开第八次会议，会议传达学习新华社理论文章《在法治轨道上全面建设社会主义现代化国家——在深刻领会新时代10年伟大变革中贯彻落实中共二十大精神之法治篇》；审议关于赵辉年、王庆宏补选为拉萨市第十二届人大代表的事宜。

12月27日，墨竹工卡县十四届人大常委会召开第九次会议，会议审议关于召开县十四届人大四次会议的议案；审议县人民政府关于呈报《墨竹工卡县2022年行政事业单位国有资产管理工作的报告》的议案；审议县人民政府关于审议《墨竹工卡县2022年财政预算调整和动用2022年财政预算预备费的报告》的议案；审议墨竹工卡县人民政府工作报告（送审稿）；审议县人民政府关于2022年国民经济和社会发展计划执行情况与2023年国民经济和社会发展计划草案的报告（送审稿）；审议关于2022年财政预算执行情况与2023年财政预算草案的报告（送审稿）；审议县人民政府关于县十四届人大三次会议代表提出建议办理情况的报告（送审稿）；审议县人民代表大会常务委员会工作报告（送审稿）；审议县人民法院工作报告（送审稿）；审议县人民检察院工作报告（送审稿）；审议县十四届人大四次会议相关建议名单；审议格桑巴珠申请辞去县十四届人大常委会委员职务的事项；审议县十四届人大四次会议代表资格审查报告；审议通过县人大常委会关于批准县2022年财政预算调整方案及动用预算预备费的决定。

【监督工作】 年内，认真履行宪法法律赋予的监督职责，统筹运用法定监督方式，不断提升监督工作质量水平。在经济和社会事业领域，加强对国民经济和社会发展计划及预算执行情况的监督，听取和审议墨竹工卡县2021年财政收支决算执行和2022年上半年财政预算执行情况的报告，审查批准预算调整、盘活存量资金及预备费动用的报告；听取和审议国有资产管理情况报告、《西藏自治区民族团结进步模范区创建条例》贯彻落实情况报告，依法审查审计已查出问题的整改情况。听取生态环境保护工作开展情况报告和中央环保督察反馈问题整改情况报告，组织区市县乡四级人大代表120人次对生态环境大排查大整治工作开展跟踪督查2次，提出整改意见5条，全力推进环保督察反馈问题整改工作。专题听取疫情防控工作开展情况报告并开展视察，向县政府反馈4个方面12项问题。同时，积极深入各乡镇和矿区实地了解安全生产、环境保护、纠纷排查、基层治理、教育卫生、大学生就业

2022年7月26日，墨竹工卡县人大常委会党组书记、主任张志文（前排左三）一行调研巩固拓展脱贫攻坚成果同乡村振兴有效衔接暨返贫监测帮扶落实情况

2022年12月8日，墨竹工卡县人大常委会党组成员、副主任普桑到唐加乡宣讲中共二十大精神

创业、基础设施建设等方面工作，及时向县政府及相关部门反馈问题、提出建议。在民主法治领域，首次听取和审议监察委员会工作报告，支持监察机关依法规范独立行使监察权。审议通过县人民政府《关于在全县开展法治宣传教育第八个五年规划（2021—2025年）》的议案，推动“八五”普法规划落实。听取审判、检察工作情况报告，要求“两院”充分发挥审判、检察职能作用，以服务大局和提高人民满意度为己任，忠实履行宪法法律赋予的职责，推动刑事、民事、行政、公益诉讼等各项工作全面协调发展。组织人大代表20人次旁听案件庭审，参加检察开放日、公开听证会等活动。积极配合南京市和区市人大常委会开展调研4次，完成《拉萨市南北山绿化管理条例》等法规的意见征集4次，推进人大工作形成合力。

【代表工作】 年内，完善保障机制，创新服务载体，全力支持和保障人大代表依法履职行权。开展代表学习活动，依托“人大代表之家”“村级代表活动室”，密切与群众的联系，抓好全县各级人大代表的反分裂斗争、铸牢中华民族共同体意识和淡化宗教消极影响教育；要求各乡（镇）人大主席团将国家通用语言文字的学习列入年度计划，督促人大代表带头学习使用国家通用语言文字。组织人大代表和相关部门40余人参加全国人大常委会地方立法培训班视频培训学习，组织人大代表和人大工作人员25人次参加上级组织的代表培训，切实提高代表履职水平和机构工作能力。

开展“双联系”活动，始终坚守履职为民初心，主动担当作为，把解决人民群众急难愁盼问题作为主要目标，秉持“民有所呼、我有所应”的理念，改进作风狠抓落实，激发代表履职热情，解决尼玛江热乡中心小学添置校园广播系统资金等18件急难愁盼问题。此项工作在西藏党员教育网、《西藏日报》、西藏新闻网、《拉萨日报》、西藏人大、拉萨人大等新闻媒介和杂志上刊登。

开展建议交办督办，针对县十四届人大三次会议上收集到的67项代表意见建议，召开主任会议专题研究处理意见，会同县政府召开代表意见建议交办会，并通过走访代表、电话回访等形式开展督办检查，切实推动意见建议办理工作。

【内部建设】 年内，制定《中共墨竹工卡县人大常委会党组2022年理论学习中心组学习计划》，依托每月一课、县委理论学习中心组学习、人大常委会党组理论学习中心组学习、“三会一课”、“学习强国”学习平台等载体，坚持自学与辅学相结合，集中学与交流学相结合，深入学习贯彻习近平新时代中国特色社会主义思想和中共二十大精神，真正把中共二十大精神融入血液、注入灵魂，用中共二十大精神武装头脑、指导实践、推动工作，确保党的决策部署在人大工作中落地生根。

年内，召开改进作风狠抓落实工作推进会6次、专题学习会10次；开展“作风怎么看，工作怎么干”大讨论活动1次；在全县范围内率先开展“对标找差、比学赶超”活动，结合查找出的差距清单，制订整改方案，健全台账资料，规范党员活动室建设，规范党组会议、主任会议、人大常委会会议流程，完善人大常委会及机关相关工作制度，促进作风进一步转变、工作更好落实。全面提升工作能力，组织人大工作者围绕墨竹工卡县人大工作召开2次座谈会，认真分析存在的困难问题，并提出意见建议，通过学习交流，进一步提高人大工作者的业务素质和能力，明确人大工作的定位。

（普布卓嘎）

【机构领导】

党组书记、主任

张　志　文

党组成员、副主任

刘　登　贵（1月免）

土登群培（藏族，1月任）

王　应　祥

普　　桑（藏族）

杨　　勇

办公室工作

【概况】 2022年，墨竹工卡县人大常委会办公室坚持以习近平新时代中国特色社会主义思想为指导，全面学习贯彻中共十九大及十九届历次全会精神、中共二十大精神、中央人大工作会议精神，紧紧围绕“四件大事”“四个创建”“当好七个排头兵”大局，坚持党建引领，不断推进人大办党支部标准化建设，促进党建工作全面进步，积极推动人大工作迈出新步伐、取得新成效。

【思想政治建设】 年内，墨竹工卡县人大常委会办公室党支部制订学习计划，明确学习方向和学习要求，结合党史学习教育常态化长效化、党组理论学习中心组学习会、“三会一课”等组织生活制度，深入学习贯彻习近平新时代中国特色社会主义思想、中共十九大及十九届系列全会以及中共二十大精神等，通过集中学习、个人自学、交流发言、讲授党课、知识测试等多种方式，组织党员干部集中学习16次，讲党课4次，专题研讨6次、主题党日活动12次，交流发言6次，集中测试1次。同时，积极动员党员干部充分利用“学习强国”学习平台、西藏干部教育网等平台和微信公众号开展自学。常委会领导坚持以普通党员身份参加支部学习，充分调动全体党员的积极性和主动性。通过开展党员活动日，组织党员参观廉政教育基地、观看红色影片、集体过政治生日、撰写心得体会、讨论交流等多种形式的学习交流活动，提高全体党员的政治素养，提升了全体党员的学习力、思想力、执行力。

【办文办会】 年内，承办人民代表大会2次、人大常委会党组会议11次，人大常委会会议7次、主任会议8次，人大常委会党组理论学习中心组组织的学习13次、协调服务工作。形成常委会、党组各类文件60余份，办公室、党支部各类文件30余份。对所有来文来电都能及时准确地签收办理，未发生耽搁送阅、影响工作的现象。

【党建工作】 年内，加强党员干部教育管理，规范党务工作，相关制度上墙，增强党员吸附力，健全党员活动室；年内，组织党员干部参加党组织书记、党务工作者学习贯彻中共十九届六中全会暨区市第十次党代会、全国人大精神等的培训8期32人次，定期开展考学述学工作；开展党员干部正负面清单自查活动，严格实行“八小时以外”监督。

不断完善组织生活会制度、“三重一大”制度及民主集中制、党风廉政建设责任制度，召开组

2022年7月1日，墨竹工卡县人大办党支部开展“庆祝中国共产党成立101周年”暨“喜迎中共二十大”主题党日活动

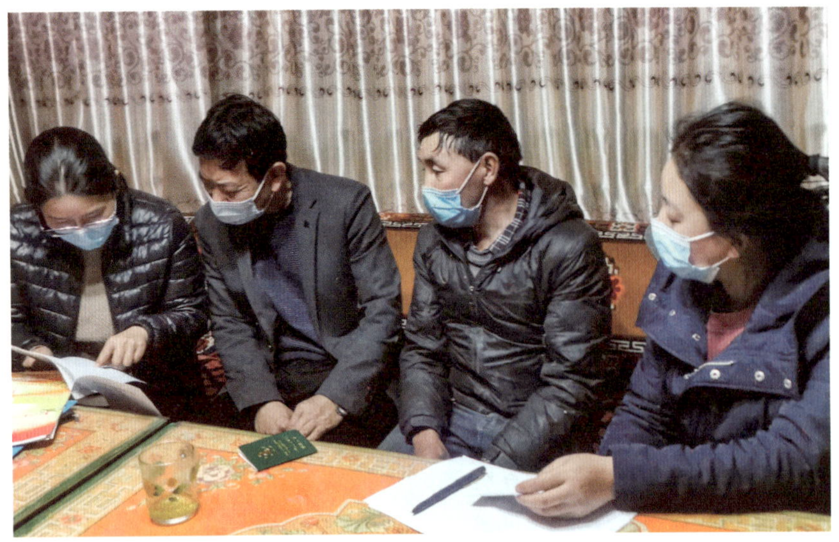
2022年11月21日，墨竹工卡县人大办公室主任王小芬（左一）、副主任普布卓嘎（右一）到嘎则新区开展结对户慰问并宣讲中共二十大精神

织生活会1次，支部委员会10次、开展谈心谈话2次。严格规范党费收缴工作，指定专人每月足额收缴党费，并于12月初将本年度党费全额上缴县直机关工委。

持续强化纪律教育，按照区市县委关于意识形态工作的决策部署，制定《县人大办关于2022年意识形态领域工作方案》，签订党员承诺践诺书9份，党员干部拒绝酒驾承诺书9份，强化思想政治纪律和组织纪律，带动廉洁纪律、工作纪律、生活纪律严起来。

认真履行党风廉政建设"一岗双责"，开展廉政风险排查、违反中央八项规定自查等，狠抓制度落实和干部廉洁自律，强化警示教育，筑牢拒腐防变思想防线。利用集中学习组织党员干部观看警示教育片《零容忍》，学习各级纪委廉政建设的相关文件、违反中央八项规定案件及违纪违法案件通报等，以案促改制度化常态化。

【喜迎中共二十大】 年内，制定县人大办党支部喜迎中共二十大宣传活动方案，开展活动7次，理论学习中心组专题学习中共二十大精神3次，支部学习3次，交流发言15人次，撰写心得体会15篇，开展宣讲活动6场次，完善中共二十大精神展板5个。

【作风建设】 年内，把改进作风狠抓落实作为工作抓手，高度重视、高位推动、以务实举措，推动作风建设走深走实走细。召开推进会6次、专题学习会8次。围绕"四查四问""六个表率""八个落实"等内容开展"作风怎么看，工作怎么干"大讨论活动1次；到拉萨市人大常委会办公室开展"对标找差、比学赶超"活动，完善人大常委会及机关相关工作制度、规范办文办会流程，建立健全台账资料，规范党员活动室建设。

【民族团结】 年内，制定加强民族团结，铸牢中华民族共同体意识实施方案，召开推进会3次，专题学习会2次，集中学习会4次，撰写心得体会14篇，开展传承民族团结精神、铸牢中华民族共同体意识等活动2次，成功创建墨竹工卡县民族团结进步示范机关。

【宣传工作】 年内，为进一步加强党和国家相关政策法规宣传力度，讲好墨竹工卡人大故事，开通"墨竹人大"微信公众号，向市人大及县委宣传部等上报80余篇信息，在自治区级媒体刊发人大创新发展的新闻报道2篇，在市级媒体刊发7篇，在县级媒体刊发30篇，展现人民代表大会制度在墨竹工卡的生动实践。

（普布卓嘎）

【机构领导】

主　任

格桑巴珠（藏族，11月免）

王 小 芬（女，11月任）

副主任

加　　群（女，藏族，5月免）

普布卓嘎（女，藏族，5月任）

墨竹工卡县人民政府

综述

【概况】 2022年，墨竹工卡县坚持以习近平新时代中国特色社会主义思想为指导，统筹推进疫情防控、经济发展和安全生产，团结带领全县广大干部群众，众志成城抗疫情、固本强基保稳定、立足资源谋发展、抢抓机遇兴产业，全县各项工作在大战大考中有序推进。

【经济发展】 年内，地区生产总值完成61.61亿元；规模以上工业增加值同比增长59.8%；一般公共预算收入剔除增值税留抵退税后完成3.16亿元；完成固定资产同比下降15.8%；社会消费品零售总额实现4.28亿元；农牧民人均可支配收入同比增长7.7%。

【社会稳定】 年内，完成中共二十大和各重要时段的维稳安保任务；受理来信来访87件、调解矛盾纠纷156起；依法管理宗教事务，积极开展“三个意识”教育宣讲活动，不断推进藏传佛教与社会主义社会相适应；探索推进“互联网+药品”“互联网+明厨亮灶”监管新模式，聘请区外专家对全县矿山企业、危化品经营单位开展拉网式“专家”会诊，全年未发生较大级及以上生产安全事故。

【对口支援】 年内，到位计划内援藏资金8870.19万元，实施援藏项目12个；落实计划外援藏资金686.56万元，继续推进30个“格桑花开·幸福助力”民生微实事；南京市捐赠价值200余万元的防疫物资，选派2名专家到墨竹工卡县指导疫情防控工作。

【民族团结】 年内，墨竹工卡县成功被评为国家级民族团结进步模范集体；以铸牢中华民族共同体意识为主线，创建全区首家多功能退役军人之家；以民族团结创建“九进”为抓手，开展民族团结宣讲学习活动700余场次；全力推进区市民族团结示范单位、模范集体创建工作。

2022年3月1日，县委副书记、县长巴桑（中排左一）主持召开领导干部常态化“四联四包”工作机制暨“大宣讲大调研大排查大落实”会议

【产业发展】 年内，成功创建国家级农业现代化示范区。严守耕地红线，粮食总产量达2.76万吨；加快实施黄牛改良、牦牛良种推广和农畜产品质量安全行动。保障“华泰龙、巨龙”全年不停产，规上企业工业总产值实现125.2亿元，在全市占比50%以上。积极落实中央、区市的各项稳经济政策，深入推进“放管服”改革，完成增值税留抵退税3.02亿元；减免国有房租255.61万元；落实自治区中小企业发展专项奖补资金350万元；引导群众参与“助企促消费”活动，享受优惠金额达140余万元；招商引资累计到位资金18亿元。全年接待游客4.4万人次，综合收入396.45万元。

2022年2月18日，县委副书记、县长巴桑（中）一行看望慰问老党员

【生态保护】 年内，6个乡（镇）、29个行政村创建为自治区级生态文明建设示范区；高质量通过全区生态环境保护考核，甲玛矿区创建国家级绿色矿山试点工作取得实质性成效，高质量办结第二轮中央环保督察转办的9个案件，高效推动工矿企业开展拉萨南北山绿化工程，完成矿山生态治理修复320.9亩；实施退化草原生态修复、“四旁”植树、县城绿化等项目，累计栽植苗木13万株；深入开展林长制、河湖长制、河湖“清四乱”专项整治行动。

【巩固脱贫成果】 年内，全面推进巩固拓展脱贫攻坚成果同乡村振兴有效衔接各项工作，整合涉农资金3.07亿元、实施项目18个；发放扶贫小额信贷8172万元；成功消除返贫风险22户105人；脱贫户人均纯收入同比增长14.23%。

2022年6月17日，县委副书记、县长巴桑（右二）一行到县中学调研指导小考工作开展情况

【民生改善】 年内，探索推进“12369”促就业举措，应届高校毕业生就业率达97.11%；10936名农牧民实现转移就业，城镇失业登记率控制在4%以内。尼玛江热乡中心小学成功打造为全国“乡村温馨校园”；本级投入1.2亿元用于教育事业发展；全力推进自治区级“互联网+教育”示范县创建及校园基础设施提升工程，高质量通过自治区学前教育普及普惠过程督导。县人民医院入选全国首批“千县工程”。加快推动县医院信息化建设，探索“以院包科”新模式；县医院门诊医技楼专债项目成功落地，投入4500万元的住院楼项目开工建设；投入600万元为城乡居民购买“医

疗互助保险”；累计为31名困难大病患者借支465万元诊疗资金。为4758名老人发放“幸福养老金”1992.47万元；疫情期间为4201名务工人员及困难群众发放补助资金及物资共计115.4万元。自主成功举办“农旅”深度融合的油菜花节，9个项目成功被列入第六批非遗传承项目。

【城乡建设】 年内，有序推进“一街一景”及老城区“四化”等基础设施提升项目，9座县乡污水处理厂及137个5G基站建成运行。实施7个行政村214户“美丽乡村·幸福家园”整村推进、13个乡村振兴示范村建设、防洪堤新建等项目；有序推进30处农村安全饮水巩固提升、维修养护及农村公路精细化提升工程，农村公路列养率达100%；超指标完成1102户农村卫生厕所改造，普及率达85%。完成6个村庄规划编制，妥善处理2起“两违”问题，收缴罚款1146.03万元。智慧交通、智慧停车场、智慧城市建设取得显著成效，城乡环境实现“颜值”“气质”同步提升。

【内部建设】 年内，墨竹工卡县人民政府始终把党的领导贯穿工作全过程，坚定坚决捍卫“两个确立”，做到“两个维护”。规范政府工作规则，严格落实“三重一大”，32个重大事项提请县委审议，自觉接受县人大、县政协及各方监督，办理人大建议67件，答复率达100%、满意率99%以上。

（旦增达吉）

【机构领导】

县委副书记、县长

巴　　桑（藏族）

县委常务副书记、常务副县长

施 勇 君（江苏援藏，6月免）

宋　　建（江苏援藏，6月任）

县委常委、副县长

陈　　亮（江苏援藏，6月免）

魏 红 星（江苏援藏，6月任）

县委常委、常务副县长

张 家 松

县委常委、副县长

索朗多吉（藏族）

副县长

索朗扎布（藏族）

许 震 宇

雷 青 松

任 彦 芳（女）

周　　君

办公室工作

【概况】 墨竹工卡县人民政府办公室为政府统筹协调部门，负责县政府日常统筹协调、地方志、行政审批和便民服务、机关后勤服务、外事办等工作，办公室实有编制7人（主任1名、副主任3名）。

【信息工作】 年内，县政府办公室围绕全县各项工作，特别是密切关注全县经济社会发展、民生福祉改善、“三大攻坚战”、疫情防控等重点工作，加大信息收集工作力度，试点推行信息考核机制，办公室共采用、编辑、上报乡镇和部门信息200余条。同时，通过政府网站加大信息公开力度。

【办文办会】 年内，县政府办公室实行公文处理失误责任追究制度，专人监管、专簿登记、签字流转，急件及时办理，定期备份、存档，确保公文处理不延误、不泄密。同时，按照保密工作要求，进一步完善保密工作机制；在起草文稿上，严把质量关，突出当前工作重点、反映工作落实、体现领导意图；重大材料起草，由工作人员

2022年1月4日，墨竹工卡县人民政府办公室和编译局联合党支部召开支部党员大会

集体讨论提纲和修改初稿；审核文稿时，对内容、文字、格式、时限严格把关，确保文稿质量。年内，严格落实基层减负各项要求，县政府办公室共办理政府红头报告（请示）54件、通知21件、函30件，全年县政府发文数量同比减少34%。办公室红头报告（请示）30余件、通知30余件，函40余件。

年内，县政府办公室带头精文减会，严格控制会议次数和规模，尽量开短会、开套会。政府办对县政府全体会、常务会、县长办公会等高规格会议，坚持牵头做好会前准备工作，审核会议议题，并经县政府领导审定同意后提交会议研究，从源头上确保会议的权威性。年内，县政府办公室承办县长办公会议、县政府常务会议17次、党组会议13次，及时整理、编辑、下发会议纪要30期；承办专题会议14次；承办各类视频会议200余次。

【便民服务】 年内，根据上级有关要求，进一步加强墨竹工卡县行政审批和便民服务局各项工作，规范12个窗口办理事项，继续落实人员基本固定和考勤制度，组织开展政务服务相关培训和学习5次，全年便民服务大厅办理行政审批和便民服务事项10万余件，全力提升一体化政务服务工作；协调办结“12345”服务热线问题297件，办理率达100%。同时，完成新行政审批和便民服务局的建设工作。

【机关服务】 年内，根据人员调整等情况，及时调整办公室工作人员任务分工。及时传达上级党委政府、相关业务部门和县委、县政府的决策部署，及时将各乡（镇）、各部门、广大农牧民群众反映的情况反馈给领导。会议通知、文件收发、文件传阅、档案管理等工作做到高效、高质。利用西藏自治区乡镇党政信息网收发各类非涉密文件，提升文件传阅效率，降低公文交换成本。安排办公室工作人员联系政府县级领导，安排科级干部对接市政府办公厅各科室。同时，推进后勤改革，明确机关后勤服务人员的责任范围，创新加强监督机制。

【地方志工作】 年内，根据“两全”目标要求，积极与区市地方志办公室对接，完成《墨竹工卡县志（2001—2010）（总编稿）》，完成《墨竹工卡年鉴2022》的编纂、出版、印刷。

【党建工作】 年内，以习近平新时代中国特色社会主义思想为指导，全面贯彻落实中共二十大精神及中央第七次西藏工作座谈会、习近平总书记在西藏视察期间重要讲话精神，加强党的理论建设、思想建设、组织建设，积极开展12期主题党日活动，组织党员干部集中学习12次；狠抓意识形态领域建设，不断提升新形势下党建工作水平，充分发挥党组织的核心作用和党员的先锋模范作用，并积极吸收优秀职工加入党员队伍。截至年底，共有23名正式党员（含编译局）。办公室支部严格认真落实“三会一课”、民主评议等制度，特别是支部书记充分落实“班子”领头羊作用，工作中带头、生活中垂范。

【党风廉政建设】 年内，县政府办公室主任带头落实党风廉政主体责任，组织办公室全体干部职工，深入学习中央八项规定精神、《中国共产党章程》、《中国共产党廉洁自律准则》等。同时，充分结合

2022年2月9日，墨竹工卡县人民政府办公室召开改进作风狠抓落实推进会

"三会一课"制度,认真学习违反中央八项规定精神和扶贫领域腐败问题等典型案例通报,紧盯节假日等重点节点,组织党员干部进行思想教育,进一步增强队伍拒腐防变能力。

【综治工作】 年内,县政府办公室始终坚持稳定第一,牢固树立忧患意识,不折不扣落实县委、县政府关于维稳工作的决策部署和政法委有关要求,扎实推进机关大院值班室搬迁、外来人员登记设备提升等工作,全力做好县政府大院值班安排,压实值班人员责任,印发《墨竹工卡县党政机关大院重要节点应急预案》等方案预案。同时,壮大县政府护院队伍,落实每天3次巡逻制度,并做好巡逻登记。

【后勤工作】 年内,坚持"为基层服务、为机关服务、为领导服务"的工作方针,积极协调干部职工的用水、用电、住房、用餐等问题,稳步推进县机关后勤食堂改革,全面提升机关食堂服务质量,增加停车位、规范整治机关大院乱停乱放,为干部职工安心工作提供优质服务。同时,疫情期间,进一步严格党政机关大院管理,做好办公楼、住宿楼和院内的消杀工作,为干部职工提供一个安全放心的工作环境。

(旦增达吉)

【机构领导】

主　任

洛桑加央(藏族,8月免)

次仁旺堆(藏族,9月任)

副主任

欧珠群措(女,藏族,4月免)

何　学　志(4月免)

卞　育　兴(4月免)

张　亮　子(女,5月任)

边玛卓嘎(女,藏族,5月任)

侯　永　红(5月任)

应急管理

【概况】 2022年,县委、县政府始终把应急管理工作摆在突出位置,坚持把安全生产工作与其他工作同部署、同落实,坚持抓安全、保发展的基本原则,认真落实属地管理责任、部门监管责任和企业主体责任,有力促进了全县安全生产工作的扎实开展。

2022年,全县共发生各类安全事故6起,死亡7人,其中,工矿商贸领域1起,死亡1人,占事故总起数的16.6%,占总死亡人数的14.2%;道路交通领域事故5起,死亡6人,占事故总起数的83.4%,占总死亡人数的85.5%。2022年,全县范围内未出现各类自然灾害。

【召开安全生产会议】 年内,县委、县政府组织召开全县安全生产工作会议7次,县委常委会、政府常务会议各4次,为全面贯彻落实国务院及区、市党委、政府关于特殊时期工作部署和区、市两级安全防范工作方案要求,结合全县工作实际,分别于1月18日、3月31日、5月19日、12月9日由县长巴桑主持召开全县安全生产安排部署会议,听取各乡(镇)、18个部门在各重点领域开展工作情况,部署重大节日时段全县安全生产工作。

1月5日、12月13日、12月31日,县委常委张家松主持召开全县安全生产三年专项行动专题会议。通过2021年度国务院安委会安全生产和消防安全考核验收。

2022年3月24日,墨竹工卡县应急管理局工作人员到巨龙矿业开展安全检查

2022年1月17日，墨竹工卡县应急管理局组织各成员单位进行烟花爆竹相关知识考试

【监管检查】 年内，县安委办制定下发《墨竹工卡县春节、藏历新年以及重要节点安全生产大检查工作实施方案》《墨竹工卡县2022年烟花爆竹零售经营许可实施方案》《“两节、两会”期间安全防范工作通知》《三月份排查隐患治理工作方案》《关于非煤矿山复工复产验收工作方案》《墨竹工卡县应急管理局2022年度执法计划》《非煤矿山、危化企业隐患排查治理工作方案》《“国庆”“二十大”期间安全生产大排查大整治方案》《关于做好疫情防控期间安全防范的通知》《关于切实开展道路交通安全隐患整改的通知》《关于做好自治区安全生产督导检查的通知》《关于进一步加强消防安全和森林火灾防范工作通知》《关于做好岁末年初安全生产工作的通知》等工作方案及通知，明确重点领域监管检查目标任务，严格落实安全生产监管主体责任。

【专项整治】 年内，结合三年安全生产专项整治方案要求，紧盯事故易发多发点位，突出重点行业、重点领域、重点部位，持续深入开展安全生产大检查、大排查工作。

年内，对全县矿山企业、道路交通、人员密集场所、建筑施工、危化品等生产领域开展安全监督检查3948次，共排查安全隐患1384条，整改率达97%。其间，道路交通违法3119起，共处罚款75万元；非煤矿山违法违规立案3起，行政处罚100.4万元，责令停产整顿4家，约谈警示4家10人次；1起安全事故，行政处罚共计83.4万元；建筑施工领域行政处罚89.14万元。

【应急管理】 年内，为注重实战需要，县政府安排资金200万元用于防汛应急抢险工作，同时，县政府安排40万元用于非煤矿山招标采购第三方专项安全检查，县政府安排资金15万元于扩建值班室。

5月12日，墨竹工卡县应急管理局对全县矿山企业尾矿库、排土场和重点防汛点位进行定期不定期隐患排查和应急物资筹备情况督导检查，组织应急管理局、水利局、消防救援大队等防汛成员单位，开展1次应急演练。完善充实应急救援队伍，2022年有乡（镇）、村应急队伍共计263人，企业专职救援人数40人。

【复工复产】 年内，为更好落实在常态化疫情防控下企业陆续复产复工要求，县安委办及时研究制定下发《墨竹工卡县2022年非煤矿山复产验收工作实施方案》，明确验收程序及验收内容，县委副书记、县长巴桑组织涉矿部门到企业复工验收5家次，验收参与62人，有序完成2022年度2家选矿厂和3家矿山企业复产验收工作。

【宣传活动】 6月1日，在西藏华泰龙公司开展安全生产月启动仪式，随后，组织各乡镇、相关部门、非煤矿山、危化企业开展悬挂横幅、发放宣传册、摆放展板、观看警示教育片等宣教活动，其间制作宣传标牌22块，悬挂横幅200余条，播放宣传片90余小时、播放电子显示屏横幅40余条，发放宣传资料3100余册、宣传物品4100余件，接待群众咨询6300余人次。

在全国第21个安全生产宣传月，全县各行业部门组织开展安全宣传进街道、进乡村、进企业等一系列活动，其间发放宣传用品共计600余件、宣传资料560余份，悬挂横幅60余条，宣传教育3100余人。

【灾害普查】 年内，全国自然灾害综合风险普查工作，墨竹工卡县涉及8个行业部门（应急，地震，交通，水利，住建，林草，自然资源，气象），确定普查办（应急管理局）经费20万元、地震经费10万元，交通局40万元；同意解决应急管理局普查经费85万元；同意解决普查经费林草局145万元、住建局96.75万元、水利局45万元，总投资经费441.75万元。截至年底，应急、地震、气象部门进度达到100%并通过国家质检，其他部门均在95%以上。

【安全生产】 年内，为强化“三大节日”、中秋节、国庆节和中共二十大等重点时段的安全生产工作，全面贯彻县委、县政府关于安全生产重要指示精神，重要时段及时成立安全生产专项督查组，到各乡（镇）、各村委会、各企业进行明察暗访，对各领域存在的安全生产问题进行督导，确保重要时段全县安全生产持续稳定。

2022年6月16日，墨竹工卡县应急管理局组织开展“6·16”安全生产宣传咨询日活动

【党建工作】 年内，共开展主题党日12期、支部理论学习12次、领导干部讲党课4次、支部党员大会4次、读书活动3次、集中观看视频5次、参观红色基地1次、季度部署会议4次、召开2022年党史学习教育组织生活会1次、为民办实事10余次。按照党风廉政建设责任制和“一岗双责”实施意见的要求，签订《2022年廉洁自律承诺书》。加大制度执行力度，对公务用车、公务接待、禁酒令、行政执法等重点内容进行监督检查，把好节日廉政关，在春节、端午、中秋、国庆等重大节日前夕，部署节日期间作风纪律建设工作，节日期间加强执纪监察，严防节日腐败。

年内，对全局党组织关系进行再次排查梳理，完成1名调出同志和1名调入同志的组织关系转隶工作。严格党费收支，落实党务公开，收缴6名党员党费共计765元（其中1名党员于5月调出，1名党员于5月调入）。

（旦增曲珍）

【机构领导】

局　长

拉　巴（藏族，5月免）

边巴次仁（藏族，5月任）

副局长

旦增贡嘎（藏族）

梁　洪

消防救援

【概况】 墨竹工卡县消防救援大队担负着全县5492平方千米、8个乡镇（街道、场）的防火、灭火和抢险救援任务。墨竹工卡县消防救援大队有指战员29人（干部6人、消防员5人、学员1人、专职消防员13人、文员3人），共有车辆9辆，其中行政车3辆、消防车5辆、多功能勤务保障车1辆。

【坚定政治立场】 年内，墨竹工卡县消防救援大队班子成员将坚持把政治建设摆在首位，忠诚拥护“两个确立”，牢固树立“四个意识”、坚定“四个自信”、做到“两个维护”，始终坚决贯彻落实中央的决策部署，做到党中央作出的决策部署听令而行、闻令而动，不走样、不变形、不打折扣；始终坚持问题导向，充分发挥班子的政治功能和政治作用。

始终把学习党章、遵守党章、贯彻党章、维护党章作为党性锻炼和保持党员先进性的必修课，对党绝对忠诚，坚定共产主义信念；坚持自学与集中学习、理论学习与实际工作相结合，坚持深入学、系统学、实践学，做好“结合”“转化”文章；落实好“三会一课”、谈心交心、双重组织生活等党内生活制度，积极开展批评与自我批评，加强党员干部队伍党性锤炼和实践锻炼，力争在消防发展新征程中当先锋、走前列、作表率。

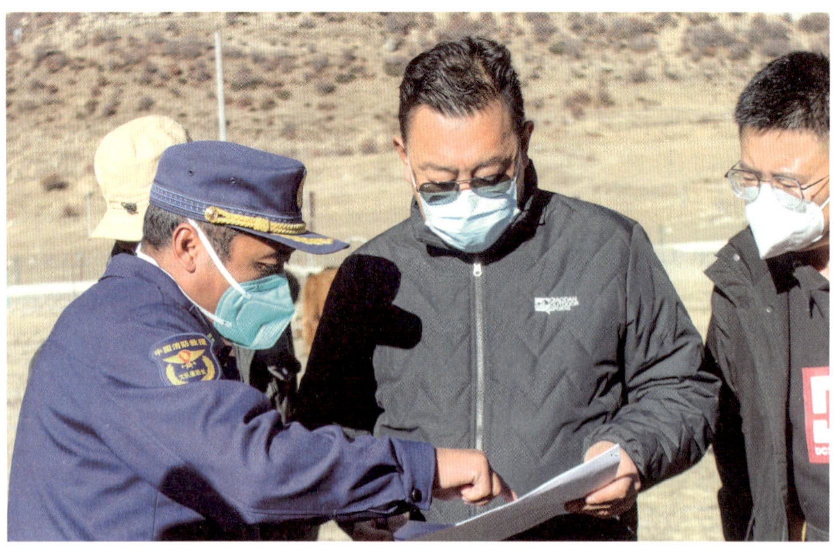

2022年12月2日，县委副书记、县长巴桑（右二）一行调研直贡梯寺消防救援站选址工作

【党建工作】 年内，认真贯彻落实《2022年落实总队巡察“回头看”反馈意见整改工作专题民主生活会整改方案》要求，从执行民主集中制、建立用好批评和自我批评武器、持续深入开展整治圈子文化和好人主义、建立完善组织生活制度等方面，深入查摆在思想认识和工作实际中存在的差距和不足，进一步统一思想认识，提高政治站位，整改落实取得实效。

把有关政治纪律、工作纪律和保密纪律纳入支部每个月学习内容，召开全面从严治党主体责任专题学习2次，专题研究部署党建工作会议2次，支部书记讲党课24次，开展警示教育活动9次，扎实开展中共二十大主题教育学习，在学深悟透上发力，始终注重党员的教育引导，开展参观见学、仪式教育等主题党日活动20余次，通过创新活动载体，增加党员参与度，激发党员学习热情，提升党员党性修养，激发党员党内活力，进一步坚定党员理想信念。

【灭火救援】 年内，投入警力230人次、车辆102辆次，处置火灾事故6起，圆满完成油罐车侧翻事故等应急救援任务5起。大队全面统筹维护稳定和消防安保两大任务，坚持从上到下、从内到外深度整合资源，坚持纵向到底、横向到边，严格落实工作责任，执行战备150天，参与公务执勤37起，出动车辆151辆次，出动警力906人次，确保“两节、两会”、萨噶达瓦节、中共二十大等重大活动的消防安保任务。

2022年6月13日，墨竹工卡县扎西岗乡消防工作站、消防安全委员会挂牌仪式

【专业救援力量建设】 年内，累计完成重点单位灭火救援实战演练及“六熟悉”52次，制定完善灭火救援预案46份，确保实战演练工作取得实效。同时，按照练兵计划，及时开展水域救援、地震救援、山岳救援、冰面救援等培训工作，选派1名指战员到云南参加水域救援培训；为各类灾害事故专业处置能力提档升级。

【严格落实管酒治酒】 年内，墨

竹工卡县消防救援大队全体指战员严格执行消防救援局提出的管酒治酒“十个严禁”，进一步强化饮酒报备制度，切实提高遵纪守法的自觉性、主动性，坚决树起管酒治酒的高压线，严格落实饮酒报备、酒精检测制度，把节日期间管酒治酒工作抓紧、抓实、抓出成效。全体指战员和消防文员要充分认识违规饮酒和酒驾问题的危害，时刻严守消防救援局从严管酒治酒“十个严禁”要求，确保队伍高度稳定。

【安全管理】 年内，墨竹工卡县消防救援大队认真组织开展“条令条例学习月”、安全大检查活动，深入开展自查普查，加大对队伍“八小时外”和人、车、酒等关键环节的管理力度，从根源上杜绝和防范安全风险。由于大队较大部分灭火力量是政府专职消防员，针对队员思想素质、身体素质的差异性进行因村施教，抓好队员的学习、工作和日常生活，并严格落实。且完善指战员月考评考勤制度、请销假制度等，增强了全队人员遵纪守法观念。

【高压整治火灾隐患】 年内，墨竹工卡县消防救援大队以今冬明春火灾防控安全大检查为契机，紧盯“控制增量，减少存量”目标，全面加强对易燃易爆场所、人员密集场所、寺庙文物古建筑、居民社区、商业综合体的火灾隐患综合治理。加大人员密集场所的检查整治力度。

截至年底，共排查各类单位场所809家次，督促整改火灾隐患623处，临时查封1家，罚款1万元，下发责令改正通知书361份，确保辖区的消防安全。

【“防风险、除隐患、保平安”】 年内，以“三年行动”为牵引，提请县政府部署开展消防隐患集中排查整治专项行动，会同住建、文物、公安、应急等部门，紧盯涉疫场所、寺庙、文博单位、易燃易爆、矿区住宿、医院、老年福利院和木材加工厂等高风险场所开展专项消防安全检查，严防“大火巨灾”；紧盯“多合一”场所、自建房、“两个通道”、电动自行车薄弱环节，落实联防联控，严控“小火亡人”。

年内，全县共发生火灾6起，无人员伤亡，直接财产损失6.915万元，全年累计出动检查力量604人次，检查单位1020家次，发现隐患问题1560处，督促整改隐患1490处，下发责令改正通知书863份，临时查封2处，政府督办重点火灾隐患1处，拆除聚氨酯泡沫板房37间，下发行政处罚决定书2份，罚款1万元。

【“风险评估”+“平安行动”】 年内，围绕“不起火、不冒烟”任务目标，开展县、乡、村（居）三级消防安全形势分析评估，评估建立“不放心、不托底”单位台账8处，研究制定针对性“一庆一策”“一馆一策”管控措施15项，对7个关键环节制定“隐患清零”措施。

【消防宣传】 年内，墨竹工卡县消防救援大队以“119消防宣传月”“安全生产月”等宣传活动为抓手，以重点场所为对象，通过媒体宣传、开培训班、部门合作、LED显示屏播放等方式，不断推进消防安全知识走向千家万户。采取“线上”的方式对学校、寺庙等重点场所开展消防安全宣传，组织开学第一课、消防安全知识培训“四会”等活动。

宣传贯彻《西藏自治区消防

2022年11月30日，墨竹工卡县消防救援大队指战员到南京实验小学开展消防安全宣传教育进校园活动

2022年12月2日，墨竹工卡县消防救援大队指战员成功处置一起车辆侧翻事故

条例》(2022版)、《西藏自治区文物保护单位消防安全管理办法》,张贴宣传海报800份,发放小学生消防安全读本430本,开展消防宣传培训5次,组织消防应急疏散演练8次,播放消防公益广告及提示2万余条,发放宣传资料6000余份、宣传品1200余份。在全县LED大屏播放公益性消防宣传视频12次,全面推动全县消防常识的普及,增强全民消防法治观念,强化各级机关、团体、企事业单位消防安全管理的主体意识,推动了消防工作社会化的进程,达到预期的效果。

【经费保障】 年内,墨竹工卡县消防救援大队业务经费共计433.65万元,比2021年增长52%,为推动大队的队伍建设提供了有力保障,大队工作生活环境得到明显提升。

【消防队伍装备建设】 年内,紧跟实战需求,合理制订装备采购计划,共投入80万元,购入各类装备器材632件(套),有效解决了基础类装备配备比例不足的问题,保证基层消防员救援战斗生命健康安全。

【消杀工作】 年内,为积极响应政府号召,墨竹工卡县消防救援大队主动领受县城消杀任务,每日对全县主干道及风险区域进行消杀工作。截至年底,累计派出消防车90辆次、指战员320人次。

(央　宗)

【机构领导】

大队长

巴桑罗布(藏族)

藏语言及编译工作

【概况】 2022年,墨竹工卡县藏语委办(编译局)坚持以习近平新时代中国特色社会主义思想为指导,全面贯彻落实中共二十大及中央第七次西藏工作座谈会精神及中央民族工作会议精神、习近平总书记关于西藏工作的重要指示和新时代党的治藏方略。突出政治引领,强化使命担当,牢固树立藏语言文字“学习是前提、使用是核心、发展是生命”的理念,紧紧围绕全县中心工作,充分发挥藏语文编译部门职能作用。

2017年9月墨竹工卡县藏语委办(编译局)设为独立正科级建制,2022年核定事业编制3名(参照公务员),其中科级领导职数2名;实有工作人员4名(2名科级干部、1名三级主任科员、1名四级主任科员)。2022年由1名三级主任科员担任工作队副队长。2022年安排专项业务经费5万元,公用经费6.43万元,共计11.43万元。

【宣传工作】 年内,充分利用“3·28”西藏百万农奴解放纪念日、“12·4”国家宪法日、宪法宣传周、9月民族团结进步月等重要节庆节点,与日常宣传相结合,在辖区内积极宣传《中华人民共和国宪法》《中华人民共和国民族区域自治法》《中华人民共和国国家通用语言文字法》《西藏自治区学习、使用和发展藏语文的规定》《拉萨市社会用字管理办法(试行)》等法律法规,进一步提高广大干部群众自觉规范使用藏语言文字的意识,努力营造良好、规范的藏语言文字使用环境。同时,引导群众自觉增强国家安全意识、公民意识和法治意识。

加大规范社会用字宣传力

度，与辖区11家广告公司签订《规范使用藏语和汉语文字》责任书，增强广告从业人员的法治意识，进一步推进墨竹工卡县的社会用语用字文明规范。

2022年6月28日，墨竹工卡县藏语委办（编译局）工作人员到扎雪乡格老窝村检查指导干部学习国家通用语言文字情况

【翻译工作】 年内，参与完成全县各类重要文件、会议材料、领导讲话稿、主持词各种政策性文件、法规性文件和面向基层的政策解读、各种活动的宣传材料、全县大型会议会标、各类会议座签等文字翻译工作。累计翻译材料共计120余份，30万余字。

疫情期间，编译局干部发挥自己的翻译专长，配合全县疫情防控，采取居家办公的方式承担疫情防控工作相关的翻译任务，为抗疫工作提供优质高效的翻译服务，先后完成《墨竹工卡县核酸采样点行为规范准则》《关于从严从重打击哄抬物价、囤积居奇等价格违法行为的警示》《墨竹工卡县社会救助服务热线公告》以及各类倡议书、承诺书、宣传标语等翻译任务，累计翻译字数2.7万字左右，打通服务群众“最后一公里”，以实际行动为打赢疫情防控阻击战贡献编译的智慧和力量。

【编纂工作】 年内，针对农牧民群众学习国家通用语言文字存在的实际问题，收集整理编纂《墨竹工卡县村（居）干部群众学习国家通用语言文字汉藏日常用语手册》；针对翻译工作者和受众便于学习和统一使用新词术语，收集整理编纂《汉藏对照术语汇编》；针对基层党员干部理论知识学习，不断提高党员干部的政治理论素养，精心印制《应知应会知识汇编》（汉语和藏语版）。针对中共二十大宣讲工作，编印《中共二十大会议精神学习资料》（汉语和藏语版）。书籍共印制900余册，分别发放至县直相关部门、各乡（镇）、村委会、各寺庙。

2022年7月27日，墨竹工卡县基层干部国家通用语言文字素养提升暨第二期汉语藏语翻译培训开班仪式

【社会用字检查】 年内，开展各领域各行业藏语文社会用字检查整改工作，加强规范监督。共开展10次社会用字规范化检查活动，共检查各类牌匾、交通路标、广告、标语横幅等1200余个，发现问题30处，整改率98%以上，不断提高公民社会用字规范意识，努力营造用字规范的良好社会氛围。

墨竹工卡县藏语委办（编译局）建立工作微信群，开展联网

2022年6月17日，墨竹工卡县藏语委办（编译局）工作人员到县新华书店检查指导藏语文社会用字情况

翻译，提供方便快捷、高效的翻译服务。年内，提供翻译横幅、标语、广告牌、门牌等各类社会用字1000余条，提供咨询、校审服务500余次，这一举措不仅为广告从业人员提供了便利，而且从源头上解决了社会面因翻译不准确而造成的用字不规范问题。

【培训工作】 年内，组织乡（镇）人民政府、县直各相关单位、各寺管会干部举办基层干部国家通用语言文字素养提升暨第二期汉语藏语翻译培训班，提升了翻译人员理论水平和业务本领，进一步夯实墨竹工卡县翻译人才队伍，为铸牢中华民族共同体意识奠定坚实基础。

（德　吉）

【机构领导】

主　任

益西措杰（女，藏族）

副主任

卓　嘎（女，藏族）

信访工作

【概况】 2022年，全县信访工作坚持以习近平新时代中国特色社会主义思想为指导，认真贯彻落实中央、区、市、县信访工作的决策部署，深入贯彻落实习近平总书记关于加强和改进人民信访工作的重要思想和西藏工作的重要论述精神，贯彻落实自治区党委、政府对全区信访工作的批示指示精神，坚持以人民为中心的发展思想，立足实际，以落实“三到位一处理”和“重点要防、难点要盯、热点要疏、一般要复”的原则为抓手，进一步落实信访工作责任，强力推进治理重复信访、化解信访积案专项工作，深化源头预防，有效化解各类信访问题，实现案结心结同步解，全县信访形势持续平稳、秩序良好。

【办理落实】 年内，墨竹工卡县信访局开展矛盾纠纷排查45次，发现矛盾隐患42起，涉及112人，已全部化解，兑现资金512.93万元；接待群众来信来访104件160人次，其中上级转送64件92人次、本级受理40件68人次，已全部化解，兑现资金952.94万元。

【主要做法】 年内，墨竹工卡县信访局实行矛盾纠纷月排查，重大会议、活动、节日前专项排查，特殊时期日排查制度。对排查出的

2022年6月28日，西藏自治区信访局副局长巴桑（左排中）一行到墨竹工卡县信访局检查指导工作

矛盾纠纷隐患和苗头性问题，召开专题会议进行交办，落实化解责任，确保矛盾发现在基层，解决在萌芽状态。

以颁布新《信访工作条例》为契机邀请拉萨市信访局业务骨干在墨竹工卡县开展新《信访工作条例》宣讲，在县城主干道及各乡（镇）、矿山企业进行《信访工作条例》《依法逐级走访》《公安部公民上访32条禁令》《常用信访法律法规知识读本》《非法上访、缠访、闹访处置依据》等的宣传，全年开展各类宣传活动5次，发放各类宣传册13637份。通过正面宣传和引导，增强信访工作透明度，提高群众知晓率和参与率，营造全社会关心理解、重视和支持信访工作的良好氛围。

在电话督办和书面督办的基础上到矿山一线和企业、单位进行实地督办、专项督办。截至年底，共对93件信访案件下发书面督办20次，实地督办19次。通过实地督办，有效提高了信访案件的结案率。

（扎　桑）

【机构领导】

局　长

边巴次仁（藏族，5月免）

拉　　巴（藏族，5月任）

副局长

扎　　桑（女，藏族）

中国人民政治协商会议墨竹工卡县委员会

综述

【概况】 2022年，政协墨竹工卡县委员会坚持用习近平新时代中国特色社会主义思想指导政协事业发展，坚持发扬民主和增进团结相互贯通、建言资政和凝聚共识双向发力，积极开展政治协商、民主监督、参政议政，团结带领全体政协委员，瞄准“四件大事”“四个确保”，主动融入“四个创建”“四个走在前列”，争当“七个排头兵”，凝心聚力、砥砺奋进，把提质增效贯穿履职工作全过程，为全面建设社会主义现代化墨竹新篇章发挥了政协职能，体现了委员担当，贡献了政协力量。

2022年，政协墨竹工卡县委员会委员名额111名，共设6个界别：中共界、群团界、教体文卫界、工商界、农牧科技界、民族宗教界。其中主席1名、副主席4名，常务委员21名，办公室主任1名。

【政协三届二次全会】 1月18—20日，中国人民政治协商会议第三届墨竹工卡县委员会第二次会议召开。会议应到委员112人，实到98人，符合政协章程。会议听取和审议政协墨竹工卡县委员会常务委员会工作报告；听取和审议政协墨竹工卡县委员会常务委员会关于提案工作情况的报告；列席墨竹工卡县第十四届人民代表大会第三次会议，听取并讨论政府工作报告及其他有关报告；审议通过政协第三届墨竹工卡县委员会第二次会议政治决议；审议通过政协第三届墨竹工卡县委员会第二次会议关于常务委员会工作报告的决议；审议通过政协第三届墨竹工卡县委员会第二次会议提案审查委员会关于政协三届二次会议提案审查情况的报告。

2022年5月23日，墨竹工卡县政协党组书记、主席央旦（左一）一行到唐加乡东部岗村调研

【政协三届三次全会】 12月28—30日，中国人民政治协商会议第三届墨竹工卡县委员会第三次会议召开。会议应到委员111人，实到78人，符合政协章程。会议听取和审议政协墨竹工卡县委员

2022年12月28日，墨竹工卡县政协中共界委员分组讨论政协常务委员会工作报告

议名单(草案)。

11月3日，墨竹工卡县政协主席央旦主持召开政协第三届墨竹工卡县委员会常务委员会第4次会议，会议传达学习中共二十大报告精神；习近平总书记参加中共二十大广西代表团讨论时的重要讲话精神；习近平总书记在中国共产党第二十次全国代表大会闭幕会上的重要讲话精神及中共二十届一中全会精神。与会人员就学习贯彻中共二十大精神作交流发言。

会常务委员会工作报告；听取和审议政协墨竹工卡县委员会常务委员会关于提案工作情况的报告；列席墨竹工卡县第十四届人民代表大会第四次会议，听取并讨论政府工作报告及其他有关报告；审议通过政协第三届墨竹工卡县委员会第三次会议政治决议；审议通过政协第三届墨竹工卡县委员会第三次会议关于常务委员会工作报告的决议；审议通过政协第三届墨竹工卡县委员会第三次会议提案审查委员会关于政协三届三次会议提案审查情况的报告。

【常务委员会】 1月7日，墨竹工卡县政协主席央旦主持召开政协第三届墨竹工卡县委员会常务委员会第1次会议，会议传达学习《关于加强和改进新时代市县政协工作的意见》的通知精神。会议通过《关于召开政协第三届墨竹工卡县委员会第二次会议的决定》、政协第三届墨竹工卡县委员会常务委员会"两个报告"的报告人名单、政协第三届二次会议筹备情况、政协三届二次会议议程(草案)、日程(草案)；会议原则通过政协第三届墨竹工卡县委员会常务委员会工作报告、政协第三届墨竹工卡县委员会第一次会议以来工作情况的报告及三届二次会议工作方案等事项。

1月19日，墨竹工卡县政协主席央旦主持召开政协第三届墨竹工卡县委员会第二次常务委员会议。会议审议通过政协第三届墨竹工卡县委员会第二次会议政治决议(草案)、政协第三届墨竹工卡县委员会第二次会议关于常务委员会工作报告的决议(草案)、政协第三届墨竹工卡县委员会第二次会议关于政协三届一次会议以来提案工作情况报告的决议(草案)，以及大会选举办法(草案)、总监票人、监票人名单(草案)、组织部门介绍政协第三届墨竹工卡县委员会补选副主席候选人简历，审议通过政协第三届墨竹工卡县委员会副主席候选人建

【提案委员会】 政协第三届二次会议以来，县政协委员把握新时代政协新方位、新使命，聚焦县委、县政府工作大局，积极运用政协提案深入协商集中议政，强化监督助推落实。委员共提交提案61件。经审查，立案56件、转为意见建议2件、无效提案3件。农牧水电类19件，占立案总数的33.9%；教体文卫类3件，占立案总数的5.4%；自然资源类5件，占立案总数的8.9%；民族宗教类9件，占立案总数的16.1%；交通类5件，占立案总数的8.9%；城建类6件，占立案总数的10.7%；组织人社类5件，占立案总数的8.9%；环保类1件，占立案总数的1.8%；乡村振兴类3件，占立案总数的5.4%。

按政协提案交办程序和承办部门工作职责，56件提案在县委、县政府高度重视和大力支持下，通过各提案承办单位的积极努力，56件立案提案均得以办复，办复率100%，委员对提案办复结果

的满意和基本满意率为98%。经各方面努力，提案成果得到有效运用，为服务决策、推动工作发挥了重要作用。

2022年11月14日，墨竹工卡县政协党组书记、主席央旦（中）到嘎则居委会宣讲中共二十大精神

【党建工作】 年内，坚持以理论学习为引领，扎实推进县政协全委会、党组会议、主席会议、常委会会议和机关党支部等集体学习，认真学习习近平总书记关于加强和改进人民政协工作的重要思想和重要论述，联系实际学习习近平新时代中国特色社会主义思想特别是视察西藏时的重要讲话精神，持续加强党史学习教育常态化，学习宣传区市党代会精神。推进改进作风狠抓落实各项工作走深走实，进一步夯实增强“四个意识”、坚定“四个自信”、做到“两个维护”的思想根基。

年内，组织召开政协全委会1次，常委会会议6次，主席会议5次，理论学习中心组学习研讨会议13次，党组书记带头讲党课4次。全力抓好中共二十大精神学习宣传工作，第一时间开展中共二十大精神集中学习研讨会3次；5名党组班子成员深入联系点开展中共二十大精神宣传、宣讲工作，增进对中国共产党和中国特色社会主义的政治认同、思想认同、理论认同、情感认同。

【交流交往】 年内，县政协主动配合区、市政协的有关调研视察工作，加强同兄弟县（区）政协的工作交流。年内，山南市贡嘎县政协委员和林芝市工布江达县政协委员到墨竹工卡县考察学习2次12人。配合区政协围绕“实施固体废物处理和利用服务生态文明高地建设”“中央环保督察问题整改情况”等开展调研2次。配合市政协围绕“基层政协机构运行、机构设置、人员配备、委员履职”及“两个薄弱”方面存在的问题和困难开展调研3次。

2022年12月29日，墨竹工卡县政协群团、教体文卫界分组讨论政府工作报告

成功举办首期“委员讲堂·赋能履职”活动，7名政协委员围绕以感悟西藏变化、民族团结和创业故事等为主题进行讲述，并在“学习强国”西藏篇刊登。紧扣喜迎中共二十大主题，围绕“铸牢中华民族共同体意识、争做民族团结进步的排头兵”等内容在全县七乡一镇组织基层政协委员开展宣讲活动，发放宣传手册100余份，受众委员达100余人次。

【委员讲堂活动】 8月3日，政协第三届墨竹工卡县委员会在墨竹工卡县新时代文明实践中心举办首期“委员讲堂”活动，邀请7名区、市、县政协委员以感悟西藏变化、民族团结和创业故事等为主题进行讲述，100余人次参加活动。

（顿　珠）

【机构领导】

党组书记、主席

央　旦（藏族）

党组副书记

普布旺堆（藏族）

党组成员、副主席

索朗巴珠（藏族）

班旦曲扎（藏族）

周军勇

副主席

桑旦平措（藏族）

办公室工作

【概况】 政协墨竹工卡县委员会办公室为正科级建制，编制4人，其中，主任1名、副主任1名。2022年，墨竹工卡县政协办公室全面深入贯彻落实中共二十大精神和中央第七次西藏工作座谈会精神，坚持以习近平新时代中国特色社会主义思想为指导，深入学习贯彻落实中共二十大精神及区市第十次党代会精神，坚持“全面从严治党”的总体要求，围绕加强党的执政能力建设，全面推进政协机关思想建设、组织建设，圆满完成县委、县委组织部、政协党组安排的各项任务，为进一步发挥政协机关的战斗堡垒作用，为建设团结富裕文明和谐美丽的社会主义现代化墨竹工卡贡献更大智慧和力量。

【内部建设】 年内，严格落实“三会一课”“三重一大”、组织生活会、“主题党日”活动等党内基本制度，开展主题党日活动12次、召开组织生活会1次、支部集中学习15次、书记讲党课4次；充分利用“学习强国”等平台，组织党员参加在线学习及2022年第一次理论水平测试线上答题和疫情常规知识线上答题活动。

1月26日，组织党员干部集中收看反腐专题片《零容忍》；1月28日，召开支部改进作风狠抓落实工作动员部署会；2月18日，政协办党支部到扎雪乡龙珠岗村开展“走访慰问送温暖暨我为群众办实事”活动。

2月25日，党支部开展“我和群众心连心、我为群众办实事”活动。截至年底，党支部党员干部共计办实事好事3件，投入资金16000元。4月22日，组织党员到拉萨市廉政警示教育基地参观学习，组织党员干部签订严禁党员干部参加任何带有赌博性质的娱乐活动等承诺书，切实抓好各项工作落实，营造风清气正的办公环境。

【学习教育】 年内，墨竹工卡县政协办公室切实把提高党员干部的政治思想素质列入重要议事日程，按照党建工作部署和改进作风狠抓落实的要求，及时成立领导小组、制订支部学习计划及方案、深入开展改进作风狠抓落实工作和持续开展党史学习教育，认真学习中共十九大和十九届历次全会精神及中共二十大精神以及区市县十次党代会精神，坚决捍卫“两个确立”、增强“四个意识”、坚定“四个自信”、做到“两个维护”。

【座谈交流】 年内，组织党员到拉萨市廉政警示教育基地（拉萨市党校）开展“3·28”西藏百万农奴解放纪念日座谈会；开展“中

2022年6月15日，墨竹工卡县政协组织委员开展创建文明城市调研

2022年11月13日，墨竹工卡县政协办党支部召开第14次集中学习暨二十大精神专题学习会

国共产党成立101周年”等系列主题活动,通过活动切实增强委员的积极性。

【服务大局】 年内,在做好政协各项工作的同时积极服从县委安排,参与全县重点工作,墨竹工卡县政协办公室积极参与国安指挥部带班值班工作,办公室干部认真落实机关大院值班带班制度,在全县社会综合治理中贡献力量。严格落实区、市、县委关于疫情防控、安全生产等工作的部署要求和各项措施要求,确保单位内部和谐稳定、不发生重大事故、人员不出现重大问题。

针对委员提出的27条社情民意信息,经实地走访调研后,从政协年度100万元办实事经费中拨出经费逐步解决7个乡(镇)共12项群众急需解决的问题,如:尼玛江热乡宗雪村修建磨面房、日多乡怎村建便民超市等;开展“我为群众办实事”活动;党支部党员干部共计办实事好事3件,投入资金16000元;严格落实区、市、县委关于疫情防控、安全生产等工作的部署要求和各项措施要求,确保单位内部和谐稳定、不发生重大事故、人员不出现重大问题。

(顿　珠)

【机构领导】

主　任

顿　珠(藏族)

纪检·监察

综述

【概况】 2022年是中共二十大胜利召开之年，是全面落实区市县第十次党代会精神的开局之年。在市纪委监委和县委的坚强领导下，全县各级纪检监察机关围绕经济社会发展大局，稳中求进、坚定稳妥地推进党风廉政建设和反腐败斗争，充分发挥监督保障执行、促进完善发展作用，砥砺奋进、真抓实干，纪检监察工作高质量发展取得新成效。

【政治监督】 年内，聚焦“四件大事”“四个确保”“四个创建”“四个走在前列”，围绕乡村振兴、中央环保督察整改、疫情防控等重大任务，推进政治监督常态化、具体化，制定52项政治监督内容，通过监督检查发现问题221条，推动建立和完善制度2项，对1人进行提醒谈话。严明政治纪律和政治规矩，处置违反政治纪律问题线索5件5人。

全面加强“一把手”和领导班子监督，完善全县区管市管干部、纪检监察干部廉政档案132份，选取5家单位“一把手”现场“双述”，常态化开展政治生态谈心谈话和任前廉政谈话，督促各级党组织和广大党员干部令行禁止、步调一致，着力营造良好的政治生态。规范开展党风廉政意见回复工作，对调动、职务调整、提拔及评优评先的117批1888人次出具廉政意见，提出不予使用意见建议1人，切实把好政治关、廉洁关。

【一体推进“三不腐”】 年内，坚持严的主基调不动摇，紧盯“关键少数”、重点岗位，强力推进纪法贯通，持续加大惩治腐败力度，全年共召开反腐败协调小组会议2次，依纪依法给予16人党纪政务处分，办理首个留置案，实现运用“第四种形态”查办案件“零”的突破，形成以案明纪有力震慑。

坚持惩前毖后、治病救人，精准有效运用“四种形态”批评教育帮助和处理32人次，其中，运用第一、二、三、四种形态分别占比

2022年7月1日，墨竹工卡县纪委监委党支部开展民族团结活动

2022年8月1日，墨竹工卡县纪委监委组织党员领导干部参观拉萨市廉政教育基地

50%、34%、13%、3%。做实以案为鉴、以案促改、以案促治，全年共下达纪检监察“三书”3份，组织党员干部参观警示教育基地31人次，组织观看专题教育片9次，形成以案示警长效机制。

【作风建设】 年内，密切关注隐形变异“四风”新动向，把握风腐同源、风腐一体特征，查处违反中央八项规定精神问题3件3人，给予党纪政务处分3人。坚持平战结合，紧盯春节、藏历新年等重要时间节点，以节前教育提醒、节中监督检查、节后督促整改严防“节日腐败”，精准纠治“四风”。持续推进“吃公函”、“私车公养”、违规占用干部周转房、干部职工长期借用公款等问题专项治理，对前期作风建设专项整治和“私车公养”查摆出的问题整改情况进行再督导再检查，清退违纪资金42万余元，督促2名职工清退长期借用公款35万元，以小切口、准发力增强专项治理叠加效应。梳理通报党员干部、公职人员酒驾醉驾典型案例9起，对问题多发单位负责人进行提醒，从事前预防、事中查处到事后教育全方位持续发力，狠刹歪风邪气。

【整治民生领域腐败问题】 年内，将群众工作贯穿监督执纪全过程，围绕县乡两级纪检监察机关巩固拓展脱贫攻坚成果同乡村振兴有效衔接“10个盯”工作要求，开展过渡期专项监督，将权力运行、成果巩固、三资管理等落实情况作为监督检查重点，发现问题31个，下发整改通知书1份。

聚焦生态环保、粮食购销、社会保险基金管理风险、“一卡通”发放和管理、农村乱占耕地建房、学生餐“微腐败”等民生领域腐败和作风问题开展专项整治，结合“四联四包”“我为群众办实事”“领导干部下基层大接访办实事”等活动，推动解决群众急难愁盼问题，严查贪污侵占、吃拿卡要、优亲厚友等问题1件1人，让人民群众切实感受到正风肃纪反腐就在身边。

【政治巡察】 年内，抓好谋划部署推进，制定《中共墨竹工卡县委员会巡察工作规划（2022—2026）》，高质量开展十届县委第二、第三轮巡察，先后组建4个巡察组，常规巡察4个县直单位党组织和9个寺管会党组织，发现并反馈问

2022年10月20日，县委常委、纪委书记、监委主任王庆宏（后排左一）到门巴乡宣讲中共二十大精神

2022年8月3日，县委常委、纪委书记、监委主任王庆宏（右二）一行到扎雪乡调研

题120个。

完善巡察与相关职能部门协调协作机制，推动巡察监督与其他监督贯通融合。强化巡察成果运用，压紧压实被巡察党组织整改主体责任和巡察机构统筹督促责任，纪检监察机关和组织部门对巡察整改情况开展日常督查指导6次，涉粮问题整改专项监督3次，推动补齐短板、深化标本兼治，以巡察整改促进完善基层治理体系。

自身建设

【政治建设】 年内，突出政治建设，以“党建+”强化机关党建工作，完善纪委常委会工作规则，带头认真落实民主集中制，“三重一大”事项必先酝酿通气、征求意见；严肃认真开展党内政治生活，扎实推进基层党建“三化”建设；切实发挥党组织战斗堡垒作用和党员先锋模范作用，在全区疫情防控阻击战中，单位19名纪检监察干部主动请缨，全身心投入疫情防控一线开展志愿服务活动，获得拉萨市级表彰15人，自治区纪委监委嘉奖1人。

年内，把学习贯彻中共二十大精神作为首要政治任务，深入学习领悟中共二十大精神、习近平新时代中国特色社会主义思想，跟进学习习近平总书记重要讲话和指示批示精神，贯通学习习近平总书记关于纪检监察工作和西藏工作的重要论述，努力做到学懂弄通做实。健全完善“第一议题”学习机制，召开县纪委常委会会议10次，组织读书班7次、支部集中学习12次，用新时代党的创新理论统一思想、凝心铸魂、锤炼党性，推动广大纪检监察干部深刻领悟“两个确立”的决定性意义，不断提高政治判断力、政治领悟力、政治执行力。

【能力建设】 抓好能力建设，制定纪检监察干部学习培训计划，选派16名纪检监察干部参加上级纪委监委专题培训、跟班跟案培训，不断提升纪检监察干部依规依纪依法履职能力。树立鲜明选人用人导向，全年共提拔或交流调整县乡两级纪检监察系统干部28人次。突出严管厚爱，规范县乡两级纪检监察干部教育监督管理，签订禁止赌博、规范饮酒承诺书80余份，给纪检监察干部画出红线、定好规矩。

（平慧琴）

【机构领导】

县委常委、纪委书记、监委主任

叶 发 亮（3月免）

王 庆 宏（4月任纪委书记，12月任监委主任）

纪委副书记、监委副主任

占堆曲杰（藏族）

牟 仁 青（藏族）

纪委常委、监委委员

何　　晶（女）

纪委常委、县委巡察办主任

扎西旺堆（藏族，9月免）

监委委员

蒙 君 庆

人民团体

工会

【概况】 2022年，墨竹工卡县总工会坚持以习近平新时代中国特色社会主义思想为指导，认真学习贯彻落实中共二十大会议精神，认真学习贯彻落实习近平总书记关于工会工作的重要讲话和重要指示批示精神，增强“四个意识”、坚定“四个自信”、做到“两个维护”扎实有序推进工会改革，工会工作取得了新的发展。

2022年1月29日，拉萨市总工会党组成员、一级调研员尼玛潘多（右三）一行到墨竹工卡县慰问公安民警

2022年，全县工会组织有91家（其中，百人以上非公有制企业中成立工会组织2家、乡镇工会8家、机关工会4家、村级工会小组41家、行业工会联合会3家，符合“三有”标准非公有制企业有23家，社会组织1家，运输车队工会联合会8家），现有会员10420人（其中，干部会员1954人，企业会员2971人，农民工会员5495人）；全县41个行政村（居）均已完成村级工会组建，企业规范化建设达到一级标准2家、示范企业1家，乡镇“八有”工会规范建设达标率100%。

【思想引领】 年内，墨竹工卡县总工会以学习中共十九大精神及迎接中共二十大精神为重点，坚持用习近平新时代中国特色社会主义思想武装广大工会干部头脑，进一步提高思想认识，提高政治站位。通过开展党支部专题组织生活会，党员集中学习会议、个人自学、主题党日活动等方式，认真学习习近平总书记关于工人阶级和工会工作的重要论述，深入贯彻区市主要领导对工会工作的批示精神。集中观看中共二十大开幕会并开展中共二十大会议精神学习研讨交流活动，2022年共开展集中学习39次。

开展参观学习爱国教育基地、观看教育片、环境卫生整治等主题党日活动12次。认真贯彻落实习近平总书记关于作风建设的重要论述，进一步提高政治站位，加强组织领导，细化任务措施，强化担当作为，扎实推进改进作风狠抓落实各项工作及民族团

2022年1月26日，墨竹工卡县总工会副主席巴桑（前排中）到华泰龙公司慰问企业一线职工

结进步创建工作，并通过编发简报、微信公众号、微信平台等广泛宣传区市领导重要讲话精神，积极组织动员干部职工参加西藏组工、自治区总工会、拉萨市总工会等组织的线上答题活动，2022年共计8人次获得相关答题活动奖励。

【解决实际困难】 年内，墨竹工卡县总工会开展一系列宣传、走访、慰问等活动。在活动中发放各种法律法规知识手册2000余册和宣传品（雨伞、围裙、指甲刀）1000余份，受教育职工群众达1000多人；积极组织干部职工深入学习宣传习近平总书记关于安全生产工作的重要论述，并集中观看《生命重于泰山——学习习近平总书记关于安全生产重要论述》电视专题片，联合市监局、卫健委、经信局等部门对中凯矿业进行联合检查；关心关爱户外劳动者。积极为7个乡镇安排户外驿站建设资金，已有3个乡镇投入使用；为公安工会解决急救药包购买资金2万余元；发放生日蛋糕券、法定节日福利5次，合计人民币近300万元；组织开展工会经费税务代收及全县职工团体意外伤害保险培训2次。

【发挥帮扶职能】 年内，墨竹工卡县总工会通过开展各类富有特色和影响力的帮扶活动，有效促使墨竹工卡县职工了解工会、认识工会，充分发挥工会组织的帮扶职能。

在“三大节日”、护士节、“六一”儿童节期间，走访慰问全县困难职工、一线职工、护士、困难职工子女等共计201人，涉及资金15.4万余元；积极开展评优评先工作，3人获得市级荣誉；选送3名选手参加市总工会开展的“中国梦·劳动美——喜迎二十大 建功新时代”主题演讲比赛；在“五一”国际劳动节到来之际，召开“中国梦·劳动美——奋进新征程、建功新时代”为主题的劳动模范事迹交流会，并慰问全县10名国家、区市级劳模及19名优秀工会工作者，发放价值9420元的慰问品；按照新时代产业工人队伍建设相关文件要求，制订《新时代墨竹工卡县产业工人队伍建设实施方案》，以县委红头文件形式下发给各单位，联合有关部门推进产业工人队伍建设各项工作；为认真贯彻落实习近平总书记在西藏考察调研时关于关心关爱西藏的干部职工的指示精神，使干部职

2022年4月28日，墨竹工卡县总工会组织开展“庆五一迎二十大 干部职工展风采 建功墨竹促和谐”趣味运动会

2022年8月11日，墨竹工卡县总工会在县疾控中心开展"齐心协力抗疫情·工会慰问暖人心"活动

工能得到更多的保障，从财政争取资金122.46万元，为全县干部职工2600人购买团体意外伤害保险，2022年度申报赔付4人，赔付资金190万元（正在落实中）；结合"四联四包"工作开展工会"五送"活动4场次，发放宣传册及宣传品共1300余份，发放价值2.5万元的药品，并为10名困难农民工送去慰问金1万元。同时在入户走访调研时了解到群众实际情况，为1名困难农民工家庭送去1000元的慰问金；全年开展2次生育、结婚、住院、直系亲属去世集中慰问活动，共计慰问资金6.532万元；到驻村点赤康村宣讲中共二十大精神，同时开展慰问疫情一线农民工活动，为28名抗疫一线的农民工送去价值8000余元的慰问品。

【丰富职工文化生活】 年内，组织开展"庆五一迎二十大、干部职工展风采、建功墨竹促和谐"趣味运动会和"妆扮自己、美丽随行"女职工美妆知识讲座，同时为广大女职工宣讲女职工劳动保护特别规定；为进一步丰富乡镇干部职工文化生活，扎西岗乡工会组织乡女干部职工开展插花活动，共有32名女职工参加活动；积极发挥职工志愿服务队力量，组织开展爱国卫生、植树造林、防疫志愿等各类职工志愿服务队活动12次。

（古桑旺姆）

【机构领导】

副主席

巴　桑（女，藏族，主持工作）

共青团

【概况】 2022年，共青团墨竹工卡县委员会核定行政编制人数2人，实有专职人数2人。全县共有各级共青团组织80个，其中，团委11个（县中学团委、2个企业团委、8个乡镇团委），村（居）团支部41个，非公有制企业青年工作委员会7个，非公有制企业团支部3个，青年文明号9个，青少年维权岗9个。2022年，全县共青团员人数1167人，青年人数17832人，团员占青年人数比例为6%，新发展团员49人。全县有少先队员4395人，少先队中队176个，少先队大队9个。

【帮助弱势群体】 年内，共青团墨竹工卡县委员会积极与共青团南京市委员会、南京市江宁区红十字会以及社会各界保持积极联系，同时根据县委、县政府相关工作安排，切实引导社会各界爱心单位、公益团体将爱心行动落到实处，惠及墨竹工卡县每个贫困儿童身上，激励广大青少年常怀感恩之心，回报社会。排查统计重点青少年群体数据库，建立底数清、情况明的服务台账，并通过"微心愿"、爱心捐助等方式进行帮扶慰问。

年内，共发放50套总价值25000元的微心愿礼物以及希望工程1+1——幻方助学金共计74500元，让少年儿童得到实实在在的帮助与教育。开展"格桑花开爱心基金慰问"活动，在"两节"期间慰问墨竹工卡县贫困、重病青少年。通过实地走访调研、了解困难群众的具体生活情况和健康状况，开展"走访慰问办实事、解决群众实际生活困难""入户宣讲惠民政策、倾听群众热切呼声""四联四包、大宣讲、大调研、大排查、大落实"等走访慰问、政策法规宣传活动，帮助困难群众树立自力更生、勤劳致富观念，增强脱贫致富的信心和决心。

2022年4月26日，共青团墨竹工卡县委员会联合县民创办举办“铸牢中华民族共同体意识　喜迎二十大奋进新征程”演讲比赛

【青年工作】 年内，共青团墨竹工卡县委员会着力于学校周边环境的整治，严厉打击危害青少年身心健康的违法犯罪活动，深入开展“青少年维权岗”“青少年自护教育”等活动，加强维护青少年权益的工作，加大执法力度，为青少年成长提供良好的法治环境。

年内，墨竹工卡县共有检察院、法院2家单位为市级“青少年维权岗”，联合2家单位开展法治教育进课堂等活动。年内，共青团墨竹工卡县委员会在7个乡1个镇及9所中小学开展预防青少年违法犯罪宣传教育活动共计20次，持续开展“青少年安全自护”教育活动，为青少年讲解交通安全、防火安全、饮食安全、反邪教、禁毒、寒假户外自护等多个方面有关青少年自身安全防护的知识以及这些知识所涉及的法律法规，受教育5000余人次。充分利用各种纪念日，以“五下乡”“三月综治宣传月”“六月综治宣传月”“全民国家安全教育”“宪法宣传周”及“五四”青年节等时间节点为契机，开展有针对性地入校园、进乡镇、下村（居）专题法治教育，发放各类宣传手册8000余册，涉及铸牢中华民族共同体意识的民族团结教育、禁毒、预防青少年违法犯罪、疫情防控、大学生就业、民族团结等；发放笔袋、洗漱套装、纸巾盒及布袋等宣传用品600余份。联合县检察院到8所小学为学生们开展法治教育宣传课堂，并送去由北京市大中小学生爱心捐赠的课外图书共3000余册。

2022年6月8日，共青团墨竹工卡县委员会联合县民创办在县中学举办“民族团结助力轻松备考·12355与你同行”中考减压活动

为缓解考生在中考前的心理压力和焦虑烦躁情绪，帮助考生以平和的心态和良好的状态顺利迎接中考。为提升墨竹工卡县青年干部思想水准，团县委联合县委组织部召开“喜迎中共二十大、建功立业新时代”墨竹工卡县青年干部座谈会。为缓解县中学生考前压力，团县委联合县民创办在县中学篮球馆举办“民族团结助力轻松备考·12355与你同行”中考减压活动。7月6—8日，举办墨竹工卡县第一期青年马克思主义者培养工程暨基层团干部基础团务培训班，全县各级团组织团务负责人参加此次培训。

【少先队工作】 6月22日，成功召开墨竹工卡县少工委一届二次全会。铸牢少先队员从小对党和社会主义祖国的朴素情感，对中华民族大家庭的深情寄托，不断增强对伟大祖国、中华民族、中华文化、中国共产党、中国特色社会主义的认同，引导广大青少年厚植爱党、爱国、爱社会主义、爱人民群众的情感，让中华优秀文化内涵代代传承，成功举办“铸牢中华民族共同体意识 喜迎二十大奋进新征程”演讲比赛。为引导县广大少年儿童参与墨竹工卡县民族团结实践活动，加强对儿童的民族团结宣传教育，切实增强各族儿童加强民族团结、反对民族分裂、维护祖国统一的责任感和使命感，成功举办“喜迎二十大、画笔绘党恩、童心赞祖国、童眼看家乡”民族团结主题绘画活动。

【志愿服务】 1月5日，联合县委宣传部组织新时代文明实践志愿服务队和西部计划志愿者40余人，在318国道沿线开展新时代文明实践美化家园志愿服务活动。

3月5日，联合县委宣传部组织青年志愿者开展“3·5”学雷锋纪念日——爱国主义教育基地徒步环保志愿服务活动，40余名志愿者参与活动。

3月22日，联合县委宣传部组织新时代文明实践志愿服务队，在拉萨河沿岸（墨竹段）开展“世界水日”“‘河’我一起、保护母亲河”净滩行动等志愿服务活动，共有20余名志愿者参加，其中有5位是来自墨竹中学的青年学生志愿者。

4月29日，联合县民创办、县委宣传部、日多乡人民政府组织青年志愿者开展“铸牢中华民族共同体意识、永远跟党走建功新时代——墨竹青年齐步走”环湖徒步活动，80余人参加。

6月14日，为迎接中共二十大召开，进一步弘扬无偿献血、奉献爱心的高尚品格，联合民政局、教体局组织青年志愿者以及西部计划志愿者开展“助力世界献血者日”志愿服务活动，共计7名志愿者参加。

7月15—16日，在县委、县政府工作安排下，组织58名青年志愿者参与墨竹工卡县2022年“松赞”文化旅游节暨第五届“油菜花”节志愿服务活动，其间负责车辆引导、领导引导及接待工作，人流引流及分流工作，疫情防控工作，礼仪、颁奖等工作，参与维护会场秩序工作。

7月21—22日，在县委、县政府工作安排下，组织41名青年志愿者参与2022年首届西藏文化艺术节志愿服务活动，其间负责车辆引导、领导引导及接待工作，人流引流及分流工作，疫情防控工作，礼仪、颁奖等工作，参与维护会场秩序工作。

10月13日，共青团墨竹工卡县委员会联合县市场监督管理局组织青年志愿在唐加乡开展以“喜迎二十大、为民办实事、爱心理发传递丝丝情”为主题的爱心义剪活动，共有5名志愿者参与。

（盛天宇）

2022年7月6日，墨竹工卡县第一期青年马克思主义者培养工程暨基层团干部基础团务培训班开班仪式

【机构领导】

书　记

米玛措姆（女，藏族，5月免）

次旦旺姆（女，藏族，5月任）

副书记

马　　明（5月任）

妇联

【概况】 2022年，墨竹工卡县妇女联合会坚持以习近平新时代中国特色社会主义思想为指导，深入学习中共十九大、二十大精神，

聚焦“四个创建”“四个走在前列”，坚持以人民为中心的发展思想，积极发挥桥梁纽带作用，做好广大妇女信得过、靠得住、离不开的“娘家人”。

2022 年，全县共有各级基层妇联组织 50 个，县妇联主席 1 人，副主席 1 人，兼职副主席 7 人，常务委员会 9 人，妇联执委 19 人；乡（镇）妇联主席 8 名，副主席 8 名，兼职副主席 25 名，执委 84 名；村（居）妇联主席 41 名，副主席 41 名，兼职副主席 78 名，执委 255 名。党政机关、教科文卫等事业单位建立妇委会 19 个、尼姑寺寺管会建立妇委会 5 个、“两新”妇女组织 13 个、建立妇女儿童维权站（岗）17 个、家长学校 10 个、妇女儿童之家 55 个、“妇”字号合作社 12 个、巾帼夜校 8 所。

【党建工作】 年内，认真执行党内规章制度，规范“三会一课”制度，常态化开展主题党日活动，以转变作风狠抓落实为抓手，加强党员干部理论武装，增强服务群众本领，树牢廉政意识，增强党性修养。坚持每周四下午开展党员集中学习活动，共开展集中学习 43 次，每人撰写心得体会 4 篇，并对学习中共二十大精神进行讨论交流发言；组织开展廉政警示教育基地参观、观看红色电影、宪法宣誓等主题党日活动 12 次。

2 月 17 日，召开 2021 年度组织生活会；县妇联 5 名干部参加区妇联，县委组织部、党校组织的学习贯彻中共二十大精神，第四期全区基层妇联干部“领头雁”等线上线下各类培训 9 人次，乡镇妇联主席参加全国全区乡镇村社区妇联干部培训班 1 人次。

【学习中共二十大精神】 6 月 24 日，墨竹工卡县妇联在工卡镇格桑村开展“巾帼心向党·喜迎二十大”“我奋斗·家国美”为主题的宣讲活动，对《西藏地方史》、民族团结、妇女儿童权益等相关政策法规进行宣讲。

7 月 7 日，墨竹工卡县妇联联合县总工会、团县委在扎西岗乡扎西岗村开展“中国梦·劳动美——喜迎二十大、建功新时代”为主题的“五送”活动，开展免费义诊、慰问、宣讲法律法规知识、文艺会演等活动。

9 月，开展“巾帼助秋收·喜迎二十大”活动，各级妇联组织到田间地头开展“助农”抢抓秋收巾帼志愿活动，确保粮食颗粒归仓。

10 月 16 日，墨竹工卡县工青妇联合党支部在做好疫情防控的情况下组织全体在岗干部职工集中观看中国共产党第二十次全国代表大会开幕会。

10 月 20 日，墨竹工卡县工青妇联合党支部召开二十大会议精神学习交流会议，对学习中共二十大精神进行深入交流讨论。

11 月 10 日，墨竹工卡县工青妇联合党支部集中学习新修订的《中国共产党章程》。

11 月 17 日，对中共二十大精神学习情况开展知识测试。

【“四联四包”工作】 7 月 11 日，墨竹工卡县妇联联合市外事办、县总工会在扎西岗乡斯布村开展“四联四包”大宣讲大调研大排查大落实暨“五送”活动，为群众“送政策、送知识、送健康、送药品、送服务”。

7 月 13 日，墨竹工卡县妇联在扎西岗加尔多村开展“四联四包”大宣讲大调研大排查大落实暨妇女权益、妇女健康知识宣传活动。

7 月 14 日，墨竹工卡县妇联联合县医保局、县民政局等单位在扎雪乡开展“四联四包”大宣

2022年3月9日，墨竹工卡县妇女联合会举办庆祝“三八”国际妇女节文艺会演

2022年6月1日，墨竹工卡县妇女联合会在日多乡中心小学开展“民族团结一家亲、少年儿童心向党”庆“六一”活动

讲大调研大排查大落实暨妇女权益、家庭教育知识宣传活动。“四联四包”各类活动共发放《中华人民共和国妇女权益保障法》《民法典婚姻家庭编》《中华人民共和国反家庭暴力法》《民族团结一家亲》等宣传资料470余份，洗护用品价值1500余元和宣传品300余份。

【法治宣讲】 年内，墨竹工卡县妇联联合县检察院、县法院等相关单位在“三月综治宣传月”“全民国家安全教育日”“安全生产月”和萨噶达瓦节等重要节点到农牧区、虫草点以及群众家中开展新旧西藏对比和反分裂教育、安全生产宣传教育以及妇女维权宣传宣讲活动33次，共发放《中华人民共和国妇女权益保障法》《中华人民共和国家庭教育促进法》及《中华人民共和国民法典》婚姻家庭编等宣传资料2600余册，发放活动宣传用品1500余份，受益群众5000余人次。

【网络宣传】 年内，不断加大网络媒体宣传工作力度，通过“墨竹妇女儿童”微信公众号宣传习近平总书记关于妇女儿童工作的重要论述，发布全年工作动态，累计发布和转载信息180余篇。

【巾帼关爱】 年内，以“下基层大接访办实事”“四联四包”暨大排查、大调研、大接访、大落实活动为契机，到村组户内开展下基层大接访办实事活动，入户走访慰问困难群众2户，分别送去价值500元的慰问品和慰问金800元。对墨竹工卡县7个乡1个镇贫困、残疾妇女儿童和孤儿等56人发放慰问金44800元；开展以“把爱带回家、让孩子健康成长”为题的寒假儿童关爱活动，为30名儿童发放价值1320元的学习用品；开展“民族团结一家亲·少年儿童心向党”庆“六一”活动，为100名儿童送去价值25000余元的儿童图书和学习用品；“七一”期间，走访慰问困难女性老党员28人，发放慰问金22400元；开展寺庙“三送”活动，为寺庙僧尼送去洗衣液、洗发水等生活用品；为全县寺管会的女干部，送去“阿佳关爱礼包”；为一线抗疫妇女干部送去价值14000余元的卫生用品；兑现“两癌”患病妇女救助金1万元。

【巾帼志愿服务】 年内，全县9支巾帼志愿服务队150名巾帼志愿者，身着红马甲，开展新时代文明实践之环境卫生整治活动，遵守交通规则、文明出行，维护基层社会稳定巡逻，众志成城战胜疫情等志愿服务活动200余次。

【民族团结进步创建】 年内，墨竹工卡县妇女联合会圆满创建为全县民族团结进步模范单位，并开展民族团结进步创建“进家庭”。认真学习宣传《西藏自治区民族团结进步模范区创建条例》和《墨竹工卡县民族团结应知应会》手册。依托支部党日活动、“我们的节日”以及各类主题宣讲活动，组织开展“民族团结一家亲、美化环境同助力”“浓浓粽香端午情、民族团结一家亲”等活动，让“三个离不开”“四个与共”“五个认同”在广大妇女心中“生根发芽”。依托巾帼夜校、格桑花讲堂等，在广大妇女群众中推广普及国家通用语言文字。

【维护妇女儿童合法权益】 年内，积极开展婚姻家庭纠纷预防化解，共接待来访群众18件（其中13件为乡镇妇联受理案件），均

2022年6月21日，墨竹工卡县妇女联合会举办“推进家庭美德 弘扬时代新风尚”——树清廉家风专题讲座

为婚姻家庭类问题，都已受理调处完成。

1月21日，墨竹工卡县妇联、妇儿工委办在甲玛乡赤康村开展2022寒假儿童关爱——“送法到家”服务活动。向孩子和家长普及《中华人民共和国家庭教育促进法》，让家长增强“依法带娃”主体责任。

5月10日，通过“党建＋检察＋妇联”的模式，以村级妇女联合会为“情报站”，共同摸排监护缺失线索，切实维护未成年人的合法权益，门巴乡巴尔卡村非婚生子追索抚养费问题得到有效解决，为未成年人拿到拖欠2年的抚养费4000元。

6月22日，2022年“护蕾行动”在墨竹工卡县举行，活动包括学生个案筛查指导和家庭教育知识宣讲2个部分，对县中学学生开展情绪心理筛查3名，心理疏导和干预1名，50余名妇女干部参加专题宣讲。

【廉洁家风】 6月21日，由拉萨市妇联主办，墨竹工卡县纪委、妇联协办的“巾帼心向党·喜迎二十大”系列活动之“推进家庭美德、弘扬时代新风尚”专题讲座，县直各单位、各乡镇领导班子成员50余人参加讲座。开展“清廉家风”知识讲座，引导党员干部带动家庭廉洁修身，廉洁齐家，创建清廉家庭，发挥家庭家教家风在基层治理中的重要作用。

【妇女儿童活动中心】 墨竹工卡县妇女儿童活动中心建设投资322.26万元，是全区首个县级“妇女儿童活动中心”。年内，县政府投入40万元用于妇女儿童活动中心提升改造。

【选树典型】 年内，深入贯彻落实习近平总书记关于注重家庭、注重家教、注重家风的重要指示精神，培育和践行社会主义核心价值观，开展选优树优活动，鼓励广大妇女群众见贤思齐。

年内，评选国家级“五好文明家庭”：日多乡拉龙村仁青桑姆家庭；区级“最美民族团结家庭”：工卡镇格桑村罗布家庭；市级“最美家庭”：扎雪乡格老窝村扎西拉姆家庭、门巴乡德仲村加边多吉家庭；市级“绿色家庭”：工卡镇工卡村洛桑达瓦家庭、尼玛江热乡章达村加洛家庭、扎雪乡格老窝村扎西拉姆家庭、日多乡拉龙村仁青桑姆家庭。

（刘小莉）

【机构领导】

主　席

旦增曲珍（女，藏族）

副主席

尼玛彭多（女，藏族，4月免）

刘 小 莉（女，4月任）

军 事

人民武装

【概况】 2022年，墨竹工卡县人民武装部各项工作进步明显，成绩不断突破，得到各级检查组的一致好评和认可，完成以战备打仗为中心的各项任务，进一步向聚焦练兵备战、强素质夯实基础上靠拢，成绩斐然、业绩突出，国防动员建设取得了质的飞跃。

【政治工作】 年内，坚持把学习贯彻习近平主席重要讲话精神作为首要政治任务，贯穿于全年工作尤其是思想政治工作中，扎实开展聚焦“忠诚维护核心、矢志奋斗强军”主题深化思想政治教育动员部署会，墨竹工卡县人民武装部党委11次集中学习习近平主席重要讲话和上级指示精神，结合警备区党委理论学习中心组4个专题学习计划落实考勤制度，确保学习计划刚性落实，结合学习宣传贯彻中共二十大精神，常态化开展教育授课辅导，全年共开展理论授课45次，严格落实党委书记、副书记上党课的要求，部长、政委分别带头组织党课教育3次，教育官兵切实用大会精神统一思想行动、凝聚意志力量，引领官兵坚定维护核心、矢志奋斗强军、忠诚卫国戍边维护核心、听党指挥更加坚定自觉。

【军事工作】 年内，根据上级指示和墨竹工卡县人民武装部工作安排，积极、稳步、扎实推进相关工作，不断提高质量，整体工作推进顺利，上级指示精神得到落地见效，为全面提升战斗力奠定了坚实基础。

年内，积极联合各乡镇和公安派出所，对墨竹工卡县2022年年满18周岁男性公民组织兵役登记，登记质量和速度走在全区前列，为下步征兵工作打好基础。抓实征兵工作，通过征兵宣传、组织初审、体格检查等环节层层筛选，严把兵员质量关，优中选优，较好地完成上级征集任务，当年未出现退兵情况。扎实组织整组工作，在县直相关单位和各乡镇的努力下，整组工作不断得到落实，资料准确无误，人员职责清晰，为下步练兵备战、提升战斗力提供现实依据，同时通过2批次的训练，各级闻令而动的思想得到进一步提高，整体素质得到不同程度的加强。

【经费物资管理】 年内，按照“一保战备，二保生活”“先计划后使用”和勤俭节约的原则，根据预算执行情况及下步工作需要，及时进行更改，确保预算执行率。墨竹工卡县人民武装部凡大项开支，均严格落实年初编制预算并经党委会研究审定后实施。加大对物资采购的监督、验收和管理力度，严格落实新购入资产全部建账入资产系统，切实把公物的管理和使用责任制落实到具体人。及时公布伙食账目和物资采购清单，事事公开透明，自觉接受监督。

【营房基础设施日常维护】 年内，结合墨竹工卡县人民武装部专业维修人员欠缺的实际情况，及时聘请地方维修人员进行管道、线路和设施维修维护，保障官兵日常办公、生活的现实需求。针对官兵日常生活用水矿物质含量偏高的实际情况，采购净水设备，让官兵喝上健康水、放心水。

【装备管理】 年内，按照“明确分工，责任到人”的原则，严格落实装备管理六项制度，严格实行装备管理责任制。结合2022年开展的清理清查整治专项活动，对民兵仓库账目数量进行核对，同时对各类库室的消防、监控等安全设施逐一进行清点清查，对存在问题逐一进行规范整治，切实将隐患消除在萌芽阶段，确保各类装备的安全。

【资产大清查】 年内，墨竹工卡县人民武装部按照资产大清查工作部署，按计划完成墨竹工卡县人民武装部资产的赋码工作，为下一步资产打码贴签做好前期准备工作。

【农副业生产】 年内，墨竹工卡县人民武装部在农副业生产方面，立足自身实际，充分利用2个温室大棚种植蔬菜10余个品种，全年蔬菜收成累计850余千克，有效调剂了官兵伙食，让官兵真正吃上自种有机、新鲜蔬菜。

（旦增扎巴　何仁杰）

武警

2022年7月1日，武警墨竹工卡中队组织官兵重温入党誓词

【概况】 2022年，武警墨竹工卡中队以中共十九届二中、三中、四中、五中、六中全会精神和习近平主席重要讲话精神为指导，紧紧围绕军队政治工作时代主题，持续推动贯彻古田政工会议精神落地生根。按照总队、支队党委总体工作思路，紧紧围绕实现强军目标，着眼“两前两重”“五个考验”特殊队情，着力抓住“三个绝对”这个根本，抓好党的建设、基层建设和先进文化建设，确保部队听党话跟党走、能打仗打胜仗、法纪严风气正，以优异成绩迎接中共二十大胜利召开，以建设一支听党指挥、能打胜仗、作风优良的现代化武装警察力量为目标，始终贯彻政治建军、改革强军、科技兴军、依法治军方针。

【政治工作】 年内，坚持以培育“有灵魂、有本事、有血性、有品德”的新一代革命军人为根本目标，紧贴形势任务变化、部队阶段性工作以及官兵在日常管理、执勤、训练、生活中表现出的倾向性思想和心理问题，着力深化党的创新理论武装，着力弘扬光荣传统和优良作风，着力划清重大是非界限，教育引导官兵进一步坚定中国特色社会主义信念，坚定奋力实现强国梦、强军梦的追求，进一步锤炼永远听党话、跟党走的忠诚品格，积极投身强军兴军的生动实践，以加快建设现代化武警和有效履行职责使命的实际行动为全面深化改革作贡献。

【军事训练】 年内，为抓好军事工作，提高武警墨竹工卡中队全面建设水平，以年度军事训练计划为指导，依据大纲和支队年度工作计划，以习近平主席有关“能打仗、打胜仗”一系列重要指示为牵引，以提高官兵维稳、处突能力为根本，下大力提高全体官兵综合素质、中队的整体执勤和处突反恐能力，及现有条件下的执勤处突能力、部队的战斗力聚集力，确保社会稳定、目标安全和中心任务的圆满完成，高标准实现“两个确保”，更好地服务社会。

【战备执勤】 年内，以学习条令条例、“三个规定”、《中华人民共和国人民武装警察法》为主线，必须坚持执勤工作中心地位，把执勤工作当“帽子工程”来抓，加大执勤教育力度，不断增强执勤官兵的战备观念，防止执勤事故和案件发生，努力达到正规化执勤标准，实现“两个确保”。着力维护墨竹工卡县社会面稳定，扎实开展联勤武装巡逻勤务，以及担负甲玛公安检查站警戒设卡任务，打好“以固定目标安全为保底、以社会面防控为支撑、以机动快反打击为保证、以重大活动安保为重点”的执勤维稳主动仗。

【后勤工作】 年内，必须牢固树立“只有训练好，才能保障好”的思想，真正把加强专业训练，培养高素质的后勤人才，作为提高保障能力的必然途径和有效手段，纳入中队党支部的议事日程。分管中队后勤工作的领导要亲自制订阶段训练计划，亲自编写教案，亲自任教和组训，亲自考核验收，中队每半年组织训练会操，年度组织考核。

年内，武警墨竹工卡中队深入开展执勤教育，认真落实《战备工作规定》，进一步规范战备值班系统运行、应急响应程序和快速反应机制；提高常态化战备能力，突出日常战备方案演练，扎实抓好春节、藏历新年、拉萨雪顿节、全国“两会”等重要节点战备执勤，提高人员忧患意识和警惕意识，突出专勤专训和处突课题训练，深化训练成效转化，持续提升人员执勤能力，不断提升中队作战勤务值班员、执勤哨兵、应急小组、应急班（排）的情况处置能力，持续维护墨竹工卡县社会面稳定。

（陈一帆）

法 治

政法委及综治

【概况】 中共墨竹工卡县委员会政法委员会(以下简称县委政法委)是县委领导政法工作的职能部门,为正科级。墨竹工卡县政法工作贯彻落实《中国共产党政法工作条例》,锚定“四件大事”和“四个走在前列”,立足推进更高水平平安墨竹、法治墨竹建设,持续推进常态化扫黑除恶斗争,深化政法领域改革,加强和创新基层社会治理,积极投身疫情防控,谋划推动政法事业蓬勃发展,为墨竹的长久治安和高质量发展提供了坚强政法保障。

【贯彻落实《中国共产党政法工作条例》】 年内,县委高位统筹,坚持党对政法工作的绝对领导,认真落实党委领导责任,把维护国家政治安全、社会稳定、平安建设、法治建设、扫黑除恶等重点内容纳入全县发展规划,与经济社会发展各项工作同部署、同推进、同督促、同考核、同奖惩。政法各单位以支部学习、主题党日、现场观摩、“学习强国” App 线上学习、撰写心得体会等形式开展多层次、全覆盖的《中国共产党政法工作条例》研读,贯彻落实中央、区市相关重要会议、讲话、文件精神学习实践活动 90 余次。出台实施《中共墨竹工卡县委政法委重大事项向县委请示报告制度》《墨竹工卡县政法机关党组织重大事项向县委政法委请示报告制度》。政法各单位建设得到不断加强,政法队伍建设得到有效提升。

始终坚持全面贯彻落实《党委(党组)落实全面从严治党主体责任规定》,深入推进政法队伍教育整顿工作,切实压紧压实全面从严治党、从严治警主体责任。深入开展“改进作风、狠抓落实”活动,教育干警自觉抵制“四风”等各种腐朽思想侵蚀,从“关键少数”抓起,确保政治生态进一步优化,巩固和扩大政法队伍教育整顿成果。

2022年5月25日,县委政法委工作人员到门巴乡虫草采集点开展法治宣传活动

【平安建设】 年内,出台实施《建

2022年11月3日，县委常委、政法委书记，公安局局长多吉次仁（后排左二）宣讲中共二十大精神

设更高水平平安墨竹具体举措》，持续推进市域社会治理现代化试点工作，圆满完成中共二十大等安保任务。坚持以问题为导向，对平安建设工作督导80余次，确保各项工作措施落地生根；坚持和发展新时代“枫桥经验”，完善矛盾纠纷多元化解机制，确保将矛盾消除在萌芽阶段，化解在基层。各级综治中心动态掌握社会治安综合治理工作，实时研判监测治安形势，规范设置为民服务窗口，承接办理事项210项。提升智能化服务管理水平，投资3420万元建设以综治中心为依托、以信息技术为支撑、以群众广泛参与为重点的“雪亮工程”系统，建设完成后可实现重点区域（领域）无缝隙无死角，为社会治理插上智慧翅膀。

依托“八五”普法、“3月平安宣传月”、“4·15”国家安全日等重要节点组织法治宣传活动80余次，大力宣传《中华人民共和国宪法》《中华人民共和国民族区域自治法》《中华人民共和国民法典》《中华人民共和国反有组织犯罪法》等各项法律法规，发放各类宣传册1.6万余份，悬挂横幅500余条，党员群众、僧尼、学生接受教育8.5万余人次。依托“天平工程”、“12309”实体大厅、“两所一庭”、“互联网+律师”远程法律服务中心、“一村（居）一法律顾问”法律服务实体平台建设，为群众提供法律咨询260次，服务群众700余人次，打通法律服务群众的“最后一公里”，实现法律服务群众“零距离”。

【扫黑除恶斗争】 年内，严格按照中央和区市要求，不断完善制度机制、创新工作方法，在坚持常态化扫黑除恶斗争不放松的同时，防止黑恶势力死灰复燃，扎实推进各项工作。

全面总结自然资源、交通运输、工程建设等行业领域整治工作，推进教育、金融放贷、市场流通等新行业领域整治，累计开展宣传活动120余场次，发放宣传单1200余份，发放宣传物品380余份，签订责任书2500余份，引导群众下载“国家反诈中心”App，举报渠道畅通。

【网格和“双联户”服务管理】 年内，创新网格化和“双联户”治理模式。出台实施创新网格化社会治理工作实施方案，健全双联户社会治理模式，探索基层治理精准化、精细化有效渠道。

全县联户长扎实推进平安墨竹建设，积极发动辖区“红袖标、蓝马甲”治理群体，在疫情防控期间和中共二十大安保维稳任务中开展安全联查、治安联防、平安联创5万余人次，以“小网格”构建基层治理“大格局”，全面推动共建共治共享。2022年，荣获全市“先进双联户”创建活动先进县，享受先进双联户加分政策的考生25人。

（边巴罗布）

【机构领导】
县委常委、政法委书记、公安局局长
　　多吉次仁（藏族）
副书记
　　张 银 华（女，8月免）
　　刘 剑 飞（满族，8月任）
　　朱 立 志（8月任）

公安

【概况】 2022年，墨竹工卡县公安局始终坚持以习近平新时代中国特色社会主义思想为指导，深入学习贯彻习近平法治思想特别是关于新时代公安工作、政法工作和西藏工作的重要论述，牢牢把握“公安姓党”的根本政治属性，以政治建设为统领、深化改革为动力，忠实履行捍卫政治安全、维护社会稳定、保障人民安宁的新时代任务，切实做到听党指挥坚定如磐信仰、栉风沐雨护航国泰民安、勇立潮头彰显不渝初心。

2022年，墨竹工卡县公安局以永不懈怠的精神状态和勠力同心的奋斗姿态，打赢一场又一场硬仗、夺取一个又一个胜利。稳定指数坚挺有力，全年围绕中共二十大维稳安保工作主线，整体公安工作保持“平稳、坚决、扎实”总基调，社会治安、法治氛围、执法环境积极健康、趋于向上，即意识形态、民族宗教、社会治理、安全监管等领域持续保持总体平稳；关联的安保守卫、应急处突、矛盾调处、服务管理、打击整治等分领域措施要求执行坚决；国保、治安、交通、刑侦等分警种履职成效牢固扎实；平安指数平稳有升，全年无危安、涉法、涉诉案件，无恶劣影响社情、警情、舆情案件，连续完成各重要节日、重大活动、重要节点社会面安全防范工作，特别是中共二十大召开期间，“保稳定、战疫情”双线双防，有效检验了墨竹工卡公安的凝聚力和战斗力；公信指数提振有势，依托改进作风、狠抓落实活动契机，以践行东莱精神、创建枫桥式派出所、市域治理现代化、百万警进千万家、夏季治安打击整治等活动为载体，尤其是疫情防控期间146件有效求助的事件全部妥善办结，积极彰显了人民公安为人民的忠诚可靠本色。

【党建引领】 年内，毫不动摇坚持党对公安工作的绝对领导，全面领导、教育广大民警进一步增强“四个意识”、坚定“四个自信”、坚决做到“两个维护”，按照《2022年墨竹工卡县公安局党建工作计划》共组织开展15次党委理论学习中心组集体学习会议，集中学习中共二十大精神及《中国共产党支部工作条例（试行）》《中国共产党政法工作条例》《信访工作条例》等一系列党的政治方针、政策，全局各部门累计学习390次，并组织全局各部门开展撰写心得体会1000余份，专题学习中共二十大会议精神，撰写专题心得体会230份。

【理论武装】 年内，为贯彻落实好党中央、区市县党委政府和上级公安机关的决策部署，墨竹工卡县公安局党委带头践行，改进作风、狠抓落实，组织开展各项理论学习实践活动。组织召开党风廉政建设专题部署会议1次、推进会2次，制定并印发《2022年党风廉政建设暨反腐工作要点》，撰写学习廉政心得体会240份；组织各类学习140场次，组织观看主题电影10场次，撰写各类心得体会160份，并依托公安内网首页设立“进一步改进工作作风、狠抓工作落实”“全县公安机关深入学习宣传贯彻中共二十大精神”专栏，深入开展专题活动，填写个人自查报告表226份，撰写个人自查整改报告226份。

【组织建设】 年内，完成梳理核对225名民警各类档案信息3800份、更新完善360份；完成16名民警岗位交流工作，转接党组织关系3份，向县委组织部提交入党材料70份；完成全局201名民警职级晋升工作，76名辅警首次层级评定工作，以及6名新招录民警档

2022年3月2日，墨竹工卡县公安局组织开展2022年维稳处突演练，拉萨市委常委、副市长张永林（左四）出席观摩

案审核入档工作；积极选派4名优秀民辅警完成第十一批驻村工作队轮换工作，组织民警到结对户家中开展帮扶工作118次。

【维稳安保】 年内，紧密围绕迎接中共二十大维稳安保为主轴主线，以“维稳靠实功、关键看平常、成败在细节”的工作作风，先后圆满完成春节、藏历新年、“五一”、国庆等假日期间，各级“两会”、中共二十大等重大活动期间，中央环保督导组巡察、虫草集中采挖季等重要时段安保勤务。专题会议部署、督办细化、专门督导检查活动80余次，形成方案预案51份。

年内，组织集中合成演练1次（累计90人次），最小作战单元演练175场次，累计参训参演警力993人次，实现全警实训、要素演练、贴近实战。

【打击犯罪】 年内，刑事案件共受案52起，立案49起、不予立案3起，依法刑事拘留15人、逮捕5人、取保5人、移送起诉7人。重点侦破“7·2”帕荣佛塔盗掘案、“6·21”非法储存爆炸物案，追回国家三级文物2件、一般文物53件；治安案件共受理并办结26起，其中依法行政警告1人，行政拘留39人，处以罚款11人，拘留并罚款23人，累计罚款32.83万元。

【防范风险】 年内，环拉“护城河”检查站，共检查车辆145762辆次，盘查人员285941人次，检查物品267854件次；共查缴管制刀具126把、瓦斯罐53个；共救助救援5次，制止化解走失、离家出走儿童3起；共教育纠正轻微交通违章193起，移交17起。

2022年3月2日，墨竹工卡县公安局组织民警开展2022年维稳处突演练

【交通管理】 年内，紧盯公共安全领域隐患风险，加大对道路交通、消防安全、食品药品、水电油气等领域的安全监管检查力度，从源头防范各类公共安全隐患。按照“降事故、保平安、促和谐”的工作目标，依托百日整治专项行动，查处各类道路交通违法行为3120起，教育纠正1532人次，“六合一”平台录入罚分1883分；摸排整改道路交通安全隐患68处，下达隐患整改通知书16份。

4月4日，针对国道349线、省道507线基础设施不完善和超速违法行为较为突出的问题隐患，沿线启用“限速单”管理模式，4处“串联式”限速卡点，累计派发限速单53000余张，有效地遏制和降低出行的风险。

【矛盾调处】 年内，以“学东莱”“创枫桥”为契机，涌现出以扎西岗乡派出所、工卡镇派出所为代表的创建典型，特别是扎西岗乡派出所在市公安局的评选中脱颖而出，将参与全区的最终评比；持续巩固深化“领导干部下基层大接访办实事”“四联四包”工作成果，主动走出机关、走进基层，深入到矛盾集中、问题突出的地方，倾听诉求、就地化解。截至年底，共摸排化解突出矛盾纠纷48起。

【为民服务】 年内，深入开展“我为群众办实事”实践活动，围绕区党委明确的十大民生工程，结合公安实际，深入推进“码上办”“互联网+政务服务”“送考下乡”“送油下乡”等便民措施。截至年底，户籍大厅（岗）办理身份证、迁入迁出、注销变更等相关户籍业务4885件，扫码办理临时居住登记卡15432张，办理居住证454张，录入“互联网+政务服务”办件数据1.1万余件。

3 月 17 日，组织开展摩托车驾驶证“送考下乡”活动，战疫前已完成全县“七乡一镇”中五个乡的送考活动，总计 394 人参考，考核通过并现场发证 294 人；以警企合作、流动售油为方式，为偏远地区农牧民送油 37.2 万升，其中柴油 19.52 万升、汽油 17.68 万升，有力地保障了正常生产生活秩序。

【普法宣传】 年内，以“八五”普法和法宣“七进”为主导，衔接融合虫草集中采挖、主题法宣日、疫情防控、复工复产等工作任务，开辟公安法宣网上网下“双阵地”，做实普法宣传教育。截至年底，共开展集中普法宣讲 100 余场次，入户走访宣讲 800 余次，发放各类资料 3.1 万余份，悬挂横幅 240 余条，发放法宣载体物品 3100 余件。

特别是反诈防骗主题法宣中，利用务工人员夜间下班后的歇工时间，组织开展防诈骗讲座 23 场，场均时长 60 分钟，场均人员 50 余人；全年指导群众下载“国家反诈中心”客户端 14266 人次，签订责任书 19435 份，成功预警劝阻 12 人，收到良好反响和受到普遍赞誉。

（张 瑞）

【机构领导】

县委常委、政法委书记、公安局党委书记、局长、督察长

多吉次仁（藏族）

政 委

孙 雁 哲

党委委员、副局长

赤列索朗（藏族，1 月免）

晋美多吉（藏族）

汤 金 伟

土登次仁（藏族，8 月任）

党委委员

龚 红 梅（女）

党委委员、特警大队大队长

土登次仁（藏族，8 月免）

顿 同（藏族，8 月任）

党委委员

扎西俊梅（藏族，8 月任）

检察

【概况】 2022 年，墨竹工卡县人民检察院批捕各类刑事犯罪 5 人，起诉 9 人；常态化开展扫黑除恶工作，积极排查涉黑涉恶线索，推进四大行业领域整治；严惩危害生产安全犯罪，提前介入非法储存爆炸物案 1 件 1 人，提出追捕漏犯及补充侦查建议 6 条；积极参与反腐败斗争，协同完善监检协同衔接机制，认真抓好各级监察委移送的职务犯罪案件的办理，提前介入贪污罪、受贿罪 1 件 1 人，移送审查起诉利用影响力受贿罪 1 件 1 人，涉案金额 1900 余万元；推进网络秩序综合整治，严厉打击跨境电信网络诈骗及上下游“两卡”犯罪，开展专项线索排查 3 次。

【乡村振兴】 年内，积极投入“下基层大接访办实事”和“四联四包”活动中，共开展走访调研、召开座谈会、政策宣讲等活动 20 余次，收集意见建议共计 12 条，办实事 4 件。按照县委统一部署，墨竹工卡县人民检察院选派 2 名检察干警分别在唐加乡卓村、扎西岗加尔多村开展驻村帮扶工作，排查矛盾纠纷 20 余次。

司法救助助力乡村振兴，为防止当事人因案致贫、因案返贫，对被害人占某启动国家司法救助程序，发放司法救助金 1 万元。

【企业合规】 年内，依法平等保护各种所有制企业，坚持依法保障企业权益与促进守法合规经营并重，对涉经营类犯罪，依法能不捕的不捕，能不诉的不诉，对 1 件诈骗案作出不起诉决定。

主动借鉴其他试点地区涉案企业合规改革工作经验，积极探索，扎实有序推进涉案企业合规改革工作落实落地。在上级检察机关的点对点、面对面的指导下，对 1 起非法占用农用地案启动第三方监督评估机制，为西藏自治区首例。

【刑事检察】 年内，持续做优刑事检察工作，始终把住案件质量这个根本，对无社会危险性或羁押必要性的决定不批准逮捕 6 人，不起诉 6 人。适用认罪认罚从宽制度刑事案件 7 件，认罪认罚适用率 87.5%，落实少捕慎诉慎押刑事司法政策和认罪认罚听取意见同步录音录像制度，不捕率 54.5%，不诉率 37.5%，确定量刑建议采纳率 100%。

年内，紧盯司法不公突出问题。加大对刑事立案、侦查、审判、执行活动监督力度，强化检警协作与监督，开展专项监督工作 4

次，为复杂、疑难案件侦办明确方向，细化侦查措施。对辖区社区矫正机构开展检察监督，向有关部门制发纠正违法通知书2份，并督促整改。

2022年11月11日，墨竹工卡县人民检察院党组书记、检察长卢刚组织干警学习贯彻中共二十大精神

【民事检察】 年内，秉持权力监督与权利救济相结合的民事检察思维，全年办理民事执法行为监督案4件，民事审判程序监督案2件，有效推动了民事法律统一正确地实施；民事支持起诉案2件，为农民工讨薪59万元，将矛盾纠纷化解在基层，为维护社会公平正义守住最后一道防线。

【行政检察】 年内，共办理行政违法行为监督案6件，制发检察建议1份，督促行政机关完善行政执法程序，保障行政相对人合法权益，有效提升社会治理水平。

积极参与行政争议实质性化解工作，切实推动诉源治理，立足行政检察职能，在疫情期间办理1起行政相对人对行政处罚不服的行政争议实质性化解案件，通过释法说理、多方协调最终达到案结事了政和的目标。

【公益诉讼】 年内，以公益为定位，以诉前实现保护公益目的达到最佳司法状态的理念为引领，办理生态环境和资源保护领域行政公益诉讼案30件、食品药品安全领域行政公益诉讼案23件、文物和文化遗产领域行政公益诉讼案2件及刑事附带民事公益诉讼案1件，制发检察建议5份，相关行政机关均在法定整改期限内积极履职、有效整改，检察建议达到双赢多赢共赢效果。

2022年6月23日，墨竹工卡县人民检察院党支部组织党员干警参观西藏军区军史馆，开展爱国主义教育党日活动

【未成年人保护】 年内，常态化开展法治进校园活动，2名检察官兼任法治副校长、法治辅导员，帮助青少年扣好人生“第一粒扣子”，做到“法治进校园”全覆盖。创新未成年检察工作模式，强化与县妇联、团县委的沟通联系，摸排监护缺失线索，办理民事支持起诉案件2件，督促监护人依法履行监护职责。

以深化“护蕾行动”为目标，对旅馆接待未成年人“五必须”规定、入职查询制度落实、“有毒”读物线上+线下进行排查，为未成年人健康成长撑起司法保护伞，获得市级青少年维权岗荣誉称号。

【群众信访】 年内，坚持和发展新时代“枫桥经验”，落实“群众信访件件有回复”制度，努力践行“民有所呼，我有所应”。共接受群众来信来访12件13人，2件已办结，10件已转交相关部门，均在7日内告知“收到了、谁在办”；3个月内办理过程或结果答复率达到100%，做到件件回复不打折扣。

【“脚底下”安全】 年内，为深入贯彻落实最高检“四号检察建议”，推动有关部门重视窨井盖安全问题，维护人民群众“脚底下”的安全，认真开展安全排查工作2次，建议有关部门重视窨井盖安全问题，压实安全责任，形成常态化巡查机制。

【队伍建设】 年内，坚持内部培训与外部培训相结合，突出实战、实用、实效，分层分类专项业务、岗位技能培训90余人次，17人分6批次到县委党校参加党员政治教育培训，选派2名检察官参加上级检察机关业务竞赛，荣获全市“十佳公诉人”“最佳辩手”“办案标兵”“办案能手”等奖项。

加强案件流程管理监督，向办案部门发起期限预警通知4次，案件流程监控4次，促使检察人员提高办案质效。

【接受外部监督】 年内，墨竹工卡县人民检察院向同级人大及其常委会报告工作3次，邀请人大代表、政协委员参加检察机关重要会议、检察开放日、专题讲座、听证会、民主生活会，积极听取代表、委员对检察工作的意见建议，高度重视提出的意见建议，结合“下基层大接访办实事”活动要求，为群众办实事4件，并及时反馈结果。

【检务公开】 年内，以“案件管理中心”为重要窗口，着力解决律师会见难、阅卷难、取证难等问题。2022年受理4次电话咨询，接待律师11人，其中律师阅卷5次。案件程序性公开53件，法律文书公开39份。同时，贯彻落实最高人民检察院检察长张军关于公开听证的讲话精神和指示要求，召开公开听证会3次，把听证作为开展检察监督的重要方式和有力抓手，接受社会各界的监督，让公平正义看得见，努力实现政治效果、社会效果和法律效果的有机统一。

（公桑更增）

2022年2月18日，墨竹工卡县人民检察院与县公安局联合建立侦查监督与协作配合办公室

【机构领导】

党组书记、检察长

卢　刚

党组副书记、副检察长

索朗云登（藏族）

党组成员、副检察长

肖　静（女）

法院

【概况】 2022年，墨竹工卡县人民法院坚持以习近平新时代中国特色社会主义思想为指导，全面贯彻中共十九大、二十大精神，认真落实区市县党委决策部署，紧紧围绕全县工作大局、忠实履行宪法法律赋予的职责，为墨竹工卡县长治久安和高质量发展提供了有力的司法保障。2022年，共受理民事、刑事、执行等各类案件409件，审（执）结389件，结案率95.11%。

【党建工作】 年内，墨竹工卡县人民法院始终坚持把党的建设作为重点任务与执法办案工作同部署，召开党建、党风廉政建设和审判业务工作同部署会2次。认真履行从严管党治院主体责任，全

2022年5月19日，墨竹工卡县人民法院公开审理一起利用影响力受贿案

面贯彻《党委（党组）落实全面从严治党主体责任规定》，累计召开党组会议21次，统筹推进党务、审务、政务各项工作。坚持党对法院工作的绝对领导，严格执行《中国共产党政法工作条例》及区党委实施细则，向县委、县委政法委请示报告重大事项、重要案件等22次。严肃党内政治生活，开展各类主题党日活动11次，严格落实“三会一课”制度，规范开展党员大会2次、党支部委员会7次、支部书记讲党课2次。

【民事审判】 年内，墨竹工卡县人民法院依法审理各类民商事案件215件，审结207件，结案率达96.28%。牢固树立以人民为中心的司法理念，依法审理涉劳务、劳动合同纠纷案18件，为农民工追索劳动报酬70.26万元。强化民事案件小额诉讼程序适用力度，自11月10日起适用小额诉讼程序审理的案件占新收民事案件的25%，远超10%的比例要求。

【刑事审判】 年内，墨竹工卡县人民法院共受理刑事案件19件，审结19件，结案率100%，判处罚金16件涉及金额104.6万元，移送强制执行1件，杜绝刑事裁判文书空判现象。审理危险驾驶和交通肇事等易发多发类案件12件。保持惩腐高压态势，审结利用影响力受贿罪1件，邀请12家单位公职人员旁听案件。选派3名干部担任校外辅导员和法治副校长，聚焦校园欺凌等突出问题，常态化开展“法治进校园”活动8次，做到教育引导在前。

【执行工作】 年内，墨竹工卡县人民法院秉持司法为民工作理念，对申请人朗某和赤某在人格权纠纷案件执行过程中面临生活窘迫困难的实际情况进行司法救助，救助金额达41.98万元。强化执行工作强制性，严厉打击拒执行为，对违反财产报告制度的被执行人罚款6人次，罚款金额达1.5万元，司法拘留3人，发布失信被执行人名单38例，限制高消费46人次。同时，努力推进“拒执罪”在执行过程中的实践应用，已将1件涉“拒执罪”案件移送公安机关立案。

【发挥法庭诉源治理职能作用】 年内，墨竹工卡县人民法院投入资金185万元，强化直孔、日多、工卡镇3个中心乡镇人民法庭建设，设立2个常驻法庭和1个流动法

2022年6月9日，墨竹工卡县人民法院党组书记、院长索朗多吉（中）向全院干警进行述学

庭，实现法庭常态化运行。邀请3名调解员和4个调解组织入驻法庭，采取线上线下一体推进的方式对特邀调解员开展“一对一”培训。法庭与辖区派出所签订联防联动工作机制，明确工作领导小组职责和具体联络人，努力构建庭所共建工作模式。法庭法官通过实地走访、开展矛盾纠纷排查、发放便民联系卡等方式，加强法庭与调解组织、乡镇派出所、村委会、乡村干部、驻村工作队等多元解纷力量的合作力度，逐步形成基层矛盾纠纷调解大联动。

2022年7月29日，墨竹工卡县人民法院邀请县消防救援大队指战员为全院干警开展消防安全知识培训及演练

年内，共受理案件88件，审结75件，结案率85.23%，采用“诉前调解＋司法确认”工作方式，积极运用人民法院调解平台线上调解案件17件，协调多元解纷力量接访群众6次，化解矛盾17件。

【法治宣传】 年内，紧密结合审判执行、综合治理、维护稳定等工作实际，严格落实“谁执法谁普法”工作任务，围绕《中华人民共和国民法典》《中华人民共和国刑法》《西藏自治区民族团结进步模范区创建条例》《中华人民共和国反有组织犯罪法》等法律法规开展法治宣传39次，法律咨询60余人次、开展巡回办案2次，现场答疑60余人次，发放宣传资料8500余份，受教育群众达9600余人，实现墨竹工卡县七个乡一个镇普法宣传全覆盖。

【司法监督】 年内，邀请人大代表、政协委员旁听案件1次4人，列席法院一站式诉讼服务建设、司法救助案件听证会等工作会议6次8人，见证执行2次4人，向县人大汇报工作3次，向县政协汇报工作1次，邀请人民陪审员参审案件6件8人次，参审率达75%，选派人民陪审员到林芝市参加为期5天的专业培训1次1人。

在中国裁判文书网公开裁判文书89份，其中文书78件、信息11件。利用科技法庭开庭87场次、远程开庭94次、庭审直播87场次、观看次数23479次。

【人才队伍建设】 年内，提拔5名副科级干部，招录2名书记员，3名法警晋升上一级职务，切实加强司法行政和司法辅助人员的队伍建设。畅通交流渠道，实现2名干警内部交流轮岗。通过党组会、党组理论中心学习、支部学习例会、人民法院大讲堂、专题研讨会、政治轮训等途径广泛开展学习，选派20名干警参加上级法院、县委党校等举办的理论知识学习14期，参与业务培训4期17人，党组书记召开述学报告会1次，党支部书记为干警讲党课2次，召开廉政警示教育专题会8次。强化落实党管意识形态工作责任制，坚决肃清流毒，坚决守住意识形态安全。2022年，全院干警未出现违纪违法问题。

【司法体制改革】 年内，设置立案庭、综合审判庭、执行局、政治部、审判管理办公室5个内设机构，配强配齐内设机构负责人5人，有序完成内设机构改革工作。坚持院庭长办案常态化，全年院庭长共办理案件204件，占全院已结案的57.14%，充分发挥院庭长办案的示范引领作用。

强化审判委员会依法履职，组织召开审判委员会讨论本院受理的首例职务犯罪案件，并邀请县检察长列席对审委会讨论案件全程监督。通过专业法官会议讨论一起疑难执行案件，充分发挥专业法官会议在辅助办案决策、统一法律适用、强化监督制

2022年6月16日，墨竹工卡县人民法院召开2022年司法救助听证会，邀请人大代表、政协委员、乡村振兴局等部门代表参与听证

约方面的作用。

【服务乡村振兴】 年内，主动延伸司法服务触角到基层，选派3名干警驻宗雪村、章达村担任工作队队员和大学生“村官”，32名干警结对帮扶37户脱贫户，开展惠民政策宣讲24次，解决防疫期间群众急难愁盼问题70余件，协助村“两委”调解矛盾纠纷22件，协调县乡村振兴局和县发改委等部门落实惠民项目3个。

（王 洁）

【机构领导】

党组书记、院长

索朗多吉（藏族）

党组成员、副院长

廖 江

索朗德吉（女，藏族）

司法行政

【概况】 2022年，墨竹工卡县司法行政工作始终坚持以习近平新时代中国特色社会主义思想为指导，深入贯彻落实中共十九大、中共二十大精神及中央第七次西藏工作座谈会精神，贯彻落实习近平法治思想，贯彻落实习近平总书记关于西藏工作的重要论述和新时代党的治藏方略，贯彻落实中央全面依法治国工作会议精神，按照自治区、市委、县委关于推进法治建设的决策部署，深入推进法治墨竹建设，结合普法教育、法律服务、法律保障等司法行政职能作用，深入开展法治宣传教育、人民调解、刑满释放人员安置帮教、社区矫正、法律援助民生工程、法治政府建设等各项工作，为维护全县社会稳定和经济发展积极贡献力量。

2022年，全县共受理法律援助案件6件，义务代写法律文书400余份，提供法律咨询服务450余人次，共开展各类矛盾纠纷排查620次，调处各类矛盾纠纷57件，涉及金额265.2万元。

【法治宣传教育】 年内，加强法治宣传工作教育工作，坚持“谁执法谁普法”原则，推动“法律明白人”培养工作，充分发挥墨竹工卡县“三官”普法讲师团和“法治副校长”等作用，广泛宣传《新型冠状病毒感染肺炎防控法律知识》《中华人民共和国社区矫正法》《中华人民共和国宪法》《中华人民共和国民法典》等内容。截至年底，墨

2022年5月30日，墨竹工卡县司法局工作人员到门巴虫草采挖点开展法治宣传活动

2022年7月26日，墨竹工卡县司法局局长代贵彬（右一）到拉萨市中级人民法院开展“比学赶超、结对帮扶”活动

竹工卡县共开展法治宣传200余场次，受教育2万余人。

【人民调解】 年内，墨竹工卡县司法局坚持创新和发展新时代“枫桥经验”，充分发挥人民调解的特点和优势，不断加强矛盾纠纷多元化解工作，将矛盾纠纷有效化解在基层，同时不断规范人民调解员组织队伍建设，根据司法厅关于配备专职人民调解员工作要求，积极与人社等相关部门沟通协调，通过政府购买服务方式在2022年年底招聘全县专职人民调解员18名，靠前完成专职人民调解员配备工作，进一步推动调解组织人员优化工作。

年内，各类矛盾纠纷排查620次，共调解各类矛盾纠纷57起，调解成功55起，涉及金额265.2万元，调解成功率达96%，为全县的社会稳定和经济发展创造了和谐环境。

【安置帮教、社区矫正】 年内，安置帮教工作认真落实无缝衔接措施，形成“接、管、教、帮”一体化工作模式，帮助刑满释放人员尽快融入社会。2022年，帮教率达到100%、安置率达到100%。

墨竹工卡县社区矫正工作按照《中华人民共和国社区矫正法》关于社区矫正流程要求，规范有序地开展社区矫正对象的日常监管教育工作，2022年走访社区矫正对象36人次，进行集中法治教育6次，公益劳动6次。实现社区矫正对象无漏管、无脱管、无重新违法犯罪现象发生，确保各项日常监管措施落到实处。

【法治建设】 年内，全县全面铺开律师进村（居）担任法律顾问，拉萨市7个律师事务所以点对点的形式实现41个行政村（居）律师担任法律顾问全覆盖，充分发挥墨竹工卡县雨花台法律服务工作站、“互联网+律师”远程法律服务中心、炽昌律师事务所等作用，组织实施困难群体法律援助民生工程，切实维护群众合法权益。截至年底，共受理法律援助案件6件，办理其他法律援助事项400余次。

【扫黑除恶斗争】 年内，墨竹工卡县司法局紧紧围绕社区矫正对象、安置帮教人员提高管理质量这条主线，结合当前正在进行的“改进作风、狠抓落实”工作要求，积极开展大走访、大排查、大整

2022年6月7日，墨竹工卡县司法局联合县检察院到县中学开展“法治宣传进学校 普法教育护成长”活动

治，集中排查整治执法司法突出问题，全面加强对社区矫正对象、刑满释放人员的排查摸底和监督管理，教育引导社区矫正对象、安置帮教人员对黑恶势力检举揭发，深挖涉黑涉恶线索。

同时，充分发挥基层司法所所长、基层法律服务工作者和人民调解员的优势，主动参与扫黑除恶斗争，结合纠纷调解全面摸排线索。

（巴桑卓玛）

【机构领导】

局　长

汪 治 国（5月免）

代 贵 彬（5月任）

副局长

格桑玉珍（女，藏族）

涂 金 龙（5月任）

经济管理

发展和改革

【概况】2022年，面对严峻复杂的内外部环境、艰巨繁重的改革发展稳定任务，特别是新冠疫情的严重冲击，全县上下坚持以习近平新时代中国特色社会主义思想为指导，全面贯彻中共二十大和二十届一中全会精神，深入落实习近平总书记关于西藏工作重要论述和新时代党的治藏方略，立足新发展阶段，完整、准确贯彻新发展理念，服务融入新发展格局，锚定“四件大事”“四个确保”，聚焦“四个创建”“四个走在前列”，聚力当好“七个排头兵”，统筹疫情防控和经济社会发展，全县经济滚石上山、结构持续优化、民生福祉显著提升、社会大局全面稳定，用艰苦奋斗历程续写长治久安和高质量发展的新篇章。

2022年，全县地区生产总值完成61.61亿元，同比增长2.1%；农牧民人均可支配收入22695元，同比增长7.7%；全县固定资产投资同比下降15.8%；规模以上工业增加值同比增长59.8%；全县公共财政预算收入完成3.16亿元；社会消费品零售总额完成4.28亿元，同比下降10%。

2022年8月9日，墨竹工卡县召开救灾物资暨粮食储备安排部署会

【就业创业】年内，开发就业岗位2324个，实现城镇新增就业729人，完成农牧民技能培训2076人，农牧民转移就业10936人、创收1.19亿元，城镇登记失业率控制在4%以内；落实高校毕业生创业资金、一次性求职就业补贴资金676.21万元，通过“12369”就业模式帮助505个应届高校毕业生，实现高质量就业，就业率97.11%。

【医疗卫生】投入资金1.95亿元，有序推进县医院门诊医技综合楼、综合住院楼、疾病预防控制中心等项目。

【社会保障】年内，为7786名困难群众落实各类民生保障资金4729.84万元，落实外来务工人员

2022年8月22日，墨竹工卡县发展和改革委员会工作人员到县农贸市场检查价格监测

临时性补助资金34.73万元；投入600万元为全县城乡居民购买医疗互助保险,打造成为“商业医疗保险”的标杆,推动特困集中供养中心标准化建设,挂牌运行7个村农村养老邻里互助服务站,持续完善公共服务能力。

【公共文化】 年内,墨竹工卡县加强非遗项目申报工作,完成10项非遗申报工作,其中有9项被列入第六批市级非遗传承项目。为加强濒危剧种的保护传承力度,墨竹工卡县启动藏戏(戏曲、濒危剧种)公益性演出活动,2022年演出40余场次。

年内,“松赞”艺术团开展文艺演出活动38场次,累计参与群众达4200余人次；全县41支行政村文艺演出队共排练350场次、演出260场次、受众3.6万人次。新创作节目数164个,演出260场,接受培训人员485人,“戏曲进乡村”演出40场；松赞文化艺术节品牌深入人心。

【重点项目】 年内,计划实施政府投资项目115个,总投资22.49亿元,其中,续建项目23个,投资6.6亿元；新建项目92个,投资15.89亿元。截至年底,已开复工108个,开复工率达93.91%。固定资产投资实现24.46亿元。市级重点调度项目12个：墨竹工卡县第二批“美丽乡村·幸福家园”建设行动计划整村推进项目,计划总投资41711万元。截至年底,已全部完工；墨竹工卡县2022年高标准农田建设项目,总投资10500万元,顺利开工。截至年底,完成总工程量的40%；墨竹工卡县知不拉铜多金属矿二期改扩建工程,总投资38000万元。顺利拿到自治区核准批复,截至年底,按投产计算,已完成工程量的80%。

【受援工作】 年内,到位计划内援藏资金8870.19万元,落实计划外援藏资金686.56万元,实施援藏项目12个,继续推进30个“格桑花开·幸福助力”民生微实事。

12个援藏项目,30个民生微实事已全部开工建设,并执行每月定期调度和不定期碰头制度,及时解决问题困难,做到各类要素保障,确保项目有序推进。

【粮食工作】 年内,全面抓好面粉、大米、清油等储备工作；特别是在疫情防控期间落实库存日报制度,确保疫情期间粮食供应充足、供给稳定、储备充足、调控有

2022年9月6日，墨竹工卡县发展和改革委员会召开物资保障分析会

力、运转高效的粮食安全保障体系；深入学习贯彻落实最新《自治区储备粮管理办法》，全面提升政策性粮食储存管理水平，确保粮食数量和质量安全。

【价格监测监管】 年内，对全县各大超市、蔬菜批发市场进行检查，并及时将价格监测情况报送县委、县政府。为做好墨竹工卡县涉案物品价格认定工作，保证涉案物品估价公平、公正，县发改委严格按照区、市、县有关规定及办理程序执行。截至年底，办理物价涉案案件3件，涉案标的金额107637元。

（曲尼卓嘎）

【机构领导】

主 任

扎西玉杰（藏族，5月免）

旦增罗布（藏族，5月任）

副主任

央金卓嘎（女，藏族）

郭 耀 洲（8月任）

财政

2022年2月16日，墨竹工卡县财政局召开全国“两会”、藏历新年、三月维稳重点工作安排部署会

【概 况】 2022年，全县财政总财力达到30.1亿元，比2021年决算增加5.87亿元，同比增长26.54%。其中，一般公共预算财力达到28.6亿元，增长22.55%，一般公共预算收入完成3.1亿元（已剔除留抵退税本级承担1.51亿元）；一般公共预算支出完成16亿元、上解支出0.04亿元、调入预算稳定调解金9.88亿元、结转下年1.95亿元，2022年实现收支平衡，略有结余；政府性基金预算财力达到1.44亿元，增长223.14%；国有资本经营预算财力达到0.053亿元（含国有资本经营预算收入完成0.053亿元：其中调入一般公共预算0.01亿元，国有资本经营预算支出完成0.03亿元，结转支出0.013亿元）。

【财政收入】 年内，面对疫情性减收、经济性减收、政策性减收“三叠加”等因素影响，财政收入持续下降，财政刚性支出只增不减，财政收支矛盾依然突出等多种因素的影响，墨竹工卡县财政紧紧围绕中央和区、市党委经济工作会议精神和县委、县政府提出的总体工作部署，不断发挥财政协调监督职能，切实做好开源节流，狠抓落实，全面做到应收尽收，强化本级收入征缴力度。截至年底，完成本级公共财政收入为3.1亿元，其中税收收入26848万元、非税收入4723万元。从收入结构分析，税收收入仍占到主导地位。

【政府性基金收支】 年内，墨竹工卡县政府性基金收入为7029万元，国有土地出让价款收入7029万元。

【国有资本经营预算收入】 年内，墨竹工卡县国有资本经营预算收入完成546.91万元。

【“三公”经费支出】 年内，坚决落实政府过紧日子要求。加强预算编制源头管理、强化预算执行刚性约束，加大非急需非刚性支出压减力度，2022年压减县本级一般性支出6%，其中，“三公”经费压减1%，腾出财力优先用于保障和改善民生。

【乡村振兴】 年内，全面推进乡村振兴建设。坚持农业农村优先发展，支持巩固拓展脱贫攻坚成果同乡村振兴的有效衔接，投入资金1.15亿元，用于“美丽乡村·幸福家园”环境整治项目建设，居民住房条件显著改善。投入“三农”0.1亿元，促进“三农”事业高质量发展。统筹整合财政涉农资金3.07亿元，支持产业发展、农村基础设施、生态环境保护等18个项目建设，总计支出1.7亿元，其中中央专项支出1.24亿元，支出率74%，超出上级下达任务4%。

年内，为进一步加强财政资金管理，提高资金使用效益，清理盘活2年以上闲置资金4.13亿元，主要用于往年待支付的各类民生项目尾款、质保金、预算无法安排的民生项目缺口资金及科目调剂整改、解决群众急难愁盼惠民项目资金，全面提升广大农民群众的获得感、幸福感。

【社会保障】 年内，落实教育投入4.47亿元（本级21%教育投入资金1.18亿元），用于教育“三包”、义务教育阶段学生营养改善、学前教育至高中阶段“十五年”免费教育、教育基础设施、教育事业发展等支出，促进义务教育均衡发展；始终坚持以维护人民生命健康为中心，卫生健康支出不断增加。全县医疗卫生保障支出0.78亿元，支持医疗服务保障体系建设、重大传染病防控、智慧医疗建设等方面，公共卫生保障能力不断增强，成功争取县人民医院改扩建项目专项债券1.05亿元。积极融入新发展格局，突出民生为本，落实社保待遇，增强保障能力，落实政策性补助资金1.13亿元，用于困难群众生活保障和救助、基本医疗、养老保险补助、草原生态保护补助及村委、村监委、村小组等补助，特别是县本级安排资金600万元为广大群众购买城乡居民医疗互助保险，为社会保障事业实现可持续发展，维护人民根本利益，增进民生福祉起到了良好的促进作用。

年内，落实落细稳经济的一揽子政策，精准落实税费支持政策。减税与退税并举，加大小微企业增值税留抵退税政策力度，重点支持工矿等行业留抵退税。全县累计退税减税降费3.02亿元，其中增值税留抵退税3.01亿元，占全市增值税留抵退税额的5.84%。积极应对疫情带来的不利影响，印发《关于加快落实承租国有房屋租金减免工作有关事项的通知》，持续降低实体经济运营成本。累计减免国有房屋租金255.61万元。

2022年8月13日，墨竹工卡县财政局党组召开第九次集中理论学习（扩大）会

【生态建设】 年内，落实资金0.15亿元，支持自治区级生态文明县乡村建设创建资金、重点生态功能区经费等领域环境污染和综合治理体系建设。落实资金4.05亿元，支持“美丽乡村·幸福家园”、墨竹工卡县朗杰林沙棘林自然保护区保护与修复、警务技能训练基地建设及附属设、公安交警智能交通区间测速点位建设项目、“雪亮工程”、美丽乡村示范建设生态宜居整治、林业绿化与建设、中小河流治理、人饮水等项目建设，加快推进项目落地，确保产生良好的社会效益、经济效益、生态效益。

【就业稳定】 年内，落实社招高校毕业生400万元、墨竹工卡县“格桑花开”就业创业特训营培训经费150万元、就业补助资金1087万元、“三支一扶”人员经费200万元，确保人员稳定就业。

【防范化解政府债务风险】 年内，严守金融风险底线，有效化解政府隐性债务风险，坚持“拓宽”前门、“严堵”后门，紧盯国家政策

2022年6月27日，墨竹工卡县召开全县直达资金、涉农整合资金执行进度联席会议

导向和资金投向，立足墨竹发展实际，成功申报争取上级一般债券及专项债券12400万元，主要用于墨竹工卡县县城排水管网改造建设项目、县人民医院改扩建项目。

【社会治理】 年内，安排资金1.33亿元，为做好全县常态化公共安全、综治管理和各项维稳工作提供有效保障，确保墨竹工卡县社会大局持续稳定、长期稳定、全面稳定。

【资金管理】 年内，切实把财政管理工作摆在突出位置，确保财政管理程序规范、责任明确、监督有力。严格落实《拉萨市本级行政事业单位公务用车配备使用管理办法》《拉萨市市属国有企业资本金管理办法（试行）》，出台《墨竹工卡县财政各项资金审批制度》，不断提高资金效率和政策效能。

加大财政资源统筹，将一般公共预算、政府性基金预算和国有资本经营预算有效衔接，全面实施项目全生命周期管理，推动跨年度预算平衡。深入推进零基预算改革，创新预算管理方式，坚持量入为出、量力而行，集中力量办大事，突出保障重点，切实提高财政资金配置效率和统筹保障能力，严格落实年度预算收支管理制度。加大预决算信息公开的监管力度，压实信息公开主体责任，增强信息公开的及时性、全面性、完整性。

【国有资产管理】 年内，为有效盘活县属固定资产，避免资产因长期闲置而流失，确保资产发挥最大经济效益。根据地方政府财经秩序专项检查工作要求，财政已聘请第三方对墨竹工卡县8家项目单位的固定资产进行全面清理清查；严格落实公务车辆报废处置制度，根据车辆管理规定报废处置14辆公务用车；拍卖2辆，调剂使用8辆，车辆拍卖及报废收回款项2.97万元上缴国库。

【财政资金使用监督管理】 年内，做好财经秩序专项整治工作，结合《拉萨市财经秩序专项整治行动方案》，对标对表做好整改，不断提升财政管理水平。全面清理全县行政事业单位干部职工长期借款不还资金125万元、涉及人数36人。加大会计信息质量监督检查力度，进一步加强财务管理，严明财经纪律。虽然取得一定成绩，但仍面临一些困难和问题，面对疫情性减收、经济性减收、政策性减收“三叠加”等因素影响，财政收入持续下降，财政刚性支出只增不减，财政收支矛盾依然突出；受疫情等多种因素的影响，全县预算执行总体不理想，预算资金闲置在部门的情况较为突出。将坚持问题导向，切实加强预算管理，不断规范资金安排的科学性、合理性、做到无效资金不安排、无依据资金不安排。

【预算绩效管理】 年内，全面推进预算绩效管理改革，促进财政资源配置优化、财政资金使用合理有效。完善绩效指标评价体系。切实落实13项共计资金12566.88万元项目财评，审减资金742.84万元。

【国企改革】 年内，全面做好国有企业规范化管理，提升国有企业的经营效益，进一步优化墨竹工卡县国有企业布局，切实发挥企业的市场作用和内生动力，县国资委根据县委、县政府国有企业改革工作总体部署要求，及时成立墨竹工卡县国有企业改革领导小组，为全面有效解决县属国有企业资产权属仍存在不明晰、经营状况不佳等问题，前期经多次对各国有企业，认真调研分析，及时掌握各企业管理、运营及经营效益等情况，并结合国有企业实际，经过国有企业改革领导小组会议多次研究，先后初步形成《墨竹工卡县国资委关于进一步规范国有企业改革的方案（审议稿）》《国有资产产权划分方案（审议稿）》《墨竹工卡县国有企业改革推进计划表》等相关方案。

（白玛曲珍）

【机构领导】

局　长

洛桑次仁（藏族）

副局长

陈　　芳（女）

仁青曲珍（女，藏族，5月任）

审计

【概况】 2022年，墨竹工卡县审计局核定编制3人，其中科级领导职数2名、科员1名。现有人数4人，三级调研员1人、正科级局长1人、副科级副局长1人、四级主任科员1人。设审计委员会办公室和审计局办公室。

【审计成果】 年内，墨竹工卡县审计局坚持以中共十九大、二十大会议精神，严格按照《中华人民共和国审计法》等法律法规，开展各项审计，充分发挥“经济卫士”的监督职能作用，完成各项审计工作任务。共完成审计项目8个，出具审计报告5篇，发现问题12个，上缴和收回资金62.66万元，提出审计建议12条。促进被审计单位建立、健全规章制度4项。

完成对唐加乡人民政府、县总工会、全县教育系统审计中发现的问题整改情况进行“回头看”，促进被审计单位和其他有关部门及时认真整改，确保整改工作落到实处。

对县委政法委近3年财务收支情况进行审计，出具审计报告，提出报账不及时等7个问题，收回和上缴国库长期挂账资金及违规发放值班补助62.66万元。

对工卡镇人民政府近3年财务收支执行情况审计，出具审计报告，发现现金管理不善等10个问题，提出整改建议。

完成墨竹工卡县水利局原局长任职期间经济责任履行情况审计，并出具审计报告，查出重大经济事务决策执行不力等4个问题，提出5个审计意见建议。

根据审计厅关于《西藏自治区审计机关2022年度藏传佛教寺庙财税监管工作方案》的通知要求，完成对曲龙寺建立健全财务管理制度、执行财务收支规定、管理和处置寺庙资产等方面的守法守规情况进行试点审计，并将阶段性工作开展情况上报审计厅。

根据援藏项目管理办法和县政府常委会要求对5个建设项目进行跟踪审计，有效控制工程项目风险，确保建设项目投资效益。

根据《墨竹工卡县2022年度藏传佛教寺庙财税监管工作方案》的通知，墨竹工卡县审计局对23座寺庙财务现状进行审计，进一步规范寺庙财务管理。

根据《墨竹工卡县新冠肺炎疫情防控人员临时性补助方案》对疫情防控资金使用情况进行审计监督。

【政治理论学习】 年内，墨竹工卡县审计局严格执行党中央的决策部署，通过参加培训、理论研讨、

2022年3月13日，墨竹工卡县审计局局长向勇（左三）到扎西岗乡检查审计项目工作

2022年8月2日，墨竹工卡县审计局工作人员到曲龙寺开展寺庙财税监管工作

“三会一课”制度组织全局党员干部自觉学习习近平新时代中国特色社会主义思想、《习近平谈治国理政》及习近平总书记重要讲话精神，学深、悟透、做实。

行为上坚决维护习近平总书记党中央的核心、全党的核心地位，坚决维护党中央权威和集中统一领导，坚决贯彻党中央的重大决策部署，特别是习近平总书记对审计工作的要求、指示、批示精神，严格按照中央、区、市、县委的中心工作和重点工作开展审计监督，自觉服从党的统一安排。在学习上增深度，工作上上水平，廉洁自律作风上扛牢责任，守住底线。通过组织干部持续深入学习，进一步夯实党员干部职工政治理论基础，提高政治理论素养，为不断提高审计工作质量水平，服务县域经济高质量发展打下基础。

【党风廉政建设】 年内，推动党建工作与审计业务工作深度融合，驰而不息强化作风建设，严格执行审计工作要求和工作纪律，定期开展“以案示警”教育，同时对重大项目、重点环节、重要岗位开展常态化监督检查，坚持以“零容忍”态度惩治腐败，持续保持作风建设的高压态势。

切实加强干部职工思想教育和作风纪律建设，增强干部职工廉政意识，提升廉政风险防控能力，引导干部职工知敬畏、存戒惧、守底线。通过强化政治意识、责任意识、廉洁意识、学习意识，落实全面从严治党主体责任，规范权力运行，营造风清气正的审计工作氛围。

【乡村振兴】 年内，认真推行领导干部常态化“四联四包”工作机制，在日多乡怎村哈姆组召开座谈会、实地查看、入户等形式和群众进行交心谈心，详细了解群众困难和诉求，并及时向日多乡政府反馈；充分发挥基层党组织战斗堡垒和党员先锋模范作用，对结对帮扶户和结对大学生进行慰问和宣讲政策，以爱国主义教育为抓手，走村入户大力宣传党的各项政策，进一步激发群众内生动力，坚定群众感党恩、听党话、跟党走的决心。

（索朗央金）

【机构领导】
局　长
　向　勇
副局长
　次仁白玛（女，藏族）

自然资源

【概况】 2022年，墨竹工卡县自然资源局全面落实从严治党责任，严格落实党建责任制和党风廉政建设责任制，把党建和党风廉政建设纳入总体工作部署。同时，切实找准党建工作与业务工作的切入点，结合“群众办实事”“领导下基层大接访”“四联四包”等活动，真正了解、解决群众在生态文明建设方面所需所求，坚持走绿色发展之路，不断提高县域生态环境品质。

【全面推进林长制】 年内，按照“分级负责”的原则，确定县、乡（镇）、村三级林长组织体系，明确县、乡（镇）、村三级林长。同时创新“一张图”监测管理森林草原资源，坚持挂图作战的工作思路，投入18万元，套核国土“三调”和林地“一张图”等数据，制作全县8个乡镇、40个行政村共

49张林草资源覆盖图，帮助各级林长掌握辖区重点森林草原资源覆盖。

【乡村“四旁”植树行动】 年内，根据拉萨市2022年乡村“四旁”植树行动任务表，投入资金550万元，完成栽植任务10.9942万株。

【县乡提质增绿】 年内，投入191万元组织开展墨竹工卡县2022年机关干部义务植树活动、乡镇义务植树、县城绿化带及道路两旁绿化树种枯死苗木更换工作，栽植苗木1.93万株。投入资金39.516万元将原县税务局办公区域及卡东道路中间绿化带苗木移栽至县政府院内。投入170万元，购买绿化水车4辆，进一步增强苗木管护和森林草原防灭火能力。

【试种庭院经济苗木】 年内，本着自主自愿、科学试种、逐步推开的原则，在日多乡怎村哈姆组试点栽植经济苗木，向43户群众发放苹果、桃树、红叶李等苗木129株，在美化居住环境的同时促进庭院经济发展，助推美丽乡村建设。

【国土空间规划和乡村规划】 年内，积极对接区、市开展“三区三线”划定及优化调整工作，初步划定成果已上报自治区审核。同时，试点推进日多乡、甲玛乡、尼玛江热乡、扎西岗乡4个乡镇国土空间规划编制，推进16个村的村庄规划编制工作。

【草原确权登记】 年内，为确保工作顺利开展，墨竹工卡县采取先试先行的方式，将尼玛江热乡作为试点乡，从政策宣讲、动员培训、责任书签订等方面推进工作开展。

截至年底，完成全县36个行政村，外业指界调查面积1021.86平方公里；已收集28个村行政村，户籍资料及清理核实7428户、32665人。

2022年6月9日，西藏自治区副主席江白（前排左二）一行到墨竹工卡县调研乡村“四旁”植树行动及林长制工作推进情况

【不动产确权登记】 年内，农村集体土地所有权341宗全部完成缮证工作；农村集体建设用地92宗完成缮证工作；完成农宅基地7186宗数据库整合汇交至自然资源部数据库；完成农村宅基地修补测400余宗，正在开展前置手续收集工作；不动产登记窗口累计办理各类报件576件，发放不动产权证书492本，登记证明5本，办理抵押融资金额768万余元。

【要素保障】 年内，完成20余个项目的用地预审、“两证一书”办理；协助项目建设单位、企业办理林地征占手续11宗、草地征占手续10宗；建设用地组卷报批完成6个批次，涉及26个项目及1个单选项目。

【退化草原生态修复】 年内，选取扎雪乡、门巴乡实施墨竹工卡县2021年退化草原生态修复治理项目，对5000亩草原进行免耕补播、施肥、围栏、鼠害治理等，工程总投资654.41万元。

【矿企生态修复】 年内，针对辖区内矿山企业生态环境恢复治理工作情况，对墨竹工卡县各类在采、在探矿山和相关治理责任单位进行约谈，结合中央环保督察，要求各矿山企业制订2022年度生态修复实施方案，并按照整改方案有序推进生态修复工作。编制《墨竹工卡县尼玛江热乡章达沟生态修复方案》，推动尼玛江热乡章达沟生态修复治理。

2022年5月16日，县委书记沈鹏里（中）到门巴乡调研虫草采集工作

【“两违”整治】 年内，严格落实新增违法用地查处整改工作，下发整改通知5个，责令退让1宗，责令拆除1宗。开展农村乱占耕地建房问题，积极组织各乡镇、县直有关部门，每月排查新增农村乱占耕地，确保监管到位。

【森林督查】 年内，严格按照国家森林督查工作要求，加快违法占用林地项目整改工作，确保违法图斑整改到位。2018—2021年，墨竹工卡县森林督查图斑共计102块，涉及37个项目，已全部完成整改销号。

【野生动物保护】 年内，扎实推进以黑颈鹤、沙棘林自然保护区为主的自然保护地整合优化和保护监督工作，严格落实天然林、草原、湿地和野生动植物及其栖息地保护制度，加大野生动植物保护宣传力度，强化护林员日常巡逻管护，严厉打击非法运输、采伐野生植物行为，从源头上杜绝乱捕乱猎乱砍滥伐野生动植物行为的发生。加强对野生动物集中分布区、集群活动区、迁飞停歇地、迁飞通道等开展野生动物疫源疫病监测、巡护工作。

【病虫害防治】 年内，组织开展常态化监测，动态掌握全县森林草原健康情况，抓好防控工作落实。发放病虫害防治药剂300余箱、推车式打药车2辆、防护套装150套、植物检疫工具箱1个、枝剪刀8个、高枝剪1个，增强乡（镇）林业有害生物防治能力。同时，积极向区市林草部门争取防治资金230万元，推进全县病虫害防治工作。

【森林草原防火】 年内，签订森林防火目标管理责任书，明确森林防火责任目标。在年度预算编制时预算森林草原防火专项资金及各乡（镇）森林草原防火资金，做好资金保障。加强对护林员的日常管理，督促护林员做好管护片区的日常巡护、监管工作。严格执行森林火灾日报告、“零报告”制度，加强森林防火宣传和培训，提高防灭火意识，强化防灭火基础建设，为乡（镇）更换补充灭火器、消防服、过滤式消防自救呼吸器、微型消防架等消防装备。

【矿产资源监管】 年内，针对全县矿山企业严格复工复产，联合相关单位全面做好复工复产前验收检查工作。聘请技术单位有序开

2022年8月2日，县委副书记、县长巴桑（右二）到2022年机关义务植树点检查树苗成活情况

2022年12月29日，墨竹工卡县自然资源局组织召开全县草原承包经营权确权登记工作推进会议

展矿山巡检工作，督促矿山企业规范生产。开展全县矿产资源规划（2021—2025年）编制工作，此轮规划将日多温泉采矿、笛给矿山探转采及塔巴陶瓷石英矿纳入规划中。

【地质灾害防治】 年内，坚持“以防为主，防治结合”的工作方针，全面开展县域地质灾害巡查及防治工作，对全县重点场镇、重要交通沿线、矿山及水利设施区域巡检排查地质灾害。投入410.03万元实施唐加乡卓村泥石流治理项目，投入资金610余万元实施直孔提寺地质灾害防治项目。

【生态岗位】 年内，严格按照生态岗位工作要求，一季度落实岗位1944个、二季度落实岗位1945个、三季度落实岗位1933个。通过一卡通，为群众兑现生态岗位工资约509.4万元。

【冬虫夏草采集】 年内，全县累计虫草采集群众3997人次，累计采集虫草169.43万根，折合661.945千克，收入合计7930.56万元。同时，兑现门巴乡、日多乡2个产区虫草植被恢复费543.42万元。

（宋亚楠）

【机构领导】

党组书记、局长

尼玛央金（女，藏族，4月任党组书记、7月任局长）

党组成员、副局长

张　浩（4月任党组成员）

阿旺晋美（藏族，4月任党组成员）

统计

【概况】 2022年，墨竹工卡县统计局社会经济调查队深入贯彻落实习近平新时代中国特色社会主义思想，围绕深化统计体制改革，以依法治统、以法执统为手段，着力提高统计数据及时性、准确性、完整性、真实性，各项工作有序推进。

墨竹工卡县统计局（社会经济调查队）行政编制3名，科级领导职数2名，社会经济调查队事业编制3名，科级领导职数2名。2022年，墨竹工卡县统计局人员共8名，其中统计局4人：局长1名、副局长1名、四级主任科员2名、财政供养人员1名（驾驶员）；社会经济调查队共3名，其中：队长1名，事业初级2名。

【日常工作】 年内，墨竹工卡县统计局强化数据核查，先后对县直单位、矿山企业、建筑公司、贸易公司等地开展核查。重点检查企业投资项目报送投资额的相关凭证支撑材料以及工程进度情况、建筑业总产值指标的取数依据、农牧业基础数据台账及网报数据一致性情况、工业企业的工业总产值、营业收入、利润总额和相关指标的取数依据等相关资料的真实性、准确性、完整性和规范性，覆盖企业17家，下达整改通知书2份。

【依法依规监测指标】 年内，全县完成地区生产总值61.61亿元，同比增长2.1%。全社会固定资产投资同比增长-15.8%。公共财政预算收入完成3.2亿元，同比下降43.8%。规上工业总产值125.2亿元，增长83.6%。全县规模以上工业企业7家，规模以上工业增加值同比增长59.8%。全年社会消费品零售总额实现4.28亿元，同比下降10%。农牧居民人均可支配收入22695元,增速7.7%。全年粮食产量达到2.76万吨,比2021年增加0.26万吨,同比增长10.31%,其中,青稞产量达到2.42万吨,比2021年增加0.24万吨,同比增长11.01%。粮食产量连续稳定在2.6万吨以上。

截至年底,牛存栏15.8万头,同比下降6.54%。羊存栏0.56万只,同比下降7.71%。猪存栏0.06万头,同比下降43.48%。牛出栏2.8万头,同比增长30.83%。羊出栏0.05万只,同比增长20.53%。猪出栏0.067万头,同比增长158.53%。猪牛羊禽肉产量0.43万吨,同比增长29.47%;禽蛋产量81.43吨,同比下降61.52%。生牛奶产量1.49万吨,同比增长7.54%。

2022年7月4日,县委书记沈鹏里(中)主持召开墨竹工卡县统计造假不收手不收敛问题专项纠治工作动员部署会议

【落实报表制度】 年内,墨竹工卡县统计局继续在落实报表制度上发力,报表质量及上报率达到新目标。按时完成规上工业、限上批零、500万元以上固投等各专业联网直报企业一套表2021年年报和2022年定报催报工作。

精确完成规下服务业、限下批零、规下工业等专业抽样统计工作。在数据上报方面,加大审核验收力度,进一步提高统计数据的精准性、有效性,全面清晰地反映全县经济社会的发展状况。

【统计专项培训】 年内,积极与县增收办沟通衔接,组织七乡一镇、40个行政村增收工作人员开展专项培训;培训以统计法、统计监督实施意见为主线,对农牧民人均可支配收入的指标内涵、界定范围进行详细讲解,并就实际统计工作中的问题进行案例分析;贯彻落实《关于更加有效发挥统计监督职能作用的意见》中“三个不得”的工作要求,务求做到实事求是统计。

2022年7月5日,墨竹工卡县统计局开展农村住户收支和统计法治业务培训

【走访慰问】 年内,为确保住户收支调查工作有序推进,切实提高墨竹工卡农村住户调查记账能力和数据质量,巩固记账户稳定性,打消记账顾虑,同时感谢他们对住户调查工作的支持与配合,墨竹工卡县统计局分别到扎西岗乡朗杰林村、日多乡拉龙村、工卡镇塔巴村开展进行住户调研和年节前走访慰问活动。

在慰问过程中,墨竹工卡县统计局支部书记、局长次卓嘎亲切问候住户的身体健康状况和家庭收支生活等情况,与他们谈心、拉家常,详细了解和询问了住户

2022年6月9日，拉萨市统计局检查组一行到墨竹工卡县开展农牧业统计数字质量核查工作

调查工作的开展情况，同时对记账户的顾虑，为调查户真实、完整地记录家庭收支建立起信任的基石，并针对调查户记账存在的常见错误进行详细讲解，对调查户提出的疑难问题作出解答；最后对住户的支持和配合表示感谢，并送去市调查队捎来的慰问品。

【入户访谈】 年内，按照县委“下基层大接访办实事”活动要求，为切实了解群众急难愁盼问题，掌握基层发展现状，墨竹工卡县统计局到扎西岗乡朗杰林村开展入户访谈，共入户6户，梳理群众诉求5条。同时结合部门职能对相关法律法规进行宣传；通过实地入户，与群众面对面进行谈话，收集问题5条。其中，涉及群众自身动力不足的问题2条，对于该问题现场进行说明和解释，鼓励群众通过自主就业、创业等方式增加收入，涉及宅基地问题1条，对于该问题现场向群众解释了宅基地不能买卖的政策；涉及农田水渠问题1条，通过与村“两委”了解，该项目村委会已向县水利局提交请示，涉及2.5公里水渠修缮资金共500万元；涉及道路硬化项目1条，该问题已向职能部门反馈。

【人口抽样调查】 年内，为及时掌握人口发展的新特征和新趋势，为教育、医疗、养老等政策制定提供数据支撑，墨竹工卡县统计局根据拉萨统计局人口科《关于开展2022年人口抽样变动调查工作》通知要求，扎实推进各项工作，完成工卡镇塔巴村、唐加乡东布岗村、门巴乡仁多岗村人口抽样调查。

（旦增央宗）

【机构领导】

局　长

次 卓 嘎（女，藏族）

副局长

次仁白玛（女，藏族，5月免）

唐　　伟（5月任）

社会经济调查队队长

唐 永 才

经济和信息化

【概况】 2022年，墨竹工卡县经济和信息化局核定编制6人，领导职数2正2副，实有10人，其中干部7人（含南京援藏干部1人）、工人2人、公益性岗位1人。

【工业发展】 年内，全县7家规模以上工业企业，实现工业总产值125.19亿元，同比增长83.56%；实现工业销售产值125.19亿元，同比增长80.65%；工业增加值增长59.8%。

【招商引资】 年内，开复工招商引资项目27个，其中续建13个、新建14个，累计到位资金21.60亿元（目标任务完成率108%），完成固定资产投资17.28亿元。

【党建工作】 年内，全面落实“三会一课”。召开党员大会6次、党课4次、组织生活会1次、民主评议党员1次，创新开展“铸牢中华民族共同体意识——党日活动进家庭、民族团结一家亲”“安全生产月”“助力一线抗疫捐赠防疫物资彰显企业担当”等主题党日活动12次，组织集体学习32次，内容涵盖习近平新时代中国特色社会主义思想、中共十九届历次全会及中共二十大精神，常态化开展“改进作风狠抓落实”、中共二十大精神、“感悟领袖风范锤炼过硬作风”系列读书活动。

认真开展谈心谈话、“作风怎么看，工作怎么干”大讨论等活动，大力开展“我为群众办实事、我为企业解难题”专题实践，结合“四联四包”领导干部下基层大接访办实事活动，与包村点“两委”班子和群众面对面交流谈心，开展入户宣讲20余户，接访群众40余人次，为群众解决通信信号弱等急难愁盼问题15件，处理农民工信访事项20余件，涉及资金300余万元。

以十届县委第二轮巡察为契机，全面落实10项问题整改的主体责任，高质量、严要求落实整改工作，真正做到激浊扬清、刮骨疗伤。

组织党员干部全面参与到疫情防控、安全生产、市场保供、企业生产等重点工作中，对工矿领域、商贸领域监督检查100余次，出动党员干部200余人次，全面提高党员干部党性修养，持续增强向心力凝聚力。

2022年5月23日，墨竹工卡县经济和信息化局局长邓晓刚（右三）到西藏华泰龙矿业开发有限公司摸排固定资产投资

【创优企业服务】 年内，指导规上工业企业做好复工复产准备，累计帮助企业协调解决车辆通行、生产要素供应等方面问题68个，出具各类通行证明156份，回复各类咨询350余次。协调西藏华泰龙矿业开发有限公司运送精粉4485辆次、20.72万吨；西藏巨龙铜业有限公司运送精粉3880辆次、18.68万吨。

7月，联合西藏自治区特色产业联合会，集中组织30家本土企业参加第三届“松赞文化艺术节”暨“第五届油菜花”文化旅游节。

【优化营商环境】 年内，印发墨竹工卡县“招商引资百日攻坚”行动方案，成立墨竹工卡县招商引资领导小组和“招商引资百日攻坚”行动工作专班，针对跟踪项目建立县级领导包保责任机制，统筹推进全县招商引资工作。

围绕签约项目跟踪推进，邀请意向合作企业到县考察，接待西藏巨投实业有限公司、西藏美嘉农牧业公司、西藏雪山能源发展集团有限公司等8家企业、10批次32人次客商考察。

联合墨竹工卡县统计局开展固定资产投资入统入库情况清查，全面梳理已落地招引企业计划投资额度，及时跟踪项目入统入库。

【项目前期工作】 西藏巨龙铜业有限公司10万—15万吨扩能技

2022年3月17日，县委副书记施勇军（左三）到格桑花开产业园区调研

2022年9月12日，墨竹工卡县经济和信息化局开展爱心物资捐赠活动。图为甲玛赤康祥和商贸有限公司爱心物资捐赠现场

改项目已由西藏自治区政府常务会议审批通过；西藏华泰龙矿业开发有限公司尤隆布尾矿库、西藏巨龙铜业有限公司二期20万吨项目，前期手续办理工作有序推进；西藏华工新能源有限公司光伏项目已报西藏自治区发改委立项审批。

【项目推介入统】 年内，围绕现代农牧业、绿色工业、清洁能源、文化旅游等产业征求相关部门和乡（镇）意见建议4次，梳理对外推介项目16个，委托第三方对墨竹德仲温泉、日多温泉、扎雪乡牦牛养殖基地、墨竹小菜籽油项目进行包装。

深入落户企业跟踪督办项目进度20余次，梳理落地企业投资额度，完成西藏巨龙铜业有限公司10万—15万吨扩能技改项目3亿元投资入统。

【推动数字经济发展】 年内，以“机械化换人，自动化减人，智能化无人”绿色智慧矿山为建设方向，积极推动西藏华泰龙矿业开发有限公司5G智能矿山建设，建设完成全部64个5G基站。加快推进信息化建设，3家基础电信企业固定电话用户达4233户、移动电话用户达39025户、互联网宽带用户达12540户。推进高新数字产业发展，建设完成5G基站102个（含矿山）。

【抗疫情保生产】 年内，印发安全生产指导性文件30余份，组织专项检查60余次，开展复工验收20次。解决保供运输问题19条，组织商贸企业累计储备米面粮油265吨、蔬菜肉蛋奶290吨、方便食品及其他生活用品43万件，协调各加油站调配柴油375吨、汽油286吨。累计组织物资定点配送、成品油送油下乡服务200余辆次，配送生活物资100余吨、柴油20.36万升、汽油19.79万升。

（毛德政）

【机构领导】

局 长

邓晓刚

副局长

张建福（5月免）

宋立斌（江苏援藏，6月免）

德吉白姆（女，藏族，挂职，3月任，8月免）

任雪洋（5月任）

扎西旺姆（女，藏族，5月任）

格桑顿珠（藏族，江苏援藏，6月任）

税务

【概况】 2022年，墨竹工卡县税务局面对税收新形势新任务，围绕“抓好党务、干好税务、带好队伍”新时代税收现代化建设总目标，着力建立健全“六大体系”，全力提升“六大能力”，按照区局党委“法治、清廉、创新、效率、务实”工作要求和县委、县政府、拉萨市局党委工作安排，聚焦“四件大事”“四个确保”，持续在加强党的建设、组织税费收入、落实退税减税降费、深化税收征管改革、推进纪检监察体制改革等方面加力加劲、提质增效，为建设团结富裕文明和谐美丽的社会主义现代化新西藏贡献墨税力量。

2022年，墨竹工卡县税务局组织收入（未扣减出口退税）完成147606万元，其中税收收入106764万元，中央级46712万元，地方级60052万元。实现各项税款及时、足额入库。

【组织领导】 年内，墨竹工卡县税务局坚持以习近平新时代中国特色社会主义思想为指导，深入学习贯彻中共二十大精神，认真落实全国、全区、全市税务工作会议部署，锚定“抓好党务、干好税务、带好队伍”的目标，在党建和业务深度融合的引擎下，用党建“引领”推动税收工作“创优”。不断强化基层支撑、人才支撑，重点关注青年干部成长，建立“传帮带”链条式育人机制，开创事合、人合、力合、心合的四合新局面。

2022年7月13日，墨竹工卡县税务局局长李树范（右一）到西藏弥盛塔巴陶瓷工艺品传承有限公司宣讲退税减税降费政策

【发挥税务部门行政职能】 年内，墨竹工卡县税务局更好发挥税收在国家治理中的基础性、支柱性、保障性作用，聚焦“国之大者”，紧盯“税之要事”，坚定扛牢“为国聚财、为民收税”的神圣职责，坚决做好国家财力的坚定保障者、宏观调控的高效执行者和国家战略的忠实服务者。

年内，墨竹工卡县税务局将落实新的组合式税费支持政策作为一项政治任务扛牢抓实，第一时间成立退税减税政策落实工作领导小组。推动县委、县政府成立县长任组长的退税减税工作领导小组，得到地方党委政府的大力支持。建立“政策落实包保推进”工作机制，对重点企业实行“包保”机制和“工作专班制”，实现抓总划片、压实责任，畅通堵点、创优服务。组建党员先锋队和“青年志愿服务突击队”，在退税减税工作中充分突显党员先锋模范作用。

【政治机关建设】 年内，墨竹工卡县税务局牢固树立税务机关首先是政治机关意识，坚持把学习习近平新时代中国特色社会主义思想作为党委会议“第一议题”、党委理论学习中心组学习和党员干部教育培训“第一主题”、青年理论学习“第一任务”，把贯彻落实习近平总书记重要讲话和重要指示批示精神作为“第一要事”。专题学习贯彻中共二十大精神，深入领会其丰富内涵、精神实质、实践要求，切实用以武装头脑、指导实践、推动工作。全年党委会“第一议题”学习12次，理论学习中心组学习12次，支委会学习12次。

年内，把学习贯彻习近平总书记关于意识形态工作的重要论述作为重要政治任务，认真落实市局党委、县委县政府关于意识形态工作的决策部署，坚持把意识形态工作同组织税费收入、深化税收征管改革、推进一体化综合监督等重点工作同部署、同落实、同考核。党委会专题研究意识形态工作1次，开展意识形态问卷调查1次。密切关注干部职工思想动态，完成19名干部职工的思想动态问卷调查和分析。牢固树立“稳定压倒一切”思想，常态化做好综治维稳和疫情防控工作。积极开展民族团结进步创建工作，引导干部职工在反分裂斗争这个重大政治问题上同党中央保持高度一致。

【社保及非税收入征收】 年内，共计入库各项社保费27359.78万元。其中机关事业单位参保户数为77户2272人，入库7672万元；城乡居民养老保险征缴14944人次，入库303.8万元；城乡居民医疗保险征缴44692人次，入库1109.46万元；企业“五险”征缴共60户，入库金额为10061.85万元；机关事业单位职业年金入库金额1278.76万元。

年内，积极从税收角度看经济、看发展、想对策、提建议，挖掘“数质”、完善“数制”、推进“数治”，形成有深度、多维度、高价值的税收经济分析报告，更好发挥税收职能作用，提升税收经济分析的影响力，“以税咨政”作用进一步发挥。

年内，运用税收大数据，及时预测收入变化，及时跟踪辖区重点税源生产经营情况，做好收入预测工作，并将预测的重大收入变化情况及时向地方党委、政府汇报。

2022年3月25日，墨竹工卡县税务局开展“送政策上门”服务活动

【税收征管改革】 年内，墨竹工卡县税务局认真落实《关于进一步深化税收征管改革的意见》，推动成立墨竹工卡县进一步深化税收征管改革工作领导小组，不折不扣落实好各项改革任务。坚持“以数治税、必先治数”理念，建立健全税费数据质量源头治理、系统治理，组织干部对全县纳税人缴费人基础信息进行核实。

用好“说理式”执法、说服教育、约谈预警等“非强制性”执法方式，执行好“三项制度”，落实好“首违不罚”清单。加强与工会部门、人民银行等部门的沟通协调，工会经费委托税务代收工作稳步推进。采取“线上＋线下”“网格＋远程”模式，积极做好全电受票扩围工作，有力推动发票电子化改革（金税四期）工作。

【优化税收营商环境】 年内，墨竹工卡县税务局以“便民办税春风行动”和税收宣传月活动为契机，认真做好纳税人满意度整改工作，全心全意服务好纳税人缴费人、服务好地方经济发展。深入开展“一把手走流程”，化身“政务服务体验员”，疏堵点、解难题。深入边远乡村为村民缴纳城乡医疗保险、养老保险提供“手把手”贴心服务，真正实现“非现金”缴纳“零距离”。

根据疫情防控工作要求，通过短信、微信、QQ、电话、群消息等多种方式，有针对性地进行一对一辅导提醒，点对点推送“办税提醒”和短信温馨提示。加大“非接触式”办税缴费服务的宣传推广力度，强化电子税务局、“12366”服务热线等支撑保障，及时受理和解决纳税人缴费人服务诉求，确保纳税人缴费人提交的各类业务即核即办，实现纳税服务“不掉线”“不打烊”。

2022年4月20日，西藏巨龙铜业有限公司向墨竹工卡县税务局赠送锦旗

【“阳光税务·天边守望”文化品牌】 年内，墨竹工卡县税务局认真落实《深入推进税务系统党的

建设高质量发展两年行动计划》等,突出抓标准、促规范。统筹开展“堡垒工程、先锋行动”,不断加强基层党组织标准化规范化建设,着力打造县局党支部标准化规范化墨竹样本。

强化党建引领,持续深化“阳光税务　天边守望”党建品牌创建。开展“喜迎中共二十大·我想对党说”等主题党日活动。深入推进“民族团结进步模范单位”创建工作,将便民办税春风行动、税收宣传月与“民族团结进步宣传活动月”融合开展,送税法、送民族团结政策进机关、进企业、进乡镇、进学校、进军营。以优异成绩通过考核,荣获“民族团结进步模范机关。”

【全面从严治党】 年内,墨竹工卡县税务局坚持抓管党从严,压实党委主体责任,把严的标准、严的措施贯穿于管党治党全过程和税收工作各方面,做到抓“关键少数”和管“绝大多数”的统一。认真学习贯彻《中共中央关于加强对“一把手”和领导班子监督的意见》,不断提高“一把手”和班子成员的政治判断力、政治领悟力、政治执行力。严格执行《税务系统落实全面从严治党主体责任和监督责任实施办法》,促进“两个责任”一体贯通,同向发力。严格落实领导干部个人有关事项报告、因私出境管理,规范干部职工请休假、出差、参会等制度,建立完善干部廉政档案。

年内,墨竹工卡县税务局认真贯彻落实县委、县政府、拉萨市局关于进一步改进作风狠抓落实工作部署,持续巩固纪律作风建设成果,驰而不息推进作风建设。聚焦政策落实和“两权”运行,持续围绕减税降费、发票电子化改革等事项开展专项监督检查,及时发现和纠正偏差。紧盯重要时间节点开展廉政提醒和谈心谈话,绷紧干部职工“廉洁弦”。认真落实《关于加强新时代廉洁文化建设的意见》,开展“识传统端午,品米粽、赠祝福”“喜迎中共二十大·家书话廉洁”等主题活动。签订保密、拒绝酒驾、赌博等承诺书,将纪律刻在干部心中。将“八小时之内”监督和“八小时之外”监督相贯通,督促引导党员干部自重自省自律。

（顾庆泽）

【机构领导】

局　长

李树范

副局长

常建英(3月免)

缪　琳(女)

丁　丽(女)

纪检组组长

丁　丽(女,3月免)

德吉央宗(女,藏族,3月任)

市场监督管理

【概况】 2022年,新增个体工商户363户、企业52家、合作社1户。新增食品经营许可证新办89户,延续57户。开展“双随机、一公开”119户,提升信用监管作用。受理办结消费者投诉举报40起,挽回经济损失近10万元,办结率达100%;市场主体年报率达95.4%。重点围绕金融、电费类是否存在超范围、超过国家定价等乱收费情况,下达责令整改通知书2份,保障企业合法权益。扶持和引导企业强化知识产权创造和保护工作,有序推进墨竹菜籽油、塔巴陶瓷地理标志保护产品申报工作。

【食品药品监督】 年内,结合“守查保”行动,全面保障“三大节日”、端午节等重要节点食品安全;推进农牧区食品安全综合治理和假冒伪劣专项整治,开展校园及校园周边食品专项检查,每月全覆盖检查不少于1次,检查各类经营主体2850余家次,口头责令整改127家次,开展重大活动食品安全保障工作6次,下达责令整改通知书34份,食品领域立案查处33起,处罚10万余元,立案率较2021年增长达750%;定期对县乡村三级卫生机构开展专项检查,检查经营单位120家次,下达责令整改通知书4份,实地查验审批药店6家,6家已取得药品经营许可证。销售过期护肤品立案查处1起,罚款3000元。

【特种设备监督】 年内,开展特种设备日常监管,地毯式排查安全隐患10余次,下达责令整改通知书5份,现已整改完毕;严格特种设备登记管理,办理特种设备使用登记证98张。

2022年3月17日，县委书记沈鹏里（前排右二）一行督导检查食品安全“两个责任”落实情况

【工业产品监督】 年内，围绕电线、电缆、口罩、电动车、“黑心棉”等重点产品，开展工业产品质量专项整治10余次。立案查处缺斤短两案件2起，罚款3800元；立案查处以次充好案件1起，罚款2.7万多元，计量、质量等案件突破零的纪录。强化企业质量扶持。通过市局帮扶，墨竹工卡县4家企业获批企业质量管理体系认证证书。

【其他类别市场监督】 年内，先后3次到门巴虫草交易点开展监督检查；多次开展文化市场监督检查；开展2022年度春季农资专项执法打假工作；开展计量器具专项检查；推进旅游市场专项检查工作；开展烟草专项检查；开展违法广告整治。

【宣传活动】 年内，深入开展“3·15”消费者权益保护日系列宣传活动，举办“3·15”国际消费者权益日晚会；开展第23个世界计量日宣传活动；开展3月、6月综治宣传活动；开展质量强县、食品安全宣传周活动；开展防范非法集资、防范养老诈骗宣传活动。

【重点工作】 立足区域优势产业，积极申报“十四五”项目4月已完成项目立项、可行性报告、用地预审等工作。

在区市市场监管部门的大力支持下，墨竹工卡县“弥盛塔巴陶瓷”和“墨竹工卡小菜籽油”正在申报国家级地理标志保护产品。

项目将重点覆盖集中供餐单位、大中型餐饮单位，在厨房设立智能化摄像头，结合“智慧食安”管理系统，推进餐厅后厨食品安全“共同监督”。

墨竹工卡县政府主要领导先后主持召开3次县级创城推进会，部署明确任务进度；全县乡镇举行8场从业人员集中培训，重点加强日多乡农村食品综合治理示范点创建力度，针对性举行3次集中培训；全面加强宣传力度，通过LED、平面宣传、集中宣传等方式扩大社会面宣传，积极营造“人人参与、人人共享”的良好氛围。宣传工作开展以来，宣传覆盖进企业125家次、进社区12家次、进寺庙42家次、进机关12家次、进学校57家次、进牧区47家次，开展集中宣传活动3场，发放宣传资料1600份(其中，海报1000张、桌贴400张、其他宣传资料

2022年3月22日，县委书记、县长巴桑（左三）一行到尼玛江热乡小学食堂督导检查食品安全“两个责任”落实情况

2022年3月26日，墨竹工卡县市场监督管理局工作人员开展涉企电费等收费专项检查

200份），悬挂横幅40条，发放宣传品200个，LED灯宣传600条次，LED大屏宣传100次，推送微信公众号3次。

【志愿服务】 年内，组织理发师志愿服务队在嘎则新区市民广场、门巴乡、县食堂开展爱心义剪进“疫”线志愿服务活动，11名理发师志愿者参加，志愿服务累计230余人次。

在微墨竹等新媒体平台发布减免房租倡议书，全县广大房东、业主纷纷奉献爱心，减免房租。截至年底，非公有制领域减免房租近200万元。

组织爱心商户捐款捐物助力全县疫情防控，受理捐赠方便食品、饮料、防疫物资等价值近30万元，接受现金捐赠8.978万元，以上物资已全部分发到防疫一线或转送县疫情防控指挥部统筹使用。

通过保供能力、价格、疫情因素等综合形势研判，成立市场领域保供车队，累计集中进货26批次1100吨；为保障肉类、干货等供应，协调冷链公司直通其他省市到墨竹运输路线，共计送达肉类（包含冻货）450吨、鸡蛋100吨、干货100吨，基本物价与疫情之前相比无明显涨幅。

（扎西吉）

【机构领导】
局　长
宗　　吉（女，藏族）
副局长
魏国强
扎西吉（女，藏族）
洛桑邓培（藏族，5月任）

农业农村

综述

【概况】 2022年，全县粮食总产达2.76万吨，青稞产量达2.41万吨。全县牲畜存栏158356头（只、匹），其中牛存栏149447头；羊存栏5659只；马存栏2642匹；生猪存栏607头，藏鸡存栏36150只。年出栏38872头（只、匹），其中牛出栏28050头，羊出栏452只，生猪出栏667头，藏鸡出栏8608只。肉、蛋、奶产量分别达到0.43万吨、81.42吨、1.49万吨。

【种植业】 年内，调运青稞良种17.88万千克，购买油菜种子10.425万千克，种植墨竹小油菜3.1万亩，订单种植墨竹小油菜2.6万亩，实现油菜籽产量0.44万吨；调运化肥938吨、农药14.6吨；积造农家肥15万吨；2022年购置农用机械150台（套），共计兑现213.72万元。给4个行政村发放4台联合收割机解决自筹资金35.07万元，涉农行政村农业机械化普及率达到100%；落实播种面积11.11万亩，其中粮食作物7.28万亩，经济作物3.5万亩，饲草作物0.33万亩。

年内，安排县农业技术推广站干部，全程参与种植业各环节技术指导。种植业产前做到统一选种、统一种子包衣、统一机械化耕作、统一播种、统一播量，关键环节进行技术人员蹲点指导。产中针对病虫草鼠害，实现常态化督导检查。

年内，及时召开“三秋”工作安排部署会，充分调动全县各级力量投入秋收、秋耕和秋播工作，确保颗粒归仓、丰产丰收。

【畜牧业】 年内，以调整和优化畜牧业结构为出发点，有序推进黄牛改良及牦牛（犏牛）经济杂交工作。完成黄牛改良3016头、牦牛良种推广171头，累计产犊2060头。完成2021年牦牛良种推广项目的三级验收工作，县级验收合格共计171头，其中门巴乡100头、日多乡71头，兑现畜牧良种补贴政策，种公牛补贴资金68.4

2022年6月22日，墨竹工卡县农业农村局举办全区基层动物防疫员轮训

万元,已完成2022年牦牛良种推广110头的任务指标分配工作。累计完成牛羊出售补贴共2809头、只,其中,牛出售补贴2800头、羊出售9只,共兑现牛羊出售补贴资金168.1万余元。

年内,全县完成牲畜口蹄疫疫苗强制免疫牲畜共计18.02万头(只、匹),免疫率达到100%。严格落实24小时值班和重大动物疫情日报告、零报告制度。处置动物疫情15次,通过采取区域控制、环境净化、紧急免疫等有效措施,防控15个放牧点位10772头牲畜发病。按照《关于做好2022年拉萨市动物疫病监测及流行病学调查工作的通知》要求,组织开展春秋两季采样1710份。累计开展重大动物疫情监测排查消毒2500余次,清洗消毒养殖单位145场次,投入动物防疫员2840人次,保障畜牧业健康发展。

年内,完善今冬明春农牧业防抗灾应急预案及应对今冬明春农牧业风雪灾害工作方案,安排部署今冬明春农牧业防抗灾应急值守工作,县、乡、村防抗灾饲草饲料储备共4099.42吨(饲草2670.95吨、饲料1428.47吨)。在上级抗灾资金基础上,本级财政调整资金260元用于抗灾饲草料储备资金。

年内,完成2021—2022年草原生态保护补助奖励政策县级自验工作,兑现2022年度草原生态保护补助奖励政策资金1460.5156万元。

2022年7月11日,墨竹工卡县农业农村局兽防站工作人员对牧之源高标准奶牛养殖中心进行分群采样送检

【项目带动,产业升级】 年内,实施新品种试验示范。在扎西岗乡扎西岗村实施引进4个油菜新品种筛选试验示范基地项目110亩。

年内,共实施农牧业项目8个,投资2.3122亿元,不断提升项目带动能力,提升产业发展链条,促进"一产接二连三",为实现墨竹工卡现代化农牧业发展奠定坚实基础。截至年底,全县温室共422栋,可利用温室306栋,均已全部安排种植蔬菜。

年内,落实涉农资金整合用于脱贫攻坚与乡村振兴,累计整合资金3.07亿元,实施18个产业发展、基础设施等衔接乡村振兴项目,有序保障发展扶贫产业、基础设施建设、人居环境政治、生态环境保护等关键政策衔接落实。

年内,成功创建国家现代化农业示范区,强化项目监管,做好项目储备,强化"十四五"中期项目调整,建立健全项目储备库。同时,由净土公司主导,加大墨竹小油菜榨油厂、农业示范园区的提升改造和市场化运营力度,辐射带动效应得到进一步发挥。农牧业总产值实现4.22亿元,全年农牧民人均可支配收入达22695元,增长7.7%,增速位居全市第一。

【深化改革】 年内,在工卡镇、扎西岗乡、唐加乡、扎雪乡和尼玛江热乡投入资金169.16万元实施耕地托管服务面积1.23万亩,按照全程托管、多环节托管和关键环节托管三种不同模式托管给3家作业公司。在土地托管试点过程中,根据播种时间不同,提供差别化技术服务,狠抓服务对接,带动1229户,减少劳力2518人,增加外出务工人数1113人,增加收入913.52万元,节约劳动成本,提高单产面积,促进农牧民增收,解决"谁种地""种好地"的问题。

截至年底,顺利完成全县41个村(居)和198个村民小组年度清产核资任务,全县农村集体资产总额1.77亿元,其中经营性资产3811.07万元、非经营性资产1.39亿元;资源性资产13.9万亩,其中耕地 11 万亩、林地 1.3 万亩、建设用地 1.6 万亩、待界定未利用地 0.023 万亩。

年内，开展科普、惠民政策等 10次，共制作科技宣传布标10幅，发放宣传材料 3600 份、书籍 51 套(册)，进行科技人员培训 9 期，参与人员共计 1250 余人次，有效增强了墨竹工卡县农牧民科学种植养殖技术。

【整村推进】 年内，成立以县委书记为组长，县委副书记、县长为常务副组长的“美丽乡村 · 幸福家园”建设领导小组，高位推动工作开展，因地制宜实施第二批“美丽乡村 · 幸福家园”整村推进工作，共涉及 6 个乡(镇)13 个村，共 478 户，总投资 32789.21 万元，人居环境整治 15 个村小组。第一期新建房屋 264 户已全部入住；第二期新建房屋 214 户，已完成总工程量的 80% 以上。该项工作的开展，为全市整村推进提供了墨竹样板，获得群众一致好评。

【户厕改造】 截至年底，完成户厕改造 1104 户，卫生户厕普及率达 80% 以上，已完成户档资料完善和奖补资金的兑现工作。

（德　央）

【机构领导】

局　长

达瓦次仁(藏族)

副局长

李　　毅(江苏援藏)

益西旺久(藏族)

扎　　西(藏族)

乡村振兴

【概况】 2022 年是实施“十四五”规划承上启下之年，也是乡村振兴全面开展的关键之年。墨竹工卡县始终把巩固拓展脱贫攻坚成果同乡村振兴有效衔接作为中心工作，深入学习贯彻习近平总书记关于乡村振兴战略的重要论述精神，不折不扣落实党中央、国务院和区市县党委、政府决策部署，按照“四个不摘”要求，认真落实党政一把手“第一责任人责任”和“三级书记”抓乡村振兴的要求，扎实推进各项工作。墨竹工卡县乡村振兴局核定行政编制 14 人，其中科级领导 3 人，正科级领导 1 人，副科级领导 2 人，实有 10 名行政编制工作人员，事业编制 5 人。

【组织领导】 年内，严格落实党政一把手“第一责任人责任”和“五级书记抓乡村振兴”要求，坚持把乡村振兴作为解决“三农”问题的总抓手，成立以县委书记沈鹏里，县委副书记、县长巴桑为双组长的墨竹工卡县委实施乡村振兴战略领导小组，调度巩固拓展脱贫攻坚成果和乡村振兴工作，研究解决乡村振兴工作中的重大问题，明确任务分解、推动责任落实。

年内，墨竹工卡县委常委会、县政府常务会多次研究巩固拓展脱贫攻坚成果同乡村振兴有效衔接工作，协调解决工作中存在的困难和问题，确保工作顺利推进。

【防返贫监测帮扶】 年内，把健全防返贫致贫动态监测和帮扶机制作为守住不发生规模性返贫底线的重要抓手，聚焦返贫致贫风险群体，筑牢防止返贫致贫“防火墙”。

坚持常态化走访、防贫动态监测和帮扶集中排查相结合的方式，建立《墨竹工卡县乡村振兴局防返贫动态监测日常工作机制》，逐村逐户了解农户收入支出、产

2022年6月13日，县委副书记、县长巴桑（左二）一行到扎西岗乡仁青林村调研人居环境整治项目工程

业就业、“两不愁三保障”及饮水安全等情况，通过“干部摸排、包村到户、筛查预警、合力监测”措施，共排查监测户（三类户）53户232人，其中边缘易致贫户14户55人，突发严重困难户23户96人，脱贫不稳定户16户81人，针对主要致贫返贫风险，及时比对、核查，进行综合研判，分类落实公益岗位帮扶、兜底保障帮扶、健康帮扶、教育帮扶、就业帮扶、产业帮扶等。

坚持完善易返贫致贫人口快速发现和响应机制，强化部门间协作配合，建立《墨竹工卡县防返贫风险分析研判和协同处置工作协调机制》，紧盯因病因灾因意外事故等易返贫致贫关键因素，坚持问题导向，形成以科学预警监测、快速精准反应、因户精准帮扶、及时消除风险。

利用县、乡、村三级服务体系，帮助脱贫人口（边缘易致贫人口）正确理解和认识“贷给谁、找谁贷、怎么贷、怎么用、怎么结息、怎么还”等政策措施，拓宽小额信贷政策覆盖面。截至年底，新增135笔642.6万元，到期还款1306笔，还款金额5884万元。

【项目资金管理】 年内，实施涉农整合项目共计18个，投入资金3.07亿元，其中实施巩固提升项目11个，美丽宜居整村推进项目2个，其他类项目3个，产业发展项目2个、投资5957.57万元，产业项目投入资金实现逐年递增。提前筹措谋划2023项目，深挖益农联农的产业项目，提高策划水平，加大谋划力度，初步梳理确定既符合要求、又切合全县发展实际的项目18个，总投资2亿元。

2022年11月18日，墨竹工卡县召开迎接2022年巩固拓展脱贫攻坚成果同乡村振兴有效衔接考核评估工作动员部署会

【消费帮扶】 年内，依托油菜花文化旅游节、参加区内区外特色产品展销活动等，以线上线下联运促销的模式拓宽墨竹工卡县特色农产品销售渠道。采取政府引导与社会参与相结合的方式，统筹各方面资源禀赋帮助销售墨竹工卡县特色产品直孔白琼菜籽油、墨竹小菜籽油、其美拉康藏鸡蛋等农副产品，让脱贫群众持续稳定增收，2022年农副产品共销售84万元。

【信息采集排查】 年内，由县委书记沈鹏里为组长，县委副书记、县长巴桑为副组长，牵头全面开展2轮对脱贫户及监测户收入情况的核算监测，逐户分析原因，提出促进增收措施。特别是对人均收入下降、收入水平降低的脱贫户，全面落实“一户一策”帮扶措施。

5月，对全县11929户农户完成第一轮入户排查工作，在第一轮排查中，全县23户101人纳入防返贫动态监测对象。10月，对全县11929户农户开展第二轮排查及乡村建设信息采集工作，在第二轮排查中，全县11户56人纳入防返贫动态监测对象，消除风险监测对象4户22人。

【推行农牧民新风貌试点】 年内，墨竹工卡县以“田园美、生态美、家园美、生活美”为目标，按照“政府主导、群众主体、社会参与”的工作思路，持续打造“宜居宜业”的农村人居环境，扎实开展农村人居环境整治提升行动。2022年重点打造4个农村人居环境提升村和2个乡村振兴示范宜居村，以区域性打造带动整体性发展，带领群众改陋习树新风，着力培育文明乡风、良好家风、淳朴民风，着力推行农牧民新风貌试点行动。

（白玛卓嘎）

【机构领导】

局　长

伦　珠（藏族，5月免）

洛桑多吉（藏族，5月任）

副局长

格　桑（藏族，5月任）

何　川（5月任）

水利

【概况】 2022年，墨竹工卡县水利局组织人员到各乡（镇）对农村安全饮水项目存在的问题进行大排查共计5次。积极与上级部门沟通协调，争取农村安全饮水项目维修养护90万元，争取13.51万元维修养护资金，8月争取市级资金793.6万元，开展实施了9处农村安全饮水项目。开工建设墨竹工卡县墨竹玛曲日多乡至扎西岗乡段防洪工程等6处防洪堤项目。维修加固1处农田灌溉水渠。调整更新县乡村三级河（湖）长名录：更新并树立完成县级河湖长公示牌11个；严格水域岸线水生态空间管控，依法划定3条（面）河湖管理范围，科学编制5条（面）河湖岸线保护与利用规划，完成6条县级河湖“一河（湖）一策”方案修编工作，编制完成5条县级试点河湖健康评价（待上会审查）；积极推进思金拉措自治区级示范湖创建工作。

【农村安全饮水】 年内，墨竹工卡县水利局积极与上级部门沟通协调，争取农村安全饮水项目维修养护90万元。争取13.51万元维修养护资金，完成扎雪乡龙珠岗村6组农村安全饮水维修养护工程。开展实施墨竹工卡县县城饮用水源地建设工程水源地选址工作。开工建设扎雪乡其朗村1、2、3组饮水安全巩固提升工程、扎雪乡米洛村1、2组饮水安全巩固提升工程。

8月，争取市级资金793.6万元，完成门巴乡波浪村1、2组饮水安全巩固提升工程，门巴乡仁多岗村1、2组饮水安全巩固提升工程，日多乡怎村农村饮水安全巩固提升项目，尼玛江热乡羊日岗新村农村安全饮水巩固提升项目。8月，委托招标公司对全县的农村安全饮水项目水源点水质检测第三方检测公司进行招标。

【防洪设施建设】 年内，实施墨竹工卡县墨竹玛曲日多乡至扎西岗乡段防洪工程，总投资2979.84万元。墨竹玛曲扎西岗乡至工卡镇段防洪工程总投资2994.95万元。

实施墨竹工卡县扎西岗乡扎西岗村防洪堤建设项目总投资908.09万元，为县本级投资（增减挂钩资金）。

实施墨竹工卡县墨竹玛曲扎西岗村段防洪堤水毁修复工程，总投资276.37万元，其中193.29万元为公益性水利工程维护资金，83.08万元为县本级配套，已完成工程建设任务。

实施墨竹工卡县墨竹玛曲格桑村段防洪堤水毁修复工程，总投资344.24万元，其中257.83万元为公益性水利工程维护资金，86.41万元为县本级配套，已完成工程建设任务。

实施墨竹工卡县拉萨河新城区防洪堤水毁修复工程，总投资为350.22万元，已完成工程建设任务。

实施墨竹工卡县门巴乡贴尔朗1、2组防洪堤抢修工程及墨竹工卡县扎西岗乡巴洛桥防洪堤水毁修复项目，项目总投资为102万元，资金来源为水利救灾资金及县级配套。

2022年10月10日，县委常委、常务副县长张家松（左二）一行到扎西岗乡检查防洪堤项目建设情况

【农田水利建设】 年内，开工建设墨达干渠唐加乡段维修加固工程；墨竹工卡县工卡镇格桑村7组提灌站工程。

【“河（湖）长制”工作】 年内，墨竹工卡县河湖长制工作领导小组及成员单位深入学习习近平生态文明思想和新时代党的治藏方略，贯彻落实习近平总书记关于推行河湖长制的系列重要讲话指示批示和视察西藏时的重要讲话精神，以落实河湖长制六大任务为主线，紧密结合《墨竹工卡县2022年河湖长制工作要点》，以“河畅、水清、岸绿、景美、人和”为目标，以河湖长制各项工作为抓手，开拓创新、攻坚克难，较好地完成2022年度全面推行河湖长制各项任务，为保护好全县江河湖泊，推动河湖面貌持续向好，为创建墨竹工卡县生态文明高地工作做贡献。

墨竹工卡县实施“河长＋河道公安＋公众河长＋检察长”模式，调整更新县乡村三级河（湖）长名录：已更新并树立完成县级河湖长公示牌11个；严格水域岸线水生态空间管控，依法划定3条（面）河湖管理范围，科学编制5条（面）河湖岸线保护与利用规划，完成6条县级河湖“一河（湖）一策”方案修编工作，编制完成5条县级试点河湖健康评价（待上会审查）；积极推进思金拉措自治区级示范湖创建工作；根据区、市河长办关于启用河湖长制管理信息系统的通知要求，各级河长已经开始使用手机App巡河，巡河效果良好。

2022年8月5日，墨竹工卡县水利局工作人员同第三方工作人员到甲玛乡开展水样采集工作

召开年度河湖长制工作会议，编制印发《墨竹工卡县2022年河湖长制工作要点》；对接县检察院，初步探索建立“河湖长＋检察长”联动协作机制，制定《关于建立“河湖长＋检察长”联动工作协作机制的意见》，推进河湖执法监管有力有效。常态化开展督导检查工作，已开展河（湖）长制联合督导检查工作1次，形成督查报告1篇，提出督办问题9个。

持续深入开展河湖“清四乱”专项整治行动和河道环境卫生整治工作，深入推进自查自纠，已完成原取缔扎西岗朗杰林砂石厂机械余料、扎西岗乡砖厂2个河湖“四乱”问题整改；整改完成扎雪村砖厂和县城污水处理厂2个河湖管护问题；组织七乡一镇开展河湖环境卫生大排查大整治行动，清理河湖垃圾80余吨。开展河道非法采砂专项整治行动，下发督办通知2份、河道巡查单4份，河道采砂实现由“乱”到“治”的转变。

【防汛抗旱】 年内，墨竹工卡县水利局坚持“宁可备而不用，不可用时无备”的原则，做到未雨绸缪，从2022年防汛抗旱经费中投入资金44万元，储备铅丝笼500圈、编织袋5万个、吨袋500个、防冲墩70个、应急探照灯6台、抽水泵22台、柴油发电机3台、彩条布55条、救生圈5个、安全绳5根（50米）、对讲机6个、警示灯5个、雨衣50件。墨竹工卡县水利局结合各乡镇实际，向各乡镇发放210圈铅丝笼、4.3万个编织袋，切实做到有备无患，各乡镇结合自身实际，储备相应的防汛抗旱物资及防汛抗旱专项经费。

按照“早安排、早部署、早准备”防汛工作的原则，从3月开始组织技术人员，对章达沟等重点部位进行汛前隐患排查，并邀请专业团队编制章达沟拦砂坝维修加固和清淤方案。积极与企业沟

2022年7月22日，墨竹工卡县水利局组织在工卡镇格桑村智索沟开展2022年山洪灾害防御知识培训及实战模拟演练

通对接，由企业出资完成对章达1号沟拦砂坝加固和清淤及2号拦砂坝清淤工作。同时积极争取资金，汛前完成对墨竹工卡县6段重要防洪堤水毁修复工作，确保全县汛期平稳度过。

根据《西藏自治区人民政府办公室关于调整自治区防汛抗旱指挥部、森林草原防灭火指挥部、抗震救灾指挥部办公室的通知》。6月17日，墨竹工卡县水利局与应急管理局完成墨竹工卡县防汛抗旱指挥部办公室移交工作。7月22日，墨竹工卡县组织防汛抗旱指挥部成员单位、乡（镇）及格桑村110余人在工卡镇格桑村参加墨竹工卡县2022年山洪灾害防御知识培训及实战模拟演练，通过此次培训及实战演练，进一步增强应对山洪的综合指挥能力、快速反应能力、应急处理能力和协调作战能力，提高全县水旱灾害防御应急救援处置水平。进一步提高村民面对山洪灾害的应急反应能力，增强广大人民群众的防灾减灾救灾意识。加强汛期隐患排查力度，特别是主汛期墨竹工卡县水利局克服疫情因素，不间断的开展10余次的安全度汛隐患排查，为全县防汛抗旱工作奠定了坚实的基础，确保全县防汛安全。

为进一步改善抗旱基础设施。2019年墨竹工卡县水利局采购抗旱应急物资抽水泵50台，已发放50台。2021年采购抗旱应急物资抽水泵25台，已发放2台。通知发放对象对已发放的抽水泵，及时进行维修养护，确保出现旱情时发挥正常作用。

【水资源工作】 年内，完成墨竹工卡县奶牛养殖场项目和墨竹工卡县现代工业示范园项目水资源论证工作，3月下发取水许可决定书。墨竹工卡县3家经营性温泉（日多温泉、门巴乡德仲下温泉、门巴乡德仲中温泉）已完成水资源论证工作并已下发取水申请行政许可决定。

【中央环保督察反馈问题整改】 年内，中央环保督察转办案件已按期结办。墨竹工卡县涉河中央环保督察转办案件2件，分别为“拉萨市墨竹工卡县临河村庄存在垃圾倒入河道的现象”“拉萨市墨竹工卡县工卡镇格桑村智索组，灌溉水和饮用水流经华泰龙矿山后被污染，影响村民生产生活”，墨竹工卡县高度重视，狠抓措施，全面整改，以上2个转办案件均按期完成结办。

（才巴交）

【机构领导】
局　长
边巴洛布（藏族，5月任）
副局长
黄　廷　友（6月任）
索朗央宗（女，藏族，6月免）

城市建设·环保

住房和城乡建设

【概况】 2022年，墨竹工卡县住房和城乡建设局有工作人员12人，其中行政编7人，合同制工人4人，"三支一扶"1人，编制下辖事业单位墨竹工卡县自来水厂，现有工作人员公益性1人、临时聘用人员8人。

2022年，墨竹工卡县住房和城乡建设局深入贯彻落实县委、县政府关于住房和城乡建设的一系列指示精神，不断拓宽城乡建设思路，提高建设水平，以加大项目建设、推进民生工程、加强项目监督管理为抓手，精心组织开展市政基础设施建设、住房保障、行业监管等重点工作任务，各项工作任务稳步推进，城市功能、城市品质、人居环境得到有效提升，人民群众的获得感、幸福感和安全感不断增强。努力克服新冠肺炎疫情带来的不利影响，住房和城乡建设各项工作得到高质量发展。

2022年2月17日，西藏自治区生态环境厅副厅长扎西顿珠（前排中）一行到老城区污水处理厂调研环保整改工作落实情况

【市政基础设施】 年内，按照"四个创建""四个走在前列"、当好"七个排头兵"工作部署，强化担当作为，聚焦城乡建设发展，坚持把项目建设摆在经济发展的重要位置，确保经济发展有活力有潜力。

年内，累计投资17463.4万元实施老城区环境综合整治项目、高海拔地区供暖改造工程（日多、门巴、扎雪）、"美丽乡村·幸福家园"生态宜居工程、供氧建设项目（扎雪、门巴）、"美丽乡村·幸福家园"建设行动计划（第二批第二期）整村推进项目等一批项目。继续大力推进甲玛乡特色小城镇水厂提升改造、甲玛乡特色小城镇市政道路及市政道路（矿区延伸段）、甲玛乡特色小城镇水厂建设工程、日多乡供氧建设项目、2020年公共租赁住房建设项目、老城区排水管网改造项目、工卡村三组棚户区基础设施改造项目等一批续建项目建设。

【住房保障】 年内，以实际行动落实习近平总书记在西藏视察期间关于关心关爱干部职工的重要指

2022年11月26日，副县长索朗扎布（中）一行对318国道、349国道基础设施改造、环境提升工作进行指导

示。投资761.69万元实施乡镇干部职工周转房及业务用房节能改造工程，安排120万元专项资金为干部职工周转房、公租房安装电热水器，全面提升住房保障服务水平。截至年底，累计为9户11人（其中2户4人于9月取消资格）低收入人群发放租赁住房补贴33120元。

【行政执法】 年内，持续抓好工程领域安全生产、扬尘治理、农民工工资保障，积极推行农民工工资预储账户制度，切实维护农民工合法权益；建筑市场秩序不断规范，监督管理和优化审批程序，提高工作效率；不断完善规范施工许可证的办理程序，大力推行线上办理审批施工许可证，2022年共办理施工许可证40份；加大建筑施工安全生产监管力度，年初调整充实墨竹工卡县建筑工程安全生产领导小组及《墨竹工卡县住房和城乡建设局城市建设安全专项整治三年行动计划实施方案》与各建设单位及30余家建筑施工队签订《安全生产目标责任书》，2022年累计组织开展建筑工程领域安全生产检查68次，行政处罚总数为6宗，罚没收入103.25万元，有力地落实了行业监管的主体监管责任。

【便民服务】 年内，为深入推进审批服务便民化，群众办事简便化，墨竹工卡县住房和城乡建设局始终立足“便民利民、即到即办、优化流程、提高效率”的服务理念，努力营造高效、便捷的便民服务环境，使各项业务更加流畅，切实增强企业和群众的幸福感与获得感。

不断规范工作流程，公开服务窗口的服务事项和内容，并将相关内容公示上墙。同时对便民服务大厅工作人员加强岗前培训教育。优化服务环境，提高行政效能，全年受理低收入人群廉租房审核20户，公租房审核2户；质量监督备案32份，出具建设工程质量监督报告12份；办理房产抵押5件，房屋权属交易登记5件。结合宣传月活动，组织工作人员通过在318国道沿线、施工现场发放安全生产、扬尘治理、农民工工资保障等宣传册500余册、宣传礼品100余份。

【城乡环境综合治理】 年内，为巩固城乡环境综合治理成果，进一步推进城乡环境综合治理工作深入、

2022年5月25日，墨竹工卡县住房和城乡建设局工作人员到施工现场开展安全生产检查

持续开展。生活污水收集和处理能力得到极大提升,县乡污水日处理量1915立方米,年处理量达到363839立方米,处理率达100%。

垃圾收集处置能力有效提升,全县生活垃圾处理量25吨/天,年处理量达到9125吨,无害化处理率达到100%。“厕所革命”运维管理能力有效加强,群众满意度不断提高,全年安排150万元运维资金,正常开放运维全县61座“厕所革命”,开展专项检查4次,解决61名低收入人群就业。

【供水服务】 年内,坚持以“优质供水,满足生产和生活用水”要求,不断完善生产运行和管理机制,确保水厂饮水安全运行。县城供水面积达5.2平方公里,给水管网长度达12.4公里,受益人数约1.8万人。老城区水厂日累计供水量为6720吨,嘎则新区水厂日供水量为11040吨。全年出动20余次应急抢修,每季度开展水质监测。

(董乃瑕)

【机构领导】

局　长

旦增罗布(藏族,5月免)

杨 玉 伟(5月任)

副局长

扎西次仁(藏族)

董 乃 瑕(5月任)

生态环境保护

【概况】 2022年,拉萨市生态环境局墨竹工卡县分局深入学习贯彻习近平新时代中国特色社会主义思想,紧紧围绕深入学习中共二十大精神,贯彻落实习近平总书记关于西藏工作的重要指示和新时代党的治藏方略,深刻领悟“两个确立”的决定性意义,增强“四个意识”,坚定“四个自信”、做到“两个维护”,聚焦“四个大事”“四个确保”,聚力“四个创建”“四个走在前列”,全县深入贯彻习近平生态文明思想,坚持以环境立县为目标,以中央环保督察整改为契机,全力推动生态文明建设,加强生态工程建设,推进生态环境治理,深入打好污染防治攻坚战,各项工作取得了阶段性成效。

拉萨市生态环境局墨竹工卡县分局编制人员3人,实有工作人员3人。2022年共投入生态环保资金1344万元,其中,环境监测经费60万元;生态创建资金80万元;生态资金367万元(含34名环境监督员工资、考核专项经费);环境保护宣传经费5万元;“禁白”专项经费2万元;生态环境保护整改经费10万元;上级第一、二批重点生态功能区转移支付资金820万元。

【环境质量状况】 年内,全面掌握县域环境质量现状,分析县域环境质量变化情况。根据相关法律法规和行业标准,研究制定《墨竹工卡县2022年环境质量监测方案》。委托西藏中测凯乐环境检测技术有限公司对县域重点流域(领域)及县城建成区集中式饮用水、大气、土壤等58个点位开展监测及公示工作,因疫情原因只完成一、二季度监测工作,监测数据显示环境空气监测项目指标均能够满足《环境空气质量标准》(GB 3095—2012)一级县标准限值要求,城市空气质量优良,集中式饮用水监测项目指标均能够满足《地下水质量标准》(GB/T 14848—2017)Ⅲ类标准限值要求。

2022年12月9日,西藏自治区生态环境厅生态文明建设示范创建现场核查专家组一行到墨竹工卡县实地核查

【第二轮中央环保督察反馈事项整改】 中央第四生态环境保护督察组进驻期间，墨竹工卡县共收到转办案件11件（含标星2件）。截至年底，已办结9件（含标星2件），阶段办结2件（均涉及矿山生态修复工作），正在推进整改中。

【环境执法】 年内，为进一步提升行政执法能力，规范行政执法行为，提高案卷制作水平，有力打击生态环境领域违法违规行为，确保2022年度生态环境保护执法大练兵各环节不缺项、能得分。

年内，拉萨市生态环境局墨竹工卡县分局积极参与并申报2022年度全区环境执法大练兵先进集体的活动，加强环境执法队伍建设，提升环境监管水平，进一步规范严格执法、公正执法、文明执法的秩序，树立执法队伍的良好形象。

【环境综合整治】 年内，拉萨市生态环境局墨竹工卡县分局申请131.8万元为日多乡、扎西岗乡、县城管局购买垃圾转运车辆，共计4辆。因疫情原因，垃圾转运车辆招标采购时间延期至11月。从2022年开始县本级财政每年预算安排7个乡镇、直孔梯寺管委会及德仲寺管委会环境综合整治资金共计99万元，实现农牧民共建、共管、共治人居环境的良好局面。为进一步加强墨竹工卡县采挖虫草期间环境卫生整治工作，为虫草采挖集中点发放编织袋1万个。

2022年6月5日，拉萨市生态环境局墨竹工卡县分局工作人员到西藏巨龙铜业有限公司开展世界环境日宣传活动

【环境保护宣传活动】 年内，倡导绿色生活方式，结合综治宣传月、“5·22”国际生物多样性宣传日、“6·5”世界环境日、全国节能宣传周、“禁白”等主题宣传活动，组织开展生态环保公众宣传7次，共发放环保袋、帽子、毛巾等环保宣传用品3100余件，环保宣传手册2000余份，悬挂宣传横幅12条，不断提升全民环保意识。

【环保监管执法】 年内，严格项目环评审批，确认建设项目环境影响评价登记表网上备案40个，无一例违法、违规、违纪审批；检查企业（项目）53家，出动执法车辆53次，出动执法人员160余人次，下达现场检查记录100余份，对4起环境违法行为进行立案，处罚金41.2万元已上缴国库。

【污染防治】 年内，为深入打好污染防治攻坚战，确保生态环境质量持续向好，让良好生态成为人民群众最普惠的民生福祉。对县域9个入河排污口进行不定期巡查，建立入河排污口清单，确保墨竹工卡县水清、河畅、岸绿、景美的水生态环境。

开展“绿盾”自然保护地监督检查工作，对拉萨市2021年度国家级自然保护区遥感监测点位甲玛乡龙达村锦翔搅拌站开展核查工作，并向属地乡政府印发整治清理工作通知。经核查，已完成搅拌站闲置设备和活动板房拆除和搬离保护区工作，待迹地恢复。

【生态文明示范创建】 年内，按照《中共西藏自治区委员会　西藏自治区人民政府关于创建国家生态文明建设示范区加快建设美丽西藏的决定》精神，积极开展自治区级生态文明示范县创建工作，县本级财政安排200余万元创建资金，县域6个乡（镇）、29个行政村被自治区人民政府授予西藏自治区生态文明建设示范区称号，剩余2个乡镇、12个行政村及生态文明示范县工作报告已通过市级初审,待自治区生态环境厅终审。

【巩固“禁白”工作】 年内,按照上级相关部门要求,开展辖区内塑料污染(白色污染)治理工作,联合县直相关部门对县城农贸市场、超市、商铺、餐饮店使用一次性发泡塑料餐具、不可降解塑料购物袋情况进行“禁白”专项检查,投入资金2万元,开展宣传工作3次,发放环保宣传资料200余册,收缴暂扣一次性不可降解塑料购物袋1千克。

(泽仁卓玛)

【机构领导】

局　长

普布次仁(藏族)

副局长

巴桑旺堆(藏族,6月免)

郭　　敏(女,11月任)

城市管理和综合执法

【概况】 墨竹工卡县城市管理和综合执法局成立于2019年4月28日,核定行政编制3名,2022年现有人数4人,正科级2人,副科级2人,按照墨竹工卡县城市管理和综合执法局“三定”方案的规定,局全体干部积极探索,全面落实城市管理和综合执法工作的职能。

【党建工作】 年内,通过积极参加县委、县政府安排的党课教育及党员活动日、党员集中学和个人学等形式,不断创新党员干部队伍教育、管理、监督和服务的新途径。自主创新开展每月主题党日活动,提高党员干部的政治素养。严格落实“三会一课”制度,适时召开党内组织生活、民主生活会,做好民主评议党员。

以支部为单位开展“两学一做”学习教育制度化常态化;墨竹工卡县城市管理和综合执法局党支部高度重视党风廉政建设工作,坚持落实“党支部统一领导、各负其责、全体在岗人员共同参与”的工作机制,认真落实好局领导班子廉政建设责任制,明确责任主体,签订《党风廉政建设责任书》,严格责任追究,上下联动,层层落实,形成反腐倡廉工作的整体合力。推进局干部落实中央八项规定,改进作风密切联系群众、严格履行城市管理职能与各项工作职责,进一步巩固和扩大作风建设成果。严肃工作纪律,坚持干部上下班考勤制度,提升机关行政效能。

2022年5月20日,墨竹工卡县城市管理和综合执法局联合工卡镇对建材仓库违法建筑进行拆除

【流动摊贩、占道经营清理】 年内,按照县委宣传部关于做好迎接中共二十大创建文明城市相关工作的指示精神,加大对县城内的占道经营、流动商贩、乱摆摊设点、乱堆放杂物、尾随兜售等问题的执法查处力度。截至年底,已清理占道经营52次,清理流动摊贩30次,有力地打击遏制各类非法占道经营行为,切实维护和提升了县城环境。

【户外广告牌及宣传横幅清理】 年内,加强户外广告牌匾及宣传横幅的管理,对临街设置的各类移动式灯箱、广告牌、横幅、进行清理取缔。截至年底,共清理违规设置户外广告牌20处、老旧横幅23条。

【市政设施维护】 年内,局长指示市政设施每月排查一次,发现损坏需及时更换。改造全县城路灯线缆856米,更换全县城路灯LED灯头273个、高压钠灯150

个、整流器150个、触发器150个、控制柜内配件9个,新购灯笼180个,维修灯笼150个,对调更换灯笼60个,对调更换灯笼支架28个,LED灯笼变压器79个,更换高分子井盖8个,更换铸铁方圆井盖23个,拆装雨篦子5个,重新涂刷县城主干道交通指示线等工作,已达到县城主要路段路灯亮灯率95%。

2022年5月26日,墨竹工卡县城市管理和综合执法局执法队工作人员对店外经营乱搭乱晒开展整治工作

【严格落实门前“三包”责任制】 年内,为监督各临街责任单位(责任人)落实“门前三包”责任制,督促严格按照“门前三包”责任书要求做好责任区的环境卫生工作。2022年,墨竹工卡县城市管理和综合执法局共分3批24人次对县城范围内的商铺进行“门前三包”责任制落实情况,查处乱堆放15处,已全部整改完毕。

【安全生产】 年内,根据安委会相关文件精神,不定期对县德旺加气站检查、排查,在检查工作中发现德旺加气站存在部分安全隐患并现场要求德旺加气站及时整改,并指示德旺加气站禁止给过期煤气罐加气的要求。排查市政设施安全隐患5次,发现县中学附近路灯电缆裸露并部分损坏存在安全隐患,及时联系电工进行整改,年底已整改完毕。

【垃圾分类】 年内,墨竹工卡县城市管理和综合执法局联合净墨环卫公司把生活垃圾分类处理作为推进生态文明建设、改善城乡人居环境的一项重点工作来抓,加大投入力度,规范分类标准,强化宣传教育,完善运行机制,在全县设置5个垃圾分类兑换点,努力促进生活垃圾减量化、资源化、无害化处理,初步形成“政府主导、部门牵头、试点带动、全民参与”的生活垃圾分类处理运行格局。

2022年4月26日,墨竹工卡县城市管理和综合执法局开展爱国清扫主题党日活动

严格按照拉萨市副市长赵世东、市环保局唐丽琼以及副县长雷青松、县环保局局长普布次仁等领导指示,已完成落实取土点上方设置截洪沟;取土点绿化防护施工;填埋场道路降尘;取土点边坡生态恢复;填埋处及取土点覆盖防尘网等各项工作;已完成填埋场重新选址的相关事项;严格按照疫情防控工作要求,认真落实生活垃圾卫生填埋、覆土、消杀等各项工作。自扎西岗乡垃圾转运站运营以来已累计清理垃圾370吨,2022年已累计清理垃

圾178吨。与乡政府协商沟通,收走街边路口的垃圾桶,防止牲畜翻倒造成环境卫生负担,改为由转运站垃圾收集车辆集中收集。完成安全生产及消防安全大检查,落实安全责任,纠察安全隐患,完善消防设施。在日多、扎雪2个乡新增2个垃圾分类兑换点,投入资金6万元,并已完成工作人员招聘培训及正式运营。分别在日多乡、扎雪乡实施垃圾分类入户宣传活动。1—7月,已兑换积分1402015.75分,已使用积分1369685分,其中兑换回收纸板31953.56千克、报纸947.2千克、书8723.8千克、酒瓶153821个、塑料瓶299552个、易拉罐308072个。积分可兑换日常用品。其中,生活用品类的兑换量总计为37534个,饮食品类的兑换总计1447个,文具类兑换量总计91个。

（旦　增）

【机构领导】

局　长

赤列坚参(藏族,4月免)

杨 忠 海(5月任)

副局长

拉巴仓决(女,藏族,4月免)

扎西平措(藏族,5月任)

社会事业

民政

【概况】 2022年，墨竹工卡县民政局围绕县委、县政府重点工作任务，坚持“民政为民、民政爱民”理念，强化政策落实，强化公平实施，强化服务能力，强化社会治理，民政工作在保障民生、促进经济发展、维护社会稳定等方面发挥了重要作用。

发挥民政社会救助“12349”热线“解困、帮扶”作用，疫情防控期间接听求助热线942人次，对1749名陷入困境的外来务工人员、因感染患病、停产停业导致基本生活困难人员实施临时救助，及时发放价值15.63万元的食品、衣物等基本生活物资，并解决1.6万元滞留住宿费用，优化简化社会救助申请审批程序，及时将11户30名符合条件的困难家庭纳入城乡低保范畴，将2名困难群众纳入分散特困供养范围，有力保障疫情期间困难群众基本生活不受影响，社会救助率100%。

2022年11月28日，副县长索朗扎布（左四）、县民政局局长向巴卓玛（左一）一行到唐加乡开展困难群众救助帮扶活动

【社会救助】 年内，巩固拓展脱贫攻坚成果，兜好民生保障底线，为655户683名城镇低保对象和299户956名农村低保对象兑现年度最低生活保障金906.11万元，为2户7名城市低收入人群落实生活补贴0.84万元，为53户212名城乡困难家庭发放临时救助金51.12万元；对全县951户1628名社会保障兜底对象开展城乡居民家庭经济状况核对复核，对46户201名帮扶对象进行防返贫动态监测，对3户3名申请住房租赁补贴救助对象开展家庭经济状况核查，为认定救助对象提供依据。

【特困供养】 截至年底，全县特困人员对象共207名，已集中供养符合条件的特困对象147人；年内，为58名农村分散特困供养人员落实供养金46.21万元，每月为集中供养对象按200元/人的标准发放零花钱，投入13.91万元为供养对象添置衣帽，营造安全舒心的养老环境。

年内，投入49万元接通数字

2022年4月29日，拉萨市人大常委会党组成员、副主任达瓦（左一）一行到墨竹工卡县特困人员集中供养服务中心调研福利机构社会建设工作

电视、安装制作室内外宣传栏和消防预警监控设备日常维修保养；抓实福利机构疫情防控封闭式管理，投入29.79万元购置生活物资、基本药品和防护物资的保障储备；严格执行安全生产和食品安全制度，每月定期组织开展安全隐患排查和消防应急、安全疏散培训演练，聘请专业厨师团队改善特困集中供养服务中心服务对象日常伙食，提高供养对象生活水平；实施“格桑花开·幸福助力”民生微实事项目，为58名特困分散供养人员发放冰箱；开展为期60天的养老护理服务技能培训，提高护理技能，提升养老服务规范化水平；深化宁墨合作交流，邀请南京市民政局代表团到墨竹工卡县指导交流和分享养老服务领域的建设、管理经验，推动养老服务再上新台阶。

【社会福利】 年内，为157名经济困难失能老年人兑现生活补贴9.6万元、对9名事实无人抚养儿童发放补贴5.37万元；开展“关爱困境儿童，用心传递温暖”活动，对63名残疾、留守、事实无人抚养等困境儿童进行慰问并赠送价值2.28万元的学习用品；实施农牧区60岁以上老人“幸福养老”工程，全年为4758名老人发放资金1992.47万元，实现农牧区老人“老有所养”的梦想。

探索“公建民营”养老服务模式，委托县扶贫开发有限公司负责运行管理老年人日间照料服务中心，开展日托照护、膳食供应、医疗保健、休闲娱乐等服务，全年接待服务老年人58人次；推进医养结合居家养老服务，开展家庭医生签约，实施“美丽乡村·幸福家园”行动，在塔巴、龙珠岗等村（居）挂牌农村养老邻里互助服务站，确保老年人日常生活有人关心。

【政权建设】 年内，完善村规民约合法性审核制度和群众性自治组织法人备案制度，引导村民把乡村振兴、扫黑除恶斗争等融入村规民约，树立积极健康、文明向上的新风尚；健全村居工作事项准入制度，完善公共事务权力清单和责任清单，进一步厘清职责任务，推进基层减负增效；建立健全村居红白理事会、道德评议会，推进乡村诚信建设，强化农民社会责任意识、规则意识、集体意识和主人翁意识；发挥民主评议作用，规范村（居）委成员用钱用权行为，及时更新各项政策及“三务”情况，自觉接受群众监督，切实维护村集体和群众利益；完成尼玛江热乡羊日岗村游客驿站项目建设，提升当地群众收入水平，为全面建成小康社会奠定坚实基础。

【社会事务】 年内，开展家庭纠纷调解服务，推进民族团结进步，创建鼓励藏汉通婚、藏族与少数民族通婚，民族通婚率2.8%，2022年，墨竹工卡县共办理结婚登记278对，离婚登记77对，补办登记54对，受理化解婚姻矛盾67例；本级投入12.99万元，在县城辖域内安装“一标三实”二维码门牌885个。对36个损坏的道路指示牌进行维修；开展国家数据库质量提升专项行动，完善地名数据1683条。

【社团管理】 年内，规范社会组织行为，全面开展打击整治非法社会组织专项行动，加强社会组织管理，对1家社会团体开展年检，参检合格率100%；开展防范非法集资暨打击养老诈骗集中宣传活

2022年7月20日，墨竹工卡县民政局举行“格桑花开·幸福助力”民生微实事（二期）物资发放仪式

动，提高老年人对养老诈骗的防范意识和自我保护能力。

【残疾人事业】 年内，为772名重度残疾和生活困难残疾人落实“两项补贴”131.63万元，为311名残疾人落实各类社会福利资金83.83万元，为81名生活困难残疾人发放价值10万余元的日常生活物资，为86名残疾群众发放价值25万余元的助残用品，切实解决残疾群众在生产生活中的实际问题。

组织开展全国助残日宣传、创业就业培训和残疾人精准康复服务需求调研，邀请3名创业成功的残疾人在尼玛江热乡宗雪村以亲身感受讲述党和政府帮扶贫困残疾人促进就业创业；投入411.7万元开展残疾人职业培训，扶持1名残疾人自主创业，为嘎则居委会30户残疾人家庭进行无障碍设施改造，为61名瘫痪在床残疾人发放失禁护理用品，为237名残疾人配置康复辅助器具，为80名持证重度残疾人和650名困难残疾人发放“两项补贴”。

【机关建设管理】 年内，共组织各类理论学习22次，开展支部书记讲党课4次，党章党规党纪专题集中学习教育10次，参学率100%；组织开展“喜迎二十大情暖老人心”特困老人户外主题党日、喜迎二十大文艺会演和“格桑花开幸福助力”民生微实事等活动，努力增强党建工作能力，营造喜迎中共二十大的浓厚社会氛围。

年内，召开支部会议27次，讨论“三重一大”事项、分析情况、研究对策、解决问题8次；健全完善党员干部联系服务群众制度，走访各乡镇乡村组30余次，走访慰问困难群众和结对帮扶对象家庭120余人次，帮助解决和协调处理群众实际困难临时救助53个；组织开展“下基层大接访办实事”、“了解民意情、深入百姓家”主题党日、“衣恋集善幸福温暖”、“惠民政策宣讲进社区”、“关爱困境儿童用心传递温暖”等系列活动，群众满意度100%；改进作风狠抓落实，聚焦“四件大事”“四个确保”深入开展学习检视和自查自纠，深入开展“四风”纠治，推动政风、行风持续好转。

（吴 敏）

【机构领导】

局 长

向巴卓玛（女，藏族）

副局长

陈 帆（4月任）

人力资源和社会保障

【概况】 墨竹工卡县人力资源和社会保障局是县人民政府工作部门，为正科级，加挂墨竹工卡县劳动监察大队牌子，单位下属设立工资专技服务中心事业机构。

2022年，实有行政编制人员4名、事业编制人员4名、工勤技能岗位人员1名，其中乡科级正职1名、乡科级副职1名、四级主任科员2名，事业单位专业技术人员助理级4名，技术工四级1名。

【城乡劳动力就业】 年内，实现城镇新增就业729人，完成年目标任务的112.15%，城镇失业登记率控制在4%以内；职业介绍成功375人，完成年目标任务的125%；开发就业岗位2324个，完成年目标任务的110.6%；农牧民转移就业10936人，创收11929.14元，分别完成目标任务的102.21%和108.44%，其中组织化转移就业6674人、创收6977.33万元，完成目标任务的104%和105.71%，组织化转移就业人数占比转移就业人数的61.02%；跨省转移就业94人，完成目标任务的67.14%；跨地市转移就业599人，完成目标任务的99.83%；实名制系统录入率100%。开展农牧民技能培训1989人，完成目标任务的102%。培育劳务经纪人17名，完成目标任务的283%。

【高校毕业就业创业】 年内，墨竹工卡县高校毕业生520人（建档立卡73人），已就业505人，就业率97.12%。落实高校毕业生区外就业及市场就业补贴327.87万元、涉及167人次，其中落实脱贫户高校毕业生区外就业及市场就业补贴134.3004万元、涉及7人次；落实高校毕业生创业补贴585.7457万元、涉及122人，其中落实脱贫户高校毕业生创业补贴58.5367万元、涉及18人。

【社会保险】 年内，企业职工基本养老保险参保人数525人，完成目标任务的201.92%；机关事业单位基本养老保险参保人数2027人，完成目标任务的99.90%；城乡居民社会养老保险参保人数24615人，完成目标任务的98.82%；失业保险参保人数1319人，完成年目标任务的107.24%；工伤保险参保人数6386人，完成年目标任务的129.8%，60岁以上享受养老金待遇5278人。

【工资福利】 年内，认真贯彻落实工资福利政策，加强工资信息日常管理，完成全县机关事业单位（除教育系统）共完成职务（职称）、级别（薪级）、固定、浮动等各项工资变动共1621人次。按照《关于预发调整西藏特殊津贴标准部分增资的通知》要求，完成1432人预发增资调整工作，对墨竹工卡县15家企业开展2022年薪酬调查工作。

2022年12月14日，副县长许震宇（右排左二）一行到甲玛乡考核2022年度人社各项目标任务完成情况

【劳动监察】 年内，对全县工矿企业开展专项检查59次，发放宣传单2000余张、维权名片1000余张、农民工告知书4000余张，覆盖率达95%以上。全面实施工矿领域以及政府在建项目分账管理和农民工实名登记制度，受理劳资纠纷案件共计281起（其中137起“12333”投诉案件、19起“12345”投诉案件、125起来访案件），涉及人数1539人，涉及资金2084万元，下达整改指令书14次，举报投诉结案率98%以上。

【专业技术人员管理】 年内，完成事业单位人才统计工作，全县共有政口事业单位工作人员1234人（其中管理人员23人、专业技术人员1134人、工勤技能人员77人；男性491人、女性743人）；认真推进专业技术人员职称评聘工作，共委托推荐参加专业技术资格评审人员47人（其中高级人员1人，中级人员10人，初级人员36人）；稳妥推进事业单位岗位设置管理工作，共认定1055人［其中管理人员21人（含4人兼任岗位）、专业技术人员1014人、工勤技能人员20人］，并及时兑现岗位等级相应待遇；开展事业单位工作人员年度考核工作，应参加考核1234人（不含党口），实际参加考核1219人，参加考核率为98.78%，评定优秀等次136人，占实际参加考核人数的11.02%。

2022年5月18日，墨竹工卡县人社局在巨龙铜业有限公司举行2021年度培训暨就业补贴发放仪式

【劳务输出】 年内，充分依托墨竹工卡县人力资源公司、劳务经纪人，就近工地、企业等输送群众269名，实现收入55万元；大力实施技能提升行动，组织开展矿山技术、创业、实用技术等符合市场需求的技能培训，有效提升本地农牧民技能水平，累计培训1989人；组织劳务输出、劳务派遣430人，创收299.73万元。

【未就业高校毕业生就业】 年内，为切实转变高校毕业生及毕业生家长就业观念，先后开展县级毕业生集中宣讲3场、乡（镇）家长毕业生座谈宣讲13场；联合各乡（镇）组成宣讲小分队，通过深入走访家庭、开展结对帮扶等形式，了解毕业生就业意愿、培育家长的就业观念，累计走村入户800余人次。

积极争取相关资源，组织开展就业创业培训8期，受训学员135人。与本地矿企巨龙公司协商，组织墨竹工卡县54名大中专毕业赴福州大学开办定向委培班，委培结束后实现家门口就业。加强与紫金矿业等行业龙头企业和城投等驻地企业的沟通协调，累计开发就业岗位183个，实现企业就业143人。成功举办第四届格桑花开大学生就业创业特训营，以“1+3+N”（1个月的特训、3个月的见习、N种可能性）的模式，使21名墨竹籍高校毕业生到宁波进行就业创业培训。

（次　央）

【机构领导】

局　长

阿旺曲珍（女，藏族）

副局长

杨　　勇（5月免）

哈比布拉（回族，5月任）

卫生健康

【概况】 墨竹工卡县卫生健康委员会主要承担对全县卫生健康工作的领导，贯彻执行国家、区市县对卫生健康工作的方针政策和决策部署，为人民群众提供全方位全周期的健康服务。墨竹工卡县卫生健康委员会在岗工作人员11人，其中在编7人，公益性3人，“三支一扶”1人。全县共有各级各类医疗卫生服务机构48家，卫生技术人员328人，其中每千人口执业（助理）医师数为2.7人，每千人口注册护士数为1.2人，每千人口实际拥有床位为2.9张。

2022年，墨竹工卡县卫生健康系统始终坚持以习近平新时代中国特色社会主义思想为指导，深入学习贯彻中共二十大精神以及中央第七次西藏工作座谈会精神、习近平总书记在西藏视察时的重要讲话精神和关于卫生与健康的重要论述，以保障人民群众生命安全和身体健康为主线，以不断提高群众的幸福感、获得感和安全感为目标，全力推进医疗卫生事业高质量发展。

【乡村振兴】 年内，持续优化基层医疗卫生服务全覆盖，按照医疗卫生机构“三个一”、医疗技术人员“三合格”、医疗服务能力“三条线”工作要求，改善农牧区医疗卫生条件，加强医务人员配备，巩固拓展基本医疗成果；以“四联四包”和下基层大接访活动为契机，开展义诊巡诊、送药下乡、入户签约、疾病预防、惠民政策宣传等活动，积极做好农牧区医疗卫生保障服务工作，切实满足群众健康需求。

坚持防返贫监测对象县域内

住院“先诊疗后付费”政策，有效防止因病致贫和因病返贫情况的发生，加强与定点医疗机构信息互联互通，配合推进医疗保障“一站式”结算；持续加强与医保、医院等部门数据对比和共享，发挥基层医疗卫生机构服务群众优势，对防返贫监测对象大病、重病救治情况进行监测，主动发现、及时跟进，做好救治、康复等健康服务；5月，完成全县村（居）公共卫生委员会的建设挂牌工作。

【县域医共体建设】 年内，持续实施《墨竹工卡县加快推进国家紧密型县域医共体试点县工作三年行动计划（2021—2023年）》工作，建立和完善各项配套政策文件，提升医改框架建设。分别投入4099万元、1.5亿元进行县医院住院楼主体建设和门诊医技楼项目实施。2022年疫情期间，投入650万元购买移动CT车1辆，在巨龙公司的援助下添置负压救护车4辆，县乡村三级医疗卫生机构总体得到优化升级。

年内，先后完成对8个乡（镇）卫生院及所辖村卫生室的标准化建设工作，进一步优化便民流程，群众就医体验感、便捷性和满意度持续提高。完善村医退出机制，制定完善《墨竹工卡县非公益性聘用村医暂行管理办法（试行）》，严把村医的“准入、退出”两大关口，严格村医的日常考核和管理。

【信息化建设】 年内，坚持双向统筹，推动智慧医疗建设做深做实，以县医院为纽带，与南京市对口帮扶医院建立远程医疗救治服务平台，改变医生工作方式和患者就医方式提升重大急性病患医疗救治质量和效率。2022年，投入1500余万元在全市范围内率先实施医疗卫生信息化建设升级改造和智慧医疗工程，实现县乡医疗机构信息化建设全覆盖，并逐步向村级拓展延伸。

5月，完成县乡医疗机构医保端口接通全覆盖，打通医疗、医保连接渠道。6月，启动全民健康信息辅助系统及安全防护建设项目，对现有信息化平台的功能板块和安全防护进行完善、优化和提升，预防体系、公卫服务、基层诊疗、健康分析等区域板块工作实现有机融合。

2022年1月27日，墨竹工卡县卫生健康系统改进作风、狠抓落实工作动员部署会召开

【家庭医生签约服务】 年内，组建以村医为核心、乡（镇）医生为重点、县医作指导的家庭医生团队41个，融合县乡村三级139名医生力量，按照“应签尽签”的原则，完成签订52247人，签约率98%，其中重点人群签约率100%，县级层面组织对履约服务情况督导检查4次，强化家庭医生服务质量，更好地满足签约居民多样化服务需求。

【爱国卫生运动】 年内，以健康中国理念和区、市爱国卫生工作总体要求为指导，以创建国家卫生县城为总目标，积极开展国家卫生县城和卫生乡镇创建活动，组织动员全县开展环境卫生整治等各类爱国卫生活动6次，有力改善城乡村（居）环境整体面貌。墨竹工卡县甲玛乡成功命名为自治区卫生乡镇，墨竹工卡县甲玛乡龙达村、赤康村命名为自治区卫生村（居）。

【优生优育】 年内，落实农牧区“一孩双女”户困难家庭、西藏自治区特殊子女家庭特别扶助政策资金共计121.044万元，落实“一孩双女”扶助资金65.088万元，确认奖励扶助对象678人；落实

2022年5月17日，墨竹工卡县卫生健康委员会工作人员到门巴乡虫草采集点开展传染病防控宣讲活动

西藏自治区特殊子女家庭特别扶助资金 55.956 万元，确认奖励扶助对象 91 人；生育服务行政审批 38 人，计划生育综合免费技术服务 467 人次。

【妇幼健康】 年内，兑现住院分娩奖励补助发放 255 人，28.629 万元，投入 30 万元用于孕妇住院待产期间的营养供给；高危孕产妇筛查 314 人，住院分娩率达 100%，孕产妇死亡 1 例；适龄妇女宫颈癌和乳腺癌筛查 1027 人。

【老龄健康】 年内，为 2287 名老年人发放高龄健康补贴 184.725 万元，办理老年人优待证 35 个。根据《拉萨市老年健康和医养结合工作实施方案》的工作要求，墨竹工卡县卫生系统开展试点工作，以家庭医生签约服务为基础探索推行老年健康和医养结合工作。

【职业病监测】 年内，针对全县范围内所有矿山等行业领域用人单位，严格落实职业健康管理措施，纳入职业病防治管理系统并督导进行申报及备案管理，开展职业病宣传 4 次，矿区针对性督导检查 2 次，职业健康档案审核 5675 份。

【医疗人才队伍建设】 年内，发挥医疗援藏优势，以“请进来”和“走出去”相结合的方式，开展业务培训、技术帮带活动，共培养 20 名医务人才骨干，实现“输血”“造血”并举。优化基层医务人员结构比例，加大招聘引进力度，严把“准入、退出”关口，在全区率先执行非公益性聘用村医退出机制。年内，退出 26 名年龄较高村医，并为退出的 26 名老村医兑现一次性补助资金 270 余万元。同时，严格执行持证上岗机制，新招录年轻村医 7 名。

【卫生基础设施建设】 年内，投入 1000 万元用于疾病预防控制中心标准化建设项目；投入 1.5 亿元用于县人民医院门诊医技楼项目实施；投入援藏资金 1000 万元用于县医院手术室改造提升项目，正在有序实施。

【新冠疫情防控】 年内，墨竹工卡县卫生健康委员会在县委、县政府组织下第一时间启动应急响应，联动高效推进医疗救治等专项工作；修改完善《墨竹工卡县新冠肺炎疫情常态化防控工作方案》《墨竹工卡县新冠肺炎疫情应急预案》《墨竹工卡县新冠肺炎疫情转入常态化防控工作方案》等方案预案，并配套健全 25 个子方案和工作机制，明确职责分工，整合人员力量，形成强大合力筑牢疫情防控堡垒。全县从 9 月 5 日起有序复商复市、复工复产。

【党建工作】 年内，聚焦“四件大事”“四个确保”，常态化推动党史学习教育，全年组织召开专题研究党建工作会议 2 次，集中学习习近平新时代中国特色社会主义思想、中共二十大精神和习近平总书记关于西藏工作的重要指示 12 次，党员自学 12 次；深入贯彻落实意识形态工作责任制，全年召开 3 次意识形态工作专题会议，引导党员干部坚定理想信念和政治立场；全年组织召开党支部委员会 12 次，支部党员大会 4 次，书记讲党课 4 次，开展谈心谈话 2 次，开展“主题党日”活动 12 次。

【党风廉政建设】 年内，深入学习贯彻自治区党委书记王君正关于改进作风狠抓落实重要指示精神,以“四查四问”“八个落实”为目标导向,全年组织召开改进作风狠抓落实部署会议4次,查摆问题10余条,现已整改完成;坚持“一岗双责”,压实党风廉政建设主体责任,安排部署党风廉政建设会议6次,组织党员干部学习相关党规党纪6次,开展节前教育8次,观看警示教育典型案例4次,引导党员干部树立廉洁自律意识。

(钱正升)

【机构领导】

主　任

杨　　勇(5月任)

副主任

德吉央宗(女,藏族,5月任)

医疗保障

【概况】 2022年,墨竹工卡县医疗保障局坚持以习近平新时代中国特色社会主义思想为指导,以创建“人民满意的医保”为目标,进一步改进作风,狠抓落实,全面履行基本医疗保险、大病保险、医疗救助、医保基金监督等职能,用心用情办好群众急难愁盼问题,推进医疗保障和经办服务高质量协同发展,不断提升医疗保障服务水平。

墨竹工卡县医疗保障局有工作人员19人,其中,公务员5人,事业编制4人,政府购买服务3人,第三方保险公司经办员5人,公益性1人(保洁),临时工1人(驾驶员)。

【党建工作】 年内,墨竹工卡县医疗保障局党支部召开集中学习12次、专题党课4次、主题党日11次。组织全局干部职工收听收看中共二十大开幕会、集中学习《中共二十大报告》、新时代党的治藏方略、作风建设、民族团结创建工作等系列党的政治理论方针政策,坚持理论联系实际、指导实践。坚持在春节、藏历新年、“五一”等重要时间节点召开党风廉政和反腐败工作安排部署会,集中学习中央、区、市违法违纪典型案例,让全局干部职工做到引以为戒警钟长鸣,全年共召开3次党风廉政建设专题会。

坚持党的领导贯穿医保工作全过程,坚持民主集中制,凡属“三重一大”事项,均由党支部会议集体讨论决定,全年共召开10次“三重一大”会议,严格执行“领导末位发言制”保证决策过程的科学民主和结果的公正合理,让各项工作处于高质量发展良好态势。

【业务工作】 年内,始终坚持“政府主导、医保主抓、部门协作、基层操作、群众参与”的工作思路,全面开展扩面工作。2022年城乡居民参保49095人,及时对低收入家庭、特困人员、低保对象等动态调整工作,确保医保系统参保人数和国家系统保持一致,全县特殊人群医疗有保障。

年内,墨竹工卡县医疗保障局多措并举,采取集中宣讲、设立咨询台、发放宣传手册、宣传品等方式开展医保政策宣讲工作,以墨竹实际案例讲解医保参保的重要性,在墨竹微信公众号、墨竹视讯、LED显示屏等多渠道多方式对城乡居民不同参保档次的报销比例进行解读,同时,针对全县大病、慢性病患者等长期需要治疗服药人群,走村入户宣传参保的重要性,全年共入户150余次,对“多缴多报、不缴不报”以及县委、县政府对全县群众健康的期待进行重点宣传,促进城乡居民医疗保险待遇大幅度提高、保障

2022年3月13日,墨竹工卡县医疗保障局工作人员到扎雪乡开展“送医送药送政策”活动

2022年7月12日，日喀则市南木林县医疗保障局一行到墨竹工卡县学习交流

范围进一步扩大。动员群众主动缴费、及时参保，做到“应保尽保”。全年发放宣传册3000余本(册)、宣传品7000余件，宣讲覆盖2万余人。

认真贯彻落实国家医疗保障局《关于开展2022年度全国医疗保障系统行风建设专项评价工作的通知》《西藏自治区医疗保障局2021年度行风建设专项评价结果整改方案》，从优化服务环境、规范服务行为、创新便民举措、加强医保政策宣传等方面着手，推动医保服务高效便民。根据全区统一的行风建设标准，规范上墙《墨竹工卡县医疗保障服务中心内控制度》《墨竹工卡县医疗保障服务中心经办人员行为规范》《考勤制度》《墨竹工卡县医保局干部职工包乡责任制度》等，为广大参保干部群众提供优质便捷的服务，持续推进医疗保障系统行风建设，不断提升参保群众职工的办事体验。

针对墨竹工卡县购买的2022年城乡居民互助保险，召开专题会议3次，修改完善协议内容10余次，派1名经办人员参加互助保险业务培训。进一步完善“基本医疗保险+大病保险+医疗救助+医疗互助保险”四重保障体系，最大限度地降低群众看病负担。

严格执行《墨竹工卡县城乡居民“大病爱心救助金”管理补充办法(试行)》开展医疗资金预借相关工作，截至年底，累计向墨竹工卡县城乡居民大病患者31人发放借款465万元，已还款217.75万元。2022年对大病患者及疫情期间因病存在困难的84名患者送去南京市捐赠的“点亮微心愿”爱心慰问资金20万元。

【乡村振兴】 年内，根据《拉萨市巩固拓展医疗保障脱贫攻坚成果有效衔接乡村振兴战略实施细则》，对新识别监测户参保信息进行动态调整，累计对新识别监测户64户283人进行医保系统身份认定，实现应保尽保，对识别后的监测户开展手工结算救助。全年线下手工救助7人次，救助金额2.49万元，保障参保资助对象享受医疗待遇的无缝衔接，保障参保资助对象及时足额享受医疗待遇。

加强监测预警机制动态管理，对全县监测户、低收入等特殊人群医疗费用等各项保障落实情况进行定期动态监测，坚决防止规模性因病返贫。

2022年7月22日，墨竹工卡县医疗保障局召开城乡居民医疗互助保险启动仪式

【医保基金监督】 5月，组织县人民医院、各乡卫生院、定点零售药店，签订2022年《基本医疗保险定点医疗机构医疗服务协议(医院类)》《基本医疗保险定点零售药店服务协议》共10份。

年内，围绕“假病人、假票据、假病情”，及医保政策宣传执行情况，通过查看处方笺、结算单、药品使用管理、“门诊购药POS机”使用情况等，对各定点医药机构进行全面、深入检查。截至年底，开展基金监督专项检查共4次，梳理评估医保经办服务和监督管理的风险点，维护医保基金安全。

（强 珍）

【机构领导】

局 长

德 吉(女，藏族)

副局长

路春侠(女，5月免)

强 珍(女，藏族，5月任)

墨竹工卡县人民医院

【概况】 墨竹工卡县人民医院始建于1959年，是一所集医疗、教学、科研、保健、预防、健康管理于一体的综合性二级甲等医院。医院总占地面积73456.3平方米；总建筑面积25894.4平方米，其中业务用房24413平方米，生活用房1481.4平方米。医院编制床位90张，实际开放床位103张。

2022年，墨竹工卡县人民医院人员编制80人，医院工作人员共254人(在编116人，公益性17人，乡村振兴专干2人，“三支一扶”1人，财政供养5人、聘用113人)。本科学历95人，专科学历77人，中专及以下学历82人。其中，卫生技术人员189人，行政职能23人、后勤人员42人。

2022年8月2日，县委副书记、县长巴桑(左一)一行到县人民医院调研

卫技人员技术职称结构：高级职称9人，中级职称29人，初级、助理级职称38人，高级工1人，员级39人。

【业务数据】 年内，墨竹工卡县人民医院门急诊量53070人次，其中藏医7487人次，急诊12875人次。因疫情原因门急诊量同比下降22.9%，藏医同比下降22.70%，急诊同比增长78.44%。

住院量1610人次，其中妇产科住院446人次、内科446人次、外科252人次、儿科住院217人次，藏医科住院244人次，隔离病区5人。手术量144台次，其中外科101台次、妇产科43台次，手术量同比下降8.8%。

转诊量321人次，内科转诊16人次、外科转治8人次、高危孕产妇转诊55人次、急诊科转诊239人次、藏医转诊3人次、儿科转诊15人次，转诊量同比下降26%。

【党建工作】 年内，为深入贯彻落实区市县委关于进一步改进作风狠抓落实工作要求，按照中央八项规定细则，党支部先后组织全体党员开展《改进作风狠抓落实》《作风建设重要论述》《学习一体推进不敢腐、不能腐、不想腐》文件精神等学习活动4次，集体组织观看警示教育片1次，撰写警示教育片心得1篇，全面增强党员廉洁自律意识，持续加强党性锻炼，拉紧廉洁自律的“高压线”。

按照县委党史学习教育动员部署，高度重视学习党史教育，党支部围绕学习贯彻中共二十大报告精神、庆祝中国共产党成立101周年大会讲话精神、“改进作风，狠抓落实”主题等学习教育4次，“主题党日”活动18次，观看党史故事撰写心得1篇。

依照认真贯彻习近平总书记关于加强党员队伍建设的重要指示精神，以“重质量，不重数量”的原则，上半年经党员大会举手通过 7 名干部职工的入党申请，并组织积极分子参加党支部学习教育活动、深入乡镇开展义诊、巡诊及疫情防控工作，持续加强积极分子正面引导，不断增强党组织的感召力、吸引力，引导积极分子向党组织靠拢。

根据上级部门疫情防控工作要求，先后多次动员党员干部、入党积极分子和入党申请人员投身疫情防控工作，充分发挥党员在疫情防控工作中的先锋模范作用，助力打赢疫情防控阻击战。

2022年12月3日，西藏巨龙铜业有限公司向墨竹工卡县人民医院医疗集团捐赠负压救护车。图为捐赠仪式

【推出新技术、新业务】 年内，墨竹工卡县人民医院推出多项新技术、新业务，如骨折切开复位、自体血浆关节腔注射技术（PRP）、腕管综合征松解术、会阴神经阻滞术、羊膜腔内注射利凡诺引产术、宫腔填塞水囊止血术、球囊扩张宫颈促宫颈成熟术、自由体位分娩、古典式剖宫产术、阴道助产术，微量总蛋白、微量白蛋白以及尿白蛋白 / 肌酐比值等，传染病八项定量检测。在一定程度上提升了医院的诊疗水平。还包括荧光免疫定量分析仪、金龙藏医理疗、血培养及鉴定、二类疫苗等。

【药事管理】 年内，根据医院药事管理与药物治疗学委员会相关工作要求，结合药品采购工作需求，分别于 4 月 22 日、5 月 11 日召开药事管理与药物治疗学委员会，讨论确定“川藏联动”药品目录勾选及厂家确定等各项事宜，并对医院药事相关工作进行讨论。

严格要求执行药品网上阳光采购，保证购进药品质量，同时密切联系临床，及时了解各科药品需求动态及掌握药品使用后的信息反馈，保证临床药品的及时供应；加强业务学习，通过开展实习生带教工作，进一步提高业务技术水平。各科室每月不定期通过讲座、研讨等多种方式加强业务学习；将药品不良反应监测工作转为主动服务的形式，在日常工作中，发现药品发生不良反应时，协助临床做好药品不良反应的处理工作并查找原因，保证临床用药安全。

2022年5月27日，拉萨市人民医院胸痛专家一行到墨竹工卡县人民医院检查指导工作

【护理管理】 年内，认真抓好护理“三基”培训及操作培训，加强护理人员理论、操作水平，提高业

务综合素质。医院 9 个护理单元针对各科室特点组织培训共计 72 次、理论考核 64 次；加大督促检查落实力度，抓好三级质控管理。截至年底，共护理质控检查 55 次。

各科室做好急救药械的管理工作，每天按时交接班，交班时认真核对急救物品、药品、设备，做到“四定”原则，及时补充急救药品，与账物相符，确保其完好率达 100%。

【人才队伍培养】 年内，墨竹工卡县人民医院选派 5 名专业技术人员到市医院、自治区人民医院、自治区藏医院进修深造，涉及专业有：麻醉、妇科（产科）、重症医学等。由南京援藏医生、专家开展全院业务学习 10 余次，在科室内开展业务学习及各类会诊约 20 人次，进行教学查房 40 余次，进行疑难病例讨论 40 余次，同时进行科室及院内外各种讲座 10 余次，讲解各种常见病的诊疗指南及各种术后病情观察的要点。

【基建管理】 投入 4500 万元的综合住院楼项目于 5 月 13 日正式开工建设；投入 1.5 亿元的门诊医技楼项目落地实施，已完成项目的初步设计方案、资产评估、用地事宜、地质勘查以及项目的可研编制，并通过评审。

【“组团式”医疗援藏】 年内，南京市卫生系统结合墨竹工卡县医疗卫生发展实际，选派普外科、骨科、妇产科、检验科、内科专业的 5 名专家，到墨竹工卡县医院开展医疗援助工作。工作期间，开展教学查房及手术示教 48 次，进行疑难病例讨论 52 次，进行科室内、院内及院外业务讲座 10 余次，培训近 400 人，组织并参与墨竹工卡县医疗集团医务人员心肺复苏培训及知识竞赛。为进一步提升全员医务人员诊疗技术水平，医疗队队员与当地医生签署“援藏师带徒”协议，通过“师带徒”的培养模式为医院培养 7 名骨干人员。

（王桑日草）

【机构领导】

院　长

黄　　丹（7 月免）

党支部书记、副院长

贡　　嘎（藏族，8 月免）

副院长

次旦顿珠（藏族，8 月免）

次仁德吉（女，藏族，8 月任）

次 卓 嘎（女，藏族，8 月任）

疾病预防控制

【概况】 墨竹工卡县疾病预防中心位于工卡镇（原）县小学院内。负责全县的疾病监测，免疫规划，健康教育，地方病防治，慢性病调查、统计、分析，突发公共卫生事件的处置，各种传染病，流行病的预防监测、统计、分析、报告和处置，全县卫生（包括学校卫生）监督，传染病防治监督；负责全县妇幼保健工作，包括孕产妇建卡、产前产后访视的监督管理，0 —6 岁儿童的系统管理统计，全县孕产妇及儿童死因分析报告。中心现共有职工 18 人，其中专业技术人员 12 人、工勤 1 名（驾驶员）、公益性（后勤工作人员）1 人、临时工 1 人、公卫辅助人员 3 人；学历结构：本科 10 人、大专 5 人、中专 1 人、中专以下 2 人。专业结构：公共卫生 6 人、西医临床 2 人、临床检验 2 人、藏医 2 人、其他 6 人；职称结构：（专业技术）中级 4 人、初级 5 人、员级 3 人、（工勤）高级 1 人、其他 5 人。科室分类：中心办公室、地方病防治科、传染病防治科、结核病防治科、卫生监督科、免疫规划科、慢性病防治科、健康教育科、妇幼保健科。

【传染病防控】 年内，全县共报告法定传染病乙、丙类 10 种 99 例，发病率 199/10 万（总人口数 49511），其中乙类传染病 6 种 88 例，报告发病率 178/10 万，主要病例报告（肺结核 39 例、梅毒 23 例、病毒性肝炎 16 例、新型冠状病毒 7 例、HIV 2 例、痢疾 1 例）；丙类传染病 4 种 11 例，报告发病率 22.22/10 万，主要病例报告（手足口病 6 例、流行性腮腺炎 3 例、流行性感冒 1 例、其他感染性腹泻 1 例）。其他非法定传染病 3 种 12 例，发病率 24.23/10 万，主要病例报告（水痘 10 例、尖锐湿疣 1 例、生殖道沙眼衣原体感染 1 例）。年内，无传染病死亡病例，无甲类传染病报告。按时报告相关传染病疫情，未发生疫情漏报、瞒报和误报、重报等现象。

年内，不定期地对全县 42 所中小学及托幼机构进行学前传染病联合检查，指导全县小考和中考期间的疫情防控工作；全年对辖区各级医护人员、公安民警、环卫人员、市场从业人员、农牧民群众及各机关单位、驻村工作队、村“两委”班子及各类矿企以线上线下的方式进行传染病防治相关知识培训13次，参训625人。

【结核病防治】 年内，乡村医生推荐及因症就诊98例，其中登记确诊结核病患者24例，新发阳性10例，复发阳性2例，病原学阴性9例，无病原学结果2例，结核性胸膜炎1例。

年内，大疫情网络专报结核病患者41例，其中重报1例，追踪到位患者37例，追踪到位率92.5%。

年内，结核病人患者登记24例，其中新发结核病患者痰涂片检查阳性10例，其中结核病复发阳性2例、病原学阴性9例、肺结核患者无病原学结果2例、结核性胸膜炎1例、其中重点人群3例（65—70岁2例、15岁1例），患者应管理24例，实际管理24例，均已在云平台跟踪管理，管理率100%。

年内，多部门联合排查全县40所托幼机构、8所中心小学和1所中学进行督导排查工作，宣讲学校常见传染病及结核病防治知识，有效提高学生对结核病防治知识知晓率，了解对学校不定期宣传结核病的发病情况以及广大师生对结核病防治知识的认识，有效控制学校结核病疫情的发生和蔓延。

年内，麻风病人监测跟踪及筛查密切接触者中未发现麻风疑似病人。全县未发现新发麻风疑似病例。

1月31日第69届“世界防治麻风病日”、3月24日“世界防治结核病日”、3月24日第27个世界结核病防治宣传日，在全县内以多种方式开展结核病防治知识宣传活动，通过政府布告、设立展板、发放宣传册、悬挂横幅等方式开展活动，共发放宣传册150余张、宣传手袋200个、麻风护理包5个，现场解答群众提问100余人次。针对学生，在学校开展结核病宣讲1次，覆盖人数4100余人。

【慢性病监测】 年内，全县死亡信息的收集、汇总与上报，死亡医学证明共报告278例，死亡率为5.62‰；收集与汇总全县出生医学证明相关信息、出生活产总数682例，出生率为13.79‰。

公共卫生项目：根据双月报表情况，全县高血压患者共1820例、管理共1819例（规范化管理1357人）、新发14例、死亡9例；2型糖尿病患病患者共89例、管理89例（规范化管理88例）、新发0例、死亡0例；重型精神病疑似患者1例、确诊病人76例、管理患者77例、新发1例，死亡1例，服药患者36例，医嘱无须服药35例，服药率93%。

4月25日是第28个肿瘤宣传周，主题为“癌症防治、早早行动”；5月20日是全民营养周，主题为“健康中国、营养先行”；9月20日“全国爱牙日”；10月08日“全国高血压日”；10月13日“精神卫生日”；10月29日“世界脑卒中日”；11月16日“全国糖尿病日”，中心慢病科与健教科通过设立咨询台，健康咨询，悬挂横幅、发放宣传资料、宣传物品等方式在墨竹工卡县318国道进行宣传。

心血管病高危人群早期筛查与综合干预项目高危对象长期随访工作（国家项目）：任务规定对象人数为162人，完成长随人数

2022年6月18日，墨竹工卡县疾控中心工作人员到日多乡开展上半年基本公共卫生乡镇考核工作

2022年8月27日，墨竹工卡县疾控中心工作人员到尼玛江热乡仲达村向农牧民宣讲传染病防治相关知识

为112人，死亡6例、住院9人、外出25人、拒绝10人，短期随访率为74%。

积极救助辖区重型精神病患者：中心工作人员积极与辖区公安、居委会联系，将1名疑似精神患者送至自治区第二人民医院，经专科医生诊断为精神分裂症，并进行住院治疗。中心工作人员对其及时建档录入国家监测系统，同时加强病人的随访管理。

死因监测项目（漏报调查）：项目对象为唐加乡、日多乡和尼玛江热乡。唐加乡收集死亡名单37人、漏报2人；日多乡收集死亡名单13人；尼玛江热乡收集死亡名单52人、漏报6人。墨竹工卡县共收集死亡名单102人，漏报8人，死亡信息已全部录入国家漏报调查系统。

【免疫规划】 年内，墨竹工卡县所有一类疫苗接种率均达到国家、省、市相关要求，其中，乙肝疫苗三剂次应种总针次1388剂，实种总针次1387剂，报告接种率99.93%，卡介苗应种总针次449剂，实种总针次448剂，报告接种率99.93%，脊灰疫苗应种总针次1935剂，实种总针次1930剂，报告接种率99.74%，百白破应种总针次2014剂，实种总针次2013剂，报告接种率99.95%，白破应种总针次468剂，实种总针次432剂，报告接种率92.31%，A群流脑疫苗应种总针次986剂，实种总针次983剂，接种率99.70%，A+C群流脑疫苗应种总针次1036剂，实种总针次1035剂，接种率99.90%，甲肝减毒活疫苗应种总针次565剂，实种总针次561剂，接种率99.29%，麻腮风疫苗应种总针次1108剂，实种总针次1108剂，接种率100%。

截至年底，60岁以上老年人接种流感疫苗总针次996剂；在校中小学生接种流感疫苗总针次3034剂。

截至年底，全县13—14周岁女孩HPV疫苗接种总针次230剂。

【地方病防治】 年内，全县8个乡镇辖区范围积极开展地方病防控知识宣传活动，重点针对5个乡（镇）及2大矿区，共开展宣传18次，受益3066人，发放宣传材料1722份，张贴海报130余张。

【碘缺乏病防治】 年内，全县划分5个抽样片区，每片区随机抽取1个乡（镇），在每个乡（镇）抽取4个行政村，再从每个村中抽取15户居民食用盐，共300份食用盐样本进行半定量检测。

年内，将100名孕妇尿样和家庭使用碘盐样本送往市疾控中心进行检测。

年内，共采集200余份尿样，送至拉萨市疾控中心进行检测。5月15日，在全县范围内开展以“每天一点碘、健康多一点”为主题的碘缺乏病防治知识宣传活动，通过悬挂横幅、展示图片、现场咨询、发放宣传单等方式向过往行人进行宣传，共计发放宣传单320余张、防治知识手册80余本，受益510余人，进一步提升墨竹工卡县碘缺乏病防治知识知晓率。

【大骨节病监测】 全县3个大骨节病区乡镇（扎西岗乡朗杰林村和扎西岗村卡加组、门巴乡巴尔卡村、尼玛江热乡羊日岗村）。现有患者69人，其中8人为“三岩”搬迁患者，符合手术40人（已手术3人，入户随访2次术后恢复情况较好），符合药物治疗29人，均按照上级下发药物种类和数量，下发至乡镇卫生院。

2022年3月13日，墨竹工卡县疾控中心工作人员到工卡镇希曼酒店开展公共场所日常监督检查工作

【包虫病防治】 年内，全县所有乡镇均有病例分布，有患者190人，符合手术121人（已手术105人），符合药物治疗51人（2人正在服药治疗）。截至年底，共发放药物阿苯达唑335盒。

【健康教育】 年内，利用各类宣传主题日、宣传周在人群较多的地方开展“新型冠状肺炎、麻风病、慢性病系列宣传周”、计划免疫宣传周、结核病宣传日、世界卫生日等共14期健康教育宣传活动，将宣传活动进村（入户）、入乡、入学校、入矿企等，发放各种藏语和汉语宣传资料13类15000余份、展出宣传展板5种25张及15条横幅，发放宣传礼品450余份，发放安全套1300只，受益22000余人。开展健康教育专兼职人员培训3次，受益190余人。

【艾滋病】 年内，艾滋病高危行为估计数为1311人次，干预数为878人次，高危干预率为67.1%，开展艾滋病宣传讲座2次，参与180余人次，发放宣传资料460余份。全年艾滋病检测人数为656人。以现住址为统计口径，在符合治疗标准的感染者和病人中接受抗病毒治疗人数所占比例为80%。艾滋病病人随访9次，随访率为100%；艾滋病感染者管理率为100%。年内，没发生有关艾滋病的重大群体性事件。

【卫生监督】 年内，全县共有11所学校，其中1所中学、8所小学、2所幼儿园，对各所学校饮用水和学校卫生开展定期或不定期卫生监督检查3次，其中联合监督检查1次、卫生监督覆盖率达100%，各所学校食品从业人员体检率及“两证”持证率均达100%。

墨竹工卡县共有22户公共场所，2022年发放卫生许可证10户（延续和新办），开展全覆盖督导检查1次，对从业人员培训卫生法律法规知识1次，累计培训30人次。发放公共场所管理制度4份，已建立卫生监督举报投诉制度，并公布监督举报电话。

年内，根据重大公共卫生项目农村饮用水监测项目分配任务表要求，墨竹工卡县已完成枯水期、丰水期水质采样工作，共采集64份水样，检测结果已录入国家水质监测系统。

年内，七乡一镇共有16名卫生监督协管员，开展卫生监督协管员培训1次、共培训人数16人，培训内容主要有协管员的工作职责及范围、饮用水卫生安全、学校卫生、非法行医（采血）等卫生监督相关知识，并发放卫生监督协管员工作职责手册、工作证、卫生监督协管员巡查登记本、信息报告等。

年内，督促完成辖区内矿企5675名一线从业人员职业病体检，并完成职业病健康档案审核；辖区内开展职业病防治宣传活动1次，职业病卫生监督检查2次，对存在问题的单位责令整改，反馈整改情况；根据西藏自治区疾控中心要求，协助第三方检测公司开展8家机构职业卫生、放射卫生现场检测服务；按期完成2022年全国重点人群职业健康素养检测与干预工作问卷32份。

【孕产妇管理】 年内，全县有孕产妇总数1225人，其中孕妇数540人，建卡数540人，建卡率100%。产妇数687人，早建卡672人，早建卡率98.1%。分娩数687人，其中双胎2对，产妇系统管理687人，系统管理率100%，其中住院分娩数687人，住院分娩率100%。

2022年9月25日，墨竹工卡县“三公”流调队成员在县疾控中心学习流行病学调查相关知识

新法接生数687人，新法接生率100%，剖官产59例，剖官产率8.59%。产前检查5次的产妇数685人，产检率100%，产后访视三次数685人，访视率为100%。高危孕产妇数314人，其中高危产妇166人，产检检查6次以上166人，产检检查率100%。产后访视3次以上166人，访视率100%。高危住院分娩166人、高危住院分娩率100%。

【儿童系统管理】 年内，全县有7岁以下儿童数5854人，应健康管理人数5854人，实际健康管理人数5678人，健康管理率97%。0—6岁儿童眼保健和视力检查5472人，覆盖率93.5%。5岁以下儿童数4081人，应管理人数4081人，实际管理人数3999人，管理率98%，其中低体重人数36人，血红蛋白检测人数3999人，其中贫血人数31人，中重度贫血人数。

有3岁以下儿童数2396人，应系统管理人数2396人，实际系统管理人数2348人，管理率98%。分娩总数687人，其中双胎2对，出生活产数682人，死胎死产5例，围产儿死亡率7.28‰；5岁以下儿童死亡2例、死亡率2.93‰；婴儿死亡1例、死亡率1.47‰。孕产妇死亡1例，死亡率1.47‰。

【妇女“两癌”筛查】 年内，35—64岁农村、城镇低收入妇女“两癌”筛查任务数1200人，实际完成宫颈癌筛查人数1017人，筛查率85%，其中HPV阳性人数60人，TCT阳性2人，确诊0例；乳腺癌筛查人数1027人，筛查率86%，其中初筛阳性人数0人，乳腺癌确诊0例。13—14岁在校女生HPV疫苗累计接种人数230人。

（普　珍）

【机构领导】

主　任

旦　增（藏族）

副主任

央金拉姆（女，藏族）

文化和旅游

【概况】 墨竹工卡县文化和旅游局业务范围涵盖文化、旅游、文物、非遗、文化市场综合行政执法队等五大类，是县人民政府工作部门，为正科级建制，加挂墨竹工卡县文物局牌子。

2022年5月，成立中共墨竹工卡县文化和旅游局党组，部门行政编制5名，领导职数3名。2022年全县旅游市场接待游客4.3821万人次，旅游综合收入396.44万元；全县有公共文化免费开放率90%以上，县综合文化活动中心开放率达100%；全县共55项非遗，其中国家级6项，自治区级3项，拉萨市级20项、县级26项；全县有文物保护点131个，其中寺庙、拉康、日追共48座，野外文物点83座。

【党建工作】 年内，以深入学习习近平新时代中国特色社会主义思想和中共二十大精神为主线，强化政治理论学习。年初制定《2022年墨竹工卡县文旅局党支部学习计划表》，开展贯穿全年党员政治理论学习，强化党性教育，扎实有效地推进党员队伍思想建设、组织建设和作风建设，使党员干部的整体素质不断得到提高。同时不断夯实意识领域安全，专题学习贯彻市委书记普布顿珠在调研全市宣传思想文化工作时的讲话精神，签订《共产党员遵规守纪带头反分裂承诺书》。在中共二十大开幕当天，举办“‘团结包’

2022年7月15日，墨竹工卡县举行2022年"松赞"文化旅游节暨第五届"油菜花"节开幕式之订购和预售签约仪式

话团结　铸牢中华民族共同体意识"活动，为滞留墨竹工卡县的各族旅客包包子，进一步铸牢中华民族共同体意识。

截至年底，共召开局党组理论学习中心组学习会 9 次、支部集中学习会 23 次、书记讲党课 3 次、党员大会 4 次、主题党日活动 12 次，交流研讨 3 次、干部述学 3 次，组织干部集中观看教育视频 3 次，开展线上线下党员干部考学活动 4 次，撰写调研报告 4 篇。

【公共文化服务】 年内，把提升公共文化服务水平，保障群众基本文化权益作为全局工作的重点任务与重要目标。截至年底，在文化活动中心共开展文艺演出活动 12 场，参与活动群众 4980 余人次，组织"松赞"艺术团到各乡镇、村（居）开展文艺演出 60 余场次，累计参与群众 12000 余人次；全县 41 支行政村文艺演出队排练 350 场次，演出 260 场次，受众 3.6 万人次；新创作节目 164 个，演出 260 场，接受培训人员达 485 人；开展"戏曲进乡村"活动 40 场次。疫情期间创新图书服务方式，推出线上订单式图书借阅配送活动，出动流动图书馆车次 20 余次，线下送书 50 余人次。开展"图书进万家、服务遍城乡"送书活动，疫情期间共接待读者 230 人次，售卖教材教辅 1538 册。

【非遗保护】 年内，坚持"保护非遗文化，传承墨竹文明"的非遗工作方针，加强非遗项目申报工作，完成 10 项非遗申报工作，其中 9 项被列入第六批市级非遗传承项目。为加强濒危剧种的保护传承力度，启动藏戏（戏曲、濒危剧种）公益性演出，演出 40 余场次。

【文物工作】 年内，以"保护为主、抢救第一、合理利用、加强管理"的方针，加大对文物的保护力度，定期开展文物消防安全专项检查工作，实行县、乡（镇）、寺管会三级管理责任体系，签订《文物保护工作目标责任书》《墨竹工卡县野外文物看管人员聘任协议书》，形成齐抓共管格局。截至年底，联合宗教部门重点巡查大小寺庙、拉康 40 家 70 余次，出动检查人员 100 余人次。

【旅游服务】 年内，全县旅游重点坚持新发展理念和高质量发展要求，着力解决旅游产品业态单

2022年6月27日，行政村文艺队参加墨竹工卡县传统舞蹈大赛预选赛

2022年7月1日，墨竹工卡县文化和旅游局党支部开展“庆祝中国共产党成立101周年、喜迎二十大”主题党日活动

一、配套设施不完善、市场主体活力不足、服务管理薄弱、发展环境不优等突出问题，全面提升游客的便利舒适度、体验满意度和品牌认同度，加快实现由旅游资源大县向旅游经济强县的转型跨越。

有序推进在建旅游项目，全力推进雅嫩景区、旅游厕所项目，德仲污水处理设施项目完成初验；加快《墨竹工卡县沟域文化旅游整体规划编制》进度。积极申报旅游项目，申报思金拉措星空露营地项目、格桑村净水林卡及赤康村文化林卡3个项目申报工作，已完成设计单位筛选。成功举行第五届“松赞”文化旅游节暨“油菜花”节，将旅游+文化+农林+体育融入其中，扩大本土文化影响力，妥善处理游客投诉2起。

【特色品牌活动】 年内，举办墨竹工卡2022年“松赞”文化旅游节暨第五届“油菜花”节。深入推进“旅游+”文旅深度融合发展。活动融入“喜迎二十大”和“松赞故里·幸福墨竹”大地景观、儿童绘画展、青年交友联谊、民俗音乐会、三产融合成果展、西藏特色产品及啤酒美食展销、小菜籽油营销、民族传统体育比赛、传统锅庄比赛等众多内容，全方位展示墨竹工卡县发展成果，为中共二十大召开献礼。参与活动群众达8000余人次，带动本地群众增收24万余元。

（张　玺）

【机构领导】
局　长
　　黄　　洋（5月免）
党组书记、局长
　　梅　　子（女，藏族，5月任）
副局长
　　袁　　瑜（江苏援藏，6月免）
　　张青湖（江苏援藏，6月任）
　　次旦旺姆（女，藏族，5月免）
党组成员、副局长
　　郎卡洛追（藏族，5月任）
　　张　　玺（5月任）

退役军人事务

【概况】 2022年，墨竹工卡县退役军人事务局始终围绕抓基础促规范、抓落实促和谐、抓双拥促提升、抓创新促发展，用心用情做好退役军人事务工作，包括持续夯实基层基础、大力促进就业创业、优化推进拥军褒扬、全面落实抚恤优待以及抓实开展权益维护。

【党建工作】 年内，墨竹工卡县退役军人事务局党支部坚持用习近平新时代中国特色社会主义思想武装头脑、指导工作，始终把理论教育和转变作风紧密结合，把理论学习和业务工作紧密结合，认真抓好党的创新理论学习，发掘学习的内在动力，勤于学、善于学、精于学、乐于学，切实坚定信仰、纯洁思想，提高党员干部理论素养，强化党员干部“四个意识”，不断增强党支部战斗堡垒作用。

年内，支部集中组织学习32次，组织召开理论学会12次，开展党日活动12次，深化实施“我为群众办实事”实践活动9次，开展党员干部阶段性现场述学1次，书面述学4次，撰写中共二十大精神心得体会8篇、学习《习近平的七年知青岁月》《习近平在正定》内容撰写心得5篇，参与“西藏组工”“法治西藏”等App线上答题5次。同时加强党风廉政建设，狠抓意识形态工作，以高度的政治自觉和强烈的政治担当，不断提高党风廉政和意识形态建设水平，树立新时代机关党建标杆。

【优待抚恤】 年内，持续采集全县退役军人及优抚对象信息，加强人员常态化管理，及时更新人员信息数据。严格执行各类优抚对象抚恤补助政策，按月为60岁以上农村籍退役士兵、伤残军人、因公致残和病故军人遗属等重点优抚对象发放抚恤金和生活补助、退役军人优待金和一次性就业金。

春节前，县“四大班子”成员走访慰问驻墨竹工卡部队，发放慰问品合计1.2万元；藏历新年前，走访慰问困难退役军人代表、伤残军人代表、病故军人遗属等优抚对象，发放慰问金2万元；3月，为2022年春季入伍新兵家属发放慰问金。各项优抚政策的及时兑现给付到位，有力提高了墨竹工卡县的政策保障水平，提升了优抚对象的荣誉感和获得感。

【就业创业】 年内，积极协调争取上级区、市部门支持，积极开发驻地矿山企业岗位资源，成功举办墨竹工卡县2022年退役军人专场招聘会，录取率达到86%；积极对接组织部、教育局等县直部门，帮助墨竹工卡县退役军人创业企业军创园公司拓展业务，并积极向市局等汇报推荐，争取相关创业扶持政策，帮扶其做大做强。经过上述工作，墨竹工卡县退役军人就业创业工作起到带动兄弟县区，辐射周边地市的成效，实现墨竹工卡县退役军人就业有保障，创业有扶持。

【双拥共建】 年内，紧紧围绕县双拥工作总体要求，结合民族团结“九进”工作要求，同驻地部队多次召开座谈会，共同探讨双拥工作和民族团结工作相关事宜，进一步促进军地双方交往交流交融；持续抓好立功褒扬工作，协调县委、县政府、县人武部和属地乡政府等组成军地联合慰问团，上门为荣立二等功、三等功的现役军人家庭送上荣誉牌匾、喜报、立功奖励金和慰问品，1人获得西藏自治区2022年度示范型退役军人服务中心（站）创建工作岗位标兵的荣誉称号；协调县政府办、卫健委、疫情办、县医院等部门到县武警中队开展双拥共建主题经验交流学习活动。全方位、立体式地营造“拥军优属、拥政爱民”的社会氛围。

2022年8月1日，县委书记沈鹏里（前排右四）一行到县消防救援大队慰问指战员

【宣传报道】 年内，墨竹工卡县退役军人事务局编撰退役军人事务工作月报11期，在各级媒体上刊登37次，其中省部级媒体2次、市级媒体2次、县级媒体33次，特别是“与自治区退役军人服务中心党支部共同为10名党员退役老兵过集体生日”主题党日活动在退役军人事务部官网刊登，为“二等功臣”送喜报活动，在今日头条、国家西陆强军号刊登，2022年退役军人专场招聘会活动在“学习强国”学习平台和《西藏日报》刊登。通过宣传引导，在墨竹工卡县进一步形成尊崇军人职业、尊崇退役军人的崇军氛围，起到较好的舆论宣传效果。

【移交安置】 年内，退役军人事务局严格落实军转安置政策，完成军队转业干部和符合政府安排工作条件退役士兵的接收工作，并帮助解决子女入学“三包”政策、随迁入户、社保接续等实际困难。做好自主就业退役士兵接收工作，开展退役士兵返乡接站活动，举行退役士兵欢迎仪式；开展适应性培训、职业技能培训和学历教育等教育培训工作，帮助自主就业退役士兵提升职业技能；

2022年8月1日，墨竹工卡县举办庆祝人民解放军建军95周年慰问演出

开展退役军人就业创业指导和服务，线下组织1次大型招聘活动。

【示范创建】 年内，墨竹工卡县退役军人事务局继续发扬首创精神，进一步发挥示范引领作用，并不断优化“退役军人之家”建设环境，投入9.5万元创建的全区首个集党建活动、军史教育、图书游览等多功能于一体的县级退役军人之家正式投入使用。

1月，投入资金11.1万元用于县退役军人服务中心及所有乡镇服务站配备办公电脑和高拍仪。进一步提升服务保障体系建设水平，让退役军人们有一个“回家”娱乐休闲、共商发展的活动场所。因工作亮点突出自治区退役军人事务厅多次以会议、文件形式在全区范围内进行通报表扬，同时安排各地市74个县区退役军人事务系统领导到墨竹工卡县退役军人事务局进行交流退役军人事务。

（次旦卓玛）

【机构领导】

局　长

达　瓦（藏族）

副局长

廖　凡（8月免）

服务中心主任

索朗杰布（藏族，8月任）

教育·体育

【概况】 2021—2022学年，全县各级各类学校共49所，其中初中1所、中心小学8所、幼儿园40所（含县级汉语藏语幼儿园2所、乡级汉语藏语幼儿园7所、村级汉语藏语幼儿园31所）；全县各级各类在校学生9897人，其中初中在校生1961人（随班就读28人、送教上门12人），小学在校生5234人（随班就读55人、送教上门31人），在园幼儿2702人（随班就读5人）；全县中小学随迁子女130人，其中初中26人，小学104人。小学适龄儿童净入学率达100%，初中毛入学率达104.87%，学前三年毛入园率达97.76%，义务教育巩固率达99.23%；全县适龄残疾儿童131人，残疾儿童入学率达100%。

全县教育系统教职工785人，其中初中168人，小学329人，幼儿园191人，离退休人员77人，局属事业编制人员20人；在职专任教师684人，其中初中165人，小学328人，幼儿园191人；教师年龄结构为20—39岁471人，40—55岁213人；职称结构为副高级教师137人，一级教师210人，二级教师213人，教师学历合格率达100%；全县中小学正（副）校长34人，幼儿园正（副）园长11人，校长持证上岗率为100%；教育系统基层党组织共12个，共设13个党支部，中共党员共418名。

【党建工作】 年内，召开教育系统党建、党风廉政建设、意识形态工作专题部署及推进会议，明确年度党建工作任务，积极推进党工委筹建工作。制定年度党建工作培训计划，邀请组织部授课教师，对教育系统党支部副书记、党务工作者开展业务及理论专题全员培训。举办教育系统“庆七一、感党恩、喜迎中共二十大、中华民族一家亲”主题教师朗诵比赛。结合改进作风狠抓落实主题教育，先后召开部署会、推进会3次，成立工作专班，制定工作推进方案，多次深入结对村开展“下基层大接访办实事”及政策宣讲活动。纵深推进“我为学校办实事”活动，年初，墨竹工卡县教体局围绕教师住房现状、幼儿园基础设施完善需求和幼儿园教学设备需求，由局主要负责人带队，局相关科室参与，深入全县中小学、各村幼儿园进行学校工作全覆盖调研。

新冠疫情期间教育系统各党组织充分发挥战斗堡垒和党员先锋模范作用，第一时间组建党员突击队，累计出动260余名党员教职员工，在物资搬运、支援城关区、核酸检测、防疫运输、学生出藏返校、消杀消毒、环境卫生整治、线上教学以及校园内保等疫情防控工作中冲锋在前，勇担使命，以实际行动扛起抗疫责任，筑牢校园疫情防控的坚固屏障。

年内，墨竹工卡县教体局党支部召开2021年党支部组织生活会，围绕改进作风狠抓落实、党风廉政建设、民族团结教育、国家安全、中共二十大精神、习近平总书记重要讲话精神等相关内容开展集中学习18次、自主学习7次、主题党日活动10次、党员应知应会理论测试2次、书记讲党课2次，集中观看反腐电视片《零容忍》2次，集中观看《问政拉萨》3期，每人撰写观后感1篇，围绕区市第十次党代会、全国“两会”、中共二十大以及“作风怎么看、工作怎么干”等内容进行交流研讨，每人撰写交流发言稿2篇、心得体会4篇，党员干部签订各类承诺书7种。

2022年4月10日，尼玛江热乡中心小学开展红领巾争章活动

【德育工作】 年内，召开思政工作专题部署会议，充分发挥德育、思政课主阵地作用，进一步丰富和规范学校思政课，把爱国主义、民族团结、社会主义核心价值观、法治教育贯穿教育教学各环节。年内，全县教育系统以“3·28”西藏百万农奴解放纪念日、清明节、“六一”国际儿童节、端午节和“七一”等节庆为契机，通过网上祭奠、观看爱国影片、文艺会演、演讲比赛等多种形式开展铸牢中华民族共同体意识、喜迎二十大主题系列主题教育。各小学举行“红领巾献礼建团一百周年·争做新时代好队员”“红领巾奖章”争章一星章颁章仪式，南京—墨竹工卡“圆梦教室”揭牌。南京实验小学荣获第二届西藏自治区文明校园称号。

积极推进民族团结创建工作，制定民族团结进步模范学校创建工作计划，通过发放宣传手册、民族团结主题活动以及创建民族团结教育示范校等形式，稳步推进创建民族团结进步模范学校。年内，县中学、南京实验小学、甲玛乡希望小学、唐加乡中心小学、尼玛江热乡中心小学、县第二汉语藏语幼儿园被评为县级民族团结进步示范学校。推广普及国家通用语言文字，制订《2022年墨竹工卡县教育（体育）局关于村（居）主干集中学习国家通用语言文字活动实施方案》，并组织专题培训3期。精心组织安排2022年度“传承经典、赓续荣光”为主题的中小幼诵读、童谣比赛，向市级推荐4个优秀作品。每周二由各村幼儿园教师承担村（居）干部学习普通话教学任务。

按时完成2021年度体育场地统计数据填报工作。成功举办第三届“松赞”文化艺术节暨民族传统体育赛事、第三届小学生校园足球联赛，组织墨竹工卡县代表参加拉萨市第三届工间操大赛。拉萨市体育局到墨竹工卡县调研体育工作，对墨竹工卡县全民健身、群众体育予以充分肯定。

【教育教学】 年内，聚焦“六个提升”“六大校园建设”，巩固深化

“五个 100%” 成效，深入实施《墨竹工卡县教育教学质量提升工程实施意见(2021—2025 年)，着力推动教育高质量发展。

2022 年 “城乡结对” 教学交流共建活动在墨竹工卡县扎雪乡中心小学圆满启动。落实 “双减” 政策，深入学校对课后服务课程设置、工作方案及推进情况进行不定期检查、指导，优化各学校课后服务，完善中小学 “课后服务” 经费保障机制，每年预备专项资金。由局领导带队，组织各学校校长(园长)到曲水县、林周县观摩学习。

【教研教改】 年内，有序落实《墨竹工卡县教育教学质量提升工程实施意见(2021—2025 年)，组织教研员蹲校视导、骨干教师送教 8 次，开展 “同课异构” 主题大教研 6 次，到各学校开展教育教学常规检查 8 次。组建小学集体备课体系，研发集体备课电子教案。顺利安全完成小学其他省市西藏班及中学学考工作。

年内，墨竹工卡县共有 21 名学生考上其他省市西藏班(校)，教学质量得到稳步提升。深入开展疫情防控期间全县中小学 “停课不停学” 线上教学和教研活动，毕业班开课率达 100%，每日学生参与率 92% 以上，累计开展线上教研近 30 次。通过派送书本、作业本到家以及每日督学、每周小结等形式充分保障学生居家学习质量。

【队伍建设】 年内，预算培训经费 32 万元，落实《墨竹工卡县教师五年培训计划(2021—2025 年)》，通过线上线下形式，组织教师参加各级各类师资培训，深入推进教师岗位大练兵活动，提升教师专业水平。全年，组织教师参加国培、区市县培训 8 次，参训教师达 171 人次，其中县级师资培训 6 次，参训教师达 106 人次。制订完善《墨竹工卡县关于推选小学教育阶段学校教师交流轮岗实施方案》《墨竹工卡县中小学教师梯队建设方案》，对 4 所小学、幼儿园校级领导进行岗位调整，组织 13 名教师跟岗学习，优化队伍结构，提升管理水平。

年内，教师节推荐评选区市县先进集体 16 个，优秀个人 188 人(其中国家青年教师奖 1 名、自治区优秀班主任 2 名)。建立健全教师激励机制，落实《墨竹工卡县 “格桑花开” 爱心奖教资金使用管理办法》。关心关爱教职工，改善基层教职工生活条件，2022 年 10 月起全县教职工每月伙食补助标准提高至 617 元。考察推荐评聘高级教师职称 2 人、一级教师职称 26 人，申办教师资格证 1 人。

【教育信息化】 投入资金 1200 万元，推进自治区级 “互联网 + 教育” 示范县创建工作。到各学校开展信息化设备运行维护专项检查指导工作，完成 “互联网 + 教育” 项目初验。完成县级科技楼方案编制及征求意见工作，着力打造自治区级样板科技馆。

【学前教育】 年内，着力推进学前教育普及普惠工作，成立工作领导小组，制定工作实施方案，召开工作推进会 2 次，投入 400 余万元继续实施幼儿园暖廊工程及室外活动场所建设项目，并补齐益智类玩具及图书，学前教育工作得到高效推动。

6 月，顺利高质量通过自治区学前教育普及普惠过程督导。针对自治区督导反馈意见，及时召开整改部署会，全面推进整改工

2022年6月23日，墨竹工卡县教体局在南京实验小学组织举办第三届小学生校园足球联赛

作。着力推进学前教研，有效开展送教下乡、教研视导、幼小衔接等工作，举办幼儿园“喜迎二十大、童言童语”诗歌朗诵比赛。

【教育督导】 年内，开展春秋季开学运行、校园安全、学前教育普及普惠、常态化疫情防控措施落实情况和开学复课督导等专项督导检查9次，完成5名拉萨市第五届专(兼)职督学人员推荐工作，联合县检察院、县委宣传部、县文旅局到学校、书店、校园周边商店开展“线上+线下儿童不宜读物排查”工作。为确保2022年秋季学期安全有序复学，10月25日，由墨竹工卡县教体局牵头，联合公安、市监、应急、卫健、消防、电力公司等部门组成执法检查小组，对学校开展秋季“错峰错时”开学准备情况及10月公共安全整治联合执法检查。

【教育项目建设】 年内，持续改善校园基础设施，着力改善办学条件。用好用足教育投入，加快支出进度。按需逐步优化校园布局，实施校园基础项目，逐步提升改造学校配套用房及设施设备老旧、损坏、紧缺问题。

年内，投入633万元的校园绿化、亮化工程全面完成，多渠道筹措资金6000余万元用于完善校园硬件条件。实施唐加乡、扎西岗乡幼儿园综合楼、甲玛希望小学、南京实验小学学生宿舍新建项目。实施并完成县中学校园河渠提升改造项目、日多乡幼儿园和尼玛江热乡3所村级幼儿园室外附属及围墙改造、县第一幼儿园综合楼、县第二幼儿园新建室外阳光房、扎西岗乡斯布村幼儿园教学楼维修、综合楼新建及甲玛希望小学改扩建征地、食堂操作间提升改造等项目。

【教育经费】 年内，巩固拓展教育脱贫攻坚成果同乡村振兴有效衔接。进一步加强宣传，深入解读政策，全面落实15年义务教育免费“三包”政策、营养改善计划，严格大宗物资采购程序，认真开展“三包”、营养大宗物资采购及配送工作。下拨“三包”经费1559.78万元，惠及学生37477人次，营养改善经费382.26万元，惠及学生36442人次。落实建档立卡大学生资助金共135.924万元，惠及学生236人。滚动更新完成2022年0—18周岁适龄儿童少年、春季学期全县在校生及全国中小学管理服务平台等数据录入及上报工作。严格转学手续，对转入、转出学生信息登记造册，强化“控辍保学”工作力度，持续巩固义务教育控辍保学历史性动态“清零”成果。

【校园安全】 年内，安全维稳管理工作被列入计划，并作为首要工作抓紧抓好。强调树立安全管理意识，深入贯彻国家和区市县安全维稳管理的有关精神，消除各学校安全隐患，加强师生安全教育和管理，与学校签订年度目标管理责任书，明确安全管理工作要求。

设立安全生产专项经费，拨付164余万元至各学校，用于定期检修水电线路，及时更换老化、破损、裸露电线，加强对楼梯扶手、教室门窗、楼道(梯)照明设施的日常维护保养，更换过期灭火器，添置、更换保安装备。依托物防落实安全责任，投入160万元为全县师生员工人身意外保险及校方责任险，投入150万余元进行中小学、幼儿园学生健康体检，投入45万余元进行各中小学幼

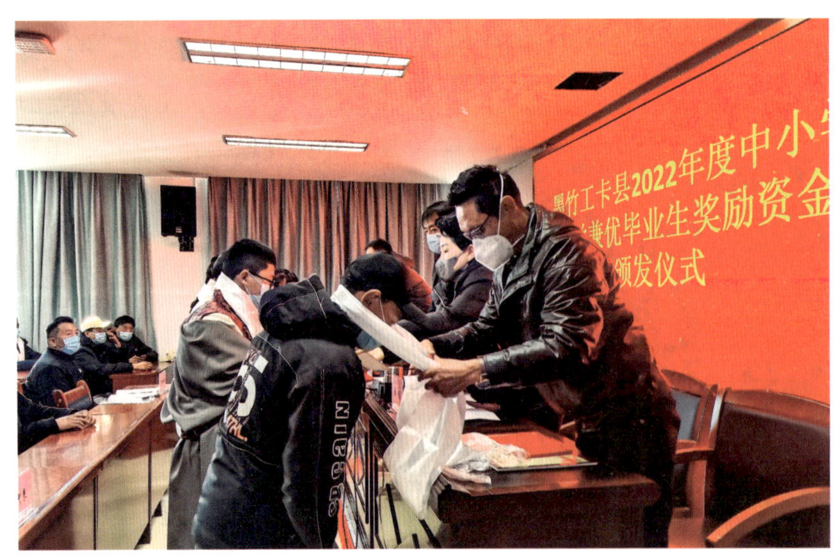

2022年11月28日，墨竹工卡县教体局举行2022年度中小学品学兼优毕业生奖励资金颁发仪式

儿园的水质监测2次，未达标的及时整改。投入资金24万元为各幼儿园门口安装防冲撞护栏等设备，投入资金131万元，为全县中小学、幼儿园购置安装智慧烟感系统。

年内，召开校园安全专题会议16次，县委教育工作领导小组组织召开校园安全、校园饮水、学生接送等专题会议6次，在各学校自查自纠基础上，到各级各类学校开展安全工作专项检查186次，指导学校安全工作。

（曲　珍）

【机构领导】

党组书记、局长

次仁旺堆（藏族，9月免）

扎西旺堆（藏族，9月任）

副局长

白　玛（女，藏族）

卞育兴

墨竹工卡县中学

【概况】 2022—2023学年，墨竹工卡县中学有41个教学班级（均为汉语藏语教学班），在校学生2041名；教职员工共174人，其中专任教师171人，中高级职称93人。

【党建工作】 年内，在转正大会中有2人转为预备党员（其中南京援藏教师1名），吸收5名入党积极分子。2022年，共有101名正式党员（包括南京援藏党员教师2名）。

加强意识形态阵地建设，明晰“立德树人”的教育方针，将学校的教育教学引向正确的方向。严格贯彻落实教职工政治学习制度，按规定要求组织开展教职工政治学习，及时宣传贯彻落实上级有关会议、文件精神，认真抓好师生员工政治思想工作以及学校意识形态工作，真正做到党建工作与学校中心工作同计划、同部署、同落实。

【党风廉政建设】 年内，深入学习习近平新时代中国特色社会主义思想，全面贯彻中共二十大精神，加强班子建设、党风廉政建设、意识形态管理、师德师风建设，全面从严治党，打造一支素质过硬，专业能力强的教师队伍。在疫情期间，党员充分发挥先锋模范作用，成立以党员为主的志愿者队伍，持续战斗在疫情防控第一线。

规范落实“三会一课”“主题党日”和民主、组织生活会等党内制度；依托“学习强国”学习平台等网络媒介，拓宽党员和教职工理论学习途径，创新学习形式。

【基层党组织建设】 年内，认真定期召开党委会议、支部委员会、党小组会。共召开党委民主生活会议、各党支部组织生活会，加强意识形态教育。其中，召开党委会议、党委扩大会议50余次，各支部召开支部委员会8次。

【落实活动育人】 年内，开展“3·28”西藏百万农奴解放纪念日、“五四”青年艺术节、第23届校园夏季运动会等一系列丰富多彩的主题教育，提升校园宣传阵地建设水平；常规性开展国旗下讲话系列仪式教育。

【德育工作】 年内，以“立德树人”为根，打造全方位、全过程、全员育人模式，在此基础上，本着融会贯通的理念，把德育教育的触角向更深处、更远处伸展，由实践上升至理论，开展“三种教育”：“体验教育”，让学生身入其中，心入

2022年4月8日，县委书记沈鹏里（前排右二），县委副书记、县长巴桑（前排左三）一行到县中学考察教工小区环境改善问题

其中，切身体会和感受。“养成教育”，使学生在陶冶情操，磨砺意志的过程中形成“快乐教育”，寓教于乐，让学生在道德教育中追求快乐、寻找快乐、创造快乐、展示快乐、体验快乐。为培养学生良好习惯的养成，学校把“养成教育”当作每周工作的重点，在每月一次的班主任工作例会上反复强调，针对学生中存在的问题，结合学校实际制定相应措施作为工作任务认真落实。

“学高为师，身正为范”，学校始终把教师职业道德建设放在德育工作队伍建设的突出地位，以提高教师的职业道德修养，让教师的人格魅力影响学生感染学生，同时，学校定期对教师开展德育培训学习，不定期考核，通过对学生开展问卷调查，评选出德育先进工作者，并进行表彰。

【校园文化建设】 年内，深入领悟党中央构建和谐社会重要指示，紧紧围绕学校党支部和学校的中心工作，围绕新学期团建工作的要求，以全面推进素质教育为重点，以加强共青团组织的基础建设为根本，抓好阵地、扎实工作、求真务实、开拓创新，努力开创学校团支部工作的新局面。

引导团员青年自觉遵守爱国守法、明礼诚信、团结友善、勤俭自强、敬业奉献的基本道德规范，养成良好的道德品质和文明行为。大力宣传雷锋精神，把学雷锋活动与团工作制度建设相结合，培养团员青年高尚的道德情操。

【学生养成教育】 年内，让德育贴近学生思想道德实际，贴近学生的生活现实，以达到“润物无声”的效果。学校充分利用各种有利资源，引入生动活泼的教育形式，将德育渗透到学生的学习和生活的各方面，对学生进行潜移默化的教育，陶冶学生情操。同时注重课堂外求发展，形成课堂课外有机结合，开展内容鲜活、形式新颖、吸引力强的道德实践活动，以增强思政办的吸引力和感染力，提高实效。

【教务教研】 年内，学校高度重视“停课不停学”线上教学工作，通过认真分析学生学情，制订详细的线上教学课程计划，成立由自治区及拉萨市骨干教师组成的授课教师团队，保障正常的教学进度，保证教学效果。为学校高质量完成线上教学工作奠定基础。“教而不研则浅，研而不教则空”。为加强线上课堂管理，学校从线上教学实施、教研活动、作业布置与落实、授课方式、学生日常管理等方面都提出了明确要求，学校教师定期开展线上教研活动，确保线上教学的质量。

在落实“双减”“五项管理”的精神上，各大功能室持续开放，学生用激情与活力，用聪明才智在功能室这个平台里尽情演绎，展现特长，积极实践，大胆想象，勇敢创造。定期开展第二课堂系列活动，培养学生勤奋好学、勇于实践的精神。

【青少年活动中心】 年内，青少年活动中心以服务学生的课外实践活动为目标，针对学生实际情况定期开展丰富多彩的课外实践活动。

【总务后勤】 年内，以“管理育人，服务育人，环境育人”为宗旨，学校建立起一支特别能吃苦、能战斗、讲奉献的后勤队伍。在校务监督委员会的监督下，规范采购程序，加强财务预算与管理，为

2022年4月26日，墨竹工卡县中学举办第二十三届运动会

教育教学工作做好保障。认真做好学校食堂、教工食堂的所有工作，在法定节假日为工会会员购买、发放慰问品，为全体师生提供优质高效服务。严格落实新冠疫情防控工作要求，“外防输入、内防扩散”，认真做好疫情期间教职工保供工作，全心全意营造舒适宜人的校园环境。

（郑作良）

【机构领导】

党委书记、校长

尼玛次仁（藏族）

党委副书记

旦增格桑（藏族）

副校长

周 文 泉

全 洪 兴

罗 星 敏

气象

【概况】 墨竹工卡县气象局国家系统人员编制数为6名。其中，国家公务员1名，参照公务员法管理事业编制数2名，国家气象事业人员编制数3名。2022年，实有人数6名。其中，正科级2名，科员1名，事业编制3名。局内设综合管理科、防灾减灾科2个管理机构。

【党建工作】 年内，墨竹工卡县气象局党支部以习近平新时代中国特色社会主义思想为指导，认真学习贯彻落实中共二十大精神。根据区、市气象局党组和县机关工委相关要求部署，各项工作开展有序。其中，开展理论学习教育20次，廉政教育学习8次，主题党日活动8次，专题研讨8次，专题党课4次，支部党员大会4次，年度组织生活会1次，民主评议党员1次。

【亮点工作】 年内，墨竹工卡县气象局深入贯彻落实《中国气象局关于印发〈研究型业务试点建设指导意见〉的通知》，进一步巩固并扩大“局企合作”成果。

6月，在华泰龙矿区建设完成5套六要素气象观测站（风向、风速、气温、相对湿度、气压、降水）并正式投入运行，此项工作的完成可有效监测矿山周围气象要素信息，大幅提升矿区防灾减灾能力。

与西藏巨龙铜业有限公司进一步深化合作，口头达成再建2套气象自动站的合作意向。

为提高人工影响天气作业能力保障社会经济发展，墨竹工卡县气象局重点建立健全人影安全管理体系，增强作业人员的作业安全性，在3个人影作业点建成人影自动化作业室，进一步促进人影工作科学、规范、安全发展。

【基本业务】 年内，墨竹工卡县国家气象观测站正式升级为国家基本气象站。截至年底，墨竹工卡县下辖国家基本气象观测站1个，国家级无人自动站2个，区域无人自动站6个，交通气象站1个，泥石流监测站5个，矿山站7个；随着气象观测要求的不断提高，2022年完成业务观测软件升级工作3次，开展全县自动站巡检12次，气象装备维护维修15次，雨量设备标校65次，开展业务集体学习32次，开展气象观测业务内部安全大检查2次，并在全市气象部门观测业务内部交叉检查评比中，获得全市第一的好成绩。

【气象服务】 年内，墨竹工卡县气象局结合全县实际情况，以习近平总书记关于气象工作的重要批示精神为指导，围绕“监测精密、预报精准、服务精细”要求，认真开展全县气象服务工作，及时主动报送各类气象服务材料。

墨竹工卡县气象局共计发送气象预报信息短信165545条，制作节日专题预报10期、周预报52期、旬预报22期、虫草采挖专题预报5期、重要气象报告2期、天气公报1期、天气消息20期、发布山洪地质灾害预警1期、气象灾害预警4期、地质灾害预警23期、人工影响天气作业指导专报1期。汛期内，墨竹工卡县气象局积极开展气象服务工作，主动进行灾害隐患点排查，局内人员24小时轮班，确保全县各级领导能够在第一时间了解天气实况，为墨竹工卡县防灾减灾领导小组的决策工作和部署提供科学依据。此外，墨竹工卡县气象局还提供气象证明材料，为气象灾害导致的农田、牲畜、房屋等财产损失的保险办理提供依据。为增强乡镇应对气象灾害的应急处置能力，及时开展气象信息员培训和考核工作。

2022年3月23日，墨竹工卡县气象局联合工卡镇开展世界气象日科普宣传活动

【气象科普宣传】 年内，墨竹工卡县气象局利用“3·23”世界气象日、“5·12”防灾减灾日、“6·16”全国安全生产月活动等。通过线上线下方式，积极开展气象科普宣传进学校、进社区、进乡村活动，开展室外气象科普宣传3次，局内气象科普馆宣传10余次，共计发放气象防灾减灾宣传手册12000余册，参加活动达8000余人次，进一步增强了群众、学生、农牧民的防灾减灾和自救互救的能力。

【人工影响天气】 年内，墨竹工卡县气象局开展人工影响天气安全生产大检查4次，开展人影作业炮手安全培训1次，火箭培训作业1次。汛期内，人工影响天气申请作业共计80次，成功作业17次，作业高炮弹、火箭弹共计发射176发，通过各乡镇人民政府气象信息站统计，2022年墨竹工卡县人影工作保护村庄40个，保护面积达7万余亩，为粮食安全生产提供了重要保障。

【防雷减灾】 年内，墨竹工卡县气象局认真贯彻落实拉萨市气象局和墨竹工卡县安委会关于气象安全生产工作部署要求，对全县加油站、加气站、矿区炸药库等易燃易爆危化场所开展防雷安全检查8次，印发整改通知书2份。

【全国自然灾害综合风险普查】 年内，根据《西藏自治区人民政府办公厅关于做好第一次全国自然灾害综合风险普查的通知》，完成1978—2020年墨竹工卡县气象灾害致灾因子（暴雨、干旱、低温、风雹、雪灾、雷电）的调查、收集、审核、补充、上报、汇交工作。通过整理历史灾情资料、档案查阅、现场勘查（调查）与其他部门共享普查信息等方式获取本地区历史气象灾害信息。通过外部媒体、横幅等多种宣传形式，广泛宣传第一次全国自然灾害综合风险普查工作，提高群众对自然灾害综合风险普查的认识，认清普查工作的重要性，切实将本次灾害普查工作落到实处。

（甘臣龙）

【机构领导】

局　长

刘　勇

副局长

永　红（女，藏族）

气象台台长

邹芳娥（女）

交通·通信

交通运输

【概况】2022年,墨竹工卡县纳入养护统计里程690.785公里(除高速、国省道外)。其中,县道1条,共计30.593公里;乡道3条,共67.281公里;村道85条,共361.364公里;专用道路56条,共231.547公里。全县41个行政村(居)已全部实现通畅;198个自然村全部通达。行政村、自然村通客运班线率100%。2022年,墨竹工卡县交通运输局干部职工共11人。

2022年7月2日,县委书记沈鹏里(右二),县委副书记、县长巴桑(右三)一行到国道349线尼玛江热乡路段调研

【基本职能】推进墨竹工卡县综合交通运输体系建设,统筹规划公路行业发展,建立与综合交通运输体系相适应的制度体制机制,优化交通运输主要通道和重要枢纽点布局,促进交通运输方式融合,组织拟订全县综合交通运输发展战略、规划、政策和规范性文件,指导、协调、监督全县公路发展战略、规划、政策和规范性文件的拟订,指导综合交通运输枢纽规划和管理,负责交通运输行政执法检查和监督。

承担道路运输市场监管责任。监督实施全县道路运输执行相关政策、技术标准和运营规范。指导全县城乡客运及基础设施管理和维护,承担有关重要设施的管理和维护。

制订全县交通运输行业科技发展规划并监督实施。指导全县交通运输信息化建设,监测分析运行情况。指导公路行业环境保护和节能减排工作,承办县人民政府交办的其他事项。

【法治建设】年内,以习近平新时代中国特色社会主义思想为指导,全面贯彻中共十九大、十九届历次全会精神和中共二十大精神,按照组织部和作风办工作要求,将党建、作风建设及交通业务工作同安排同部署同落实同检查。

年内,墨竹工卡县交通运输局组织党员干部集中学习15次,书记讲党课4次,每月开展主题党日活动1次，开展作风建设学习11次，开展感悟领袖风范，锤炼作风过硬读书活动16次。认真落实“三会一课”制度，确保党员思想统一，行动统一。

【党风廉政建设】 年内，切实落实“两个责任”，明确党员干部职工责任，强化作风建设和纪律要求，深入推进廉政风险防控体系建设。狠抓中共八项规定和“四风”问题，筑牢拒腐城墙。在重大节假日来临之前，组织党员干部职工集中学习廉洁纪律文件精神，开展党风廉政教育5次，让党员干部职工从典型案例中吸取教训。

年内，组织党员、干部职工集中观看警示教育片1次；开展经常教育，局党支部将每月第一个周五固定为例会；组织全局党员干部职工，到警示教育基地进行参观学习。

【社会稳定】 年内，积极传达学习区、市、县党委关于维护国家安全和社会稳定的会议文件精神，严格按照维稳值班要求履行值班任务，为中共二十大胜利召开营造良好的环境。为保障道路安全，制定《交通运输局道路交通安全应急处突预案》，组织人员实地查看交通道路，对破损路段及时列入道路养护工程，切实保障了群众安全出行。

【农村公路实施项目】 年内，共实施3个农村公路基础设施项目，项目总投资506.04万元。分别为墨竹工卡县唐加乡仲尼村三组公路修复性养护工程（ZM69），项目总投资240万元；拉萨市墨竹工卡县门巴乡贴朗村2号桥，项目总投资93.6万元；2022年墨竹工卡县农村公路交通安全设施精细化提升工程，项目总投资172.44万元。

【农村公路养护】 年内，为全面推进乡村振兴战略，向群众提供优质、高效的交通运输服务，进一步规范全县农村公路养护工作，使公路日常养护迈入常态化、规范化轨道。根据《墨竹工卡县农村公路养护体制改革方案》要求，积极推进农村公路日常养护及应急抢险。结合“领导干部下基层办实事”活动，对群众反映的道路路面养护修复问题，逐一进行排查，根据实际情况，逐步将养护工作推进市场化运营，小修保养工作交由本地农牧民施工企业，进一步培养本地公路养护专业人才，增加群众创收。

积极推进农村公路日常养护工作，对全县农村公路安全设施和交警部门提供的隐患路段进行全面排查，根据具体隐患点位进行现场核对采集，并结合实际情况制定整改措施，将估算投资等信息建立档案卡上报上级部门，争取资金，消除隐患。

2022年6月28日，拉萨市交通运输局副局长侯文峰（右二）一行到国道349线工卡镇路段指导水毁抢险保通工作

【道路交通安全】 年内，开展安全生产检查50次，其中道路安全检查40次、客运领域检查6次、汽修场站、烟花爆竹等检查4次．按照汛期隐患排查工作要求，开展隐患排查6次，完成6处防汛抢险处置工作。

【交通综合行政执法】 年内，墨竹工卡县交通运输局联合县交警部门、市运管执法大队开展“非法营运”执法行动8次，开展联合执法8次，检查过往车辆1000余辆，纠正违法行为80余辆，处理1起无证经营车辆，实施行政处罚5000元，并要求办理相关从业手续。

2022年5月20日，墨竹工卡县交通运输局联合县交警大队到国道349线唐加乡路段开展上路交通综合行政执法行动

【道路交通环境保护】 年内，墨竹工卡县交通运输局高度重视环境保护工作，先后开展5次环境卫生清扫活动，在“6·5”世界环境保护日宣传爱护环境知识，营造良好的全民环保氛围。中央环保督察期间，受理中央第四生态环境保护督查组转办案件，全局上下高度重视转办案件的督促整改工作，联合相关部门对国道349线改造项目施工现场进行实地核实、召开专题推进会，制定切实可行的整改方案，督促施工企业整改工作进度，有序推进整改工作落实。

【农村公路“路长制”】 11月4日，印发《墨竹工卡县农村公路“路长制”实施方案》，明确工作目标、建立组织体系、工作任务、保障措施等内容，及时着手制作“路长制”公示牌，完善“路长制”工作考核细则及相关制度。

（巴桑旦增）

【机构领导】

局　长

洛桑多吉（藏族，5月免）

张 建 福（7月任）

副局长

丹增曲达（藏族，5月免）

格桑云单（藏族，6月任）

交通综合行政执法队副队长

马　　超（6月任）

墨竹工卡养护段

【概况】 2022年，墨竹工卡养护段在自治区党委、政府，自治区交通运输厅党委、自治区公路事业发展与应急保障中心、林芝公路事业发展与应急保障中心党委的总体部署下，全面贯彻落实习近平新时代中国特色社会主义思想和中共二十大精神，围绕“不忘初心、牢记使命”主题教育，坚持以“改革攻坚、养护转型、管理升级、服务提质”为目标，凝心聚力，科学谋划，全段管养国省干线路况水平进一步提升，安全保畅能力不断增强，路域环境综合整治成效明显，公路各项工作服务经济社会发展能力水平显著增强，较好地完成2022年度目标任务。

【综合养管】 年内，墨竹工卡养护段严格按照公路养护相关标准，坚持以公路日常养护作为工作重点。2022年，日常养护工作量共计清理白色垃圾1140千克、清理边沟167359米、清扫路面831107平方米、清扫路肩56350平方米、整理边坡303083平方米、清理边坡杂草杂物50782平方米、河流改道160米、疏通涵洞30道、路肩培土24.5立方米、整理路肩32097平方米、沙土路季节性养护7000平方米。小修工程工作量共计路面灌缝211232米、沥青路面修补坑槽1081.541平方米、沥青路面沉陷处理3275平方米、补画路面标线8628平方米、维修涵洞帽石3块、更换涵洞警示柱242根、新增混凝土防撞墙71米、修复混凝土路面602.77平方米、更换标志标牌38块、更换波形护栏板336米、更换边沟盖板4块、下铅丝笼27立方米、处理涵洞跳车189平方米、修复涵洞进出水口损坏29立方米、新增挡冰墙70米、局部维修挡土墙151.76平方米、沿线设施刷漆484.51平方米、更换涵洞盖板29块、修复浆砌片石下挡墙6.927平方米、更换路缘石5块、新增混凝土边沟506.67立方米、埋置波纹管涵3道18米、新修涵洞八字墙33.6立方米。

年内，汛期抢险保通工作量

G318线抛石护基190立方米，碎石回填100立方米，投放铅丝笼27立方米。冬季抢险保通工作量共计抢险人员251人/次，机械67台/次，铺撒防滑料258.5立方米、清除积雪37054.79立方米，铺撒融雪剂18.35吨。

年内，主要对念曲桥出水口维修桥底铺砌层、铺砌两端设置截水墙24立方米，桥台及八字墙勾缝16.5平方米，念曲2桥桥梁局部勾缝36平方米，146道班3桥桥台勾缝8.4平方米，念村桥2修复桥底铺砌层、铺砌两端设置截水墙92立方米，念村桥1修复桥底铺砌层、铺砌两端设置截水墙51立方米，147道班1桥上游导流堤基础及消力层局部维修20立方米，147道班2桥修复桥底铺砌层、铺砌两端设置截水墙88立方米，扎西岗桥加固桥梁导流堤投放铅丝笼12立方米，导流堤基础加固115立方米，甲玛桥处理桥梁跳车36.1平方米，边久林桥桥梁局部勾缝69平方米，色康桥桥梁局部勾缝6平方米。较好地完成林芝公路事业发展与应急保障中心下达的各项目标、指标：普通国道铺装路优良路率达到95%，路面技术状况指数（MQI）值达到86.68，路面使用性能指数（PQI）值达到85.73；普通省道铺装路优良路率达到46%，MQI值达到73.74，PQI值达到69.24。

为创建安全、美丽、舒适的道路通行环境，墨竹工卡养护段在G561线K96+000—K146+000处建设示范路50公里，通过处理路面、路基、桥涵病害，加强路域环境整治，规范整修路肩、边坡、美化公路，以创新“示范路”内涵、打造“示范路”为亮点，促进公路路况和路域环境明显提升，公路安全通行水平显著提高。

年内，加强培训学习工作，根据墨竹工卡养护段实际需要，积极制定科学合理的养护技能培训方案，已进行4次养护生产统计培训、4次养护知识培训，通过培训学习，不断提高养护工程技术人员的理论知识、技术能力、安全意识和安全专业知识，不断适应新形势下道路养护工作要求。

2022年5月31日，墨竹工卡养护段组织职工开展挖掘机和灌缝机操作培训

【安全生产】 年内，认真贯彻落实各级领导有关安全生产工作安排部署，结合安全生产专项整治三年行动，先后组织开展专项督导检查8次。以安全生产“双控”体系建设为基础，深入开展隐患排查整治与自查自纠工作。截至年底，累计发现并整改安全隐患269起，整改269起。常态化开展班前安全教育活动，开展规范公路养护作业区活动。

年内，组织开展应急预案、应急知识、互救自救的培训和救援演练活动，提高全面防灾和应急处置能力；完善应急体系建设，制定完善公路桥涵抢险保通应急预案，积极组织波纹管埋设、水毁抢险保通等应急实战演练活动。科学组织安全生产事故指挥救援工作，强化应急演练，做好事故应急处置。

年内，开展“安全生产宣传月活动”和“事故教育活动”。集中观看警示教育片3场次，对典型事故和灾害进行剖析吸取教训，防范类似安全事故发生。

开展风险防控、隐患排查治理、公路基础设施固有风险及安全生产风险的辨识及培训工作。引导职工树立风险意识，掌握风险分级管控和安全隐患排查治理知识，增强职工对重大事故隐患辨识和治理的认知能力和水平。

开展公路安全设施及交通秩序精细化提升工作摸排调查、协

2022年7月5日，墨竹工卡养护段开展职工班前安全教育活动

调、数据采集上报。并根据墨竹工卡养护段实际制定《墨竹工卡公路养护段公路安全设施和交通秩序管理精细化提升行动落实方案》。

【路政执法队伍建设】 年内，组织路政人员学习，为进一步规范公路路政工作，增强路政人员的组织性和纪律性共举办6次业务学习。

年内，开展“八五”普法16次。发放各类宣传资料3750余份，接收法律咨询约300人次，出动人员约20人次。全段干部职工积极参与《中华人民共和国宪法》《中华人民共和国反有组织犯罪法》等法律法规的学习。年内，共向拉萨市交通综合执法队报告涉路案件41起；许可现场勘验4起。

【机料管理】 年内，逐步开展机械设备的保养维修工作，共计保养维修设备53台次；坚持每月到工区进行机械设备的日常保养检查和技术状况检查；在疫情防控期间通过电话、微信等形式对各工区的机械设备使用情况及油耗情况进行监督及记录；落实岗位责任，进一步提升操作手责任意识。

年内，墨竹工卡养护段采购养护生产工具、路面沥青、各类养护生产材料产生费用共计2872016元，日常养护油料和抢险保通油料共计消耗42245公升。建立健全油材料管理制度，定期检查段属工区的油材料储备、油材料出入库等情况，安排专人负责。

年内，联合安委办定期开展段属工区操作手安全生产教育宣传活动，共计培训7次。邀请专业技术老师开展机械设备理论及实机操作培训共2次。

【党建工作】 年内，巩固“党史”“三史”主题教育成果，持续深入推进改进作风狠抓落实学习教育活动。引导广大党员干部转思想、提素质，强引领、抓落实，促进学习教育常态化、制度化。制定《墨竹工卡公路养护段学习计划表》，推出“主题式”菜单，列出学习内容，指明学习方向，梳理学习要点。利用“学习强国”学习平台、微信公众号等平台，分享学习资料，促进互动交流，扩大理论学习覆盖面。通过集中学习、自学、观看电影、写心得体会等多种形式开展集中学习30余次、撰写心得体会130余篇、专题研讨3次、党支部书记讲党课3次、应知应会知识测试4次、自查自纠1次、发现问题4个，提出整改措施4条，均已整改完毕。

年内，制定《墨竹工卡养护段贯彻落实中共二十大精神实施方案》，明确学习目标，聚焦核心任务，强化学习效果。领导干部主动承担责任，带头开展宣传宣讲，以实际行动带动广大党员干部职工学习中共二十大精神。制作中共二十大精神口袋书，将学习资料送到广大一线养护职工手中。截至年底，开展线上学习35次，线下集中学习10次，撰写心得体会60余篇，支部书记讲党课1次，集中宣讲1次，转发中共二十大相关报道30余次。

年内，为31名党员统一配发新党徽，通过摆放“党员先锋岗”“党员示范岗”等标识的办法，亮明党员身份，如在“七一”前后，组织开展党员“进社区”志愿服务活动，发挥先锋模范作用。坚持“三会一课”制度，抓好主题党日活动，严格落实民主评议党员等党内工作制度。年内，召开支委会10余次，开展主题党日活动8

2022年3月13日，墨竹工卡养护段职工维修标志标牌

次，支部书记讲专题党课4次。

【党风廉政建设】 年内，组织召开全面从严治党暨党风廉政建设工作会议2次，集体廉政约谈2次，纪检干部列支委会议21次、段长办公会议19次，行政专题会议7次。

开展日常廉政警示教育学习会32次，其中开展专项警示教育活动7次，观看警示教育片7场次，签订《党风廉政建设责任书》13份、《纪检监督责任书》2份、《安全文明驾驶承诺书》54份，受教育人数120余人，发送廉政短消息提醒8条，规范填写《党风廉政建设工作台账》1本，上报纪检监察信息32期。

开展严禁在项目评审验收中收受红包，整治公务接待中"吃公函"问题，严禁违规操办、参加"升学宴""谢师宴"，严禁酒驾、醉驾、无证驾驶等警示教育专项活动7次。

墨竹工卡养护段纪检办以"节点就是考点"为切入口，在节假日、特殊重要期，纪检办会同政工部门、办公室到养护一线开展监督检查疫情防控、维稳值班等工作。2022年，上报节日期间纠治"四风"报告7份。

（其　美）

【机构领导】

党支部书记、副段长

孙 国 江

党支部副书记、段长

普布次成（藏族）

纪检员

次吉卓玛（女，藏族）

电信

【概况】 2022年，墨竹工卡县电信局围绕"规模效益发展"工作主线，以移动业务、宽带业务、ICT业务、智能业务四轮驱动，切实做好"内强素质、外树形象"基础管理工作。墨竹工卡县电信局移动用户数持续递增，在新增手机用户中，95%以上用户为4G智能手机，无线4G网络与有线智能光宽带已经悄然改变墨竹工卡县广大农民的信息生活方式。全县自然村电信宽带普及率在40%以上，继续保持电信宽带的市场主导地位；天翼高清渗透率不断提升，用户应用体验良好。此外，电信政企OA、电子政务、综合治理（雪亮工程）、协同通信等一批信息化新兴业务，已在全县党政机关、公安、学校、中小企业等越来越多的行业领域中得到应用，通过信息化的手段提高生产和管理效率。

【党建工作】 年内，根据中国电信拉萨分公司开展基层党组织机构设置优化工作有关要求，墨竹工卡县电信局高度重视，认真开展优化党支部建设工作，根据《关于中国电信西藏公司党委开展党组织垂直化管理的通知》成立拉萨分公司墨竹工卡县电信局党支部，墨竹工卡县电信局全体党员从德、能、智、勤、绩、廉方面进行综合客观考评后，选举党支部书记1名，组织委员1名。开展党员与普通群众结对帮扶工作，按照因人而异、注重实效的原则，在学习、工作、生活等方面进行帮扶工作。将监督执纪落实到位，聚焦主责主业赢得业务发展的胜利，守初心担使命，抓巩固促提升，外树形象内塑品质，推动拉萨电信分公司全面从严治党高质量发展。

【"职工之家"建设】 年内，墨竹

工卡县电信局职工之家通过中国电信集团公司西藏公司工会组织实施检查职工之家、职工周转房、办公场所及局大院设施设备完整和卫生情况；员工不记名对职工食堂和餐饮质量进行周期评分；检查季度员工开展活动记录；检查全年对员工的慰问、体检及疗休养情况；建立健全相关制度及全局团队建设情况等考核事项，墨竹工卡县电信局职工之家被评为“文明职工之家”并升级为区公司五星级“职工之家”，并获评2022年中国电信集团公司“四小”建设示范单位。

2022年8月10日，墨竹工卡县电信局职工到工卡镇工卡村核酸采样点安装宽带

【服务延伸】 年内，墨竹工卡县电信局持续加大基础资源建设力度，建设宽带接入端口17600个，有线宽带服务能力领跑全行业。FTTH（光纤到户）已全面覆盖各个新建小区、易地搬迁点、各乡和行政村，实现一级接入层包括乡镇所在区域、县政府所在区域具备1000M高速带宽接入能力，二级接入层村组具备300M以上带宽接入能力。2022年结合墨竹工卡县域网络覆盖实际情况以及群众的需求新建26个基站，对全县无线网络质量及覆盖提升一个台阶，是拉萨市各县内覆盖最广的移动网络地区之一，已实现宽带天地一体化的通信网络，为建设网络强国奠定良好基础。

建立健全渠道服务体系，2022年墨竹工卡县电信局在原有的“以店包乡”工作基础上，进一步深化推进打造真正意义上的营维一体、高效协同“以店包乡”社区清单化销售服务体系。结合社区清单化销售及小区分类、各社区组织社区成员利用天翼惠民宽带包年等政策，开展小区驻点服务活动，实现“用户至上、用心服务”理念，把中国电信最优质的服务延伸到最基层，哪里有百姓对通信服务的需求哪里就有中国电信的工作人员。

2022年9月10日，墨竹工卡县电信局职工到尼玛江热乡忙热牧组解决学生上网通信问题

【客户服务】 年内，墨竹工卡县电信局以“用户至上、用心服务”为理念，以“全面创新，求真务实，以人为本，共创价值”为核心价值观，以“让客户尽情享受信息新生活”为企业使命，以提升用户满意度为指引，以关键服务环节为节点，以感知测评为手段，强化差异化服务优势。有效落实“首问负责制”公约，积极参与政风行风建设，以店包乡落实、通信扶贫行为，加强用户

信息安全、网络安全和信息化建设。通过投诉预防体系、集中服务工单管理体系、客户体验感知等做好服务提升，实现事前防范、事中监督和事后管控。

【为民办实事】 年内，为全面贯彻新发展理念，服务和融入新发展格局，推动高质量发展，抓好稳定、发展、生态、强边四件大事。坚决贯彻落实党中央，国务院关于农业农村工作重要决策部署、贯彻落实中央第七次西藏工作座谈会精神，充分认识新发展阶段做好“三农”工作的重要性和紧迫性，中国电信履行央企责任和政治担当，充分发挥云网融合、安全可信的数字化能力优势，积极落实网络强国主力军作用，全力配合落实解决群众急难愁盼的通信信号问题，新建基站26个，其中4G基站20个、5G基站6个，打通服务群众“最后一公里”，切实提高人民群众的获得感、幸福感、安全感，为实现乡村振兴、数字墨竹、平安墨竹奠定良好的基础。

（琼达次仁）

【机构领导】

局　长

琼达次仁（藏族）

副局长

次仁拥宗（女，藏族）

邮政

2022年5月15日，墨竹工卡县邮政分公司营业员为客户办理交警罚款业务

【概况】 2022年，墨竹工卡县邮政分公司坚持以习近平新时代中国特色社会主义思想为指导，围绕邮政集团公司“四梁八柱”战略部署和构建“六维共生”新发展格局要求，践行区邮政分公司“三升三稳”经营发展策略，凝心聚力、攻坚克难，各项工作保持稳步向好的发展态势，实现良好开局。2022年，墨竹工卡县邮政实现收入196.42万元，完成预算的79.85%。

【企业发展】 年内，墨竹工卡邮政分公司持续做好能力建设，全县投递服务工作覆盖七乡一镇一新区、40个行政村，年服务里程达8万多公里，全县所辖7个乡均设有乡邮政网点，乡镇通邮率达100%，村村通邮率达100%。同时还运营邮政储蓄网点1个，为全县提供居民个人存款、理财、贷款、商户二维码收款等业务。

截至年底，储蓄余额规模达到4600余万元，为20余家单位提供贷款服务，积极构建商户结算场景，为接近200家商户安装收款二维码。投递服务覆盖墨竹工卡县各乡镇、各学校、各企事业单位等，日均服务量达到500人次，为墨竹工卡县经济发展和农牧区文化建设做出贡献。

【物流体系建设】 截至年底，墨竹工卡县城区、各乡镇、各行政村均形成双向物流配送网络，实行“固定频次”的运行模式，覆盖率达到100%。其中，拉萨市至墨竹工卡县城执行“每日一班”往返频次；墨竹工卡县城至各乡镇、各行政村，设置投递段道6条，投递汽车6辆，执行“每周五班”往返频次。

【服务地方发展】 年内，墨竹工卡县邮政分公司秉承“人民邮政为人民”的服务理念，加强与当地政府部门的沟通联系，切实履行好普遍服务义务，以优质的服务赢得当地政府、企业及基层群众的一致好评。年内，共组织开展和保障服务疫情物资运输20余次。

墨竹工卡县邮政分公司将高举习近平新时代中国特色社会主义思想伟大旗帜，在县委、县政府的坚强领导下，在市邮政分公司的正确领导下，增强“一日不为、三日不安”的责任心，激发“时不我待、只争朝夕”的紧迫感，努力在西藏邮政发展中走在前列，在服务和融入墨竹工卡经济发展中贡献邮政力量。

（欧映辉）

【机构领导】

经　理

王　昊（8月免）

欧映辉（女，8月任）

2022年3月18日，墨竹工卡县移动分公司员工到甲玛乡开展地推工作

移动

【概况】 2022年，中国移动通信集团西藏有限公司墨竹工卡县分公司（以下简称墨竹工卡县移动分公司）始终秉承“正德厚生、臻于至善”的企业核心价值观，以“有价值、可持续”为经营理念，努力以“客户为根、服务为本”为职业操守服务墨竹工卡县各族人民群众。全体员工自力更生、积极进取。在公司上下各级班子的正确领导下成功实现机构调整、网格划分、5G覆盖。用户规模从公司成立之初的4800户增长到2.5万户，运营收入呈逐年上升趋势，7个县公司中内部贡献占比为17.89%，已成为区域市场最有实力和最有竞争力的通信运营商。

墨竹工卡县移动分公司现有在岗员工11人，驾驶员1人，乡镇区域经理9人，解决当地就业人员17人，占总员工数的58%。墨竹工卡县移动分公司现有自办厅1个，合作营业厅3个。各级渠道代理店30余家。2022年，全县共有基站208个，覆盖8个乡镇、42个行政村，网络覆盖率为100%。2022年，共计新建26个基站，服务七乡一镇的客户。

【市场经营】 年内，墨竹工卡县移动分公司主动开拓市场资源，不断提高人员营销水平，全年活动客户13267户，客户总量2.3户，新业务使用客户数累计达15728户。其中，彩铃业务普及率达85.76%.新业务收入比重达到33.97%，成为运营收入增长的主要方向。新增客户市场占有率为62.58%，期末客户市场占有率为52.83%，市场主导地位得以巩固。

持续推进品牌整合，着力提升品牌影响力和竞争力，“全球通”高端品牌形象和价值不断提高，“和”品牌市场带动作用逐渐增强。不断加快渠道建设，认真兑现服务承诺，积极改进渠道管理，核心社会渠道控制力和价值贡献不断提高。进一步加大集团客户市场开发力度，从单一产品植入到综合的信息化解决方案，实现集团客户的“无缝”服务打造有效的商业“价值链”促进双赢。积极宣传推广移动智能终端，实现七乡一镇全面展示，有效发挥综合捆绑和黏性作用。

【员工综合素质全面提升】 2022年，墨竹工卡县移动分公司在拉萨分公司各职能部门的有力支撑下定时或不定时地对营业人员、集团客户经理、渠道管理人员进行业务知识、服务技能、营销方法等方面的培训，极大地增强员工对自身以及企业可持续的关注度，激发员工们的学习热情。

年内，成功营销1.8万笔。打造一支业务技能过硬、综合素质较高的员工队伍。

【班组建设】 墨竹工卡县移动分公司“318”班组成立于2012年，共有成员12人。本着“开心工作、快乐生活”的一支平均年龄只有28岁的年轻团队，通过内容丰富、形式多样的班组技术知识交流活动，分享工作经验，齐心协力，共同解决工作难题。贯彻执行向“双标”学习，扶贫解忧，班组成员多次为公司内部困难职工捐款、捐物。生产之余班组成员与友好单位的班组进行交流座谈活动，积极参加县政府组织地各项体育运动和联谊活动，营造良好的班组氛围，赢得良好社会口碑。在员工们的共同努力下，班组在2022年年底考核中获得全市第二名的好成绩。

（罗舜航）

【机构领导】

经　理

泽　西（女，藏族）

联通

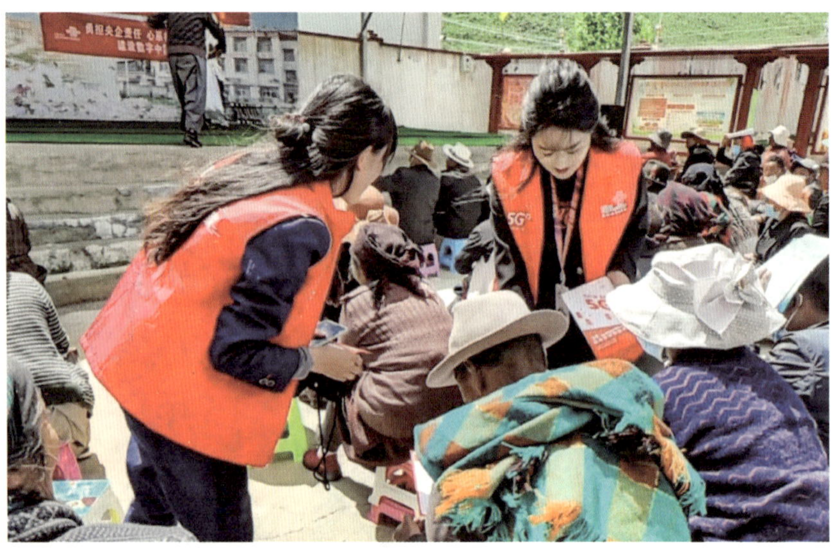

2022年1月5日，联通墨竹工卡县营业部工作人员到扎西岗乡斯布村开展防电信诈骗宣传活动

【概况】 中国联合网络通信有限公司拉萨市分公司墨竹工卡县营业部（以下简称联通墨竹工卡县营业部），主要经营移动通信，4G、5G物联网综合应用等。联通墨竹工卡县营业部建于2010年，2022年有员工6名，营业厅1个，合作厅1个。践行数字信息基础设施运营服务国家，网络强国数字中国智慧社会建设主力军及数字技术融合创新排头兵的新定位。大力提升农村地区宽带网络覆盖能力，不断奋进，锐意进取，创新工作思维，开拓工作方法，提升服务质量，让群众切实受益，使用户的服务体验感和满意度大幅提升。

【服务和管理提升】 年内，联通墨竹工卡县营业部为进一步提升各渠道对服务工作的主动性和积极性，按照一切为了客户的理念，提升网络服务水平，提高客户满意度和客户感知。充分借助产品和网络优势，差异化的服务优势，大力发挥协同效应，夯实管理基础，提升网络质量，加快有效发展，增强综合实力，努力为全县广大用户提供更加高效优质的信息化服务，依靠广大用户的深情厚爱，紧紧围绕集团“聚焦、创新、合作、发展”战略，深入贯彻落实习近平总书记重要讲话精神，坚定信心，抢抓机遇，集中全力加快业务发展和网络建设，提升服务水平，树立企业形象，增强综合竞争力和可持续发展能力，适应不断变化的市场需求，向用户提供专业化和全方位的宽带通信与信息服务。

【网络覆盖】 截至年底，互联网宽带覆盖只在县域318国道、华泰龙希望公寓、幸福公寓、快乐公寓、修理厂、养护段、甲玛乡、巴尔卡村、恰扎组、嘎则新区沿街商铺、斯布村、廉租房有宽带覆盖。网络信号运营商的核心服务、网络质量是优秀服务的基础。

年内，联通墨竹工卡县营业部新建补盲基站85个，行政村自然村以及少量牧区已得到有效优化和改善，使网络覆盖率和网络质量得到很大的提升，客户感知得到有效提升，实现高接通率、低掉线率、通话清晰，网络稳定高效。

【党风廉政建设】 年内，联通墨竹工卡县营业部的发展与管理工作坚持党建统领全局原则。日常工作中，全体员工积极学习习近平新时代中国特色社会主义思想，按照要求，切实把党风廉政建设贯穿到各项工作中，热心服务联通的客户。按照规范及各类流程要求，不断加强内部管理和标准化建设，理顺工作关系，完善 KPI 考核体系，有效提高工作效率。以风险防范作为增强内部管理的重要手段，以创新管理作为提高经济效益的重要保证。

【践行社会责任】 年内，联通墨竹工卡县营业部秉承“做优秀企业公民”的理念，发挥通信行业信息化优势，致力于信息化快速建设，构建公平和谐的信息社会，参与政府信息化、农村信息化、应急通信建设，推进信息化和工业化融合，通过向信息服务商的转型，推进整个社会信息化进程。在自身发展的同时，不忘肩负社会责任和担当，在西藏联通的号召与组织下，向墨竹工卡县扎西岗乡斯布村、日多乡怎村、门巴乡巴尔卡村拉唐组开展“我为群众办实事、银发无忧智慧助老”——西藏联通爱心慰问活动，传播爱的力量，为巴尔卡村、拉唐组、怎村老年人送去温暖并宣讲网络诈骗知识。

（蒋奕科）

【机构领导】
经　理
　　蒋奕科

金　　融

中国银行股份有限公司墨竹工卡县支行

【概况】 中国银行股份有限公司墨竹工卡县支行（以下简称中行墨竹工卡县支行）成立于2018年10月31日，位于墨竹工卡县工卡路17号。现有现金服务窗口2个、智能服务机具2台、自助服务机具1台。2022年，中行墨竹工卡县支行工作人员共10人，其中中行内编制员工5人，聘用工5人。

2022年，中行墨竹工卡县支行各项存款余额为30793万元，其中对公存款余额为26610万元，储蓄存款余额为4183万元。2022年，中行墨竹工卡县支行不良贷款余额为零，全年发放各项贷款累计金额达到10459万元。

【金融服务】 年内，中行墨竹工卡县支行通过全员共同努力，各项业务实现跨越式发展，特别是存款业务实现翻倍增长。

同时，中行墨竹工卡县支行积极对接县财政、华泰龙、巨龙以及县域各大国企等重点单位，不仅做好对公业务服务，也满足了县域各类客户的个人业务需求，以优质的服务做好各项金融支持。

2022年3月24日，中国银行股份有限公司墨竹工卡县支行联合西藏巨龙铜业有限公司开展主题党日活动

【精神文明建设】 年内，中行墨竹工卡县支行联合墨竹工卡县民政局开展为墨竹工卡县特困人员集中供养服务中心送温暖主题党日活动，通过活动为孤寡老人、残障人士及孤儿等送去价值0.43万元的慰问款和物品，展现了中国银行担当社会责任的态度。

【队伍建设】 年内，中行墨竹工卡县支行党支部开展党建共建活动2次、主题党日活动12次、组织生活会1次，开展党史教育等各类学习30余次，有效提升党员干部的党性修养。同时，利用每周一下班后的休息时间组织全体青年员工集中学习业务类管理办法，集中探讨新型业务，为更高效地服务客户打下坚实的基础。

2022年7月20日，中国银行股份有限公司墨竹工卡县支行工作人员到县特困人员集中供养服务中心开展送温暖主题党日活动

【配套设施】 年内，中行墨竹工卡县支行积极争取资金，大力改善员工工作环境和生活环境，有效提升员工的幸福感。

【综合营销】 年内，中行墨竹工卡县支行加大与县委、县政府及县财政等单位的联系力度，极力推介中国银行“一揽子”金融服务方案，为下一步做好县域金融服务打下良好的基础。

【安全运营】 年内，中行墨竹工卡县支行通过每周开展1次内控合规学习、每月开展1次案防分析及警示教育大会，有效提升员工合规意识，全年未出现一起风险操作事件，确保安全运营。

【安全保卫】 年内，中行墨竹工卡县支行严格按照县委、县政府及分行安全保卫部的有关规定，工作条例等，有序开展检查对照工作，全年组织安保应急演练2次、消防应急演练1次，确保无任何隐患地开展安全生产工作。

（白玛玉珍）

【机构领导】

行　长

益西多吉（藏族）

副行长

李　　蓉（女）

中国农业银行股份有限公司墨竹工卡县支行

【概况】 中国农业银行股份有限公司墨竹工卡县支行（以下简称农行墨竹工卡县支行）位于墨竹工卡县工卡镇达塘林路7号。服务面为县城及7个乡1个镇41个村（居），是墨竹工卡县唯一实现乡镇全覆盖的金融机构。

【业务经营】 年内，农行墨竹工卡县支行持续加大金融服务“三农”、服务乡村振兴、服务地方经济社会发展的力度。积极沟通推动、促进拉萨分行与墨竹工卡县人民政府签订《巩固拓展脱贫攻坚成果暨服务乡村振兴战略合作协议》，同时发挥支行主动性，与墨竹工卡县农业农村局签订《农村“三资”管理平台合作实施协议》，墨竹工卡县牧之源奶牛养殖有限公司成功入住总行三资管理平台。全面提升服务乡村振兴力度，2022年累计发放“三农”个人贷款2100笔，金额28295万元。积极配合县委、县政府推动第二批“美丽乡村·幸福家园贷”的发放工作，共受理贷款264笔，金额2294.4万元，发放贷款32笔，金额280.8万元，为助力实现“农业强、农村美、农民富”的战略目标贡献农行力量。

成功为西藏巨龙铜业有限公司办理银团信贷资产受让业务，发放贷款12亿元，疫情发生后，利用分行出台的企业纾困政策，向西藏巨龙铜业有限公司发放流动资金贷款2亿元，有效支持了总行战略客户在区内项目建设和发展，对解决墨竹工卡县农牧民就业增收，支持乡村振兴起到积极作用。向华泰龙矿业开发有限公司办理承兑汇票2.63亿元，不断满足大客户多样化金融服务需求。

与县商会党支部开展党建共建活动，受邀讲解金融政策。先后到企业、商圈、社区和虫草采挖点开展“金融知识送万企”活动20余次。累计为墨竹工卡县小微企业开立对公账户38个，对其中28家小微企业发放贷款1.01亿元，开展减费让利宣传10余次，

2022年6月20日，农行墨竹工卡县支行机关党支部联合县商会党支部开展“金融知识送万企”党日活动

并成功办理拉萨分行县域首笔收单e贷。同时，通过社保卡制卡机的配备，提供上门制换社保卡服务，累计发放社保卡1.8万余张，积极推动“一卡通”工程的推广。

【疫情期间金融服务】 年内，农行墨竹工卡县支行全体在岗员工坚守岗位、尽职履责。为各乡政府、财政局、卫健委等单位办理疫情保障资金业务60余笔，累计金额500余万元；及时跟县财政局沟通全县干部职工代发工资业务，8—11月为60家单位累计代发工资1.34亿元；各营业所主动为农户办理贷款延期服务，累计延期还款500笔，金额6003万元。

【基础管理】 年内，农行墨竹工卡县支行严格落实“三线一网格”管理模式，督促员工按时履职，开展员工行为线上线下排查，与员工进行谈心谈话、提早预防和及早发现、化解案件风险。深入开展“合规教育年”活动，每周开展员工合规知识学习，根植“全员合规，全面合规”理念，增强“主动合规、实质合规”能力。以“农行墨竹工卡县支行员工旦某醉驾处理”为警示案例，开展全辖范围的警示教育大会，重点学习《中国农业银行员工违规行为处理办法》《酒驾、醉驾及赌博相关处罚规定》，并学习西藏分行近年来涉及酒驾、醉驾典型案例，督促辖内员工从案例中吸取经验教训，切实做到“自律、他律、律他”。

【党建工作】 年内，农行墨竹工卡县支行积极开展各种党建活动。以“铸牢中华民族共同体意识”为主题，深入开展爱国主义与反分裂斗争教育。广泛设立党员先锋模范岗、党员责任区，扎实推进“坚守理想信念、保持共产党员先进性教育”活动。充分利用本地红色教育资源，与上级行部门联动，共同到松赞干布纪念馆和赤康村党员教育基地参观学习；组织员工参加拉萨分行红歌比赛活动；联合墨竹工卡县商会党支部开展“金融知识进万企”主题党日活动，联合慈觉林异地搬迁集中点同心苑社区开展“党建联建聚合力，社银合作促发展”主题党日活动。

【党风廉政建设】 年内，农行墨竹工卡县支行召开支行党风廉政建设工作安排部署会议，制订全年

2022年5月14日，农行墨竹工卡县支行一行到甲玛乡赤康村党建教育基地开展爱国主义教育活动

2022年6月8日，农行墨竹工卡县支行召开警示教育大会

党风廉政建设工作计划，组织支行内设部门及各营业所负责人签订党风廉政责任书。

年内，农行墨竹工卡县支行加强监督执纪力度，严格问责标准，持之以恒正风肃纪，持续开展廉洁文化建设情况监督，紧盯权利运行的关键环节，对信贷业务、采购业务、人员调岗事前事后开展全过程监督，切实防止以权谋私，推进权利在阳光下运行。

【集中学习】 年内，农行墨竹工卡县支行利用晨会、夕会的形式组织全辖员工集中学习业务类管理办法、开展合规教育、探讨新型业务等，召集支行全体党员干部开展党建学习44次，组织全行员工观看中共二十大开幕会，集体学习中共二十大报告全文，提升全体党员干部的思想政治觉悟，引导全体党员干部发挥先锋模范作用，提高员工合规操作意识，强化职业道德素养。

【安全生产】 年内，农行墨竹工卡县支行对各网点房屋进行安全隐患排查，针对周边自然环境灾害风险、建筑物附属设备设施安全隐患、建筑物实体安全隐患等进行一一排查，对存在的问题及时进行维修整改。定期对各网点库房、机房、配电房、自助设备及重点区域的监控、报警设备开展重点排查，发现隐患立即整改，确保各网点安全生产。中共二十大召开前，农行墨竹工卡县支行在岗班子成员成立二十大安全生产领导小组，采取线上学习、现场检查、“回头看”等多种形式，层层压实安全生产责任，狠抓安全生产工作落实。

（杨 文）

【机构领导】

党总支书记、行长

索朗多杰（藏族）

副行长

张 西

次仁群培（藏族）

西藏银行股份有限公司墨竹工卡县支行

【概况】 2022年，西藏银行股份有限公司墨竹工卡县支行（以下简称西藏银行墨竹工卡县支行）始终以习近平新时代中国特色社会主义思想为指导，认真学习贯彻中共二十大精神、西藏自治区第十次党代会自治区党委书记王君正的重要讲话精神及金融系统和财政工作的重要论述等。在总行党委的正确领导、总行分管行领导和各部门的关心支持及墨竹工卡县委、县政府帮助下，西藏银行墨竹工卡县支行认真贯彻执行总行年度工作会议精神，树立科学发展观，加强员工队伍建设，加强党风廉政建设，狠抓业务拓展，强化内控和风险管理。在支行全体员工的共同努力下，齐心协力抓好各项工作的落实，确保支行各项业务指标稳健运行。面对突发疫情的客观情境，支行领导班子带领全行员工不惧苦难，勇往直前，统筹疫情防控与金融服务工作全面落实。把解决客户之忧，提供优质服务，提升经营业绩的工作原则，作为一直贯穿于2022年西藏银行墨竹工卡县支行的工作总基调。

2022年，西藏银行墨竹工卡县支行提高县域社保卡的使用率，加强银政合作，推动各项业务发展。财政一体化后，墨竹工卡县干部职工、老百姓普遍认为只有农行才能代发工资，出现一批销户销卡的情况。支行给客户做

2022年2月14日，西藏银行股份有限公司墨竹工卡县支行召开关于“进一步改进作风狠抓落实工作实施方案”动员会

好解释工作，并在疫情期间提供优质服务。现墨竹工卡县公安局、医院疫情补助发放等都在西藏银行墨竹工卡县支行代发，而干部职工在西藏银行墨竹工卡县支行发放“薪享贷”。截至年底，各项存款余额为47727.26万元，其中储蓄存款时点余额为26776.42万元，对公存款时点余额为20950.84万元；各项贷款余额为32176.17万元，其中对公贷款时点余额为23719.88万元，个人贷款时点余额为8456.29万元；有效借记卡发卡51144张、单位结算存款账户新增115户；社保卡累计激活424张、有效代发工资80户、农民工工资代发69户。

【自身建设】 年内，为更好地实现经营目标，维护国家财产安全完整，保证会计及其他资料正确和财务收支合法，决策层的经营方针，经营决策能得以顺利贯彻执行，工作效率和经济效益能得以提高，西藏银行墨竹工卡县支行坚持业务发展与内控管理并举的经营策略。

年内，西藏银行墨竹工卡县支行持续把内控管理工作作为一项重要的工作来抓，在严格执行总行各项规章制度的前提下，针对墨竹支行的实际情况，努力完善、细化内控管理制度，做精做细各项内控管理。同时支行每周二、周四组织员工集中学习，学习内容包括业务知识、服务礼仪、反洗钱知识、安全保卫知识、风险管理等，涵盖多方面多领域，从而进一步提升员工的综合素质，营造良好的企业文化氛围。为加强支行安全保卫和案件防控工作，加大检查力度和监督力度，增强网点营业安全，西藏银行墨竹工卡县支行2022年修订各项安全保卫工作的制度，组织全体在岗人员开展关于突发事件和消防灭火应急演练等，支行全体员工签订《安全保卫责任书》，努力创建支行合规文化。

【服务管理】 年内，西藏银行墨竹工卡县支行始终将为客户提供优质服务作为工作总基调。建立每周学习制度，细化服务管理流程，通过利用晨会、夕会时间，组织员工积极开展集中学习网点标准化流程管理规范；尤其对2022年新入职的员工开展服务礼仪培训，平日工作里由老员工带领或提醒新员工注重服务礼仪方面；安排支行前台柜员参加总行组织的服务与礼仪能力培训等，支行定期开展服务检查、评选服务明星等活动，切实提高员工服务知识和服务礼仪。

严格按照营业网点规范化服务标准要求，认真落实营业网点大堂经理、个人客户分层级添加企业微信，为客户提供全面及专业的个人金融业务产品和服务，具有较好的客户关系管理能力。

【精神文明建设】 年内，西藏银行墨竹工卡县支行始终以党建引领各项业务发展为原则，锻造强有力的金融队伍；2022年西藏银行墨竹工卡县支行党支部注入新鲜血液，支行5名预备党员转正为正式党员，极大地壮大了党支部队伍，使队伍更有活力、更有战斗力、更有凝聚力。通过支行党支部书记带头讲党课、召开民主生活会；副书记负责开展形式多样的主题党日活动等方式；开展主题教育系列学习会，分享学习心得体会等专题学习；号召全员争做西藏银行先进工作者和奋斗者，进一步提升支行党员干部的党性修养，促使党员干部时刻将党和人民放在心中；组织员工召开党风廉政教育、警示教育学习等形式，以案为鉴，以案促改，要求支行所有人员干干净净做事、清清白白做人。

年内，用实际行动践行着“疫情无情、人间有情”的真实写照。西藏银行墨竹工卡县支行所有人员踊跃报名参加下层干部后备人选，并积极参加总行组织的线上培训会。支行党支部第一时间成立支行疫情防控工作小组，多措并举购买口罩、酒精消毒水、温度计和防护服等，在保障自身安全的情况下，到墨竹小区、警务站等地方发放防疫物资，在关键时刻保障防疫物资充裕，传递温暖和力量。

【支持地方经济】 年内，西藏银行墨竹工卡县支行紧紧围绕县委、县政府中心工作，坚持立足农村、服务“三农”和扶持中小微企业的经营方针，以“抓改革、推普惠、控风险”为重点，真抓实干，奋力进取。

年内，西藏银行墨竹工卡县支行在疫情期间，对辖区内客户逐一电话慰问，了解企业困难，在金融方面予以帮助。支行主动对接因疫情期间资金无法周转，还款困难的客户，实行线上收集资料，线上审批，以线上线下相结合的方式，在最短的时间内变更还款计划。共变更还款计划2笔，分别是拉萨市晟捷商业管理有限公司500万元还款计划变更；日喀则贡嘎之源商贸有限公司250万元还款计划变更，切实为客户纾困。在接到县域内多家企业的代发工资需求时，在做好自身防护的前提下，与有代发工资需求的企业联系，主动办理代发工资，确保工人按时拿到工资。

【队伍建设】 年内，西藏银行墨竹工卡县支行认真落实“三会一课”制度和廉洁知识学习制度，认真组织开展专题学习，提高领导班子成员管理能力。深入开展员工调研活动，召开民主生活会和组织生活会，落实工作作风建设，提高领导班子公信力。强化领导班子队伍建设，认真开展领导班子合规履职检查工作；强化专业队伍建设，提高客户经理队伍的职业素养与专业度，坚决做到合规经营。鼓励支持支行员工积极参加总行组织的各项竞赛活动，并有员工在比赛中获得优异成绩，不断激发员工多才多艺的潜能。

年内，西藏银行墨竹工卡县支行根据总行相关要求，从支行实际出发，针对一线员工进行轮岗安排，更好地促进支行培养综合型人才，为支行提供强有力的人才支撑。

2022年6月20日，西藏银行股份有限公司墨竹工卡县支行组织员工开展“普及金融知识、守住‘钱袋子’”宣传活动

【惠农政策】 年内，西藏银行墨竹工卡县支行定位于“以服务城乡大众、支持“三农”为主的国有商业银行”，在保持原有服务的基础上，不断加强业务、服务和产品创新，办理、开办对公存款与结算业务，个人理财、公司贷款、小微企业贷款、个人消费贷款、藏e贷、藏富贷、藏惠贷、住房按揭贷款、住房公积金贷款、“钻石卡”等多种新业务，成为一家产品丰富、服务全面的全功能国有商业银行。

西藏银行墨竹工卡县支行坚持以支持“三农”为基准，推广惠农政策，2022年开展“送信贷资金进乡镇”“送金融知识进基层”等各种形式多样、内容丰富的活动，大力支持墨竹工卡县地方经济发展。墨竹工卡县支行作为本土金融机构，以助力全县高质量发展

2022年1月18日，西藏银行股份有限公司墨竹工卡县支行召开2022年“开门红”动员大会

为己任，积极主动为人民群众办实事，提供优质服务，持续为墨竹工卡县的致富之路提供强有力的金融支持。

【党风廉政建设】 年内，西藏银行墨竹工卡县支行先后学习《关于新形势下党内政治生活的若干准则》《国有企业领导人员廉洁从业若干规定》《热议中共二十大报告》《夯实机关基层党组织，锻造坚强战斗堡垒》等几十项相关党建内容。要求支行全体员工认真执行关于廉洁从政8个方面、52个“不准”的规定，自觉遵守“廉政准则”，严格执行党中央、自治区和总行党委关于改进作风、狠抓落实的规定要求，始终坚持从自身做起，从点滴做起，把廉洁从业作为立身之本；时刻以落马的“老虎”“苍蝇”为反面教材，自警、自省。坚定不移地把守纪律、讲规矩作为第一要求，严格按党性原则办事、按政策法规办事。

自觉筑牢思想防线，把廉洁自律作为底线，端正权力观、金钱观、人情观。不断锤炼自身品质修养，在学思践悟中知敬畏、明底线、守规矩。增强自身遵纪守法的意识，依法经营、守规操作、廉洁从业，努力“争做十个模范”，以身作则，营造风清气正的支行氛围。

（益西措姆）

【机构领导】

党支部书记、负责人

索朗多杰（藏族）

副行长

黄 琨 洵（女）

乡　镇

工卡镇

【概况】 工卡镇位于墨竹工卡县县城所在地，下辖工卡村、塔巴村、格桑村 3 个行政村和嘎则居委会，19 个小组；有学校 5 所，寺庙 3 座。全镇户籍人口 2096 户 8099 人，劳动力 3982 人；脱贫户 734 户 3376 人，低保户 33 户 88 人，分散供养 6 户 6 人，监测户 11 户 38 人。全镇党组织 23 个，其中党委 5 个、党支部 19 个，党员共 612 名。共有扶贫产业项目 7 个，整体运营情况良好。2022 年累计分红 140.477 万元，涉及群众 192 户 808 人（其中脱贫户 172 户 731 人）。

【党建工作】 年内，工卡镇党委坚持以习近平新时代中国特色社会主义思想为指导，带头学习中共二十大精神，推动学习教育常态化，切实增强“四个意识”、坚定“四个自信”、做到“两个维护”。截至年底，开展各类学习活动 16 次，其中专题学习和研讨 10 次、知识测试 2 次、书记讲党课 4 次，党员干部政治理论基础不断增强。

切实履行党委书记“第一责任人”职责，严格执行民主集中制，落实各项基本制度，2022 年召开镇党委班子会议 33 次，深入各村（居）调研指导 12 次，慰问困难党员、“三老人员”60 余人，“四联四包”入户走访 3000 余人次，收集上报社情民意 6 条，排查矛盾纠纷和风险隐患 16 处，为民办实事 5 件。

以组织振兴引领乡村振兴，推进党支部标准化规范化建设，创建塔巴陶瓷高原特色经济高质量发展非公有制企业党建示范点，带动大学生和当地群众就业 12 人，培养非遗传承人 8 人；持续推进“美丽乡村·幸福家园”项目覆盖面，完成“四旁”植树 1.75 万株，提升改善农村人居环境；2022 年累计分红 140.477 万元，全镇农村经济总收入实现 16536.65 万元，农牧民人均可支配收入实现 2.8724 万元。

严格落实“三会一课”、组织

2022年2月22日，工卡镇举办喜迎元旦春节·藏历年新年文艺活动

生活会等制度，开展义务植树、“七一”文艺演出、爱心捐款、“让党旗在疫情防控一线高高飘扬”等主题党日活动10次，组织谈心谈话3次。

签订《党员不酒驾不醉驾承诺书》612份，排查违规违纪发展党员2次；规范党员发展程序，优化党员质量，2022年共发展党员4名；全面开展换届工作“回头看”，补选配齐村干部2名。

积极打造塔巴村组织振兴示范点，开展国家通用语言文字使用培训6次、知识测试2次，举办村级党组织书记乡村振兴擂台赛1次；建立充实党员志愿服务队、青年志愿服务队和巾帼志愿服务队，开展“众志成城、抗击疫情”发放爱心蔬菜、助农秋收等为群众办实事志愿服务活动22次，不断推动基层党组织全面进步、全面过硬。

【党风廉政建设】 年内，全面落实党风廉政建设主体责任，切实履行班子成员“一岗双责”；加强党员干部日常管理监督，不断完善制度建设，认真落实干部上下班签到、值班带班等制度，每周通报一次，确保干部按时考勤；召开作风工作推进会4次，学习各类典型案例通报10次，召开节前廉洁纪律学习会8次，观看警示教育片2次，全镇党员干部工作作风明显转变。

【意识形态工作】 年内，严格落实意识形态工作责任制，将意识形态工作与业务、党建等工作同部署、同落实，召开专题部署会2次，开展专题调研2次；依托重要节日节点，开展“四讲四爱”“五有五好”等新时代文明实践系列活动和宣讲活动48次，开展民族团结“九进”活动40次。

2022年3月23日，工卡镇组织开展民族团结宣传活动

【社会治理】 年内，着力打造工卡村基层社会治理现代化试点，成立以县委副书记洛桑扎西为组长的工作专班，召开专题安排部署会3次。在前期充分走访排查的基础上，根据人、事、地、物、组织等要素，筹建基层治理网络中心，科学合理划分网格7个，涵盖农牧民联户长141人、流动商铺联户代表30人，建立微信群22个，为实现社情民意在“网格”中掌握、便民服务在“网格”中开展、社会治理在“网格”中加强、矛盾纠纷在“网格”中化解打下坚实基础，计划于2023年2月进行试点成果推广。

【经济发展】 年内，全镇农村经济总收入实现16536.65万元，农牧民人均可支配收入实现2.8724万元。

【农牧业生产】 年内，全镇农作物播种面积14548.41亩，实现粮食收成2744吨，饲草收成915吨，农业机械利用率达100%。组织群众到门巴采挖虫草170余人，促进群众人均增收1.2万元。

年内，全镇牲畜存栏9312头，顺利完成春秋季重大动物疫病防控牲畜集中免疫工作。牲畜出栏1876头，实现群众收入1931万余元。牲畜死亡296头，兑现财产保险理赔124万余元。

积极推进财政惠民资金“一卡通”服务管理工作，兑现2022年实际种粮一次性补贴21万余元，兑现2022年耕地地力保护资金60万余元，兑现2022年野生动物肇事赔偿资金10万余元。

【项目建设】 年内，全镇3个“十二五”产业项目为脱贫户126户550人兑现分红资金14.2万元；7个“十三五”产业项目为192户808人(其中脱贫户172户714人)兑现分红资金43万余元；2个“强基惠民”项目为村级集体经济兑现收益资金31.26万元。

本地搬迁群众多种经营建设项目配套产业资金1584.63万元，“三岩”搬迁点产业配套项目总投资2500万元，产业项目建设运营后将有效带动搬迁群众就业增收。

2022年7月11日，工卡镇干部到塔巴村进行“四联四包”入户排查

投入资金210.51万元实施格桑村入户线路改造，提升群众用电安全；解决工卡村委会院内改造、办公楼防水及4、5、7组小组房维修资金14万余元；解决塔巴村1、2、3组垃圾池网围栏安装资金27万元。解决塔巴寺管委会厨房重建资金4.5万元；解决格桑村收割机维修资金1.714万元；解决“三岩”随迁工作人员办公经费3万元；解决塔巴寺绿化树苗购买资金2.95万元；解决易地搬迁点门禁安装费4万元；解决“三岩”洗车场设备采购资金4.98万元；解决嘎则居委会铁艺宣传栏安装费4.4万元；解决嘎则居委会秦淮河菜市场蔬菜架子购置费用0.9万元。

【乡村振兴】 年内，按照现有资产管理制度和农村集体产权制度改革要求，结合扶贫产业项目建设和运营成效，合理界定资产管理范围及权属，逐步将扶贫产业项目下放至各村(居)自行管理，强化目标绩效和资金使用效率监管，确保扶贫项目在巩固拓展脱贫攻坚成果接续全面推进乡村振兴中持续发挥作用。

2022年3月31日，墨竹工卡县乡村振兴局联合相关单位到工卡镇进行环保督察问题整改验收

对所有脱贫户和一般户开展季度摸排，重点关注因残、因病、劳动力缺乏、无务工和生产经营性收入低等农户家庭，及时将可能存在返贫致贫风险的人群纳入动态监测。截至年底，全镇脱贫户纳入监测对象19户76人，通过生态岗位、产业分红、低保兜底、爱心捐赠等针对性措施，有效避免了返贫致贫现象发生。

以产业结构为重点，全面推进产业化进程，以农民增收为核心，大力发展农村经济。依托塔巴帕热组人居环境整治的示范成果和塔巴陶瓷非物质文化遗产的发展成效，以塔巴花卉产业、民俗落村、林卡度假等现有旅游资源和市场为切口，将“塔巴旅游”品牌纳入“十四五”规划，全力打造塔巴民俗体验与乡村旅游示范地。

【民生保障】 截至年底，全镇享受残疾“两项补贴”46人，发放补贴资金5.13万元；享受农村低保政策33户88人，发放保障资金37.95万元；农村分散特困6人，发放供养资金4.64万元；申请解决生活困难群众临时救助17人，发放救助资金12.5万元，解决格桑村达曲家失火房屋重建资金1万元。投入资金2.3万元完成征兵站、退役军人示范点建设，完成退役军人及其他服务对象信息采集录入工作，发放光荣牌匾67块。

年内，全镇收集上报农牧民大学生各类票据145人，已兑现建档立卡户和农村低保户大学生学杂费用28人。全镇“农家书屋”存书1.2万余册，面向群众开放借阅1900余人次。组织村文艺队参加松赞干布艺术团演出3次，极大地丰富了农牧群众的精神文化生活。组织居民群众参加全县第五届“油菜花”文化旅游节、民族传统体育赛事，并荣获拔河比赛第三名，增进了各民族之间的团结和友谊。

全镇4个行政村(居)挂牌成立公共卫生健康委员会，实现卫生服务和疫情防控网格化管理。截至年底，全镇65岁以上老人落实健康管理309人；高血压、糖尿病、重性精神病患者签约家庭医生服务381人。全镇70岁以上享受高龄健康补贴279人，享受计划生育奖励扶助126人、特别扶助18人，共计发放各类补贴资金23万余元。开展“爱国卫生运动”知识宣讲12场次，在公共场所悬挂设立宣传标语26条，集中开展卫生整治9次，清理清运垃圾50余吨。

【平安建设】 年内，投入资金9.75万元完成工卡村市域社会治理建设。全镇4个村(居)完成“雪亮工程”建设。各村(居)利用电子显示屏宣传《中华人民共和国国家安全法》《西藏自治区民族团结进步模范和创建条例》等12次，悬挂各类标语横幅40余条。重大节日、关键节点组织动员包村干部、村“两委”成员、驻村工作队、下沉干部、民兵、联户代表、党员等群防群治力量开展辖区治安巡逻20次。对辖区寺庙、村(居)、加油站等重点部位督导检查316次。全年矛盾纠纷排查35次，有效协调和化解各类矛盾纠纷，确保社会面和谐稳定。

2022年8月17日，工卡镇嘎则居委会组织群众开展核酸检测

年内，召开安全生产工作会议5次，开展安全生产大宣讲活动3次，发放各类宣传资料360份，组织消防应急演练2次。配合县市场监督管理局开展辖区餐饮业质量安全提升评选活动，为入选的14家餐饮单位发放奖励资金4.6万元。对辖区学校、商铺、加油站、农贸市场进行食品安全、消防安全和疫情防控检查3次，发现问题2类5条，全部督促现场整改。

开展违法建设专项整治行动工作，全年发现新增违章建筑18处，针对未批先建的群众进行说服教育35次。大力推进农村占耕建房问题摸排工作，完成辖区全面航拍、数据采集录入及公开公示工作。加强国土资源巡查监管，全镇未发生非法开采矿产资源行为。

（浦仕玉）

【机构领导】
副县长、党委书记
周　君(8月免)
党委书记
程爱青(8月任)
党委副书记、镇长
史秀玉(女，藏族)

党委副书记、人大主席
　　格桑加措（藏族）
党委副书记
　　户 杨 东（8月免）
　　巴桑次仁（藏族，8月任）
纪检书记
　　拉　　珍（女，藏族，5月免）
　　胡 月 洲（5月任）
政法委员
　　周 长 城
党委委员、组织委员、宣传委员
　　扎西群配（藏族）
党委委员、统战民宗委员
　　普布次仁（藏族）
副镇长
　　周　　玲（女）
　　哈比布拉（回族，5月免）
　　顿珠旺杰（藏族，5月任）

甲玛乡

【概况】 甲玛乡位于拉萨河上游，318国道沿线，距拉萨市60公里，距县城11公里，乡域面积275.9平方公里，耕地面积7749.15亩。甲玛乡是赞普松赞干布的出生地和十七条协议签订时西藏地方政府首席代表、原全国人大常委会副委员长阿沛·阿旺晋美的故里。全乡辖3个村委会，14个村小组，总人口1200户4940人。共有18个基层党组织，其中，村级党委2个，村党总支1个，党支部15个，共有党员358人（其中，预备党员10人），乡机关党支部有党员35人（包括预备党员1人），龙达村党委有党员128人（预备党员4人），赤康村党委有党员107人（预备党员1人），孜孜荣村党总支有党员88人（预备党员4人），每个自然小组设组长2名，联户长62名；甲玛乡有干部职工36人，行政编制20人，事业编制16人。三老人员22人，其中老党员19人，老干部3人。

2022年11月7日，县委常委、副县长魏红星（左二）一行到甲玛乡希望小学检查指导开学复课、疫情防控工作

2022年，有1所小学和1所幼儿园，分别是甲玛乡希望小学和甲玛乡幼儿园，小学教师25名，学生410名；幼儿教师12名，学生295名。乡级卫生院1所，医技人员16名，其中：护理专业3人，藏医专业8人，西医专业4人，非医学专业1人。设有藏医、西医、急诊、妇科、检验、B超、DR等科室。宗教活动场所共5座，其中寺庙1座为布拉寺、拉康3座（赤康拉康、松赞拉康、松玛拉康）、日追1座。大型企业3家，分别是西藏华泰龙矿业开发有限公司、西藏巨龙铜业有限公司、拉萨升航龙达石灰厂；国资企业2家，分别是甲玛工贸有限公司和甲马城乡发展有限公司；扶贫产业项目1个，为甲玛乡大型修理厂。此外，乡域内建筑公司、修理企业、机械租赁合作社，及各种超市、菜店、茶馆应有尽有。

【气候特点】 甲玛乡气候属于拉萨地区温带半干旱高原季风气候，年平均气温7.5℃，无霜期3个月左右，年日照平均时数2750—3000小时。气候具有气温较低，长冬无夏，春秋相连，日温差大，年温差小；干湿季分明，冬季干燥，多大风，多夜雨；日照充足，辐射强烈；冬无严寒，夏无酷暑；气压低，含氧量较少等特征。

【经济发展】 年内，甲玛乡经济总收入16066.14万元，农牧民人均可支配收入达到32821.54元，完成全年总目标的100.02%。其中工资性收入4361.2万元、经营性收入8017.41万元、财产性收入3621.49万元、转移性收入66.04万元。

2022年9月12日，党委书记扎仓（右二）到赤康村检查秋收工作

2021学年在校大学生学杂费75万余元；兑现2022年享受“一孩双女”奖励补助资金52800元，共55人；兑现2022年享受特别扶助奖励补助资金27000元，共5人；兑现2022年高龄老人健康补贴14.94万元，共182人。免费发放轮椅、助行器、坐便器、拐杖、掖拐、洗澡椅等残疾人辅助器具18件及成人尿裤20箱、尿垫30箱；发放鞋子、羽绒服等残疾人幸福温暖物资，为全乡农牧民群众发放碘盐26884千克。

【农牧业】 年内，种植冬小麦555亩、青稞4500.4亩、油菜1904亩、青饲料533.12亩、豌豆220亩；全年青稞产量164.45万千克、冬小麦产量26.42万千克、油菜产量25万千克；发放化肥共59.1吨，其中尿素20.3吨、二胺18.4吨、复合肥15.8吨、氯化钾4.6吨；牲畜存栏8795头（只）、牲畜出栏3281头（只）。

【基础设施建设】 年内，乡政府设有办公楼、宿舍、食堂、便民服务大厅、新时代文明实践所，辖区内职能部门有希望小学、幼儿园、派出所、卫生院、供电所、甲玛检查站等；甲玛乡自来水供应提升改造工程已基本竣工，总投资2000万元；甲玛乡矿用运输道路已开工建设，预计2023年4月通车，全面通车后，大型运输车辆和小型车辆将进行分流，大大减少乡政府街道粉尘污染和噪声污染，提升居民生活质量；建有污水处理厂1座，乡政府街道污水排放系统运行正常；配有垃圾压缩车2台，环卫工人13名，全乡垃圾集中收集统一运送至县垃圾填埋场，已申报“十四五”规划垃圾转运站项目；全乡移动电信宽带、有线电视入户、移动通信覆盖率均达到100%；邮政服务点设在乡便民服务大厅内；全乡建有公共厕所5座，可以满足流动人口和游客如厕需求。

【社会保障】 年内，宣传党的惠民政策15次，参与群众4200余人次；“三大节日”慰问农村低保户、五保户、困难残疾人（共15人），每人兑现800元，共兑现慰问金12000元；兑现低保4户13人，兑现补贴34589.01元，兑现分散五保户6户8人，补助61920元，兑现残疾人两项补贴35人、资金35400元；兑现临时救助1户，1万元。兑现2022年上半年幸福养老金869000元，共408人。兑现4名脱贫户大学新生补助奖励8000元（每 人2000元），2020—

【精神文明建设】 年内，以各项活动为契机，以农牧民群众、寺庙僧尼、青少年学生为重点，结合中国共产党成立101周年、西藏和平解放71周年等节点，各行政村组织文艺会演24场次，参加群众4900余人；加强党员管理，开展“主题党日”活动12次，书记讲党课4次，各村党组织书记讲党课4次，集中表彰乡级文明家庭6户、好儿媳6人、好子女6人，开展党史趣味问答等活动，各村开展庆祝中国共产党成立101周年和西藏和平解放71周年庆祝活动6场次；开展学雷锋活动48次；全乡党员干部开展志愿人居环境整治10余次；开展结对帮扶慰问政策宣讲2次，涉及105户400多人。

【乡村振兴】 年内，全乡有脱贫户135户557人（其中包括县城搬迁19户70人，拉萨文创园11户27人），监测户1户5人。全乡脱贫户在两大矿企就业57人（含临时工8人），脱贫生态岗位就业70人。

甲马城乡发展公司、甲玛工贸公司为全乡群众分红，2022 年共涉及 4888 人，共计分红兑现资金 366.3053 万元。其中龙达村 79.7102 万元，受益群众 362 户 1395 人；赤康村 95.5951 万元，受益群众 437 户 1673 人；孜孜荣村 191 万元，受益群众 404 户 1820 人，扶贫产业项目 2022 年度共计分红兑现 34.4 万元。

【人居环境】 年内，贯彻习近平生态文明思想，牢记习近平总书记“绿水青山就是金山银山，冰天雪地也是金山银山”的“两山”思想，扎实做好环境保护各项工作。召开环境保护工作会议 4 次、环保宣传活动 3 次、悬挂宣传环保横幅 6 条、环境检查 8 次，调解环境纠纷 1 起；发动群众 800 余人次，累计清理河道垃圾 7 次、清理河道垃圾 10 余吨；3 个行政村共计开展村庄清洁行动累计参加人员 155 人次，清理各类垃圾 150 余吨。保护生态环境，植树造林，推进“四旁”植树，2022 年共计植树 13560 株，其中新疆杨 6780 株，旱柳 6780 株；安排建档立卡贫困户生态岗位 70 个（不包括专职护林员 48 人）。

【安全环保】 年内，宣传贯彻《中华人民共和国安全生产法》、“安全生产十五条硬措施”，召开安全生产工作专题部署会议 6 次；针对矿山企业、运输公司等单位的安全生产隐患排查防控工作召开部署会 12 次；针对 400 余名涉矿运输驾驶员的交通安全领域的相关工作部署会 10 场次；开展安全生产综合检查 60 余次，发现问题 23 条，消除安全隐患 10 个（处）；宣传各类安全知识 8 场次，设立宣传展板，发放各类宣传资料 300 余份，接受群众和外来务工人员咨询 50 余人次。

定期和不定期对各村、学校、宗教活动场所进行消防安全检查 30 余次，发现隐患 4 处并及时进行整改。针对周边商铺用火用电用气安全检查 16 次，发现隐患 6 处并及时进行整改。

2022年7月20日，党委副书记、乡长王小芬（左一）到华泰龙三期尾矿库管线铺设选址位置查看

【防汛渡汛】 年内，共排查 12 次，发现汛情隐患 4 个，对发现的隐患点及时进行处置，消除隐患。对防汛安全堤坝残破缺损的河段及时进行补修加固；累计出动挖掘机 16 台、装载机 20 台、运输车辆 30 辆，运送抗洪抢险石料 500 余立方米、投入 50 余人，确保安全渡汛。

【组织建设】 年内，组织乡党委班子成员参加全县科级干部学习中共二十大精神专题培训班、组织村“两委”班子成员参加学习贯彻中共十九届六中全会暨区市县第十次党代会精神专题培训班以及“宁墨情·共发展”墨竹工卡县干部乡村振兴素能提升网上专题培训班；严格落实“三会一课”、组织生活会等基本制度，切实抓好述职评议整改工作；紧扣“三个赋予、一个有利于”要求，持续拓展村集体经济增收渠道，2022 年村集体经济达到 860 余万元。

开展“四联四包”工作，查找梳理出存在的突出问题和群众反映强烈的问题 33 件；吸收入党积极分子 6 人、发展对象 10 人，预备党员转正 2 人；深入开展“主题党日”、便民服务、群众活动、庆祝活动等，充分凝聚民心。

【党风廉政建设】 年内，及时组织党政班子成员及全乡干部职工廉政谈话 2 次；元旦节、春节、藏历新年、萨噶达瓦节、中秋节、国庆

2022年11月28日，甲玛乡召开第十五届人民代表大会第二次会议

节等节假日期间，领导干部亲自部署督察检查事宜，认真接待群众，引导群众及时办结相关事宜。

加强公车管理，防止出现违反党风廉政的事件；选派3名乡副科级干部到3个村任第一书记，下沉到村里扎实干，坚持岗位在村、阵地在村、责任在村，同时，把“我为群众办实事”作为党史学习教育的一项重点工作，与党史学习教育各项工作同谋划、同部署、同落实、同督促，聚焦群众急难愁盼问题，班子成员包片联村、带动干部走村入户，落实民生项目4个，解决群众急难愁盼问题15个，化解矛盾纠纷38起589人。

【扫黑除恶斗争常态化】 年内，从乡干部中抽调精干力量，配合派出所成立扫黑除恶斗争工作领导小组，召开各级各类会议11次；全乡利用LED大屏幕轮番播放“扫黑除恶”内容的宣传标语25条，在各显眼位置悬挂横幅28条，张贴大型宣传标语12幅，发放宣传资料2000余份。

设立举报箱并公布举报电话和干部监督电话，每周进行一次举报箱的检查。进一步加大情报信息的收集研判力度，每月对各村进行一次扫黑除恶排查，发动群众提供身边的线索举报身边的黑恶势力，坚决打击黑恶势力，共同营造和谐稳定的治安环境。

【自身建设】 年内，开展党史学习教育和集中学习研讨。开展集中学习15次，党史专题学习3次，书记讲党课4次，研讨发言10次，发言20人次；开展志愿活动50次，中共二十大精神和政策宣讲50余次；各党组织及党员群众开展深入揭批十四世达赖“三性”及反动本质活动3场次；严格落实“三会一课”“四议两公开”等制度；严格按照中央八项规定和区党委“约法十章”中要厉行勤俭节约的要求，对各村财务实施“阳光”工程管理，确保村务公开、财务公开。

（岳维莉）

【机构领导】

党委书记

扎　　仓（藏族）

党委副书记、乡长

王 小 芬（女，10月免）

赵 炎 龙（11月任）

党委副书记、人大主席

班旦羊培（藏族）

党委副书记、龙达村第一书记兼工作队队长

赵 炎 龙（11月免）

党委委员、派出所所长

顿　　同（藏族，9月免）

索朗平措（藏族，10月任）

党委委员、纪委书记

扎西多吉（藏族）

党委委员、组织委员

余　　俊（8月免）

牛 倩 雯（女，8月任）

党委委员、统宣委员、孜孜荣村第一书记兼工作队队长

单增央宗（女，藏族，4月任）

党委委员、政法委员、孜孜荣村第一书记兼工作队队长

巴桑朗杰（藏族，4月免）

党委委员、政法委员

张 星 星（5月任）

党委委员、副乡长

岳 维 莉（女）

副乡长

达　　嘎（藏族）

高 各 会

唐加乡

【概况】 “唐加”藏语意为“灰白滩”。唐加乡位于墨竹玛曲河北岸，地处墨竹工卡县腹地，距墨竹

工卡县城8公里,东北与尼玛江热乡宗雪村隔河相望,西北与达孜区唐嘎乡接壤,东南与工卡镇相依,全乡总面积347.1平方公里,驻地海拔3800多米,属雅江中游河谷黑颈鹤国家级自然保护区,下辖莫冲、卓、东布岗、拉东、仲尼5个行政村,28个村小组,共1667户8013人,劳动力3560人。有4个村党委,1个村党总支,1个机关党支部,有党员589名,预备党员12名,其中,农牧民党员536人,"三老"人员62人(老党员56人,老干部6人)。全乡配备第一书记5人,下沉干部1人,大学生"村官"2人,"三支一扶"2人,各类平台专干4人(抽借调1人),司法助理员2人,村级各类专干22人(乡村振兴专干9人,科技专干5人,农牧专干3人,村级协管员5人),派驻工作队队员25人(其中,县派驻8人,乡派驻5人,各类专干兼任10人,大学生"村官"兼任2人),村"两委"班子34人(乡村振兴专干兼任3人),小组组长28人,副组长28人,联户长105人。

2022年8月28日,县委书记沈鹏里(右二)一行到唐加乡检查指导新冠疫情防控工作

【亮点工作】 年内,东布岗村幸福驿站利用现有的资源,进行合理规划,探索打造基层党组织领导、政府主导、社会协同、群众参与、法治保障的社会治理体制,全力打造共建共治共享的社会治理格局。结合"1+4+N",通过党建引领,不断将东布岗村党总支打造成"四治"融合型的基层党组织。幸福驿站以"一厅一馆""一茶一室""一阵地"为主题,打造"服务型"基层党组织。

"一厅"即党群"说事厅"。主要是开展村民自治以及参与村集体事务的活动场所。说事厅内容主要包括:说经济社会发展的大事;美丽乡村建设的实事;影响和谐稳定的难事;惠民利民便民的好事;扶贫助残帮困的急事;基层组织建设的要事;其他群众牵挂的心事。"说事厅"的主要目标是说出发展、说出民主、说出文明、说出和谐、说出清廉。

"一馆"即"学习馆"。主要作用是方便群众阅读了解文化知识,提高村干部、村民国家通用语言的学习,铸牢中华民族共同体意识。学习馆提供"政治、法律、农牧、文学、历史"等几类书籍,为村民在闲暇时提供更好的文化大餐。

"一茶"即"便民茶馆"。主要方便群众喝茶吃饭以及吸引群众在幸福驿站活动,在茶余饭后参与畅谈村里事务,也方便开展宣传活动,注重将党的光辉历史、党的精神丰碑、民族团结、社会主义核心价值观、党的惠民政策、生态环境等内容在幸福驿站展示,让党建文化融入群众生活,走进百姓茶馆。利用幸福驿站活动场所直接对村民进行党的政策方针、各类法律法规、惠民政策、爱国主义教育、道德大讲堂等的宣传。

"一室"即"留守儿童关爱室"。主要为辖区留守儿童提供娱乐场所。

"一阵地"即活动宣传阵地。引导群众开展"村干净、户整洁、人精神"的三整治活动。开展"四新四好"先进评选活动,整合"东布岗村志愿服务队",创新生活服务类、自愿服务类、维护治安类等服务活动,开展"点单式"服务(即"群众点单、村里派单、干部接单")运行模式,提供上门解难题、入户送政策等服务。

幸福驿站把基层党建与网格化服务管理有机融合,建立由村支部书记带头,村委委员带动的网格片区,精准分解、全面覆盖、互相监督、及时反馈，深化“小组+联户”网格治理工作，实现“大事有人管、小事有人办、矛盾有人调”。建立“党建+乡风文明”机制，党组织加强农村思想道德建设和公共文化建设，探索“说事厅”“茶话室”等多元化解农村矛盾纠纷，精准实现邻事共治、邻情共议、邻动共建、邻困共帮、邻里共享。

【基层组织建设】 年内，共发展党员29人，严把党员发展政治关、程序关，其中发展对象13名，预备党员13名、转正3名，不断培育和壮大党员队伍；深入推进“一表两书三清查”工作；严格落实组织生活制度，结合“三会一课”、党日活动，组织党员自学和集中学习、集体劳动、参观学习、观看警示纪录片等，丰富党建工作载体，辖区党支部召开主题党日活动12次，乡党委召开理论学习中心组学习12次；组织全乡党员签订《共产党员不酒驾不醉驾承诺书》《共产党员遵规守纪带头反分裂承诺书》《群众爱国守法反分裂承诺书》；组织干部参加上级部门组织的科级干部培训班、新任职干部培训班、驻村干部业务培训、村“两委”培训班等各类“短平快”培训班9期，参训人员50人次。

通过集中培训、文化补习夜校、结对帮学、自学等方式开展村干部学习国家通用语言文字培训工作，村“两委”国家通用语言文字测试及格率达88.2%；持续壮大村级集体经济，通过整合强基惠民资金，投资拉萨市羊易环保科技有限公司液体水玻璃项目壮大村集体经济，每个行政村分红9万元，增强乡村集体经济发展活力。

【改进作风狠抓落实】 年内，制订形成工作方案，召开动员部署会并成立领导小组，召开各项学习部署会议5次，开展理论知识测验1次；对照“四查四问”任务清单，深入开展自查自纠工作，形成自查台账，制定整改措施，共梳理出共性问题2类8条，全部整改完成并将长期坚持。常态化推进“领导干部下基层大接访办实事”活动，共排查矛盾纠纷5起，现场化解4起，群众满意度达100%，累计收集汇总群众急难愁盼事项9件，全部解决，惠及群众1300余人；开展集中宣讲15场次，入户宣讲83户，受教育群众3000余人。

2022年4月8日，唐加乡党委书记许晓菲（右一）到莫冲村调研

【民族团结创建】 年内，建立民族团结联创工作机制、矛盾纠纷协调处理机制、民族政策宣传教育等制度，成立民族团结进步创建工作领导小组，制定《唐加乡民族团结进步创建活动实施方案》及实施细则；以“党建+民族团结”的方式，结合理论学习中心会、“三会一课”组织学习习近平总书记关于民族工作重要论述5场次；向辖区居民发放民族团结、法律知识手册等宣传资料2000余份；推进民族团结进步创建“九进”活动，开展政策法律宣讲会、文艺活动、“好婆媳”评比、民族团结个人评选、矛盾纠纷化解等活动。

开设民族团结宣传工作专栏，通过悬挂横幅、张贴藏语汉语标语、宣传月活动等方式宣传民族政策；在春节、藏历新年、“3·28”西藏百万农奴解放纪念日、国庆节等重大节日开展形式多样的群众性文化体育活动和民族团结进步宣传教育，组织青年志愿者走进敬老院开展“关爱空巢老人”志愿服务活动；广泛开展村级道德评议、乡风评议活动，在“三八”妇女节期间，对全乡优秀妇联主任、“好婆媳”、“三八红旗手”、“优秀志愿者”开展表彰慰问。

【经济发展】 年内，唐加乡实现经济总收入11532.86万元，工资性收入5688.56万元，经营净收入5019.98万元，财产净收入38.97万元，转移净收入785.35万元，农牧民人均可支配收入20189.52元。

【安全生产】 年内，制定《唐加乡“国庆”“二十大”安全生产大检查大整治工作实施方案》，积极推进食品安全、交通安全、防汛抗旱、森林防火、寺庙安全等检查工作，排查各类事故隐患，严防事故发生；联合乡派出所、乡卫生院对商铺、茶馆、学校食堂开展食品安全专项检查12次，在乡街道开展“3·15”消费维权活动，发放宣传册和宣传海报100余份。

同上级部门开展水利安全隐患排查工作，在汛期前组织群众开展清淤、清理河道工作，积极争取防汛经费15万元，靠前主动筹备18575元的防汛物资，成立防汛工作领导小组、防汛抢险队，准备铅丝笼、编织袋、铁锹等防汛物资，常态化开展汛情监测、汛情防范、汛灾抢险救援等准备工作。

【农牧业生产】 年内，实现总播种面积29333.87亩（其中，粮食作物20533.7亩、经济作物7746.75亩、饲草1053.42亩）。粮食作物每亩单产达到396.145千克，总产达到841.59万千克（其中，青稞14855.68亩，每亩单产381.505

2022年9月1日，唐加乡组织村乡两级干部开展秋收工作

千克，总产566.5万千克；冬小麦5445亩，每亩单产496.695千克，总产270.45万千克；豌豆233.01亩，每亩单产188.405千克，总产4.39万千克）；经济作物7746.75亩（其中，油菜6940.22亩，每亩单产143千克，总产99.245万千克；蔬菜806.53亩，每亩单产750千克，总产60.49万千克）；饲草1053.42亩，每亩单产275千克，总产28.97万千克；实施连片种植3823.3亩，共发放种子“藏青3000”9751.65千克，“苏拉青2号”15000千克，有机油菜892千克，“藏青2000”9000千克；实施莫冲村阿如组耕地托管823亩，实现规模生产效益，确保粮食稳产保供；发放种粮一次性补贴资金446739.7元、耕地地力保护资金1378123元；春秋两季分两批次共对全乡19416头（匹、只）牲畜、家禽注射疫病防控疫苗；广泛开展黄牛改良技术指导培训，鼓励推行运营家庭农（牧）场，推荐申报4家市级家庭牧场；到门巴采挖虫草230人（建档立卡户39人），增收306.6820万元。

【项目建设】 年内，唐加乡扶贫产业项目实现收入共计400391.1元，支出共计166833.82元，纯收入233557.28元；投资1300余万元对街道进行改造，援藏投资500万元建设邻里服务中心，实施17户“美丽乡村·幸福家园”建设项目，一批安全饮水工程、农田灌溉工程得到巩固提升。

争取中央预算内资金580万元，实施东布岗干渠建设项目，争取实施东布岗村、莫冲村人居环境整治工程，争取300万元实施仲尼村1、3组道路建设项目；协助水利部门落实墨达干渠建设工程。针对本乡实际，摸清基础设施短板和需求，将5个行政村人居环境整治项目列入“十四五”规划。

【防返贫动态监测】 年内，全面开展防返贫致贫监测预警工作。在

2022年6月13日，唐加乡农牧中心开展高素质农民（田间技术）培训

辖区开展两次全覆盖摸排工作，对摸排发现的问题，实行台账管理、动态清零；做好扶贫产业管理和乡村振兴项目申报工作；以辖区未消除风险的监测户6户23人和收入低较困难的脱贫户（不包括脱贫不享受政策户、搬迁户、温室大棚所在小组的户）为对象，以确实存在家庭困难的一般户为补充，确定2022年底家庭共同生活人口数55户247人，每人发放565元，发放2022年度分红资金140134.36元。

【人居环境整治】 年内，开展“6·5”世界环保日宣传活动，共发放宣传册100份、环保帽子100顶、环保毛巾100条；实施全乡环境卫生提升工程，同辖区各经营单位签订《门前五包一责任书》，常态化对街道、公路沿线和公共地段的垃圾进行清理，5个行政村定期组织党员干部、驻村工作队、群众代表对省干线道路、公路，街道、河道、绿地和周边白色垃圾污染严重的地区进行专项清理整治。

年内，共清理整治11次、清运121吨，确保全乡范围内环境卫生质量；开展“四旁”植树工作，共植树18735株（杨树1213株、柳树17522株），集中连片种植4750株，路旁5415株，村（宅）旁8570株，开展义务植树704株；安排生态岗位317名（未搬迁户221名、搬迁户96名），专职护林员76名、黑颈鹤巡护员3名，强化人员尽职管理，科学制定管护区域，落实区域划分责任制，持续开展今冬明春森林草原防灭火排查、巡逻工作，守护林业安全；处理2022年度野生动物肇事254起，兑现资金41620元。

【社会保障】 年内，全乡有低保户24户56人；全乡有证残疾人198人，其中符合两项补贴的122人。有事实无人抚养儿童2人，分散特困供养人员7人，集中特困供养人员20人，统一在养老院管理。

年内，幸福养老金享受人员757人，共兑现资金1477400元；“三大节日”慰问38人，慰问资金共计30400元；低保21户48人共兑现资金92444.35元；分散特困供养救助对象7人，共兑现资金52245元；残疾人“两项补贴”共兑现资金149000元；重点关爱人员共兑现资金51500元；事实无人抚养儿童共兑现资金13892.88元；经济困难老人共兑

唐加乡幸福驿站

现资金4200元；残疾少儿康复补贴12000元。疫情防控期间低保、分散特困供养户增发一次性生活补贴每人600元，残疾人员发放一次性生活补贴每人1200元。全力保障城乡居民医疗参保，召开专题会议安排部署征缴工作，积极动员、广泛宣传，组织7742人参保，参保率100%，如期完成2022年度城乡居民基本医疗保险征缴工作。

年内，养老保险新参保人数为27人，其中特殊身份人员为24人，2022年新增到龄待遇申领人员68人，其中中断补缴人员22人，涉及金额4300元，完成城乡居民养老保险待遇追退27人，涉及资金179640.76元。

（蔡松霖）

【机构领导】

党委书记

许 晓 菲

党委副书记、乡长

旺堆次仁（藏族）

党委副书记、人大主席

央金次仁（女，藏族）

党委副书记、宣传委员

白玛欧珠（藏族）

党委委员、纪委书记、派出监察室主任

洛桑平措（藏族，9月免）

尼玛央金（女，藏族，9月任）

党委委员、组织委员

贺 娇（女）

党委委员、政法委员

格松次仁（藏族）

党委委员、统战委员

代 江 涛

党委委员、副乡长

旦增卓玛（女，藏族）

扎西岗乡

【概况】 扎西岗乡地处318国道沿线，距拉萨市区70公里，距墨竹工卡县城20千米。全乡行政区域东西跨距35千米、南北跨距32千米，东接日多乡，西邻工卡镇，北接尼玛江热乡，南与山南市乃东区毗邻。全乡总面积880.995平方公里，耕地面积19158.47亩，天然草场面积916621.67亩，林地377724亩，属于半农半牧区，平均海拔4000米，属于高原温带半干旱季风气候。下辖7个村，42个村民小组，共2079户8772人，主要有铅锌矿以及班禅牧场、斯布沟野生动物保护区等旅游资源。

【经济发展】 年内，扎西岗乡实现农林牧业产值11509.66万元，同比增长29.4%；全乡农村经济总收入实现13056.6万元，工资收入达5267.88万元、财政净收入达591.59万元、经营性净收入6709.09万元、转移净收入488.08万元，农牧民人均可支配收入达19810元，同比增长13%。

【党建工作】 年内，组织召开理论学习中心组学习12次，“感悟领袖风范、锤炼过硬作风”读书活动6次，谈感悟谈体会活动3期，开展宣讲18场次。召开党建安排部署会4次、民族团结进步创建部署会2次，“三重一大”会议23次，专题会8次；推行乡党委班子成员包村责任制，到村开展调研指导检查15次，撰写调研报告7篇；落实组织生活制度，吸收入党积极分子10人、接收预备党员15人，整顿转化1个软弱涣散基层党组织，开展述学活动5次，“党建＋群团”活动28次；建立党建协调会议制度，全面负责党建工作督导、检查和考核。召开改进作风狠抓落实安排部署会、推进

2022年6月9日，西藏自治区政协党组成员、副主席桑杰扎巴（左四）一行到墨竹工卡县扎西岗乡扎西岗村调研

会9次,自查自纠1次;制定抓党建促乡村振兴措施,召开专题会,确定斯布牦牛"一社两站三中心"发展模式,推进党建引领斯布牦牛品牌高原特色经济高质量发展示范点建设;开展主题党日活动12次,进一步增强基层党组织活力;开展"四联四包"活动和党员干部联系服务群众工作,发挥基层党组织战斗堡垒和党员先锋模范作用。

扎西岗乡党委严格落实党内关怀帮扶制度,上报27名生活困难党员由县级部门走访慰问,上报老党员30人(未享受离任村干部补助)和老干部3人,上报符合申报自治区党内激励帮扶金的党员11人。

2022年7月12日,县委书记沈鹏里(左三)一行到扎西岗乡调研

【党风廉政建设】 年内,深入开展进一步改进作风狠抓落实工作,组织成立领导小组及下设办公室,制订《扎西岗乡改进作风狠抓落实工作实施方案》;召开进一步改进作风狠抓落实工作安排部署、推进会议8次;全面开展"四查四问",组织全乡干部、村"两委"班子对照《县委进一步改进作风狠抓落实个人自查报告表》内容全面开展自查自纠,填写表格70余份。

严格干部工作纪律,全乡干部共50人,均已按照干部外出报备报批规定履行手续。严抓廉政建设风气,深入贯彻落实中央八项规定及实施细则精神,持续整治"四风",制定相关督查方案,组织人员进行明察暗访13次,确保对存在的苗头性问题做到早预防、早发现、早提醒、早纠正。推进全面从严治党教育,结合理论学习中心组学习会和"三会一课"制度,共开展纪律学习8次,其中包括对县纪委历次全会精神学习1次、纪委书记讲党课1次、传达纪委通报文件精神4次和观看警示教育纪录片2次。

【精神文明建设】 年内,持续推进"铸牢中华民族共同体意识汉语藏语双学双教"活动,发放《西藏自治区"村(居)干部文化素质提升工程"汉语课本》《汉语藏语一本通》等教材40余份,开展国家通用语言文字培训92期,涉及村"两委"班子117人次,开展结对帮学91次,涉及村"两委"班子158人次,开展水平测试20场次,参试人员166人次。开展宣讲活动30次,2000余人参加,发挥自治区级宣讲员优势,以群众喜闻乐见的方式宣讲铸牢中华民族共同体意识、中央第七次西藏工作座谈会等内容。

召开民族团结进步创建活动部署会2次;以民族团结进步宣传月、"3·28"西藏百万农奴解放纪念日等重要活动节点为契机组织活动4场次,参加1200余人次,同时,大力宣扬民族团结进步模范的先进事迹,营造民族团结一家亲的和谐氛围。开展系列庆祝活动,充分发挥工青妇等群团组织的职能作用和助手作用,利用"三八"国际妇女节、"3·28"西藏百万农奴解放纪念日、端午节、"七一"建党节等开展群团组织文艺会演活动28次。

【基层办实事】 年内,开展"领导干部下基层大接访办实事"活动,8名市县级领导收集群众上访问题及办实事需求54条,其中就地解决38条,上报县级解决16条;开展宣讲活动28次,涉及群众共计1200余人次,其中集中宣讲8次,入户宣讲90余户;为群众办实事38项,已全部办结完毕;开展疫情防控、生态环境保护及维稳督导检查35次,发现并解决问题10项。

【人居环境整治】 年内,7个村"厕所革命"整村推进户厕改造203户,验收后兑现每户2000元补贴资金。推进"美丽乡村·幸福家园"建设项目(第一批美丽乡村建设68户,第二批166户,共计234户),政府出资占70%,个人自付部分占30%,政策受到群众一致好评,住房安全达标率100%,不存在危房。

年内,组织全乡1900余人次干部群众参与人居环境整治,清理农村生活垃圾99.6吨,清理农村白色垃圾23吨,清理村内淤泥10吨,清洁卫生死角82处,开展人居环境宣讲60余次,4000余人参与。

【生态环保】 年内,扎西岗乡坚持理论指导实践,组织相关生态环保理论及政策的理论学习中心组学习6次;召开生态文明建设示范创建工作安排部署会议8次;结合"四联四包"大宣讲、国家环保日等重要工作、活动,组织开展爱国卫生运动、环境卫生整治、沙棘林专项环境整治、建筑施工垃圾清理、街面河道专项清理等环境综合整治活动30次;制作宣传栏8个、发放各类生态环境保护宣传资料、宣传物品500份,牢固树立"墨竹的绿水青山,你我的金山银山"环保理念。

年内,安排生态岗位216人,兑现岗位资金56.7万元,并督促严格按照工作要求履职,切实改善生态环境。加强生态文明建设,完成1640株树苗国土绿化任务和23854株"四旁"植树任务;扎实落实河长制工作,按照责任书对辖区内的河道进行垃圾清除工作10余次。

【农牧工作】 年内,青稞、豌豆等粮食作物播种面积共计11545.08亩,油菜、蔬菜等经济作物播种面积6836.92亩,饲草种植面积776.47亩。全年朗杰林村、加尔多村、巴洛村、扎西岗村群众向县农业农村局出售青稞种子共计8796.5千克,收入40463.9元,全乡7个村群众向农牧局出售油菜种子2568.5千克,收入23116.5元。种植业兑现惠民资金117.9万余元。全乡1304户7531人享受草原生态补偿奖励机制政策资金共计252.3万余元。

年内,实施草畜平衡91.66万亩,理论载畜量11.54万绵羊单位。实施承包到户为1304户,全乡未超载1304户。已享受草原生态补偿奖励机制的有42个村民小组,1304户7531人。重要牧场面积736452.3万亩,牲畜存栏共28913头(只、匹)。

【民政工作】 年内,按照《西藏自治区人民政府关于建立困难残疾人生活补贴和重度残疾人护理补贴制度的实施意见》的有关规定,受理255名持证残疾人,符合条件享受残疾"两项补贴"的有104个残疾人,全年共兑现190300元。按照《拉萨市临时救助制度实施细则》的有关规定和县民政局要求,受理10户困难家庭。根据《西藏自治区建立经济困难的高龄失能老年人补贴制度的实施意见》,确定扎西岗乡符合享受"两项补贴"的老年人22人,共发放15600元。

疫情期间,困难群众的一次性生活补贴和生活物资:根据县民政局的要求,疫情期间扎西岗乡对低保、分散户每人发放1200元的一次性生活补贴,对困难群

2022年2月6日,县委副书记、县长巴桑(右二)一行到扎西岗乡检查指导工作

2022年9月7日，扎西岗乡党委书记扎西顿珠（左二）到朗杰林村检查秋收工作

众82户发放各种生活物资共计231件。

【退役军人工作】 年内，在原有民政优抚工作的基础上，开展退役军人及其他优抚对象信息采集工作，完成全乡退役军人信息采集工作和退役军人优待证办理程序。采取设立宣传栏、张贴宣传标语、发放宣传资料等形式，开展拥军优属、拥政爱民宣传活动，并通过乡村会议、国防教育大讲堂，在全乡范围内形成爱军、学军、拥军的良好氛围。

【便民服务中心】 扎西岗乡便民服务大厅于2014年5月正式挂牌投入使用，设立在乡政府大门右侧，服务大厅使用面积90平方米。自投入使用以来，没有出现群众不满意、投诉情况，同时在便民服务大厅运行期间征求多方意见，开设"代办业务"，极大地方便了群众，得到当地群众的高度赞赏和县相关部门的一致认可。年内，扎西岗乡便民服务中心累计服务群众达3.5万余人次。

【安全生产】 年内，开展安全生产专项整治，悬挂宣传横幅10余条，发放宣传资料300余份，张贴宣传挂图20张，营造全民参与安全生产的良好氛围；开展《中华人民共和国安全生产法》宣讲，普及安全生产知识；对沿街商铺进行安全检查170余次，发现各类安全隐患220次，消除安全隐患85处，现场整改安全隐患3处。

【市场监督】 年内，对辖区内食品生产、流通、餐饮服务等日常监管单位实行全覆盖检查，共检查32次，检查生产企业2家，流通业57家，餐饮户40家、学校1所，按计划开展日常检查，覆盖率达到100%。疫情防控期间，加大对商户的疫情防控检查工作力度，督促从业人员佩戴口罩、对客人测体温及进行消毒登记等，每周提醒督促完成核酸检测工作，加强冷链食品销售者管理。检查督促引导扎西岗乡复商复市6家，检查疫情防控措施落实情况、哄抬物价情况、物资供货渠道等40次。在"3·15"消费者维权日、"4·26"知识产权日等节点开展宣传活动，发放宣传册及宣传品50余份，引导广大消费者要学法懂法，普及消费知识和维权知识。

【群团组织】 年内，扎西岗乡发展团员3名，推优入党2名。在推进志愿者行动方面，扎西岗乡党支部带领乡团委开展迎新年、送温暖主题团日活动，以全乡干部职工、保留团籍党员自愿原则进行捐款，助力乡村振兴工作，为监测户18户购买米、面、德卡、清油、口罩并进行集中发放，开展无劳力家庭送慰问品上门的志愿者服务活动。积极开展"3·5"学雷锋日青年志愿者活动，组织全乡、全村干部职工对主要街道、村道上的白色垃圾、暴露垃圾进行清理。在清明前夕，乡团委积极组织青年志愿者开展"倡导文明祭祀"宣传活动。为庆祝第71个"六一"国际儿童节，进一步铸牢中华民族共同体意识，加强民族团结，县总工会为扎西岗乡20名困难职工子女开展慰问活动，为孩子们送去书包、文具等学习用品，团县委格桑花爱心救助基金为扎西岗乡4名重特大病患儿每人发放救助金2000元，共计8000元。

年内，妇联巾帼夜校共运行4个月，共计180场次，学生83人（主要集中在斯布村）。开展调研活动1次。同团委工会一同组织开展1次女职工插花活动，支出7680元。

年内，扎西岗乡新入工会会员5人、转入1人、转出5人，都记录在案。“五一”慰问环卫工人及一线干部职工17人，发放慰问金共计8500元。

【就业、培训】 年内，扎西岗乡农牧民实现转移就业1363人，其中84名学员报名参加种植养殖实用技术培训。2022年高校毕业生88人，其中76人已就业，政府相关岗位就业19人，灵活就业14人，区外就业8人，离校前已落实就业去向的14人，事业单位4人。全乡除退学5人、延期毕业2人、升学4人、服兵役1人外，其余均已实现就业。

【乡村振兴】 年内，建立健全防返贫动态监测和帮扶机制，对全乡范围内一般农户和脱贫户开展防止返贫监测和帮扶排查入户两轮排查工作，一轮排查中，共计排查农户2097户8813人。经实际入户排查，并经各村召开村民代表大会进行公示，确定“九不入”负面清单人员865户2797人，全乡防返贫监测对象共计14户58人。二轮排查中，巩固脱贫攻坚成果和乡村建设信息采集工作已完成入户1097户，入户比例达到54%，其中脱贫户329户已全部入户采集完毕，巩固拓展脱贫攻坚成果信息更新工作已完成，拟纳入防返贫监测户（脱贫不稳定户）1户。

年内，重点对因灾农户房屋进行动态监测，推进易地搬迁拆旧复垦工作，已拆除房屋44户，兑现拆旧资金173.6万元；扎西岗乡县城搬迁群众共计57户270人，家中有劳力的家庭均已实现一户至少一岗，月均增收3000元，切实为搬迁群众稳定基本生活提供保障。扎西岗乡现有特色产业项目共计5个，总投资1918.92万元，其中养殖业项目1个，种植业项目2个，机械租赁项目1个，加工类项目1个，涵盖5个村。截至年底，建设完成项目4个，在建项目1个。

（胡景州）

【机构领导】

党委书记

杨　勇（8月免）

扎西顿珠（藏族，8月任）

党委副书记、乡长

扎西顿珠（藏族，8月免）

杨龙亮（11月任）

党委副书记、人大主席

春　芳（女，藏族）

党委副书记、党政综合办主任

刘金桥

党委委员、纪检书记

旦增罗布（藏族）

党委委员、组织委员、党建办主任

曾洪群（女）

党委委员、统战委员、宣传委员、平安建设办（综合行政执法队）主任

杨雪钟（藏族）

党委委员、政法委员

李　庆

党委委员、副乡长、经济发展办主任

杨瑞鹏

副乡长

颜灵芝（女）

副乡长、民生保障办主任

丹增白珍（女，藏族）

日多乡

【概况】 日多乡隶属拉萨市墨竹工卡县，位于县城以东55公里处，米拉山脚下，东临林芝市工布江达县，西接扎西岗乡，北与门巴乡接壤，南面毗邻山南市桑日县和乃东区，辖区内林拉高等级公路、国道318线穿境而过，平均海拔4500米，总面积为955.5平方公里。全乡下辖3个行政村12个村民小组，常住人口436户（其中念村106户、拉龙村161户、怎村169户）2360人（其中念村478人、拉龙村956人、怎村926人），劳力1051人（其中念村187人、拉龙村439人、怎村425人）。乡党委下辖1个村党委，2个村党总支，1个乡机关党支部，下设12个村民小组党支部，全乡共有党员232名（含预备党员6名），其中，机关党支部党员26名（含预备党员1名），拉龙村党委党员88名（含预备党员3名）、怎村党总支党员62名，念村党总支党员56名（含预备党员2名）。每个自然小组设小组长2名，全乡联户长49名。各村均健全完善群团组织。乡卫生院1所，医生11名；村卫生室2个（念村、怎村），村医3名；乡中心小学1所，教职工20名，学生239名；村汉语藏语幼儿园4所，教职工16名，学生42名；派出所

干警12名(含协警);寺庙1座,驻寺干部2名(特派员、民警)。境内主要旅游景点包括“一山”(米拉山)、“一湖”(思金拉措湖)、“一泉”(日多温泉)。

【气候特点】 日多乡气候属于典型的高原温带半干旱高原季风气候,年平均气温0.8℃,年最高气温18℃,年最低气温-26℃,年平均降水量350毫米,年日照平均时数3000小时。具有气温低,冬长夏短,日温差大,年温差小;干湿季分明,冬季干燥,多风;日照充足,辐射强烈;冬季严寒,夏季凉爽湿润;气压低,含氧量较少等特征。

【经济发展】 年内,全乡农村经济总收入6582.9万元,同比增长30%左右;人均可支配收入31037元,同比增长10%左右。

【畜牧业】 年内,全乡牲畜存栏总头数18323头(其中山羊15只、黄牛153头、马13匹,其余均为牦牛)。全年出栏牲畜1164头(只)。发展特色产业,牦牛集中养殖和母畜到户养殖项目存栏量达483头,有3个特色产业合作社,产值达30余万元。

【基础设施建设】 年内,全乡水、电、路、信、网等基础设施和公共服务设施建设不断完善,实现行政村公路通达率、通电率、通网率、通邮率、人畜饮水安全率均达100%。投资88余万元实施乡政府节能改造项目,投资800余万元建设乡政府集中供氧项目;组织第三方机构开展农房鉴定143户,在提升灾害防治能力上持续发力,全乡2700余名干部群众获得感、幸福感和安全感明显提升。

【社会保障】 年内,全乡有低保户15户41人,特困供养户4户4人,残疾人55人,享受残疾人“两项补贴”29人,享受幸福养老政策194人,享受老年人“两项补贴”3人,全乡专职护林员166人,专职草原监督员44名、生态岗位31人。

【民生保障】 年内,累计为民办实事25件次,投入资金65万元,推动解决安全饮水、路灯亮化、道路维修、垃圾清运、道路桥梁等民生问题;不断强化教育基础地位,加快教育基础设施建设,乡小学教室、食堂已全部更换为断桥铝窗户;适龄儿童入学率达100%;农牧民转移就业1050人,转移就业收入1322.5695万元。应届高校毕业生共23人,就业率达到100%。

【行政审批】 年内,坚持以务实为民、高效便民为宗旨,乡村两级便民服务大厅全部投入使用,设有保险理赔、户籍、就业、民政、医疗、农牧、社保等7个窗口及7名业务熟练的工作人员,累计接待群众咨询4000余人次,为群众办理各类事项5000余件。

2022年1月25日,日多乡召开改进作风狠抓落实工作动员部署会

【乡村振兴有效衔接】 年内,全面围绕“两不愁三保障”和饮水安全问题,紧盯脱贫户,建立防返贫致贫预警和帮扶机制,开展防返贫监测排查2次,对脱贫户155户612人每季度进行动态监测,不存在年收入在8000元以下的“三类人员”,实时掌握农牧民群众生活情况,及时解决农牧民群众需求。

【重点项目建设】 年内,投资200万元用于扩大念村母畜养殖项目规模,购买197头适龄母畜寄养在卖方(养殖户)家中,由村委会与卖方(养殖户)签订5年养殖协议。建立怎村夏季摄影文化基地暨林卡基地,进一步吸引人流,增加集体收入。

整合资金,为怎村购买挖掘机1台,用于巩固和提升村集体经济,已投入使用。拉龙村中央直达资金50万元全部用于发展母畜养殖项目,进一步带动群众增收并增强村集体经济的多元化和可持续性,该项目已完成前期准备工作。

2022年7月12日,日多乡组织开展领导干部"四联四包"工作机制暨"大宣讲"文艺汇演宣讲活动

【人居环境】 年内,日多乡认真贯彻落实习近平生态文明思想,树牢"绿水青山就是金山银山、冰天雪地也是金山银山"的发展理念,持续改善生态环境。积极组织干部群众开展义务植树和村居环境大扫除等活动,推动周边生态环境持续恢复,群众生态环保意识进一步增强,在辖区内形成"全民参与、全域推进"的格局,累计开展人居环境整治活动200余次,定期开展卫生死角大清理活动35次,防疫期间环境消杀180次;种植树木300余株,成活率90%以上;各级河长开展巡河243次,总巡河里程80千米。

【宣传教育】 年内,日多乡紧扣重点宣传任务,紧紧围绕习近平新时代中国特色社会主义思想、中共二十大精神、疫情防控相关内容,结合"四联四包"活动,将新时代文明实践与党史学习教育、基层党建、乡村振兴等重点工作有机融合,通过微信群"隔空"传达、"村村通"大喇叭循环播报等线上与线下相结合、集中与入户相结合的宣讲形式,扎实开展各项宣传工作。

累计转发防疫相关政策知识500余条;开展志愿服务活动200余次、各类宣传学习120余场次,受众8000余人;组织开展各类帮扶活动20次;发放教育、宣传资料等500余张(本),悬挂横幅180余条,张贴标语80张,更换新国旗彩旗1300余面,滚动播放LED显示屏10余条;运用"情系日多"抖音号发布各类工作视频20条,营造了全民参与的良好氛围。

【"美丽乡村·幸福家园"整村试点推进】 年内,怎村哈姆组"美丽乡村·幸福家园"建设计划整村推进试点工程43户完工并成功入住,全组基础设施更加完善,美丽村庄已见成效,第二批、第三批"美丽乡村·幸福家园"建设79户分批完成,乡村建设从"点上开花"向"面上成景"转变,美丽宜居乡村画卷渐次铺开;怎村人居环境整治项目顺利落地,项目完工投用后怎村公共服务能力将持续提升,村庄环境将明显改善。

【平安建设】 年内,累计开展矛盾纠纷及安全隐患排查418场次,发现并解决风险隐患问题4个;成功调解矛盾纠纷5起,调处率100%;开展扫黑除恶线索摸排57次,未发现涉黑涉恶线索;对3名社区矫正对象开展走访教育10次,盯住重大时间节点,扎实做好中共二十大期间维稳安保工作,持续夯实社会治安综合治理工作基础。

年内,全乡无重大政治性、群体性事件发生,干部群众安全感不断增强。

【组织建设】 年内,通过理论学习中心组、支部学习会打造"集中课堂"开展系统学习22次,开展学习交流研讨11次,专题学习中共二十大精神3次,开展中共二十大精神、进一步改进作风狠抓落实等应知应会知识测试4次；利用“学习强国”学习平台、微信公众号等平台打造“指尖课堂”，鼓励党员干部每天坚持自学30分钟；同时设立学习“小书箱”搭建“身边课堂”开展随时学，推动全乡党员干部理论学习走深走实、入脑入心。

2022年9月8日，日多乡党委副书记、乡长廖凡（右二）检查指导疫情防控工作

积极开展“党建工作联系点”活动26次，解决实际困难、问题50余条；虫草采挖和疫情防控期间，设置临时党支部17个，开展乡、村两级党建政治教育培训26次，常态化开展“支部书记大走访”，确保全乡整体工作、特殊时期行动统一、步调一致。补选配齐村干部2人，培养村级后备干部31人，新发展党员6人，持续激发村“两委”班子、乡村振兴等各类专干等基本队伍为民干事创业活力，优化人员队伍配置。积极发挥活动带动党建的桥梁作用，推动基本活动与党建工作相融合、互促进，充分结合重要节点以及主题党日活动，组织广大党员干部群众积极参与融入党建活动，累计开展各项活动60余场次，参加党员群众达1万余人。

完善并落实《日多乡干部管理制度》《理论学习中心组制度》等，指导各村结合实际建立健全《村规民约》《村干部轮流坐班制度》，督促落实理论学习、议事决策及“四议两公开”“三务公开”“三重一大”“三会一课”等基本制度，切实推动基层党建工作规范化、制度化。持续推进村级组织活动场所标准化建设，立足实际需求，保障乡村两级党建经费54.9万元、村级政权建设经费30万元，打造甲玛赤康党建基地日多馆，打造“日多乡生态文明基层党建示范点”“怎村组织振兴基层党建示范点”，确保基层党建阵地基础更加坚实，基本保障更加有力。

2022年11月4日，日多乡召开十五届人民代表大会第二次会议

【党风廉政建设】 年内，始终坚持把党风廉政建设和反腐败工作作为一项自身建设的重要任务，组织学习各类典型案例通报文件20份，开展各领域廉政教育培训、警示教育、党风廉政教育宣传等活动13次，召开党风廉政建设工作部署推进会4次，开展干部谈心谈话40余人次，召开节前廉政工作提醒会8次。

组织召开进一步改进作风狠抓落实工作动员部署会，研究制定《日多乡2022年进一步改进作风狠抓落实工作实施方案》，组织开展“作风怎么看、问题有哪些、工作怎么干”专题研讨相关活动2次，开展“四联四包”“大宣讲”活动49场次，涉及群众1483人次，“大调研”12场次，入户524个，“大排查”风险隐患排查480处（户），“大落实”督导290次；开展干部“四查四问”自查自纠40人次、查摆问题12个；解决群众急难愁盼等问题140余件，定期监督检查党员干部酒驾、赌博等20余次，由作风办和纪委督促问题整改落实，提高党员干部政治站位，不断筑牢拒腐防变的思想防线，自觉维护风清气正的良好政治生态。

（李锦涛）

【机构领导】

党委书记

程 爱 青（8月免）

平措扎西（藏族，8月任）

党委副书记、乡长

平措扎西（藏族，8月免）

廖　凡（11月任）

党委副书记、人大主席

旦增措姆（女，藏族）

党委委员、专职副书记

苍　巴（藏族）

党委委员、派出所所长

袁　飞

党委委员、宣传委员、副乡长

索朗措姆（女，藏族）

党委委员、纪委书记

索朗次仁（藏族）

党委委员、组织委员

席 贤 锋（5月免）

王 高 杰（5月任）

党委委员、政法委员

刘　学

党委委员、统战委员

梁 泽 英（女）

副乡长

普　琼（藏族）

索朗措姆（女，藏族）

尼玛江热乡

【概况】 尼玛江热乡位于墨竹工卡县东北部，距县城25公里，东邻门巴乡，西连唐加乡，北接扎雪乡，行政区划总面积862.68平方公里，平均海拔4200米。全乡辖7个行政村，32个村民小组，其中5个纯牧业小组，共2145户9050人。乡卫生院1个，村卫生院6个；辖区小学1所，乡级幼儿园1所，村级幼儿园8所。全乡宗教活动场所8座（寺庙7座、拉康1座）。全乡村党委3个，村党总支4个，党支部36个，党员757名。

【经济发展】 尼玛江热乡属农业为主的半农半牧乡，全乡耕地面积1.79万亩，人均耕地面积2.02亩，草场面积87.75万亩；牲畜存栏27371头（只、匹），出栏4004头（只、匹）。主要经济收入来源为农牧业、农业、劳务输出和转移就业等。2022年，全乡农牧民人均可支配收入23095.35元，较2021年增长13.1%；2022年脱贫户人均可支配收入14764.76元，较2021年增长20.93%。

【农牧业生产】 年内，全乡完成粮食播种17987.35亩，其中小油菜5500.47亩、青稞10834.4亩、豌豆846.46亩、蔬菜725.63亩，饲草面积150.94亩；邦达村、羊日岗村完成高标准农田建设665亩，粮食总产量稳定在400万千克，有效实现增产增收；引进发展饲料种植，引导章达村完成耕地流转930亩，种植青饲玉米年产值达200万元以上，土地流转收入达70万元以上，带动10人就业。

按照上级草补补助奖励标准，享受草补奖励资金共1609户，实现草畜平衡奖励资金250.77万元。完成强制免疫口蹄疫O型、A型二价灭活疫苗接种33033头（只、匹），牛免疫率达99.7%、羊免疫率达99.8%。政策性农险赔付青稞402亩，油菜943.1亩，羊490只，牛1829头，农房4户，资金累计达954.08万元。全年共兑现各类惠民资金315.03万元，发放政策补贴化肥144.7吨，政策补贴农药12.2吨。

【社会保障】 年内，尼玛江热乡劳动力3657人，2022年录入自治区公共管理就业服务信息管理系统1206人2020人次，实现转移就业收入1062.52万元；完成全乡3343人新型农村养老保险收缴工作，收缴保费达66.86万元；2022年高校应届毕业生91人，通过乡村干部结对帮助应届生，就业率达到99%。

全乡低保户64户196人，全年共发放572379.71元；农村特困供养15人，兑现资金116100元；符合残疾人两项补助人员142人，兑现资金242400元，发放残疾人辅助器具及护理用品；重点关爱人群 9 人，兑现资金 54000 元；老年人两项补贴受益者 21 人，兑现资金 12600 元；2022 年上半年 60 岁以上幸福养老受益者共 886 人，兑现资金 1903200 元；申请临时救助者 13 户，共发放资金 63000 元。

【教育工作】 年内，适龄儿童入学率 100%，巩固率达 100%；初中入学率 100%，巩固率达 100%；九年义务教育覆盖率达 100%；完成农牧民大学生学杂费及交通费票据收集统计，兑现 12 名区内外低保户和建档立卡户大学生教育资助资金 31805 元。

【乡村振兴】 年内，严守“四个不摘”，聚焦“两不愁三保障”，落实饮水安全政策，持续巩固提升脱贫成果。全乡脱贫户共 516 户 2459 人，2022 年度脱贫户人均可支配收入 14764.76 元，较 2021 年增长 20.93%。按照全乡防止返贫监测和帮扶集中排查工作要求，组织乡村干部对全乡 2151 户群众收支状况进行集中摸排，经排查最终确定尼玛江热乡监测对象 3 户 22 人，并制定帮扶措施；年内，累计安排生态已补岗位 429 个，累计兑现补偿资金 150.15 万元；实时掌握搬迁群众思想、生活动态，为搬迁群众对接就业岗位 119 个，基本实现一户一岗，月均增收 3500 元。

【文旅工作】 年内，先后组织开展“3·28”西藏百万农奴解放纪念日文艺演出、喜迎中共二十大文艺会演等活动，共排练 33 次、演出 53 次、受众人数 1500 人次，极大丰富了农牧民群众的文化生活。以乡文化活动中心为龙头，通过举办各种群众喜闻乐见的文化活动，丰富群众精神文化生活，满足群众文化需求。

【司法工作】 年内，广泛开展《中华人民共和国宪法》《中华人民共和国国家安全法》《中华人民共和国反有组织犯罪法》《中华人民共和国民法典》《中华人民共和国妇女权益保障法》《中华人民共和国未成年人保护法》《中华人民共和国传染病防治法》等法律法规的宣传教育活动 30 余场次，发放各类普法宣传资料 2000 余份，受教育群众 5300 余人次；对社区矫正 1 人、安置帮教 20 人、区外学经回流人员 1 人、易肇事肇祸严重精神病 17 人进行分类分级动态管控，严格落实管控责任和管控措施，对社区矫正人员开展走访活动 3 次。结合“3·15”消费者权益日、国家安全日、6 月“安全宣传月”，组织司法所、安监站、食药所等部门到辖区集市和群众聚居区举办宣传教育活动，为尼玛江热乡经济建设和构建和谐社会营造了良好的法治氛围。

【生态环境保护】 年内，针对学校、企业、政府及群众等不同领域不同层次的人群，结合“世界环境日”等时间节点，开展以“门前四包”“禁白工作”等为主题的形式多样、针对性强的宣传活动，有效提高环保工作群众知晓率和参与度。开展乡村“四旁”植树行动，保质保量完成苗木种植 17715 株，覆盖辖区 7 个行政村，着力推进村容村貌质的转变。利用“河长制”App 加大河道巡查整治力度，充分调动村级力量，开展突击巡河检查 128 次。

年内，整治环境卫生共 54 次，组织定点清运垃圾 182 次，整治砂石乱堆现象 2 处。经过不断努力，乡内拉萨河干流、支流无乱挖

2022年7月7日，尼玛江热乡开展“庆祝建党101周年、喜迎中共二十大”文艺活动

2022年7月20日，尼玛江热乡召开“四联四包”工作座谈会暨阶段性小结会议

滥采、乱排乱放的现象，辖域内环境干净整洁。

【市场监督】 年内，组织开展全乡食品安全宣传周活动，制作食品安全宣传栏10个，发放宣传材料800余份，举办现场咨询活动2次，参加食品安全集中培训2次；深入开展校园食品安全守护行动，强化校园食品安全监管，检查学校食堂16次，筑牢校园食品安全防线。强力推动食品安全“两个责任”迅速落实落地，建立包保主体台账、包保干部台账、包保责任清单和包保任务清单。

【平安建设】 年内，全力做好社会维稳工作，乡党委在重点时段召开专题维稳部署会议，扎实推进乡村治理，把各类矛盾纠纷解决在基层、化解在萌芽状态。深化落实“7+1”（7：大走访、大排查、大服务、大整治、大收缴、大净网、大练兵；1：情报信息工作）维稳防控模式，加强乡域涉黑涉恶的摸排核查，联合派出所等部门开展反有组织犯罪法、扫黑除恶、养老诈骗、食品安全、交通安全宣讲工作，共发放资料200余份。矛盾纠纷排查186次，做到矛盾不出乡村的目标，排查各类安全隐患125次，整治安全隐患49处，检查各类经营主体140余户。实施数字乡村项目，做到无死角、无盲区，完善消防设施和消防器材，为平安建设强化保障措施。

【党建工作】 年内，积极推进羊日岗村“党建+生态”示范村建设，持续更新赤康村“1+4+N”基层党建示范点尼玛江热乡党建工作展示厅，完成4个小组幸福驿站建设项目，争取实施4个村级活动场所改造升级工程，基层阵地规范化建设逐步得到优化提升。

年内，向41名村“两委”班子成员发放《西藏自治区村（居）干部国家通用语言文字读本》并组织开展自学。统筹村幼儿园老师、第一书记、驻村工作队等力量于每周二集中开展“一对一”结对帮学。

组织乡村党建专干、第一书记集中学习发展党员5个步骤25个流程1次，现场演示规范发展党员全过程。安排72名党员干部参加区市县素质提升及新任干部培训班，乡村两级依托远程教育站点、学习强国、西藏组工等平台，组织100余名乡村党员干部加强学习，提升素养。

以学习“党史”“新中国史”“改革开放史”“民族团结史”“西

2022年9月22日，尼玛江热乡党委书记王吉泽（右一）到仲达村检查秋收情况

藏地方发展史”等为契机，开展“3·28”西藏百万农奴解放纪念日、“七一”建党节、“三更”专题教育、“三新”大学习大讨论、新旧西藏对比等活动50次，党员干部自主编演情景剧《信仰的力量》，组织80余名乡村党员干部到县影院观看爱国影片《长津湖》，激发干部群众的爱党爱国情怀，汲取奋进力量。持续深入开展揭批十四世达赖和达赖集团“五顶帽子”活动8次，排查“两面人”8次。

（旦增白玛）

【机构领导】

党委书记
王 吉 泽（9月任）
党委副书记、乡长
王 吉 泽（9月免）
洛桑加央（藏族，9月任）
党委副书记、人大主席
顿珠坚才（藏族）
党委副书记
蒋 长 城（挂职）
党委专职副书记
贾 慧 婷（女）
党委委员、纪委书记
欧珠旺姆（女，藏族）
党委委员、组织委员
郝 苗 苗（女）
党委委员、政法委员
土旦旺久（藏族）
党委委员、统战委员、宣传委员
江白伟色（藏族）
党委委员、副乡长
周 国 元
副乡长
四朗达措（女，藏族）
贺 小 军

扎雪乡

【概况】 扎雪乡位于墨竹工卡县以北51公里米洛山脚下，东与尼玛江热乡接壤，西与林周县阿朗乡相连，面积796.84平方公里，平均海拔4200米，以农业为主，牧业为辅，种植青稞、小麦、油菜，牧养牦牛、绵羊、山羊，产贝母，水资源丰富，辖格老窝、米洛、塔杰、龙珠岗、扎雪、其朗6个村，乡政府驻格老窝村。全乡下辖33个自然村小组。2022年，全乡有1610户，总人口8276人（格老窝村228户1252人，塔杰村199户1018人，扎雪村166户683人，其朗村320户1570人，米洛村351户1800人，龙珠岗村346户1953人），其中劳动力4192人，残疾人246人，低保户62户247人，特困分散供养5户5人。全乡党组织44个，其中党委5个、党总支2个、党支部37个（含机关党支部和2个寺管会党支部、1个驻村临时党支部），全乡机关党员37人。

【经济发展】 年内，扎雪乡耕地总面积18791.62亩，存栏牲畜禽类21945头（只、匹），经济收入来源主要以农业、牧业、劳务输出和转移就业为主。农牧民人均纯收入15923元，同比增长7.7%。

【农业发展】 年内，扎雪乡总播种面积18791.62亩，其中青稞11384亩、豌豆501.92亩、经济作物面积6347.68亩、蔬菜种植面积558.02亩、牧草面积1227.2亩，建设高标准农田面积5425亩。

【乡村振兴】 年内，健全防返贫动态监测机制，由村到乡自下而上建立动态监测预警机制，确定6名村级信息监测员每季度进行返贫风险监测，并上报动态监测表；与医保、残联、民政、教育、水利、住建等专干协调沟通，建立信息共享预警机制。

年内，扎雪乡按照自治区、市县两级统一安排部署，组织开展2次防返贫监测和帮扶大排查工作。有效识别全乡范围内的“九不入”名单，对其他农户实现全覆盖的防返贫排查工作。经2轮排查，扎雪乡共计识别纳入防返贫动态监测对象8户44人，其中脱贫不稳定3户18人，边缘易致贫4户21人，突发严重困难1户5人。其中，5月和10月的两轮排查工作扎雪乡分别将5户26人、3户18人纳入防返贫动态监测对象。

在其朗村和塔杰村分别实施“美丽乡村·幸福家园”房屋新建34户和16户，有效提升居民住房安全和住房条件。

扎雪乡在“十三五”时期已建设完成8个产业项目，结合项目现有运营情况，加快产业项目提质增效工作。首先，将产业项目委托给西藏融雪农牧科技发展有限公司管理运营，提升项目在管理和运营方面的水平，提升项目效益和规范项目运营等。年内，结合项目运营效益情况，对全乡263户脱贫户、12户监测户进行分红，结合劳动力务工和土地流转，分为500元、700元、1000元三个档次标准，共计22万元。其次，对产业项目进行分类施策，结合扎雪乡在建的建设项目，将其朗村小商品市场5间门面房出租用于建设项目的项目部，实现项目年收益增长1.8万元。再次，畅通项目经营反馈沟通渠道。努力对接项目主管部门解决项目运营中存在的困难和问题。针对扎雪乡部分项目运营成效不明显，存在部分影响项目运营的因素进行全面排查，并梳理出问题向项目主管部门请示汇报，解决运营过程中存在的问题。最后，积极申报2023年度涉农整合资金项目。扎雪乡申报以工代赈项目4个，涉及金额1274万元。

年内，扎雪乡在乡政府周边建设文化主题公园1座，投资280万元。为营造浓厚的乡村振兴文化氛围，乡政府争取15万元用于乡政府周边文化墙建设项目。同时，加强中华传统文化在乡村领域的宣传和推广。加大村“两委”，特别是村党委书记和村主任的通用语言培训力度。经过扎雪乡和村“两委”的不懈努力，村“两委”通用语言水平显著提高，沟通能力有效提升。

【人居环境】 年内，扎雪乡实施人居环境改善项目1个，项目投资金额3000万元，项目实施地点为扎雪乡扎雪村。同时，投资2600万元完成格老窝村人居环境提升改造项目续建。此外，以环境卫生整治为抓手，组织每月5日开展环境卫生大整治，全力抓好全乡生态环境文明，推进环境卫生整治。

年内，出动垃圾车423次，转运生活垃圾496吨。优化乡村人居环境水平，2022年计划改造农村户厕521户，顺利通过县、乡、村三级改造验收376座，兑现资金75.2万元。

【转移就业】 年内，扎雪乡2022年应届毕业生共计75人，乡里成立调查组，通过走村入户开展全方位的调查了解和政策宣讲，在调查过程中，首先核实学生的基本信息、了解学生的就业意愿，讲解就业创业有关政策知识；帮助学生及家长分析当前就业形式，帮助高校毕业生了解就业创业政策、认清就业形势，引导高校毕业生及家长转变就业观念、拓宽就业渠道、树立先就业再择业的就业观，突破就业瓶颈，充分实现个人价值。

在连续多天的调查摸底过程中，共走访调查高校毕业生65名，宣传讲解就业创业政策270条、推荐西藏公共就业招聘网、西藏自治区大中专就业创业信息网、墨竹工卡县高校毕业生就业创业服务平台等就业平台1061次，建立8个高校就业政策宣传微信群，通过发挥墨竹工卡县巨龙等国企提供的就业平台资源优势，应届生已全部就业，应届高校毕业生就业率100%，农牧民转移就业1343人，开展技能培训68人。

2022年12月13日，县人大常委会党组书记、主任张志文（左一）一行到扎雪乡宣讲中共二十大精神

【社会保障】 年内，保障体系逐步完善，建立“基本医疗保险＋大病保险＋医疗救助＋超大额保险”新模式，2022年纳入低保、分散特困供养、残疾等498人，其中脱贫户56户260人。纳入分散特困人员5人，其中脱贫户6人，实现“应保尽保”。

【生态岗位】 年内，扎雪乡共安排生态补偿岗位591人次，四个季度兑现资金共计2068500元。

【平安建设】 年内，建立完善扎雪

2022年2月25日，扎雪乡龙珠岗村举办“欢乐祥和迎新年·民族团结一家亲”2022年藏历水虎新年大联欢系列活动

乡退伍军人服务站建设，张贴服务站6项工作制度，完成辖区退役军人花名册，调整充实退役军人党员志愿服务队，开展8次志愿服务工作，不断扩大基层维稳防控工作力量。制定矛盾纠纷多元化解工作机制，调整充实56名乡村两级调委会成员，年度开展矛盾排查1648次，发现矛盾纠纷125次，其中乡级调解28次，村级调解97次，追回农民工工资10.8万余元，形成矛盾纠纷分析研判报告9份。

加强搬迁户服务管理，组织各村第一书记、村党委书记共计22人次，深入异地搬迁区域了解掌握群众生活现状、思想动态、期盼诉求，帮助解决合理合法诉求3项。积极与当地党支部协调沟通，拓宽就业致富路子，帮助10人解决就业，确保异地搬迁群众“搬得出”“稳得住”“融得入”。开展综合治理体系建设，制订年度安全生产工作方案、预案，开展安全生产工作部署4次，开展校园周边安全整治25次，开展学校和乡村文化站非法出版物检查2次，强化卫生领域监管6次，定期组织对辖区食品药品安全检查8次，销毁过期、“三无”产品1.12吨，建设微型消防站，配齐灭火器14瓶、灭火毯7条、约束器2根等消防器材。截至年底，辖区内无安全生产事故。

完成“八五”普法工作任务分解，制定宣传教育工作方案2份，开展法治宣传教育4次，与西藏方诺律师事务所签订服务协议。截至年底，开展法律问题解答5次，涉及群众56人，为全乡法治建设奠定坚实的基础。更新完善双联户联户长信息和联户家庭信息，充分发挥双联户工作作用，开展完成2022年先进联户单位评选工作。

【民族团结】 年内，扎雪乡深入学习贯彻习近平新时代中国特色社会主义思想，以铸牢中华民族共同体意识为主线，围绕“中华民族一家亲，同心共筑中国梦”总目标，深入开展民族团结进步创建，形成辖区内各民族共同团结奋斗、共同繁荣发展的良好局面，真正实现在团结中进步、在进步中发展。

年内，完成6个村和乡政府县级民族团结进步模范单位创建工作。扎雪村被评为拉萨市民族团结进步模范集体，扎雪乡获得墨竹工卡县民族团结进步模范集体等荣誉，有力地推动了民族团结进步创建工作深入开展。

【宣传思想】 年内，认真贯彻落实中央、区、市县各级关于宣传思想、意识形态工作会议精神，始终坚持正确的政治方向和舆论导向，不断探索新形势下宣传思想文化工作的新途径、新方法、新举措，大力开展意识形态工作、理论武装工作、精神文明建设、新时代文明实践工作、网络信息、扫黄打非等工作，狠抓各项任务落实，全年开展党委理论学习中心组集体学习12次，专题学习研讨6次，撰写学习中共二十大精神、《习近平谈治国理政》等心得体会50余篇。

召开2次意识形态工作推进会，强化基层意识形态工作，层层抓落实，确保掌握意识形态工作主导权。整合扎雪乡新时代文明实践所（站）等资源，组建13支新时代文明实践志愿服务队，坚持“一月一主题”开展志愿服务活动。在“3·28”百万农奴解放纪念日、“喜迎二十大”等节庆日，开展丰富多彩的文化文艺活动50次，参与6000余人次。

【组织建设】 年内，扎雪乡下设党的基层委员会6个，分别为中共扎雪乡扎雪村党总支，有党员93人；中共扎雪乡其朗村委员会，有党员106人；中共扎雪乡龙珠岗村委员会，有党员102人；中共扎雪乡塔杰村党总支，有党员81人；中共扎雪乡格老窝村委员会，有党员106人；中共扎雪乡米洛村委员会，有党员109人；党支部3个，中共扎雪乡机关支部委员会，有党员37人，热旦寺党支部4人、吉布寺党支部2人。全乡共有党员640人，其中农牧民党员597人，占党员总数的93.28%。

2022年7月21日，扎雪乡组织党员群众代表参观西藏博物馆

【党员发展】 年内，始终坚持规范发展党员工作5个阶段25个步骤，乡机关支部、各村党组织新吸收入党积极分子24名，确定发展对象5名，预备党员转正8人。进一步充实村级后备干部人才库，为村级换届工作顺利开展提供有力保障，全乡6个村党组织共有53名后备干部；积极组织乡干部、村“两委”班子成员参加党员政治教育、“四讲四爱”、智慧团建等各类理论知识和业务能力培训共计40余人次；全面实现党员联系群众1225户，落实基层党组织服务、组织、教育群众工作；依托乡机关、各村志愿服务队6支326人发挥作用，解决热点难点问题，服务有力有效。

【人才培养】 年内，向组织部门推荐提任正科级领导干部5名，成功推荐2名副科级干部提任为正科级干部，其中1名任乡镇党委副书记、乡长，1名提任拉萨市司法局正科级，打通基层干部向外提拔输送通道。

认真贯彻落实“三个区分开来”要求，建立容错免责机制，加大容错纠错实践力度，充分调动和保护审计干部工作积极性，旗帜鲜明地为较真碰硬、实干争先的干部撑腰鼓劲。关注干部心理健康，主动了解思想动态，及时化解思想困惑，缓解干部身心压力。注重发挥工青妇等组织的桥梁纽带作用，开展庆“三八”妇女节活动，进一步丰富干部职工业余文化生活。

（张 豪）

2022年7月1日，扎雪乡龙珠岗村举行“喜迎二十大、永远跟党走、奋进新征程”主题系列活动

【机构领导】

党委书记、四级调研员

张原嘉

党委副书记、乡长

益西查巴（藏族）

党委副书记、人大主席
伍金彭措（藏族）
党委副书记
次仁平措（藏族）
党委委员、纪委书记
唐 志 勇
党委委员、组织委员
仁青索朗（藏族，11 月免）
党委委员、宣传委员、统战委员
巴　　桑（藏族）
党委委员、派出所所长
土旦吉美（藏族）
党委委员、政法委员
王　　昆
党委委员、副乡长
杨 龙 亮（8 月免）
副乡长
达　　珍（女，藏族，8 月免）
郭 浩 然（8 月任）
尼玛央金（女，藏族，5 月免）
旦增贡培（藏族，5 月任）

门巴乡

【概况】 门巴乡位于墨竹工卡县东北方向，距县城 62.7 公里，东靠米拉山和工布江达县，北接嘉黎县，雪绒藏布贯穿全乡。全乡区域面积 1684.9 平方公里，平均海拔 4500 米，辖区内盛产虫草、贝母等珍贵藏药材，铅、锌等矿产资源较为丰富。门巴乡是牧业乡之一，辖 6 个村民委员会（巴尔卡村、德仲村、仁多岗村、达珠村、贴尔朗村、波尔朗村），18 个村民小组。2022 年，全乡共有 945 户 4263 人，劳动力 1806 人，牲畜总头数 21782 头（只、匹），现有耕地面积 2991.34 亩，草场面积 123.64 万亩。全乡共有寺庙 5 座（直孔替寺、德仲寺、查布寺、顶杰寺、卓欧松多寺）。

【人员编制】 年内，门巴乡机关干部职工共有 40 名，行政编制 22 名，其中科级领导干部 11 名。一般干部 29 名，其中事业编制 18 名；“三支一扶”专干 4 名；司法专干 3 名；社区服务人员 2 名；民政经办人员 1 名；乡村振兴专干 9 名；科技专干 6 名；协管员 6 名；合作社专干 1 名；兽医专干 1 名；集体经济组织专干 1 名；聘用干部 4 名（3 名退休）；公益性 4 名。另外，门巴乡有 6 名第一书记。

全乡共有 33 名村干部，巴尔卡村有 6 名村干部，德仲村有 5 名村干部，仁多岗村有 7 名村干部，达珠村有 5 名村干部，贴尔朗村有 6 名村干部，波尔朗村有 4 名村干部。

【党建工作】 年内，乡机关党员 43 名，现有 1 个乡党委、1 个村党委、1 个机关党支部、1 个村党总支、4 个村党支部和 9 个村小组党支部，6 个团支部，有青年团员 8 名。

年内，门巴乡党员共有 420 人，其中正式党员 417 人，预备党员 3 人，另外有 10 名入党积极分子。新一届村“两委”班子成员实际人数为 35 人（不包括第一书记），其中党员 35 人；6 个村班子配备 40 岁以下年轻干部，占到总数的 31%；初中以上文化程度 22 人，占班子成员总数的 62%；共有 9 名女性进入村“两委”班子，占班子总数的 25%，确保每个村都有 1 名女性进班子。

【经济发展】 年内，全乡完成农村经济总收入 13254.7 万元，同比增长 13%；第一产业收入 5891.1 万元，第二产业收入 126 万元，第三产业收入 7237.6 万元。农牧民人均可支配收入达 33126.86 元，同比增长 13.1%。

【增收工作】 年内，持续抓好畜牧业良好健康发展态势，有序开展种公牛繁殖、牲畜转场、牲畜疫病预防、饲草料发放、草畜平衡等相关工作，有效保障牲畜健康发展。截至年底，全乡牲畜出栏达 2044 头，实现增收 2943.6 万元。

年内，严格土地保护，稳定农业种植面积，确保粮食产量稳中有进。扎实开展春耕备耕、耕地保护专项检查、“三秋”等相关工作。2022 年全乡粮食种植面积稳定在 2991 亩，粮食产量 299100 千克。

年内，全力做好虫草采挖期间服务安保工作，确保群众持续稳定增收，进驻门巴乡采挖虫草人员 1029 人，虫草收入 2886.5 万元。

加大农村富余劳动力转移就业力度，着力解决群众就业能力不足问题，积极开展农牧民群众就业及培训意愿统计宣传引导工作，协调门巴乡辖区项目施工方、入驻企业帮助解决群众稳定就业和临时就业，全乡就业人数 1057 人，其中稳定就业 350 余名。

乡政府统筹各村强基惠民资金，实施产业项目发展壮大村集体经济，购买挖掘机1台、装载机1台进行出租，2022年向各村分红共52万元；以土地出租的方式与中石油合作在乡辖区建设加油站，帮助各村发展集体经济。申请上级资金实施乡村振兴产业项目，将现有5个村的集体商品房重建改造成门巴乡特色产品销售及体验中心，配套建设住宿、餐饮、小商品零售等服务设施。

强化产业项目监督管理，完成资产登记确权工作，保持全乡6个"十三五"产业项目，正常运营，稳定产生效益，建立健全利益联结机制，自运营以来总收入180.39万元，累计为全乡脱贫群众分红101.42万元。

【乡村振兴】 年内，完善乡村振兴队伍建设，成立由乡党委书记任组长、乡长及人大主席任副组长、乡其他党政班子成员及各村第一书记、书记、主任，乡直各单位主要负责人为成员的农村工作领导小组，按照干部分工，统筹全乡干部参与巩固拓展脱贫攻坚成果同乡村振兴有效衔接工作，建立一支统一指挥、分工明确、团结互助的乡村振兴干部队伍。

不断补充完善村级人才力量，乡一级下派大学生"村官"2名，第一书记1名，广泛招录乡村振兴专干9名、科技专干3名、合作专干1名、农牧专干1名。

建立健全防返贫监测帮扶机制，深入开展2次入户全覆盖排查工作，结合农户申请、与部门协同预警等有效方式，及时发现本乡"三类人员"，同时制定针对性帮扶措施，有效杜绝规模性返贫情况发生，确保全乡零返贫。全乡有脱贫不稳定户2户6人，已采取纳入低保、申请临时救助、产业项目分红、抚养儿童补贴、就近就便解决就业等帮扶措施。

年内，贴朗村、仁多岗村主干道安装太阳能路灯30余盏，进一步改善群众出行环境；实施贴朗村牧区供电工程为贴朗村牧区通电，修建改造牧区桥梁5座，平整维护牧区道路100公里，有效改善群众牧区放牧条件；推进"厕所革命"，乡政府附近建设1座公共厕所，游客及辖区群众更加方便；德仲村3座幸福驿站有序完工，为群众开展活动提供更加安全舒适场地；安装网围栏约200公里，进一步保护草场和牲畜安全。仁多岗村人居环境整治项目将于2023年完成，对乡政府主干道街道进行改造，改善人居环境；仁多岗村、波朗村饮水提升工程正在实施。截至年底，已完成"十四五"时期乡村振兴规划项目上报初审工作，涉及产业类项目15个，基础设施类20个，公共服务类3个。

【民生保障】 年内，为确保各项兜底保障及惠民政策落实落地，严格落实医保、以补岗位、低保、养老保险、残疾人补助、教育补助报销等各项惠民政策，积极配合上级部门，开展符合条件群众建档工作，严把审核关，及时上报符合条件人员名单，确保各项惠民政策及惠民资金落到实处，全乡老有所养、幼有所教、病有所医。

年内，安排生态补偿岗位132人（县城搬迁20人），低保户27户73人，分散供养3人，重点关爱人员7人，残疾人72人，事实无人抚养儿童2人，老年人"两项补贴"5人，临时救助3户，在读大学生报销学杂费154名，享受养老保险人数305人，户厕改造完成204户，草补3582人，新型农村合作医疗参合率达100%，适

2022年9月15日，县委副书记、县长巴桑（左三）一行到门巴乡检查指导疫情防控工作

龄儿童入学率达100%。

【教育事业】 年内,门巴乡现有中心小学1所,在校学生503人,乡中心校教职员工57人。有乡、村级汉语藏语幼儿园6所,学龄前儿童291人,教职员工77人。2022年适龄儿童入学率达100%。加大力度改善教学设施条件,校园硬化工作基本完成,全面认真落实国家"三包"政策,门巴籍县中学学生195人,在校生巩固率达100%。同时认真开展和做好在校大学生的学费核销工作。截至年底,全乡在读大学生192人(其中:2022年毕业并实现就业的32人),并继续执行给予新入学大学生生活费补助政策,建档立卡户及低保户大学生按3000元、困难户大学生按2400元、一般农户大学生按1800元补助标准统一进行打卡发放。在校一般户大学生标准学费书费住宿费60%的报销。低保、建档立卡户大学生给予80%的报销。2022年,门巴乡毕业大学生32人。

2022年5月21日,中国共产党墨竹工卡县门巴乡第二次党员代表大会第二次全体会议召开

门巴乡教育事业以《关于贯彻落实自治区第九次党代会精神确保实现"五个100%"教育目标的实施意见》及市县关于落实好"教学五环节"相关指示精神,以"用爱、用情、用心育未来有用之人"为办学理念,坚持"规范管理提质量、彰显特色求发展"的工作思路,以"做最美的自己"为行动指南,不断加强教师队伍建设,积极开展校本教研,提升师资队伍整体素质,全面提高中心校的办学水平和教育质量,促进学校教育事业持续、协调、健康发展。

2022年5月7日,门巴乡组织开展植树活动

【生态环保】 年内,按照"主动认领、及时核查、高效整改、巩固成效"的原则,开展2022年中央环保督察转办问题整改,确保转办问题按期结案、整改到位、群众满意,同时结合2022年中央生态环境保护督察交办问题整改工作,组织开展环境卫生大排查、大整治行动,出动2251人次,清理垃圾41.4吨,生态环境保护宣讲23场2415人次。

深入开展"爱国卫生运动"环境卫生大整治活动,充分调动辖区内环保志愿服务队伍和干部职工的积极性,组织乡干部、党员、联户长、护林员等开展日常环境卫生集中整治工作。2022年,清理100余次,参与2000余人次,全乡环境保持干净卫生。做好矿山开发、国道建设等项目生态破坏恢复工作，积极协调有关部门及项目方及时进行生态恢复，按照要求兑现补偿资金，确保群众满意、生态可持续。

“组保洁、村收集、乡转运、县处理”的生活垃圾收运处置体系已形成；村级综合服务中心功能日趋完善；饮用水安全保障水平提升，全面解决农村饮水安全问题；全面提升农村公路通行服务水平，村庄内部交通基本实现硬化；通过广泛的宣传教育和绿色创建，农牧民群众生态文明意识显著提高，以节能、节地、节水、节材、资源综合利用为重点，在农牧民群众衣食住行等日常行为中倡导绿色理念；通过护林员、野生动物保护员、环卫工人等人员组成的生态保护屏障，门巴乡生态保护系统更加完善，预警机制进一步增强。

（官　清）

【机构领导】

党委书记
　　土登次仁（藏族）
党委副书记、乡长
　　马 发 强
党委副书记、人大主席
　　罗布旺堆（藏族）
党委副书记
　　扎西列措（藏族）
党委委员、纪委书记
　　周 玉 同
党委委员、副乡长
　　益西措姆（女，藏族）
党委委员、政法委员
　　格桑旺堆（藏族）
党委委员、组织委员
　　嘎玛群培（藏族）
党委委员、宣传委员
　　扎西达瓦（藏族）

国有企业

墨竹工卡县思金拉措旅游发展有限公司

【概况】 墨竹工卡县思金拉措旅游发展有限公司于2018年8月成立，注册资金5000万元。属县国有独资企业。公司业务范围涵盖组织、招揽、接待旅游者，旅游会展服务，旅游资源整合，旅游景区投资、开发、运营，旅游文化咨询，交通客运、旅游班线、旅游线路开发，旅游客运及相关配套服务设施，旅游观光服务，旅游餐饮服务及其他旅游服务（酒店经营开发、旅游民宿、温泉开发经营）。文化传播，文艺表演，非遗文化保护传承，体育项目策划运营，舞台灯光音响设计安装，全媒体运营，文艺创作，文创产品研发、制作、销售。文化传播及艺术交流活动策划，展览展示；文艺演出和大型活动策划，藏文化挖掘与推广。依法须经批准的项目，经相关部门批准后方可开展经营活动，基本形成集旅游全要素于一体的产业链。

2022年7月22日，县委副书记、县长巴桑（右二）一行到松赞干布纪念馆检查指导爱国主义教育基地整改工作

2022年，墨竹工卡县思金拉措旅游发展有限公司工作人员共21人，其中农牧民转移就业11人。

【运营范围】 思金拉措景区（日多片区）：该景区于2018年5月由墨竹工卡县思金拉措旅游发展有限公司接管进行经营，景区现工作人员4名，均为墨竹工卡县高校毕业生。

甲玛景区（甲玛片区）：甲玛景区现有景点霍尔康庄园和松赞干布纪念馆，霍尔康庄园已挂牌为爱国主义教育基地。一方面展示霍尔康家族历史和如何资助更登群培的相关资料；另一方面用于阿沛·阿旺晋美生平事迹展。2022年景区有工作人员1人、公司负责人1人、办公室负责文秘工作2名、财务总监1名、驾驶员1名。

【领导调研】 2月28日，墨竹工卡县副县长索朗多吉与县交通局一行到客运站检查指导春节前安全检查工作。

7月26日，墨竹工卡县委副

2022年7月13日，墨竹工卡县思金拉措旅游发展有限公司经理扎西措姆（左一）到景区开展环境卫生整治

书记、县长巴桑，县委常委、副县长魏红星，县委常委、副县长索朗多吉，县财政局、县文旅局等部门主要负责人一行到松赞干布纪念馆检查指导爱国主义教育基地整改工作，全场由旅游公司副总经理扎西措姆陪同。

6月24日，县委常务副书记、政府常务副县长宋建一行到思金拉措景区调研、考察项目。由墨竹工卡县旅游公司副总经理扎西措姆全程陪同。

【社会效益】 年内，思金拉措景区初营运期间旅游公司联系乡政府、村委会、旅游公司支付日多乡念村4组，13户农牧民环境整治费7.5万元。

【推广宣传】 年内，在墨竹工卡县“松赞”文化旅游节暨第五届“油菜花”节与拉萨市8家旅行社正式签订协议，在景区运营增收、增加客源量等方面进行合作。

年内，因霍尔康庄园和松赞干布纪念馆涉及提升改造，故暂未对外开放。按照各级关于开发“红色旅游”的要求，2022年松赞干布纪念馆承接20次红色旅游活动及15次爱国主义教育主题党日活动，接待各类人员2600余人次，开展环境整治12次，清运垃圾8次，共计62吨。

【党建工作】 年内，为积极营造中共二十大胜利召开的浓厚氛围，进一步激励引导党员干部不忘初心、奋斗担当，勇挑重担，在新时代新征程中展现新作为，做出贡献。墨竹工卡县思金拉措旅游发展有限公司党支部开展“喜迎中共二十大、坚定不移听党话、矢志不渝跟党走”主题宣讲党日活动。

【经济效益】 年内，思金拉措景区共接待区内外游客28017人次，其中区外游客13707人次，区内游客14310人次；实现旅游业总收入62万元。

（仁庆卓玛）

【机构领导】

经　理

扎西旺堆（藏族，6月免）

扎西措姆（女，藏族，11月任）

墨竹工卡农牧业净土产业发展有限公司

【概况】 2022年，墨竹工卡农牧业净土产业发展有限公司坚持以产业帮扶、助农脱贫，发展设施农业、生产加工产业、奶牛养殖业作为稳中求进发展的总基调，并不断完善产业结构，开发嘎则新区农副产品超市及面包生产加工项目，以统（代）销全县净土健康（特色）产品及日用百货、生产制作销售烘焙食品为主，弥补原有产业空白，在统筹推进净土健康产业发展方面有了长足的进步。

【党建工作】 年内，在“坚持党的领导、加强党的建设”思想的指引下，墨竹工卡农牧业净土产业发展有限公司继续将发挥党建的引领作用、董事长的火车头带动作用、监事会的监督作用、经理层的经营管理作用作为立足长远发展的方向标，使“双向进入、交叉任职”的领导体制贯穿始终，并将党风廉政建设与党建工作交互进行。

年内，培养入党积极分子10名，组织开展党员集中学习27次，分析研判意识形态工作1次，主题党日活动11次，民创活动4次，铸牢中华民族共同体意识专题研讨1次，党的民族政策活动1次，《中国共产党国有企业基层组织工作条例》培训学习活动1次。同时，公司认真执行“三重一大”制度，贯彻落实上级党建工作要求，围绕中心抓党建，抓好党建促发展，努力实现党建与公司同步发展目标。

2022年11月23日，墨竹工卡农牧业净土产业发展有限公司在现代农业园区举行产业项目分红仪式

【业务拓展】 年内，墨竹工卡县教育局“三包”大宗物资配送业务中标，面向全县49所中小学进行物资配送。全年实现营业收入2717.74万元，净利润37.65万元。墨竹工卡县嘎则新区农副产品超市开业，向6家行政单位食堂开展物资配送业务，年收入达125.16万元，净利润11.06万元；墨竹工卡县标准化奶牛养殖中心通过超市上架及群众自行购买奶制品、奶牛赔保等方式实现营业收入125万元。利用南京援藏小组团资源，墨竹工卡榨油厂向南京销售菜籽油收入584.86万元。

【种植养殖、加工业】 年内，对现代农业示范园实施80栋温室整体改造、土壤改造工程。全年种植品种达15种，产量122吨（受疫情影响，土肥等农资无法采购，产量较同期略有下降），实现效益90.10万元。截至年末，奶牛养殖中心共计存栏奶牛833头，全年完成改良母牛350头，新生犊牛157头，犊牛存活率为74%。县榨油厂生产毛油128吨，精炼成品油106吨，区内外销售收入共计719万元，净利润97万元。

【技能培训】 年内，为提高种植养殖技术人员的专业水平，分别组织农业园区及奶牛场技术员到拉萨市城关区净土、曲水净土等兄弟县区产业园观摩学习各3次，组织内部员工技术服务培训共6次，并对培训进行效果评价。

【社会效益】 年内，现代农业示范园按照1300元/亩的价格流转土地面积658.552亩，涉及农户71户，带动农牧民增收85.60万元，其中贫困户25户，土地流转面积113.50亩，带动其增收14.76万元。标准化奶牛养殖中心向工卡镇、唐加乡等地农牧民手中收购饲草共计120吨，收购金额40.80万元。全年油菜种植面积3.10万亩，公司与种植户签订2.30万亩油菜籽收购协议，按9000元/吨的单价收购本地菜籽原料512吨，收购金额460.80万元。

年内，新招聘录用专业技术人员2名。全年实现就业人数共计93名，其中，大学生23名，贫

2022年3月14日，墨竹工卡农牧业净土产业发展有限公司董事长索朗加措（右三）一行到城关智昭产业园参观学习

困户员工52名（包括搬迁户43名），一般户员工17名，实发员工工资484.75万元，无拖欠员工工资情况；使用固定临时用工13名，共计用工次数4367次，实发劳务费52.40万元。

【责任担当】 年内，由墨竹工卡农牧业净土产业发展有限公司党支部牵头，开展全县七乡一镇各中心小学及附属幼儿园学生与后勤人员的物资慰问活动1次，在七一“热烈庆祝建党101周年暨喜迎中共二十大”活动上举行为公司困难职工募捐活动1次、疫情期间在墨竹工卡县门巴乡展开仁多岗村六组406户困难群众慰问活动1次。第三届“松赞”文化艺术节暨第五届“油菜花”文化旅游节活动中，组织公司、合作社、非遗共24家参加产品展销，积极发挥国有企业优势，通过代销、统销、零售等方式，销售本地产品共计31种，产品涵盖率达到60%，销售额7.51万元。11月，榨油厂和农业园区为全县75户（337人）防返贫监测户进行分红，共计33.70万元。

【资质认证】 年内，经中国质量认证中心评定，墨竹工卡农牧业净土产业发展有限公司获ISO9001质量管理体系认证证书。

（杨　怡）

【机构领导】

董事长

索朗加措（藏族）

副总经理

格桑次仁（藏族）

墨竹工卡县扶贫开发有限公司

【概况】 墨竹工卡县扶贫开发有限公司于2017年成立，注册资金为1000万元，墨竹工卡县扶贫开发有限公司主要经营范围为扶贫项目开发、投资、经营和管理；吨袋加工制造及销售；房屋租赁；现代农业化运营管理等。下设1个分公司，为墨竹工卡县扶贫开发有限公司分公司，主要运营吨袋加工厂项目；3个子公司，分别为犇程实业有限公司，米拉实业有限公司和速安汽车检测有限公司。

2022年，墨竹工卡县扶贫开发有限公司参与项目14个，其中自运营项目5个，资产权属为墨竹工卡县扶贫开发有限公司但由县净土公司运营项目3个，合作运营项目4个，对外承接项目2个。公司员工共有34名，其中墨竹工卡籍大学生7名，本地搬迁户19名，“三岩”片区搬迁户8名，月平均工资3000元。

【吨袋生产加工建设项目】 吨袋生产加工建设项目在2021年租赁厂房和设施设备安装、材料购置等基础上，2022年首先对厂房办理环评报告，再邀请技术工人进行设备调试，工作指导，在本地脱贫群众中优先招募工人，并且开展车间培训学习和投产工作，2022年该项目带动本地脱贫群众就业人数8名，让群众增加经济收入。年内，车间产出600条吨袋样本，并对接南京海关危险货物与包装检测中心对扶贫开发有限公司制作的吨袋进行检测。待检测报告下发后初步投入矿企进行试用，在重庆新瑞翔包装材料有限公司等集装袋生产工厂进行拉丝机及其设备的调试学习。

墨竹工卡县吨袋生产加工建设项目为西藏首个吨袋加工项目，可参考和学习的经验较少，导致2022年项目推进较慢；吨袋加工厂主要人员均为本土招聘，

2022年12月12日，墨竹工卡县扶贫开发有限公司组织甲玛修理厂工作人员开展环保整治工作

虽然经过设备厂商的专业培训，但还没达到对设备特别熟悉的需求，整个生产线无领头羊，没有形成以厂为家抓效能的局面；原材料价格和人工成本过高，使扶贫开发有限公司产品失去部分竞争力。

【车辆检测中心项目】 年内，墨竹工卡县扶贫开发有限公司承接自主运营墨竹工卡县车辆检测中心，墨竹工卡县扶贫开发有限公司研究根据自身经验和车检中心较高的配套要求，达成与西藏朗廓汽贸有限公司合作，完善车辆检测公司具备的各类资料，同时组织招募人员，安排在朗廓车间中心进行学习培训。

【综合商场项目】 出租商铺总面积8430.11平方米，已出租面积为5726.12平方米，出租率达到80%，每年需对墨竹工卡县194户734名建档立卡群众进行分红。年内，为贯彻“稳住全国经济大盘”会议精神及疫情期间关于减免房租的相关文件要求，全年需为已租商户减免6个月房租。

【异地扶贫搬迁增收项目】 2018年向市城投购置商品房面积为7584.76平方米，商品房共有79间，其中62间于2020年进行交接，剩17间于2022年7月完成交接，明确购置商品房的具体位置。

年内，已出租完成51间，其中2022年度出租4间，出租率达到80%。墨竹工卡县精准扶贫易地搬迁商品房为墨竹工卡县“十三五”期间扶贫项目，每年需对墨竹工卡县187户1062建档立卡群众进行分红。截至年底，为贯彻“稳住全国经济大盘”会议精神及疫情期间关于减免房租的相关文件要求，全年需对已租商户减免6个月房租。

2022年9月20日，墨竹工卡县国企联合党支部一行到工卡镇工卡村助农秋收

【异地扶贫搬迁集体经济项目】 2019年向县城投购置27间商品房，总面积2871.28平方米，2022年已出租12间，其中2022年度完成招租2间。墨竹工卡县精准扶贫易地搬迁商品房为墨竹工卡县“十三五”期间扶贫项目，每年需对墨竹工卡县58户252名建档立卡群众进行分红。截至年底，为贯彻“稳住全国经济大盘”会议精神及疫情期间关于减免房租的相关文件要求，全年需对已租商户减免6个月房租，同时为做好“三岩”整体搬迁群众后续扶持工作，墨竹工卡县扶贫开发有限公司积极响应扶持政策，做到各点项目的分红及收益近100%的进行群众分红，提高搬迁群众收入，有效发挥易地扶贫搬迁配套产业项目效益，力争发挥好墨竹工卡县巩固拓展脱贫攻坚成果同乡村振兴有效衔接工作起效。

【甲玛乡扶贫加油站建设项目】 5月，对“三岩”搬迁群众50户，246人进行一期分红，分红资金为523910元，人均分红1171元。12月13日，对“三岩”搬迁群众49户，250人进行二期分红，分红资金为781650元。

【甲玛乡大型修理厂】 修理厂内共有30间修理车间，11间商铺，16间住宿间，2个洗车场，共8个房间，甲玛修理厂商品房已全部完成招租。2019年8月1日开始运营，项目资产权属甲玛乡人民政府。结合服务行业实际，召开会议，认真研究，决定对甲玛乡大型修理厂给予2022年8—10月的3个月免租期。

【老年日间照料中心】 2021年12月与墨竹工卡县民政局合作，墨竹工卡县扶贫开发有限公司接管运营墨竹工卡县日间照料中心。墨竹工卡县老年日间照料中心服务项目设有康复健身室、郭庄舞蹈室、浴室、观影电视室、棋牌室、品茶聊天室、休息室、就医室、多功能活动室等提供多样服务项目，2022年日间照料中心共接待老人890人，其中100余人为年满50岁以上本地老年人，同时日间照料中心护理人员对本地出行困难的老人进行上门照料服务20次，让本土老人感受到“老有所养、老有所依、老有所为”的老年人权益保障举措。

【党建工作】 年内，墨竹工卡县国有企业联合党支部以中共十九大精神为引领，以中共二十大会议精神为目标，墨竹工卡县国有企业联合党支部，经2021年3月28日县直属机关工作委员会2021年第一次会议研究决定，同意成立中国共产党墨竹工卡县国有企业联合支部，成立时间为2021年4月10日，党支部书记设立于2021年9月2日。截至年底，党支部共4名党员，先后开展培养党员队伍工作，3月向支部提交入党申请共6名。

（格　桑）

【机构领导】

董事长

杨　雷

副总经理

孔达夫

中国人民财产保险股份有限公司西藏分公司墨竹工卡县分公司

【概况】 中国人民财产保险股份有限公司西藏分公司墨竹工卡县公司（以下简称人保财险墨竹工卡县公司）位于墨竹工卡县工卡路18号，是中国人民财产保险股份有限公司的一家县域综合性保险服务机构。

2022年，人保财险墨竹工卡县公司认真落实县委、县政府发展规划纲要，始终坚持“人民保险、服务于民”服务理念。以服务县域人民为首要任务，主要经营企业财产险、家庭财产险、机动车辆保险、货物运输保险、意外险、责任险、农业保险，城乡居民医疗互助保险等；同时负责县域内的事故现场查勘。作为驻县央企，人保财险墨竹工卡县公司深刻地感受到自身的责任和义务，在日常工作中，牢牢把握县委、县政府的有关决策部署，工作中坚决做到服从大局、坚决配合、积极响应、扎实苦干。

【机构建设】 年内，人保财险墨竹工卡县公司有员工共计21人，其中本部7人、医保经办4人、乡镇农网10人。人保财险墨竹工卡县公司在县政务服务中心、医疗保障局、车辆管理所以及县辖七乡一镇均设立有保险专岗，做到县域保险服务网点全覆盖。为全面落实县委、县政府关于促进本地待业青年就近就便就业等有关要求，机构工作人员21人中17人为墨竹工卡籍青年。

【服务“三农”】 年内，人保财险墨竹工卡县公司承保墨竹工卡县政策性农业保险，在理赔工作中，尽量做到简化理赔程序，实行“一站式”服务，为墨竹工卡县农牧民群众保驾护航，提供保险保障。

为更好地服务“三农”，人保财险墨竹工卡县公司安排12人

2022年8月19日，人保财险墨竹工卡县公司员工向县疫情办捐赠物资

2022年1月10日，人保财险墨竹工卡县公司一行慰问县公安局干警

从事农业保险工作，其中，墨竹工卡县网点2人、乡镇级网点10人，确保农牧民群众在出险后能及时报案，方便及时查勘和处理相关理赔事宜。按照符合"应赔尽赔、及时理赔"的具体要求，2022年墨竹工卡县涉农保险赔款共计4000余万元。

【业务服务】 年内，人保财险墨竹工卡县公司完成全县牲畜耳标佩戴工作，并抽查农户家检查耳标佩戴情况；并对公司工作人员培训耳标系统的操作流程，熟悉信息采集维度；详细了解耳标的功能及特点，以及如何利用耳标防控道德风险。同时向县相关领导汇报耳标系统的工作原理，提出养殖保险面临的道德风险及系统性风险，并针对这些风险分析总结解决办法。介绍保险耳标和政府防疫耳标如何关联，后期利用"三标合一"工作办法，以达到政府和保险数据互通互用。

除做好日常服务工作外，人保财险墨竹工卡县公司会定期走村入户，向全县农户宣讲政策性保险知识以及商业保险知识，从而提高农户对保险的认知。

【团队建设】 年内，为提升员工综合素质，人保财险墨竹工卡县公司定期开展"全员培训"活动，每周由专人进行培训，内容包含各类政策学习、业务知识培训、服务礼仪规范等。在提升员工自身素质的同时提升个人能力，以便更好地服务广大客户。

【践行社会责任】 年内，为深刻践行"做有温度的人民保险"积极承担社会责任。人保财险墨竹工卡县公司在"警察节"来临之际，组织慰问县公安局；参加县交警大队组织的摩托车驾驶证"送考下乡"启动仪式，并在活动现场为47名考生赠送安全头盔。

年内，面对突发疫情，人保财险墨竹工卡县公司9名员工就地转为一线防疫工作人员，积极投身于各类防疫工作中。8月19日，人保财险墨竹工卡县公司向县疫情办捐赠物资，为墨竹工卡县疫情防控工作尽自己的一份力量，体现企业担当，不忘初心。人保财险墨竹工卡县公司将进一步弘扬奉献、友爱、互助、进步的志愿精神，履行保险社会责任。

【服务承诺】 中国人民财产保险股份有限公司服务网络遍布全国，公司设"95518"服务专线，全天候不间断地对外统一受理客户报案、咨询、投诉等服务。人保财险墨竹工卡县公司全体员工秉承"人民保险、服务于民"服务理念，将以优质的服务，竭诚为墨竹工卡县提供高质量、诚信可靠的保险保障，充分发挥专业技术和服务优势，认真履行社会责任，切实做到为政府分忧，为群众解难。

（李江泳）

【机构领导】

经　理

胡　琴（女）

国网墨竹工卡县供电公司

【概况】 墨竹工卡县供电有限公司于2013年12月25日正式挂牌成立，由国网拉萨供电公司代管，是由墨竹工卡县人民政府出资设立的一家国有独资企业。2020年6月30日，国网西藏电力有限公司与墨竹工卡县人民政府顺利完成《关于墨竹工卡县供电有限公司无偿划转协议》签订，墨竹工卡县供电有限公司成功实现直管上划。国网墨竹工卡县供电公司于2021年10月15日取得企业营业执照，公司类型为有限责任公司分公司，负责墨竹工卡县七乡一镇的电力供应、销售和输变电、配电设施的建设、运维检修，担负着为墨竹工卡县工农业生产、居民生活、市政公用建设供电的职责。

国网墨竹工卡县供电公司负责运维管理35千伏变电站6座，主变8台，容量7.06万千伏安，35千伏线路7条，长度278.7公里。10千伏配变776台，10千伏线路20条，长度770.971公里，架空线路758.881公里，电缆线路12.09公里。低压配电线路长度874.8公里。水电站1座，总装机容量550千瓦。2022年全社会用电量为10872.81万千瓦时。

国网墨竹工卡县供电公司全口径用工75人，正式职工51人，劳务派遣工15人，业务外包9人。设总经理1人。下设2个部门，为供电服务中心和综合管理部。

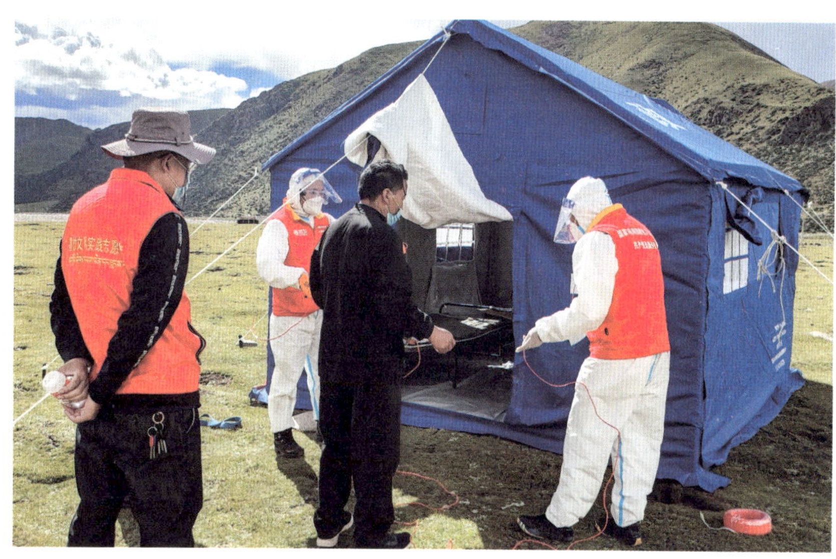

2022年8月16日，国网墨竹工卡县供电公司职工在海拔5013米的米拉山疫情防控检查点接电

【党建工作】 年内，严格落实“第一议题”制度，及时跟进学习习近平总书记重要讲话和重要指示批示精神9次，召开支部会12次，开展“党建＋安全暨安全用电宣传”“电力橙”与“志愿红”等主题党日活动8次。抓责任落实，强化履职担当。落实党建工作责任，细化党建工作任务完成巡视巡察和内部审计整改24项。组织全员签订《国网拉萨供电公司社会综合治理员工承诺书》《无私存枪支弹药具结承诺书》。核查并整改党建工作不规范问题、党费收缴工作问题等9个方面问题。组织公司党员和职工集中观看《零容忍》教育警示片，强化职工廉洁底线意识。

2022年6月2日，国网墨竹工卡县供电公司在拉萨安全警示教育活动基地组织开展“安全生产月”与“安全生产西藏行”活动

【安全生产】 年内，根据机构改革后岗位设置，动态完成安全责任清单修编。持续开展三年专项整治行动，在“二下二上”（一下一上：排查阶段；二下二上：集中整治阶段；三下三上：总结阶段）集中攻坚阶段，发现并整改隐患5项，整改率100%，立查立改隐患10项。建设131应急体系，成立应急领导小组，新编“1+20”项应急预案，开展专项应急演练1次。

配齐配全应急物资，设置应急物资仓库。完成安全工器具智能管理系统建设。开展五查五严工作，排查问题12项，整改完成7项，需常态化整改5项。开展森林草原防火专项行动，清理树障隐患26处。加强交通消防安全管理，发现并整改完成隐患6处。开展安全教育活动20次，安全宣传活动5次，发放宣传材料2400余份，完成保电任务32次。

【设备运维】 年内，组织开展安全教育培训活动23次。动态修编“1+20”项应急预案，开展应急演练2次。累计召开安委会4次。扎实开展春检、防汛等专项隐患排查，发现并整改问题33项。两级安全督查发现一般违章4项，严重违章1项。公司内部三级督查发现违章19项，警示约谈3次。完成拉萨公司安全巡查迎检工作，发现问题64项，已整改销号48项。

【营商环境】 年内，严格执行业扩报装“三零”“三省”服务，实现“一证办电”；扎实开展客户档案整治和系统数据治理，上线网上国网、电e宝；推行“设备主人制”，提升设备管理、电费抄核收效率；成立应急领导小组，新编“1+20”应急预案；向门巴乡虫草采挖点800余顶帐篷、5000余户农牧民开展接电及24小时保供电；开展重要用户用电检查23次；网上国网、电e宝正式上线，实现3000余户采集用户线上缴费，优化缴费方式。

【综合管理】 年内，开展人事档案专项审核，核查医疗保险欠缴情况。完成工商、税务注销，率先实现“子改分”目标。推进新版岗位绩效工资制度，制定绩效管理实施细则。完成公司实训基地建设，加强员工技能培训。初步完成职工人事档案专项审核。签订企业负责人经营指标责任书。开展职工医疗保险欠缴核查。完善后勤服务保障体系，优化食堂采购及供应。

（杨　晨）

【机构领导】

党支部书记、总经理

扎西次仁（藏族，3月免）

樊振华（女，3月任）

副总经理

陈辉义（11月免）

墨竹工卡县城市建设投资经营有限公司

【概况】 墨竹工卡县城市建设投资经营有限公司成立于2017年8月15日，注册资金5000万元。公司下辖7家子公司。其中，墨竹工卡县锦墨砂石加工有限公司（控股子公司）主营业务为砂石加工及销售；墨竹工卡县墨龙城投建材有限公司（全资子公司）主营业务为商品混凝土、砖加工及销售；西藏净墨物业管理有限公司（全资子公司）主营业务为环卫、物业；墨竹工卡墨林绿化工程有限公司（控股子公司）主营业务为园林绿化；西藏鑫墨建设工程有限责任公司（全资子公司）主营业务为建筑施工；墨竹工卡县格桑花开产业园区管理有限公司（全资子公司）主营业务为园区运营管理；墨竹工卡城镇发展投资有限公司（全资子公司）主营业务为房地产开发。2022年公司共有员工310人，其中企业供养116人，政府供养194人，公司资产总值达到2.08亿元。

【党建工作】 年内，共召开党员大会27次，书记讲党课5次。共组织党员集中学习11次，共撰写学

2022年10月17日，县委副书记、县长巴桑（左四）一行调研唐加乡中心小学改扩建项目

习心得25篇；共吸收5名入党积极分子，在党支部的宣传和号召下，共有8名员工自愿提交入党申请书；开展20次为民办实事活动，共计投入经费12.89万元。

【建筑行业】 年内，墨竹工卡县城市建设投资经营有限公司共实施27个代建项目，代建总投资4.6亿元，实现代建收入507.4万元。

【建材行业】 年内，生产砂石20.77万立方米，销售砂石18.03万立方米，销售额达到1442.46万元。

【园林产业】 年内，曲果岗义务植树苗木总计8100株，其中，旱柳2500株，白榆1600株，杨树1800株；百亩种植苗木共计8000株，其中，枣树4500株，白榆3500株。

【环卫物业】 年内，全县共计投入7个垃圾分类兑换点，已兑换积分达到1402015.75分，兑换纸板31953.56千克、报纸947.2千克、书8723.8千克、酒瓶153821个、塑料瓶299552个、易拉罐308072个。

【社会效益】 年内，墨竹工卡县城市建设投资经营有限公司共计解决就业34人(其中墨竹籍29人，墨竹籍大学生21人)。此外，通过建材产业及项目代建业务，带动农牧民用工共计实现增收1000万元以上。

（贡桑央吉）

【机构领导】
董事长
旦增曲珠(藏族)
总经理
王　博

附　录

墨竹工卡县受县（区）级以上表彰的先进集体一览表

表 1

获奖单位	获奖名称	表彰时间	授予单位
墨竹工卡县尼玛江热乡中心小学	第三批温馨校园师范学校	2022 年	教育部
墨竹工卡县日多乡人民政府	西藏自治区重大活动先进集体	2022 年	中共西藏自治区委员会、西藏自治区人民政府
墨竹工卡县委员会、墨竹工卡县人民政府	2022 年西藏自治区民族团结进步模范集体	2022 年	中共西藏自治区委员会、西藏自治区人民政府
墨竹工卡县统计局	第七次全国人口普查先进集体	2022 年	西藏自治区第七次全国人口普查领导小组
墨竹工卡县尼玛江热乡宗雪村委会	全国五四红旗团支部	2022 年	共青团西藏自治区委员会
墨竹工卡县公安局尼玛江热乡派出所	全区公安机关 2022 年疫情防控先进集体	2022 年	西藏自治区公安厅
墨竹工卡县尼玛江热乡中心小学	西藏自治区教育系统先进集体	2022 年	西藏自治区教育厅
墨竹工卡县退役军人服务中心	优秀示范型退役军人服务中心	2023 年	西藏自治区退役军人事务厅
墨竹工卡县甲玛乡人民政府	西藏自治区卫生乡镇荣誉称号	2022 年	西藏自治区爱国卫生运动委员会
墨竹工卡县甲玛乡赤康村	西藏自治区卫生村（居）荣誉称号	2022 年	西藏自治区爱国卫生运动委员会
墨竹工卡县融媒体中心	《西藏赤康村》摄影作品在第十五届中国西南六省区市摄影展邀请展出	2022 年	中国西南摄影联展组委员会
墨竹工卡县唐加乡人民政府	拉萨市民族团结进步模范单位	2022 年	中共拉萨市委员会 、拉萨市人民政府
墨竹工卡县唐加乡东布岗村	2022 年民族团结进步模范集体	2022 年	中共拉萨市委员会、拉萨市人民政府
墨竹工卡县工卡镇塔巴村	拉萨市民族团结进步模范单位	2022 年	中共拉萨市委员会、拉萨市人民政府

续表 1

获奖单位	获奖名称	表彰时间	授予单位
墨竹工卡县工卡镇人民政府	拉萨市民族团结进步模范单位	2022 年	中共拉萨市委员会、拉萨市人民政府
墨竹工卡县工卡镇工卡村	拉萨市民族团结进步模范单位	2022 年	中共拉萨市委员会、拉萨市人民政府
墨竹工卡县尼玛江热乡宗雪村委会	2022 年拉萨市民族团结进步模范集体	2022 年	中共拉萨市委员会、拉萨市人民政府
墨竹工卡县委员会、墨竹工卡县人民政府	拉萨市 2021 年度综合考核优秀领导班子	2022 年	中共拉萨市委员会、拉萨市人民政府
墨竹工卡县委员会、墨竹工卡县人民政府	拉萨市 2021 年度县(区)目标绩效考核	2022 年	中共拉萨市委员会、拉萨市人民政府
墨竹工卡县扎雪乡扎雪村委会	民族团结进步模范集体	2022 年	中共拉萨市委员会、拉萨市人民政府
墨竹工卡县	2022 年度拉萨市“先进双联户”创建活动先进集体	2023 年	拉萨市委平安拉萨建设领导小组
墨竹工卡县市场监督管理局	拉萨市质量和标准化考核 A 级	2022 年	拉萨市质量和标准化工作领导小组
墨竹工卡县唐加乡人民政府	“书香拉萨”农牧民(居民)国家通用语言文字朗诵比赛优秀奖	2022 年	中共拉萨市委组织部、中共拉萨市委宣传部
墨竹工卡县委宣传部	喜迎二十大、礼赞新时代“书香拉萨”农牧民(居民)国家通用语言文字诵读比赛“优秀组织奖”	2022 年	中共拉萨市委组织部
墨竹工卡县融媒体中心	《墨竹春耕》短视频二等奖	2022 年	中共拉萨市委宣传部
墨竹工卡县总工会	优秀组织奖	2022 年	拉萨市总工会
墨竹工卡县人民法院	优秀青少年维权岗	2022 年	共青团拉萨市委员会
墨竹工卡县日多乡人民政府	拉萨市道路交通安全零酒驾示范单位	2022 年	拉萨市公安局
墨竹工卡县公安局扎西岗乡派出所	全市公安机关城乡社区警务工作及流动人口服务管理工作集体三等功	2022 年	拉萨市公安局
墨竹工卡县扎雪乡赤培村幼儿园	优秀集体	2022 年	拉萨市教育局
墨竹工卡县教育局(体育局)	精神文明奖	2022 年	拉萨市体育局
墨竹工卡县人力资源和社会保障局	2022 年度全市人力资源社会保障“综合工作先进集体”	2023 年	拉萨市人力资源和社会保障局
墨竹工卡县经济和信息化局	全市工业经济发展工作先进县	2023 年	拉萨市经济和信息化局
墨竹工卡县文化和旅游局“松赞”艺术团	自治区农牧民国家通用语言文字演讲比赛拉萨市复赛第一名	2022 年	拉萨市农牧局

续表 1

获奖单位	获奖名称	表彰时间	授予单位
墨竹工卡县市场监督管理局	2021 年全市食品安全第三名	2022 年	拉萨市食品安全委员会
中国人民财产保险股份有限公司西藏分公司墨竹工卡县公司	先进集体	2023 年	中国人民财产保险股份有限公司拉萨市分公司
国网墨竹工卡县供电公司	安全生产先进党支部	2022 年	国网拉萨供电公司
国网墨竹工卡县供电公司	安全生产先进集体	2023 年	国网拉萨供电公司
墨竹工卡县纪委监委	民族团结进步示范机关	2022 年	中工墨竹工卡县委员会、墨竹工卡县人民政府
墨竹工卡县人民法院	墨竹工卡县民族团结进步示范机关	2022 年	中共墨竹工卡县委员会、墨竹工卡县人民政府
墨竹工卡县人民法院	2022 年度“119 消防先进集体”	2022 年	中共墨竹工卡县委员会、墨竹工卡县人民政府
墨竹工卡县妇女联合会	民族团结进步示范机关	2022 年	中共墨竹工卡县委员会、墨竹工卡县人民政府
墨竹工卡县总工会	墨竹工卡县民族团结进步示范机关	2022 年	中共墨竹工卡县委员会、墨竹工卡县人民政府
墨竹工卡县工卡镇塔巴村	民族团结进步示范村(居)	2022 年	中共墨竹工卡县委员会、墨竹工卡县人民政府
墨竹工卡县工卡镇人民政府	民族团结进步示范乡镇	2022 年	中共墨竹工卡县委员会、墨竹工卡县人民政府
墨竹工卡县工卡镇工卡村	民族团结进步示范村居	2022 年	中共墨竹工卡县委员会、墨竹工卡县人民政府
共青团墨竹工卡县委员会	民族团结模范集体	2022 年	中共墨竹工卡县委员会、墨竹工卡县人民政府
国网墨竹工卡县供电公司	民族团结进步示范企业	2022 年	中共墨竹工卡县委员会、墨竹工卡县人民政府
墨竹工卡县甲玛乡人民政府	2021 年度高校毕业生就业创业工作三等奖	2022 年	中共墨竹工卡县委员会、墨竹工卡县人民政府
墨竹工卡南京实验小学	民族团结进步示范学校	2022 年	中共墨竹工卡县委员会、墨竹工卡县人民政府
墨竹工卡南京实验小学	民族团结模范集体	2022 年	中共墨竹工卡县委员会、墨竹工卡县人民政府
墨竹工卡县第二幼儿园	民族团结进步示范学校	2022 年	中共墨竹工卡县委员会、墨竹工卡县人民政府
墨竹工卡县教育局(体育局)	民族团结进步师范机关	2022 年	中共墨竹工卡县委员会、墨竹工卡县人民政府
墨竹工卡县尼玛江热乡宗雪村委会	民族团结模范集体	2022 年	中共墨竹工卡县委员会、墨竹工卡县人民政府

续表 1

获奖单位	获奖名称	表彰时间	授予单位
中国人民财产保险股份有限公司西藏分公司墨竹工卡县公司	“同心抗疫、感谢有您”奖杯	2022 年	中共墨竹工卡县委员会、墨竹工卡县人民政府
墨竹工卡县日多乡人民政府	民族团结模范集体	2022 年	中共墨竹工卡县委员会、墨竹工卡县人民政府
国家税务总局墨竹工卡县税务局	民族团结进步模范机关	2022 年	中共墨竹工卡县委员会、墨竹工卡县人民政府
墨竹工卡县唐加乡人民政府	民族团结进步示范乡镇	2022 年	中共墨竹工卡县委员会、墨竹工卡县人民政府
墨竹工卡县唐加乡人民政府	高校毕业生就业创业工作激励进取奖	2022 年	中共墨竹工卡县委员会、墨竹工卡县人民政府
墨竹工卡县唐加乡东布岗村	民族团结模范集体	2022 年	中共墨竹工卡县委员会、墨竹工卡县人民政府
墨竹工卡县人民医院	民族团结进步示范机关	2022 年	中共墨竹工卡县委员会、墨竹工卡县人民政府
墨竹工卡县消防救援大队	民族团结模范集体	2023 年	中共墨竹工卡县委员会、墨竹工卡县人民政府
墨竹工卡县扎雪乡人民政府	民族团结进步模范集体	2022 年	中共墨竹工卡县委员会、墨竹工卡县人民政府
墨竹工卡县扎雪乡人民武装部	民兵工作先进单位	2022 年	中共墨竹工卡县委员会、墨竹工卡县人民政府
墨竹工卡县公安局甲玛乡派出所	墨竹工卡县民族团结进步示范机关	2022 年	中共墨竹工卡县委员会、墨竹工卡县人民政府
墨竹工卡县唐加乡人民政府	党建考核第一名	2022 年	中共墨竹工卡县委员会
墨竹工卡县尼玛江热乡中心小学	民族团结进步示范学校	2022 年	墨竹工卡县人民政府
墨竹工卡县尼玛江热乡中心小学	民族团结模范集体	2022 年	墨竹工卡县人民政府
墨竹工卡甲玛乡希望小学	民族团结进步示范学校	2022 年	墨竹工卡县人民政府
墨竹工卡县扶贫开发有限公司	突出贡献奖	2022 年	墨竹工卡县人民政府
墨竹工卡县尼玛江热乡人民政府	2022 年高校毕业生就业创业工作二等奖	2023 年	墨竹工卡县人民政府

说明：由于各单位资料提供不全，可能有遗漏

墨竹工卡县受县(区)级以上表彰的先进个人一览表

表 2

姓名	性别	民族	工作单位	获奖名称	表彰时间	授予单位
索朗杰布	男	藏族	墨竹工卡县退役军人事务局	全国优秀主任(站长)	2023 年	退役军人事务部
江央卓玛	女	藏族	墨竹工卡县日多乡中心小学	2022 年乡村优秀青年教师培养奖励计划	2022 年	教育部
曲　宗	女	藏族	墨竹工卡县日多乡中心小学	全国师生信息素养提升实践活动基础教育微课组典型作品	2023 年	教育部教育技术与资源发展中心、中央电化教育馆
马永龙	男	回族	墨竹工卡县委员会	2022 年西藏自治区民族团结进步模范个人	2022 年	中共西藏自治区委员会、西藏自治区市人民政府
卓　嘎	女	藏族	墨竹工卡县唐加中心小学	乡村 25 年成就奖	2023 年	西藏自治区人民政府
次旦念扎	男	藏族	墨竹工卡县唐加中心小学	乡村 25 年成就奖	2023 年	西藏自治区人民政府
巴　桑	男	藏族	墨竹工卡县唐加中心小学	乡村 25 年成就奖	2023 年	西藏自治区人民政府
尼玛次仁	男	藏族	墨竹工卡县唐加中心小学	乡村 25 年成就奖	2023 年	西藏自治区人民政府
索朗卓玛	女	藏族	墨竹工卡县唐加中心小学	乡村 25 年成就奖	2023 年	西藏自治区人民政府
珠　扎	男	藏族	墨竹工卡县唐加中心小学	乡村 25 年成就奖	2023 年	西藏自治区人民政府
巴　桑	女	藏族	墨竹工卡县唐加中心小学	乡村 25 年成就奖	2023 年	西藏自治区人民政府
格桑平措	男	藏族	墨竹工卡县唐加中心小学	乡村 25 年成就奖	2023 年	西藏自治区人民政府
玛日央	女	回族	墨竹工卡县甲玛乡希望小学	西藏自治区优秀教师	2022 年	西藏自治区人民政府
阿　珠	男	藏族	墨竹工卡县甲玛乡希望小学	乡村 25 年成就奖	2022 年	西藏自治区人民政府
卓　嘎	女	藏族	墨竹工卡县门巴乡中心小学	乡村教师 25 年终身奖	2023 年	西藏自治区人民政府
次旦桑布	男	藏族	墨竹工卡县门巴乡中心小学	乡村教师 25 年终身奖	2023 年	西藏自治区人民政府
顿旦平措	男	藏族	墨竹工卡县门巴乡中心小学	乡村教师 25 年终身奖	2023 年	西藏自治区人民政府
央　措	男	藏族	墨竹工卡县门巴乡中心小学	乡村教师 25 年终身奖	2023 年	西藏自治区人民政府
平措顿旦	男	藏族	墨竹工卡县门巴乡中心小学	乡村教师 25 年终身奖	2023 年	西藏自治区人民政府
张小军	男	汉族	墨竹工卡县门巴乡中心小学	全区优秀教育工作者	2023 年	西藏自治区人民政府

续表 2

姓名	性别	民族	工作单位	获奖名称	表彰时间	授予单位
查　亚	男	藏族	墨竹工卡县日多乡中心小学	乡村教师 25 年终身奖	2023 年	西藏自治区人民政府
罗桑桑旦	男	藏族	墨竹工卡县尼玛江热乡中心小学	全区优秀校长荣誉称号	2022 年	西藏自治区人民政府
次仁曲觉	男	藏族	墨竹工卡县尼玛江热乡中心小学	乡村教师 25 年终身奖	2022 年	西藏自治区人民政府
普布次仁	男	藏族	墨竹工卡县尼玛江热乡中心小学	乡村教师 25 年终身奖	2022 年	西藏自治区人民政府
布　穷	男	藏族	墨竹工卡县尼玛江热乡中心小学	乡村教师 25 年终身奖	2022 年	西藏自治区人民政府
达瓦卓玛	女	藏族	墨竹工卡县尼玛江热乡中心小学	乡村教师 25 年终身奖	2022 年	西藏自治区人民政府
查　亚	男	藏族	墨竹工卡县日多乡中心小学	乡村 25 年成就奖	2023 年	西藏自治区人民政府
邓晓刚	男	汉族	墨竹工卡县经济和信息化局	全区招商引资先进个人	2023 年	西藏自治区人民政府
易　寒	男	汉族	墨竹工卡县委办公室	2021 年度全区组织系统网宣工作先进个人	2022 年	中共西藏自治区委组织部
巴　桑	女	藏族	墨竹工卡县总工会	全区“学习强国”积极分子	2022 年	中共西藏自治区党委宣传部
史燕芳	女	汉族	墨竹工卡县纪委监委	全区纪检监察系统表彰	2022 年	西藏自治区纪委监委
马　明	男	汉族	墨竹工卡县委宣传部	西藏自治区 2022 年新时代文明实践工作先进者	2022 年	西藏自治区精神文明建设委员会
曲培旺扎	男	藏族	墨竹工卡县公安局	2021 年青少年禁毒知识竞赛先进个人	2022 年	西藏自治区禁毒委员会
陈晓倩	女	汉族	墨竹工卡县人民法院	全区法院办案标兵	2023 年	西藏自治区高级人民法院
格桑曲吉	女	藏族	墨竹工卡县门巴乡幼儿园	2022 年度全区教育系统优秀教师	2022 年	西藏自治区教育厅
邹芳娥	女	汉族	墨竹工卡县气象局	西藏自治区气象局 2022 年度事业单位个人嘉奖	2023 年	西藏自治区气象局
赵明明	男	汉族	墨竹工卡县纪委监委	疫情防控志愿服务	2023 年	西藏自治区青年志愿者协会
索朗杰布	男	藏族	墨竹工卡县退役军人事务局	示范性退役军人服务中心创建工作优秀主任称号	2023 年	西藏自治区退役军人事务厅
马　明	男	汉族	共青团墨竹工卡县委员会	新时代文明实践先进个人	2022 年	西藏自治区文明办
拥　青	女	藏族	墨竹工卡县文化和旅游局	全国石窟寺专项调查优秀个人	2022 年	西藏自治区文物局

续表 2

姓名	性别	民族	工作单位	获奖名称	表彰时间	授予单位
樊振华	女	汉族	国网墨竹工卡县供电公司	2022 年度先进工作者	2023 年	国网西藏电力有限公司
韩江江	男	汉族	墨竹工卡县南京实验小学	自治区骨干教师研修优秀学员	2022 年	陕西师范大学
边巴次旺	男	藏族	墨竹工卡县日多乡中心小学	2022 年乡村教师计划提名	2022 年	浙江马云公益基金会
贡秋洛卓	男	藏族	墨竹工卡县扶贫开发有限公司	西藏自治区第十三届运动会优秀运动员	2022 年	西藏自治区第五届民族传统体育运动会组委会
德吉桑珍	女	藏族	墨竹工卡县尼玛江热乡羊日岗村幼儿园	优秀学员	2022 年	中国教师研修网
德庆白珍	女	藏族	墨竹工卡县南京实验小学	第五届“华渔杯”全国中小学、幼儿园教师信息化教学设计能手大赛微课三等奖	2022 年	第五届华渔杯大赛工作委员会
德庆白珍	女	藏族	墨竹工卡县南京实验小学	第五届“华渔杯”全国中小学、幼儿园教师信息化教学设计能手大赛多媒体课件三等奖	2022 年	第五届华渔杯大赛工作委员会
次仁曲珍	女	藏族	墨竹工卡县南京实验小学	第五届“华渔杯”全国中小学、幼儿园教师信息化教学设计能手大赛多媒体课件一等奖	2022 年	第五届华渔杯大赛工作委员会
沈鹏里	男	汉族	墨竹工卡县委员会	拉萨市 2022 年度综合考核优秀正县级领导干部	2022 年	中共拉萨市委员会
施勇君	男	汉族	墨竹工卡县委员会	拉萨市 2021 年度综合考核优秀正县级领导干部	2022 年	中共拉萨市委员会
邓晓刚	男	汉族	墨竹工卡县经济和信息化局	全市招商引资先进个人	2023 年	拉萨市人民政府
扎西旺姆	女	藏族	墨竹工卡县经济和信息化局	全市招商引资先进个人	2023 年	拉萨市人民政府
牛倩雯	女	汉族	墨竹工卡县甲玛乡人民政府	第十届“拉萨青年五四奖章”	2022 年	共青团拉萨市委员会
赵明明	男	汉族	墨竹工卡县纪委监委	疫情防控志愿服务	2022 年	共青团拉萨市委员会、拉萨市应对疫情工作领导小组办公室
沈鹏里	男	汉族	墨竹工卡县委员会	拉萨市疫情防控工作积极贡献奖	2022 年	拉萨市疫情防控领导小组办公室
张子成	男	汉族	墨竹工卡县委员会	拉萨市疫情防控工作积极贡献奖	2022 年	拉萨市疫情防控领导小组办公室
马永龙	男	回族	墨竹工卡县委员会	拉萨市疫情防控工作突出贡献奖	2022 年	拉萨市疫情防控领导小组办公室
宋建	男	汉族	墨竹工卡县委员会	拉萨市疫情防控工作积极贡献奖	2022 年	拉萨市疫情防控领导小组办公室

续表 2

姓名	性别	民族	工作单位	获奖名称	表彰时间	授予单位
何学志	男	汉族	墨竹工卡县委办公室	拉萨市疫情防控工作积极贡献奖	2022 年	拉萨市疫情防控领导小组办公室
曹仁建	男	汉族	墨竹工卡县委办公室	拉萨市疫情防控工作积极贡献奖	2022 年	拉萨市疫情防控领导小组办公室
葛　锋	男	汉族	墨竹工卡县委办公室	拉萨市疫情防控工作积极贡献奖	2022 年	拉萨市疫情防控领导小组办公室
西绕江措	男	藏族	墨竹工卡县委办公室	拉萨市疫情防控工作积极贡献奖	2022 年	拉萨市疫情防控领导小组办公室
尼玛央金	女	藏族	墨竹工卡县委办公室	拉萨市疫情防控工作积极贡献奖	2022 年	拉萨市疫情防控领导小组办公室
次仁德吉	女	藏族	墨竹工卡县委办公室	拉萨市疫情防控工作积极贡献奖	2022 年	拉萨市疫情防控领导小组办公室
易　寒	男	汉族	墨竹工卡县委办公室	拉萨市疫情防控工作积极贡献奖	2022 年	拉萨市疫情防控领导小组办公室
仁增拉姆	女	藏族	墨竹工卡县委办公室	拉萨市疫情防控工作积极贡献奖	2022 年	拉萨市疫情防控领导小组办公室
卓玛央宗	女	藏族	墨竹工卡县委办公室	拉萨市疫情防控工作积极贡献奖	2022 年	拉萨市疫情防控领导小组办公室
扎西顿珠	男	藏族	墨竹工卡县委办公室	拉萨市疫情防控工作积极贡献奖	2022 年	拉萨市疫情防控领导小组办公室
李学龙	男	汉族	墨竹工卡县委办公室	拉萨市疫情防控工作积极贡献奖	2022 年	拉萨市疫情防控领导小组办公室
闫安龙	男	汉族	墨竹工卡县委办公室	拉萨市疫情防控工作积极贡献奖	2022 年	拉萨市疫情防控领导小组办公室
李子超	男	汉族	墨竹工卡县委办公室	拉萨市疫情防控工作积极贡献奖	2022 年	拉萨市疫情防控领导小组办公室
王庆宏	男	汉族	墨竹工卡县纪委监委	疫情防控志愿服务	2022 年	拉萨市应对疫情工作领导小组办公室
占堆曲杰	男	藏族	墨竹工卡县纪委监委	疫情防控志愿服务	2022 年	拉萨市应对疫情工作领导小组办公室
年仁青	男	藏族	墨竹工卡县纪委监委	疫情防控志愿服务	2022 年	拉萨市应对疫情工作领导小组办公室
尼玛欧珠	男	藏族	墨竹工卡县纪委监委	疫情防控志愿服务	2022 年	拉萨市应对疫情工作领导小组办公室
段伟燕	女	白族	墨竹工卡县纪委监委	疫情防控志愿服务	2022 年	拉萨市应对疫情工作领导小组办公室
白玛央金	女	藏族	墨竹工卡县纪委监委	疫情防控志愿服务	2022 年	拉萨市应对疫情工作领导小组办公室
黄克创	男	汉族	墨竹工卡县纪委监委	疫情防控志愿服务	2022 年	拉萨市应对疫情工作领导小组办公室

续表 2

姓名	性别	民族	工作单位	获奖名称	表彰时间	授予单位
索朗曲珍	女	藏族	墨竹工卡县纪委监委	疫情防控志愿服务	2022 年	拉萨市应对疫情工作领导小组办公室
旦增卓玛	女	藏族	墨竹工卡县纪委监委	疫情防控志愿服务	2022 年	拉萨市应对疫情工作领导小组办公室
巴　珠	男	藏族	墨竹工卡县纪委监委	疫情防控志愿服务	2022 年	拉萨市应对疫情工作领导小组办公室
杰　布	男	藏族	墨竹工卡县纪委监委	疫情防控志愿服务	2022 年	拉萨市应对疫情工作领导小组办公室
次达瓦	男	藏族	墨竹工卡县尼玛江热乡章达村幼儿园	疫情防控志愿者	2022 年	拉萨市应对疫情工作领导小组办公室
顿　珠	男	藏族	墨竹工卡县尼玛江热乡幼儿园	疫情防控志愿者	2022 年	拉萨市应对疫情工作领导小组办公室
益西拉巴	男	藏族	墨竹工卡县扎西岗乡幼儿园	疫情防控志愿者	2022 年	拉萨市应对疫情工作领导小组办公室
达　珍	女	藏族	墨竹工卡县扎西岗乡加尔多村幼儿园	疫情防控志愿者	2022 年	拉萨市应对疫情工作领导小组办公室
扎巴朗杰	男	藏族	墨竹工卡县扎西岗乡斯布村幼儿园	疫情防控志愿者	2022 年	拉萨市应对疫情工作领导小组办公室
巴桑措姆	女	藏族	墨竹工卡县扎雪乡米洛一幼	疫情防控志愿者	2022 年	拉萨市应对疫情工作领导小组办公室
罗　珍	女	藏族	墨竹工卡县扎雪乡米洛一幼	疫情防控志愿者	2022 年	拉萨市应对疫情工作领导小组办公室
格桑次旺	男	藏族	墨竹工卡县扎雪乡米洛第二幼儿园	疫情防控志愿者	2022 年	拉萨市应对疫情工作领导小组办公室
拉巴顿珠	男	藏族	墨竹工卡县扎雪乡扎雪村幼儿园	疫情防控志愿者	2022 年	拉萨市应对疫情工作领导小组办公室
白玛德吉	女	藏族	墨竹工卡县龙珠岗村幼儿园	疫情防控志愿者	2022 年	拉萨市应对疫情工作领导小组办公室
次仁白姆	女	藏族	墨竹工卡县龙珠岗村幼儿园	疫情防控志愿者	2022 年	拉萨市应对疫情工作领导小组办公室
扎西巴姆	女	藏族	墨竹工卡县扎雪乡西玛能幼儿园	疫情防控志愿者	2022 年	拉萨市应对疫情工作领导小组办公室
扎西次登	男	藏族	墨竹工卡县扎雪乡西玛能幼儿园	疫情防控志愿者	2022 年	拉萨市应对疫情工作领导小组办公室
阿旺次成	男	藏族	墨竹工卡县扎雪乡西玛能幼儿园	疫情防控志愿者	2022 年	拉萨市应对疫情工作领导小组办公室
扎西仓决	女	藏族	墨竹工卡县扎雪乡西玛能幼儿园	疫情防控志愿者	2022 年	拉萨市应对疫情工作领导小组办公室
益西白姆	女	藏族	墨竹工卡县扎雪乡赤培村幼儿园	疫情防控志愿者	2022 年	拉萨市应对疫情工作领导小组办公室

续表 2

姓名	性别	民族	工作单位	获奖名称	表彰时间	授予单位
加巴西绕	男	藏族	墨竹工卡县扎雪乡赤培村幼儿园	疫情防控志愿者	2022 年	拉萨市应对疫情工作领导小组办公室
次仁曲珍	女	藏族	墨竹工卡县日多乡念村幼儿园	疫情防控志愿者	2022 年	拉萨市应对疫情工作领导小组办公室
米玛琼达	女	藏族	墨竹工卡县日多乡怎村哈姆组幼儿园	疫情防控志愿者	2022 年	拉萨市应对疫情工作领导小组办公室
罗布措姆	女	藏族	墨竹工卡县日多乡怎村哈姆组幼儿园	疫情防控志愿者	2022 年	拉萨市应对疫情工作领导小组办公室
德　吉	女	藏族	墨竹工卡县日多乡怎村哈姆组幼儿园	荣誉证书	2022 年	拉萨市应对疫情工作领导小组办公室
嘎　桑	女	藏族	墨竹工卡县日多乡怎村哈姆组幼儿园	荣誉证书	2022 年	拉萨市应对疫情工作领导小组办公室
旦增拉姆	女	藏族	墨竹工卡县日多乡怎村幼儿园	疫情防控志愿者	2022 年	拉萨市应对疫情工作领导小组办公室
白玛次旦	女	藏族	墨竹工卡县日多乡怎村幼儿园	疫情防控志愿者	2022 年	拉萨市应对疫情工作领导小组办公室
扎西德吉	女	藏族	墨竹工卡县日多乡幼儿园	疫情防控志愿者	2022 年	拉萨市应对疫情工作领导小组办公室
强巴卓嘎	女	藏族	墨竹工卡县日多乡幼儿园	荣誉证书	2022 年	拉萨市应对疫情工作领导小组办公室
拉巴拉姆	女	藏族	墨竹工卡县日多乡幼儿园	疫情防控志愿者	2022 年	拉萨市应对疫情工作领导小组办公室
强巴杰布	男	藏族	墨竹工卡县日多乡幼儿园	疫情防控志愿者	2022 年	拉萨市应对疫情工作领导小组办公室
贡觉次仁	男	藏族	墨竹工卡县门巴乡贴尔朗村幼儿园	疫情防控志愿者	2022 年	拉萨市应对疫情工作领导小组办公室
达娃色珍	女	藏族	墨竹工卡县门巴乡贴尔朗村幼儿园	疫情防控志愿者	2022 年	拉萨市应对疫情工作领导小组办公室
拉　珍	女	藏族	墨竹工卡县门巴乡贴尔朗村幼儿园	疫情防控志愿者	2022 年	拉萨市应对疫情工作领导小组办公室
四朗群培	男	藏族	墨竹工卡县门巴乡波尔朗村幼儿园	疫情防控志愿者	2022 年	拉萨市应对疫情工作领导小组办公室
边　巴	女	藏族	墨竹工卡县门巴乡波尔朗村幼儿园	疫情防控志愿者	2022 年	拉萨市应对疫情工作领导小组办公室
嘎　庆	男	藏族	墨竹工卡县门巴乡波尔朗村幼儿园	疫情防控志愿者	2022 年	拉萨市应对疫情工作领导小组办公室
罗　朗	男	藏族	墨竹工卡县门巴乡波尔朗村幼儿园	疫情防控志愿者	2022 年	拉萨市应对疫情工作领导小组办公室
贡　桑	女	藏族	墨竹工卡县门巴乡波尔朗村幼儿园	疫情防控志愿者	2022 年	拉萨市应对疫情工作领导小组办公室

续表 2

姓名	性别	民族	工作单位	获奖名称	表彰时间	授予单位
次　　珠	女	藏族	墨竹工卡县门巴乡波尔朗村幼儿园	疫情防控志愿者	2022 年	拉萨市应对疫情工作领导小组办公室
洛松卓玛	女	纳西族	墨竹工卡县门巴乡波尔朗村幼儿园	疫情防控志愿者	2022 年	拉萨市应对疫情工作领导小组办公室
索朗次旦	男	藏族	墨竹工卡县门巴乡波尔朗村幼儿园	疫情防控志愿者	2022 年	拉萨市应对疫情工作领导小组办公室
强巴索朗	男	藏族	墨竹工卡县门巴乡德仲村幼儿园	疫情防控志愿者	2022 年	拉萨市应对疫情工作领导小组办公室
强巴卓嘎	女	藏族	墨竹工卡县门巴乡德仲村幼儿园	疫情防控志愿者	2022 年	拉萨市应对疫情工作领导小组办公室
普布仓决	女	藏族	墨竹工卡县门巴乡幼儿园	疫情防控志愿者	2022 年	拉萨市应对疫情工作领导小组办公室
普布德吉	女	藏族	墨竹工卡县门巴乡幼儿园	疫情防控志愿者	2022 年	拉萨市应对疫情工作领导小组办公室
向　　惠	女	汉族	墨竹工卡县甲玛乡幼儿园	疫情防控志愿者	2022 年	拉萨市应对疫情工作领导小组办公室
邹　　元	女	汉族	墨竹工卡县甲玛乡幼儿园	疫情防控志愿者	2022 年	拉萨市应对疫情工作领导小组办公室
樊 婷 婷	女	汉族	墨竹工卡县甲玛乡幼儿园	疫情防控志愿者	2022 年	拉萨市应对疫情工作领导小组办公室
尼　　玛	女	藏族	墨竹工卡县甲玛乡幼儿园	疫情防控志愿者	2022 年	拉萨市应对疫情工作领导小组办公室
罗布曲珍	女	藏族	墨竹工卡县甲玛乡幼儿园	疫情防控志愿者	2022 年	拉萨市应对疫情工作领导小组办公室
宋 虹 磊	男	汉族	墨竹工卡县甲玛乡幼儿园	疫情防控志愿者	2022 年	拉萨市应对疫情工作领导小组办公室
卓　　琼	女	藏族	墨竹工卡县甲玛乡希望小学	疫情防控志愿者	2022 年	拉萨市应对疫情工作领导小组办公室
强巴旦增	男	藏族	墨竹工卡县甲玛乡希望小学	疫情防控志愿者	2022 年	拉萨市应对疫情工作领导小组办公室
扎西群培	男	藏族	墨竹工卡县甲玛乡希望小学	疫情防控志愿者	2022 年	拉萨市应对疫情工作领导小组办公室
卓　　嘎	女	藏族	墨竹工卡县甲玛乡希望小学	疫情防控志愿者	2022 年	拉萨市应对疫情工作领导小组办公室
扎　　珍	女	藏族	墨竹工卡县唐加乡卓村幼儿园	疫情防控志愿者	2022 年	拉萨市应对疫情工作领导小组办公室
索朗曲珍	女	藏族	墨竹工卡县唐加乡卓村幼儿园	疫情防控志愿者	2022 年	拉萨市应对疫情工作领导小组办公室
次仁曲珍	女	藏族	墨竹工卡县唐加乡卓村幼儿园	疫情防控志愿者	2022 年	拉萨市应对疫情工作领导小组办公室

续表 2

姓名	性别	民族	工作单位	获奖名称	表彰时间	授予单位
旦增卓玛	女	藏族	墨竹工卡县唐加乡卓村幼儿园	疫情防控志愿者	2022 年	拉萨市应对疫情工作领导小组办公室
贡觉卓嘎	女	藏族	墨竹工卡县唐加乡卓村幼儿园	疫情防控志愿者	2022 年	拉萨市应对疫情工作领导小组办公室
格桑曲吉	女	藏族	墨竹工卡县唐加乡卓村幼儿园	疫情防控志愿者	2022 年	拉萨市应对疫情工作领导小组办公室
益　西	女	藏族	墨竹工卡县唐加乡卓村幼儿园	疫情防控志愿者	2022 年	拉萨市应对疫情工作领导小组办公室
卓　玛	女	藏族	墨竹工卡县唐加乡卓村幼儿园	疫情防控志愿者	2022 年	拉萨市应对疫情工作领导小组办公室
赤列多吉	男	藏族	墨竹工卡县唐加乡卓村幼儿园	疫情防控志愿者	2022 年	拉萨市应对疫情工作领导小组办公室
普　珍	女	藏族	墨竹工卡县唐加乡拉东村幼儿园	疫情防控志愿者	2022 年	拉萨市应对疫情工作领导小组办公室
赤列桑旦	男	藏族	墨竹工卡县唐加乡拉东村幼儿园	疫情防控志愿者	2022 年	拉萨市应对疫情工作领导小组办公室
旦增顿珠	男	藏族	墨竹工卡县唐加乡拉东村幼儿园	疫情防控志愿者	2022 年	拉萨市应对疫情工作领导小组办公室
欧珠措姆	女	藏族	墨竹工卡县唐加乡拉东村幼儿园	疫情防控志愿者	2022 年	拉萨市应对疫情工作领导小组办公室
白　吉	女	藏族	墨竹工卡县唐加乡拉东村幼儿园	疫情防控志愿者	2022 年	拉萨市应对疫情工作领导小组办公室
仁增旺姆	女	藏族	墨竹工卡县唐加乡拉东村幼儿园	疫情防控志愿者	2022 年	拉萨市应对疫情工作领导小组办公室
央金卓嘎	女	藏族	墨竹工卡县唐加乡拉东村幼儿园	疫情防控志愿者	2022 年	拉萨市应对疫情工作领导小组办公室
达　娃	女	藏族	墨竹工卡县唐加乡拉东村幼儿园	疫情防控志愿者	2022 年	拉萨市应对疫情工作领导小组办公室
德吉曲宗	女	藏族	墨竹工卡县唐加乡拉东村幼儿园	疫情防控志愿者	2022 年	拉萨市应对疫情工作领导小组办公室
多吉次达	男	藏族	墨竹工卡县唐加乡拉东村幼儿园	疫情防控志愿者	2022 年	拉萨市应对疫情工作领导小组办公室
尹　菲	女	汉族	墨竹工卡县唐加乡拉东村幼儿园	疫情防控志愿者	2022 年	拉萨市应对疫情工作领导小组办公室
曲　珍	女	藏族	墨竹工卡县唐加乡卓尼村幼儿园	疫情防控志愿者	2022 年	拉萨市应对疫情工作领导小组办公室
其米央金	女	藏族	墨竹工卡县唐加乡卓尼村幼儿园	疫情防控志愿者	2022 年	拉萨市应对疫情工作领导小组办公室
色　珍	女	藏族	墨竹工卡县唐加乡卓尼村幼儿园	疫情防控志愿者	2022 年	拉萨市应对疫情工作领导小组办公室

续表 2

姓名	性别	民族	工作单位	获奖名称	表彰时间	授予单位
次旦桑姆	女	藏族	墨竹工卡县唐加乡卓尼村幼儿园	疫情防控志愿者	2022 年	拉萨市应对疫情工作领导小组办公室
扎西吉宗	女	藏族	墨竹工卡县唐加乡卓尼村幼儿园	疫情防控志愿者	2022 年	拉萨市应对疫情工作领导小组办公室
多　　吉	男	藏族	墨竹工卡县唐加乡东布岗村幼儿园	疫情防控志愿者	2022 年	拉萨市应对疫情工作领导小组办公室
永　　措	女	藏族	墨竹工卡县唐加乡东布岗村幼儿园	疫情防控志愿者	2022 年	拉萨市应对疫情工作领导小组办公室
拉 姆 吉	女	藏族	墨竹工卡县唐加乡东布岗村幼儿园	疫情防控志愿者	2022 年	拉萨市应对疫情工作领导小组办公室
白　　珍	女	藏族	墨竹工卡县唐加乡东布岗村幼儿园	疫情防控志愿者	2022 年	拉萨市应对疫情工作领导小组办公室
曲尼旺姆	女	藏族	墨竹工卡县唐加乡东布岗村幼儿园	疫情防控志愿者	2022 年	拉萨市应对疫情工作领导小组办公室
次旦央宗	女	藏族	墨竹工卡县唐加乡东布岗村幼儿园	疫情防控志愿者	2022 年	拉萨市应对疫情工作领导小组办公室
拉　　珍	女	藏族	墨竹工卡县唐加乡东布岗村幼儿园	疫情防控志愿者	2022 年	拉萨市应对疫情工作领导小组办公室
央金拉姆	女	藏族	墨竹工卡县唐加乡东布岗村幼儿园	疫情防控志愿者	2022 年	拉萨市应对疫情工作领导小组办公室
江　　白	男	藏族	墨竹工卡县唐加乡东布岗村幼儿园	疫情防控志愿者	2022 年	拉萨市应对疫情工作领导小组办公室
吕　　青	女	汉族	墨竹工卡县唐加乡幼儿园	疫情防控志愿者	2022 年	拉萨市应对疫情工作领导小组办公室
侯　　一	女	汉族	墨竹工卡县唐加乡幼儿园	疫情防控志愿者	2022 年	拉萨市应对疫情工作领导小组办公室
杨 兰 兰	女	汉族	墨竹工卡县唐加乡幼儿园	疫情防控志愿者	2022 年	拉萨市应对疫情工作领导小组办公室
简　　华	女	汉族	墨竹工卡县唐加乡幼儿园	疫情防控志愿者	2022 年	拉萨市应对疫情工作领导小组办公室
次 德 吉	女	藏族	墨竹工卡县唐加乡幼儿园	疫情防控志愿者	2022 年	拉萨市应对疫情工作领导小组办公室
次　　旦	女	藏族	墨竹工卡县唐加乡幼儿园	疫情防控志愿者	2022 年	拉萨市应对疫情工作领导小组办公室
扎西多吉	女	藏族	墨竹工卡县唐加乡幼儿园	疫情防控志愿者	2022 年	拉萨市应对疫情工作领导小组办公室
索朗美朵	女	藏族	墨竹工卡县唐加乡幼儿园	疫情防控志愿者	2022 年	拉萨市应对疫情工作领导小组办公室
边巴顿珠	男	藏族	墨竹工卡县唐加中心小学	疫情防控志愿者	2022 年	拉萨市应对疫情工作领导小组办公室

续表 2

姓名	性别	民族	工作单位	获奖名称	表彰时间	授予单位
阿旺洛桑	男	藏族	墨竹工卡县唐加中心小学	疫情防控志愿者	2022 年	拉萨市应对疫情工作领导小组办公室
扎西多吉	男	藏族	墨竹工卡县唐加中心小学	疫情防控志愿者	2022 年	拉萨市应对疫情工作领导小组办公室
格桑平措	男	藏族	墨竹工卡县唐加中心小学	疫情防控志愿者	2022 年	拉萨市应对疫情工作领导小组办公室
尼玛次仁	男	藏族	墨竹工卡县唐加中心小学	疫情防控志愿者	2022 年	拉萨市应对疫情工作领导小组办公室
强吉卓玛	女	藏族	墨竹工卡县唐加中心小学	疫情防控志愿者	2022 年	拉萨市应对疫情工作领导小组办公室
达瓦穷达	女	藏族	墨竹工卡县唐加中心小学	疫情防控志愿者	2022 年	拉萨市应对疫情工作领导小组办公室
女巴桑	女	藏族	墨竹工卡县唐加中心小学	疫情防控志愿者	2022 年	拉萨市应对疫情工作领导小组办公室
土登曲扎	男	藏族	墨竹工卡县唐加中心小学	疫情防控志愿者	2022 年	拉萨市应对疫情工作领导小组办公室
阿旺桑布	男	藏族	墨竹工卡县唐加中心小学	疫情防控志愿者	2022 年	拉萨市应对疫情工作领导小组办公室
多吉旺堆	男	藏族	墨竹工卡县唐加中心小学	疫情防控志愿者	2022 年	拉萨市应对疫情工作领导小组办公室
唐雨	女	藏族	墨竹工卡县唐加中心小学	疫情防控志愿者	2022 年	拉萨市应对疫情工作领导小组办公室
母乾权	女	藏族	墨竹工卡县唐加中心小学	疫情防控志愿者	2022 年	拉萨市应对疫情工作领导小组办公室
巴桑次仁	男	藏族	墨竹工卡县唐加中心小学	疫情防控志愿者	2022 年	拉萨市应对疫情工作领导小组办公室
索朗巴珠	男	藏族	墨竹工卡县唐加中心小学	疫情防控志愿者	2022 年	拉萨市应对疫情工作领导小组办公室
巴金央宗	女	藏族	墨竹工卡县唐加中心小学	疫情防控志愿者	2022 年	拉萨市应对疫情工作领导小组办公室
普布潘多	女	藏族	墨竹工卡县唐加中心小学	疫情防控志愿者	2022 年	拉萨市应对疫情工作领导小组办公室
索朗曲珍	女	藏族	墨竹工卡县唐加中心小学	疫情防控志愿者	2022 年	拉萨市应对疫情工作领导小组办公室
拉巴卓玛	女	藏族	墨竹工卡县唐加中心小学	疫情防控志愿者	2022 年	拉萨市应对疫情工作领导小组办公室
次央	女	藏族	墨竹工卡县第一幼儿园	疫情防控志愿者	2022 年	拉萨市应对疫情工作领导小组办公室
平措曲珍	女	藏族	墨竹工卡县第一幼儿园	疫情防控志愿者	2022 年	拉萨市应对疫情工作领导小组办公室

续表2

姓名	性别	民族	工作单位	获奖名称	表彰时间	授予单位
扎西卓玛	女	藏族	墨竹工卡县第一幼儿园	疫情防控志愿者	2022年	拉萨市应对疫情工作领导小组办公室
曲吉拉姆	女	藏族	墨竹工卡县第一幼儿园	疫情防控志愿者	2022年	拉萨市应对疫情工作领导小组办公室
旦增旺姆	女	藏族	墨竹工卡县第一幼儿园	疫情防控志愿者	2022年	拉萨市应对疫情工作领导小组办公室
玛日央	女	回族	墨竹工卡县第一幼儿园	疫情防控志愿者	2022年	拉萨市应对疫情工作领导小组办公室
聂佳瑞	女	汉族	墨竹工卡县第一幼儿园	疫情防控志愿者	2022年	拉萨市应对疫情工作领导小组办公室
高贺云	女	汉族	墨竹工卡县第一幼儿园	疫情防控志愿者	2022年	拉萨市应对疫情工作领导小组办公室
王英兄	女	汉族	墨竹工卡县第一幼儿园	疫情防控志愿者	2022年	拉萨市应对疫情工作领导小组办公室
张腾	男	汉族	墨竹工卡县第一幼儿园	疫情防控志愿者	2022年	拉萨市应对疫情工作领导小组办公室
李博	男	汉族	墨竹工卡县第二幼儿园	疫情防控志愿者	2022年	拉萨市应对疫情工作领导小组办公室
张莹	女	汉族	墨竹工卡县第二幼儿园	疫情防控志愿者	2022年	拉萨市应对疫情工作领导小组办公室
华地美	女	回族	墨竹工卡县第二幼儿园	疫情防控志愿者	2022年	拉萨市应对疫情工作领导小组办公室
米玛次仁	男	藏族	墨竹工卡县第二幼儿园	疫情防控志愿者	2022年	拉萨市应对疫情工作领导小组办公室
普布卓玛	女	藏族	墨竹工卡县门巴乡贴尔朗村幼儿园	疫情防控志愿者	2022年	拉萨市应对疫情工作领导小组办公室
次仁卓嘎	女	藏族	墨竹工卡县扎雪乡幼儿园	疫情防控志愿者	2022年	拉萨市应对疫情工作领导小组办公室
索朗次旦	女	藏族	墨竹工卡县扎雪乡幼儿园	疫情防控志愿者	2022年	拉萨市应对疫情工作领导小组办公室
次仁白姆	女	藏族	墨竹工卡县扎雪乡幼儿园	疫情防控志愿者	2022年	拉萨市应对疫情工作领导小组办公室
索朗卓玛	女	藏族	墨竹工卡县扎雪乡幼儿园	疫情防控志愿者	2022年	拉萨市应对疫情工作领导小组办公室
普吉	女	藏族	墨竹工卡县扎雪乡幼儿园	疫情防控志愿者	2022年	拉萨市应对疫情工作领导小组办公室
巴桑措姆	女	藏族	墨竹工卡县扎雪乡米洛一幼	疫情防控志愿者	2022年	拉萨市应对疫情工作领导小组办公室
罗珍	女	藏族	墨竹工卡县扎雪乡米洛一幼	疫情防控志愿者	2022年	拉萨市应对疫情工作领导小组办公室

续表 2

姓名	性别	民族	工作单位	获奖名称	表彰时间	授予单位
次仁曲珍	女	藏族	墨竹工卡县念村幼儿园	疫情防控志愿者	2022 年	拉萨市应对疫情工作领导小组办公室
米玛琼达	女	藏族	墨竹工卡县日多乡怎村哈姆组幼儿园	疫情防控志愿者	2022 年	拉萨市应对疫情工作领导小组办公室
罗布措姆	女	藏族	墨竹工卡县日多乡怎村哈姆组幼儿园	疫情防控志愿者	2022 年	拉萨市应对疫情工作领导小组办公室
旦增拉姆	女	藏族	墨竹工卡县日多乡怎村幼儿园	疫情防控志愿者	2022 年	拉萨市应对疫情工作领导小组办公室
白玛次旦	女	藏族	墨竹工卡县日多乡怎村幼儿园	疫情防控志愿者	2022 年	拉萨市应对疫情工作领导小组办公室
扎西德吉	女	藏族	墨竹工卡县日多乡幼儿园	疫情防控志愿者	2022 年	拉萨市应对疫情工作领导小组办公室
樊 婷 婷	女	汉族	墨竹工卡县甲玛乡幼儿园	疫情防控志愿者	2022 年	拉萨市应对疫情工作领导小组办公室
宗 吉	女	藏族	墨竹工卡县市场监督管理局	疫情防控优秀志愿者	2022 年	拉萨市应对疫情工作领导小组办公室
洛桑邓培	男	藏族	墨竹工卡县市场监督管理局	疫情防控优秀志愿者	2022 年	拉萨市应对疫情工作领导小组办公室
魏 国 强	男	汉族	墨竹工卡县市场监督管理局	疫情防控优秀志愿者	2022 年	拉萨市应对疫情工作领导小组办公室
刘 雄	男	汉族	墨竹工卡县市场监督管理局	疫情防控优秀志愿者	2022 年	拉萨市应对疫情工作领导小组办公室
熊 仁 龙	男	汉族	墨竹工卡县市场监督管理局	疫情防控优秀志愿者	2022 年	拉萨市应对疫情工作领导小组办公室
德吉央宗	女	藏族	墨竹工卡县市场监督管理局	疫情防控优秀志愿者	2022 年	拉萨市应对疫情工作领导小组办公室
白玛卓嘎	女	藏族	墨竹工卡县市场监督管理局	疫情防控优秀志愿者	2022 年	拉萨市应对疫情工作领导小组办公室
旦增次旺	男	藏族	墨竹工卡县市场监督管理局	疫情防控优秀志愿者	2022 年	拉萨市应对疫情工作领导小组办公室
洛桑曲珍	女	藏族	墨竹工卡县市场监督管理局	疫情防控优秀志愿者	2022 年	拉萨市应对疫情工作领导小组办公室
郭 添	女	汉族	墨竹工卡县市场监督管理局	疫情防控优秀志愿者	2022 年	拉萨市应对疫情工作领导小组办公室
日 桑	男	藏族	墨竹工卡县扎雪乡龙珠岗村	疫情防控先锋	2022 年	拉萨市应对疫情工作领导小组办公室
扎西多吉	男	藏族	墨竹工卡县公安局	疫情防控先进个人	2022 年	拉萨市应对疫情工作领导小组办公室
措成桑布	男	藏族	墨竹工卡县公安局	疫情防控先进个人	2022 年	拉萨市应对疫情工作领导小组办公室

续表 2

姓名	性别	民族	工作单位	获奖名称	表彰时间	授予单位
王永生	男	汉族	墨竹工卡县公安局	疫情防控先进个人	2022 年	拉萨市应对疫情工作领导小组办公室
阿嘎	女	藏族	墨竹工卡县甲玛乡幼儿园	疫情防控志愿者	2022 年	林芝市应对疫情工作领导小组办公室
旦木真	男	藏族	墨竹工卡县公安局	疫情防控先进个人	2022 年	拉萨市公安局
刘传孝	男	藏族	墨竹工卡县公安局	二十大维稳先进个人	2023 年	拉萨市公安局
曲加（辅警）	男	藏族	墨竹工卡县公安局	疫情防控先进个人	2022 年	拉萨市公安局
格桑旦增	男	藏族	墨竹工卡县公安局	三等功	2023 年	拉萨市公安局
嘎松尼扎	男	藏族	墨竹工卡县公安局	嘉奖	2022 年	拉萨市公安局
次仁占堆（辅警）	男	藏族	墨竹工卡县公安局	优秀警务辅助人员	2023 年	拉萨市公安局
洛桑次仁	男	藏族	墨竹工卡县公安局	嘉奖	2022 年	拉萨市公安局
查果达瓦	男	藏族	墨竹工卡县公安局	2022 年度优秀警务辅助人员	2023 年	拉萨市公安局
白玛次仁	男	藏族	墨竹工卡县公安局	全市公安机关城乡社区警务工作及流动人口服务管理工作嘉奖	2022 年	拉萨市公安局
白玛次仁	男	藏族	墨竹工卡县公安局	拉萨市二十大维稳安保工作个人三等功	2023 年	拉萨市公安局
普布次仁	男	藏族	墨竹工卡县公安局	疫情防控先进个人	2022 年	拉萨市公安局
罗布曲央	男	藏族	墨竹工卡县公安局	疫情防控先进个人	2022 年	拉萨市公安局
尼玛旺堆	男	藏族	墨竹工卡县公安局	疫情防控先进个人	2022 年	拉萨市公安局
洛桑曲培	男	藏族	墨竹工卡县公安局	疫情防控先进个人	2022 年	拉萨市公安局
尼玛	男	藏族	墨竹工卡县公安局	疫情防控先进个人	2022 年	拉萨市公安局
达瓦	男	藏族	墨竹工卡县公安局	疫情防控先进个人	2022 年	拉萨市公安局
曲折	男	藏族	墨竹工卡县公安局	疫情防控先进个人	2022 年	拉萨市公安局
巴珠	男	藏族	墨竹工卡县公安局	疫情防控先进个人	2022 年	拉萨市公安局

续表 2

姓名	性别	民族	工作单位	获奖名称	表彰时间	授予单位
扎　　堆	男	藏族	墨竹工卡县公安局	疫情防控先进个人	2022 年	拉萨市公安局
贡觉莫珠	男	藏族	墨竹工卡县公安局	疫情防控先进个人	2022 年	拉萨市公安局
达　　瓦	男	藏族	墨竹工卡县公安局	五佳辅警	2023 年	拉萨市公安局
尼玛旺堆	男	藏族	墨竹工卡县公安局	疫情防控表现突出	2022 年	拉萨市公安局
旦增曲旺	男	藏族	墨竹工卡县公安局	疫情防控先进个人	2022 年	拉萨市公安局
伍金扎西	男	藏族	墨竹工卡县公安局	疫情防控先进个人	2022 年	拉萨市公安局
贡觉热珠	男	藏族	墨竹工卡县公安局	疫情防控先进个人	2022 年	拉萨市公安局
蒲 增 林	男	汉族	墨竹工卡县公安局	二十大维稳执勤个人嘉奖	2023 年	拉萨市公安局
杨　　剑	男	汉族	墨竹工卡县公安局	二十大维稳执勤个人嘉奖	2023 年	拉萨市公安局
张 建 生	男	汉族	墨竹工卡县公安局	疫情防控先进个人	2022 年	拉萨市公安局
罗 金 深	男	汉族	墨竹工卡县公安局	疫情防控先进个人	2022 年	拉萨市公安局
居 文 浩	男	汉族	墨竹工卡县公安局	疫情防控先进个人	2022 年	拉萨市公安局
王　　强	男	汉族	墨竹工卡县公安局	疫情防控先进个人	2022 年	拉萨市公安局
王 俊 翔	男	汉族	墨竹工卡县公安局	疫情防控先进个人	2022 年	拉萨市公安局
曹　　静	女	汉族	墨竹工卡县人民检察院	2022 年拉萨市第三届优秀公诉人辩论赛十佳公诉人	2022 年	拉萨市人民检察院
泽巴拉姆	女	藏族	墨竹工卡县人民检察院	拉萨市检察机关首届公益诉讼检察业务技能竞赛办案标兵	2022 年	拉萨市人民检察院
曹　　静	女	汉族	墨竹工卡县人民检察院	2022 年拉萨市第三届优秀公诉人辩论赛最佳辩手	2022 年	拉萨市人民检察院
泽巴拉姆	女	藏族	墨竹工卡县人民检察院	拉萨市检察机关首届公益诉讼检察业务技能竞赛办案能手	2022 年	拉萨市人民检察院
陈　　龙	男	汉族	墨竹工卡县人民法院	全市法院办案标兵	2023 年	拉萨市中级人民法院
尼玛顿珠	男	藏族	墨竹工卡县尼玛江热乡芒热牧幼儿园	2022 年度拉萨市中小学（幼儿园）教师“优秀论文”一等奖	2022 年	拉萨市教育局

续表 2

姓名	性别	民族	工作单位	获奖名称	表彰时间	授予单位
索朗卓玛	女	藏族	墨竹工卡县扎雪乡幼儿园	拉萨市中小学(幼儿园)教师"优秀论文"一等奖	2022 年	拉萨市教育局
小次仁德吉	女	藏族	墨竹工卡县唐加中心小学	优秀教师	2022 年	拉萨市教育局
拉　　珍	女	藏族	墨竹工卡县唐加中心小学	优秀教师	2022 年	拉萨市教育局
索朗曲珍	女	藏族	墨竹工卡县唐加中心小学	优秀教师	2022 年	拉萨市教育局
大次仁德吉	女	藏族	墨竹工卡县唐加中心小学	优秀教师	2022 年	拉萨市教育局
德庆仓决	女	藏族	墨竹工卡县南京实验小学	拉萨市教育局微课大赛三等奖	2022 年	拉萨市教育局
达娃普赤	女	藏族	墨竹工卡县南京实验小学	拉萨市"童心向党庆七一·喜迎中共二十大"少儿文艺会演优秀指导老师	2022 年	拉萨市教育局
扎　　西	男	藏族	墨竹工卡县第一幼儿园	2022 年度中小学(幼儿园)教师"优秀论文"一等奖	2022 年	拉萨市教育局
贡觉次仁	男	藏族	墨竹工卡县门巴乡贴尔朗村幼儿园	2022 年拉萨市骨干教师代表奖	2022 年	拉萨市教育局
阿旺赤列	男	藏族	墨竹工卡县委宣传部	全市农村电影放映先进个人	2022 年	拉萨市广播电视局
扎西巴姆	女	藏族	墨竹工卡县扎雪乡西玛能幼儿园	疫情防控志愿者	2022 年	拉萨市青年志愿者协会
阿旺次成	男	藏族	墨竹工卡县扎雪乡西玛能幼儿园	疫情防控志愿者	2022 年	拉萨市青年志愿者协会
扎西仓决	女	藏族	墨竹工卡县扎雪乡西玛能幼儿园	疫情防控志愿者	2022 年	拉萨市青年志愿者协会
益西白姆	女	藏族	墨竹工卡县扎雪乡赤培村幼儿园	疫情防控志愿者	2022 年	拉萨市青年志愿者协会
加巴西绕	男	藏族	墨竹工卡县扎雪乡赤培村幼儿园	疫情防控志愿者	2022 年	拉萨市青年志愿者协会
罗布曲珍	女	藏族	墨竹工卡县甲玛乡幼儿园	疫情防控志愿者	2022 年	拉萨市青年志愿者协会
赤列旦达	男	藏族	国网墨竹工卡县供电公司	2022 年度先进工作者	2023 年	国网拉萨供电公司
程　　阳	男	汉族	国网墨竹工卡县供电公司	安全生产先进个人	2023 年	国网拉萨供电公司
周　　静	女	汉族	墨竹工卡县扎雪乡幼儿园	优秀学员	2022 年	拉萨师范高等专科学校
蒙君庆	男	汉族	墨竹工卡县纪委监委	疫情防控志愿服务	2022 年	南充市西充县应对疫情工作领导小组办公室

续表 2

姓名	性别	民族	工作单位	获奖名称	表彰时间	授予单位
索朗曲珍	女	藏族	墨竹工卡县纪委监委	优秀公务员	2023 年	中工墨竹工卡县委员会、墨竹工卡县人民政府
段伟燕	女	白族	墨竹工卡县纪委监委	优秀公务员	2023 年	中工墨竹工卡县委员会、墨竹工卡县人民政府
黄克创	男	汉族	墨竹工卡县纪委监委	优秀公务员	2023 年	中工墨竹工卡县委员会、墨竹工卡县人民政府
杨贞荣	男	汉族	墨竹工卡县纪委监委	优秀事业人员	2023 年	中工墨竹工卡县委员会、墨竹工卡县人民政府
刘小莉	女	汉族	墨竹工卡县妇女联合会	民族团结模范个人	2022 年	中共墨竹工卡县委员会、墨竹工卡县人民政府
申嘉嘉	男	汉族	墨竹工卡县工卡镇人民政府	汉文书法优秀奖	2022 年	中共墨竹工卡县委员会、墨竹工卡县人民政府
达娃琼达	女	藏族	墨竹工卡县甲玛乡人民政府	2022 年度高校毕业生就业创业工作先进个人	2023 年	中共墨竹工卡县委员会、墨竹工卡县人民政府
吴飞飞	女	汉族	墨竹工卡县尼玛江热乡其玛卡村幼儿园	优秀学前教师	2022 年	中共墨竹工卡县委员会、墨竹工卡县人民政府
罗布	男	藏族	墨竹工卡县扎雪乡中心小学	优秀班主任	2022 年	中共墨竹工卡县委员会、墨竹工卡县人民政府
次珍	女	藏族	墨竹工卡县日多乡幼儿园	学前优秀教师	2022 年	中共墨竹工卡县委员会、墨竹工卡县人民政府
罗布措姆	女	藏族	墨竹工卡县日多乡怎村哈姆组幼儿园	优秀学前工作教育者	2022 年	中共墨竹工卡县委员会、墨竹工卡县人民政府
东正虎	男	汉族	墨竹工卡县日多乡中心小学	“诵读寄哀思，共筑中华魂”诵读比赛三等奖	2022 年	中共墨竹工卡县委员会、墨竹工卡县人民政府
尼玛	女	藏族	墨竹工卡县日多乡中心小学	民族团结书法比赛藏文书法粗仁体三等奖	2022 年	中共墨竹工卡县委员会、墨竹工卡县人民政府
布亚	男	藏族	墨竹工卡县日多乡中心小学	民族团结书法比赛藏文书法丘伊体二等奖	2022 年	中共墨竹工卡县委员会、墨竹工卡县人民政府
扎西拉姆	女	藏族	墨竹工卡县日多乡念村幼儿园	民族团结书法比赛汉字书法优秀奖	2022 年	中共墨竹工卡县委员会、墨竹工卡县人民政府
达娃旺姆	女	藏族	墨竹工卡县门巴乡中心小学	优秀班主任	2022 年	中共墨竹工卡县委员会、墨竹工卡县人民政府
张小军	男	汉族	墨竹工卡县门巴乡中心小学	民族团结模范个人	2022 年	中共墨竹工卡县委员会、墨竹工卡县人民政府
卓玛拉吉	女	藏族	墨竹工卡县门巴乡中心小学	优秀教育工作者	2022 年	中共墨竹工卡县委员会、墨竹工卡县人民政府
阿旺单增	男	藏族	墨竹工卡县门巴乡中心小学	疫情防控志愿者	2022 年	中共墨竹工卡县委员会、墨竹工卡县人民政府
白央	女	藏族	墨竹工卡县门巴乡巴尔卡村幼儿园	优秀学前教师	2022 年	中共墨竹工卡县委员会、墨竹工卡县人民政府

续表 2

姓名	性别	民族	工作单位	获奖名称	表彰时间	授予单位
巴桑卓玛	女	藏族	墨竹工卡县门巴乡达珠村幼儿园	优秀学前教师	2022 年	中共墨竹工卡县委员会、墨竹工卡县人民政府
旦增曲吉	女	藏族	墨竹工卡县甲玛乡幼儿园	优秀教师	2022 年	中共墨竹工卡县委员会、墨竹工卡县人民政府
向　　惠	女	汉族	墨竹工卡县甲玛乡幼儿园	优秀教师	2022 年	中共墨竹工卡县委员会、墨竹工卡县人民政府
达　　娃	女	藏族	墨竹工卡县甲玛乡希望小学	优秀教师	2022 年	中共墨竹工卡县委员会、墨竹工卡县人民政府
拉巴卓嘎	女	藏族	墨竹工卡县甲玛乡希望小学	模范班主任	2022 年	中共墨竹工卡县委员会、墨竹工卡县人民政府
卓玛群措	女	藏族	墨竹工卡县唐加中心小学	优秀教师	2022 年	中共墨竹工卡县委员会、墨竹工卡县人民政府
阿旺落桑	男	藏族	墨竹工卡县唐加中心小学	优秀教师	2022 年	中共墨竹工卡县委员会、墨竹工卡县人民政府
唐　　雪	女	汉族	墨竹工卡县第一幼儿园	优秀班主任	2022 年	中共墨竹工卡县委员会、墨竹工卡县人民政府
聂佳瑞	女	汉族	墨竹工卡县第一幼儿园	优秀学前教育工作者	2022 年	中共墨竹工卡县委员会、墨竹工卡县人民政府
扎西卓玛	女	藏族	墨竹工卡县第一幼儿园	优秀学前教育工作者	2022 年	中共墨竹工卡县委员会、墨竹工卡县人民政府
张　　腾	男	汉族	墨竹工卡县第一幼儿园	疫情防控志愿者	2022 年	中共墨竹工卡县委员会、墨竹工卡县人民政府
扎西玉珠	女	藏族	墨竹工卡县第二幼儿园	模范班主任	2022 年	中共墨竹工卡县委员会、墨竹工卡县人民政府
次旺卓嘎	女	藏族	墨竹工卡县第二幼儿园	优秀学前教师	2022 年	中共墨竹工卡县委员会、墨竹工卡县人民政府
扎西卓措	女	藏族	墨竹工卡县第二幼儿园	优秀学前教师	2022 年	中共墨竹工卡县委员会、墨竹工卡县人民政府
李　　博	男	汉族	墨竹工卡县第二幼儿园	疫情防控志愿者	2022 年	中共墨竹工卡县委员会、墨竹工卡县人民政府
刘雅萍	女	汉族	墨竹工卡县第二幼儿园	“民族团结书法、美术、摄影、文学优秀作品”汉字文学作品二等奖	2022 年	中共墨竹工卡县委员会、墨竹工卡县人民政府
彦秀冬	男	汉族	墨竹工卡县唐加乡东布岗村	民族团结模范个人	2022 年	中共墨竹工卡县委员会、墨竹工卡县人民政府
巴　　桑	男	藏族	墨竹工卡县扎雪乡人民政府	民族团结进步模范个人	2022 年	中共墨竹工卡县委员会、墨竹工卡县人民政府
魏　　巍	男	汉族	墨竹工卡县扎雪乡人民政府	民兵工作先进个人	2022 年	中共墨竹工卡县委员会、墨竹工卡县人民政府
日　　桑	男	藏族	墨竹工卡县扎雪乡龙珠岗村	民族团结进步模范个人	2022 年	中共墨竹工卡县委员会、墨竹工卡县人民政府

续表 2

姓名	性别	民族	工作单位	获奖名称	表彰时间	授予单位
豆斌斌	男	汉族	墨竹工卡县扎雪乡中心小学	民洪团结文学汉文文学作品三等奖	2022 年	中共墨竹工卡县委员会
梁泽英	女	汉族	墨竹工卡县日多乡人民政府	民族团结先进个人	2022 年	中共墨竹工卡县委员会
拉　桑	男	藏族	墨竹工卡县唐加乡莫冲村	“先进双联户”	2022 年	中共墨竹工卡县委员会
旺堆坚参	男	藏族	墨竹工卡县门巴乡中心小学	书法二等奖	2022 年	墨竹工卡县人民政府
旺堆坚参	男	藏族	墨竹工卡县门巴乡中心小学	美术二等奖	2022 年	墨竹工卡县人民政府
次旦桑布	男	藏族	墨竹工卡县门巴乡中心小学	藏文书法优秀奖	2022 年	墨竹工卡县人民政府
次旦桑布	男	藏族	墨竹工卡县门巴乡中心小学	2022 年度“铸牢中华民族共同体意识、喜迎中共二十大建团百年”演讲比赛最佳指导奖	2022 年	墨竹工卡县人民政府
德庆仓决	女	藏族	墨竹工卡县南京实验小学	民族团结书法比赛三等奖	2022 年	墨竹工卡县人民政府
洛　色	男	藏族	墨竹工卡县南京实验小学	消防先进个人	2022 年	墨竹工卡县人民政府
桑旦多吉	男	藏族	墨竹工卡县尼玛江热乡人民政府	高校毕业生就业创业工作先进个人	2023 年	墨竹工卡县人民政府

说明：由于各单位资料提供不全，可能有遗漏

坚定不移推进全面从严治党 持之以恒深化自我革命 为全面建设社会主义现代化新墨竹提供坚强纪律保障

——在中国共产党墨竹工卡县第十届纪律检查委员会第二次全体会议上的工作报告

墨竹工卡县纪委书记、监委主任 王庆宏

（2023 年 2 月 15 日）

一、2022 年工作回顾

2022 年是党的二十大胜利召开之年，是全面落实区市县第十次党代会精神的开局之年。在市纪委监委和县委的坚强领导下，全县各级纪检监察机关围绕经济社会发展大局，稳中求进、坚定稳妥推进党风廉政建设和反腐败斗争，充分发挥监督保障执行、促进完善发展作用，砥砺奋进、真抓实干，纪检监察工作高质量发展取得新成效。

（一）坚持思想政治引领，“两个维护”坚定性自觉性不断增强。县纪委常委会坚持把思想建设作为基础性建设，把学习贯彻党的二十大精神作为首要政治任务，健全完善“第一议题”学习机制，召开县纪委常委会会议 10 次，深入学习领悟党的二十大精神、习近平新时代中国特色社会主义思想，跟进学习习近平总书记系列重要讲话和指示批示精神，贯通学习习近平总书记关于纪检监察工作和西藏工作的重要论述，努力做到学懂弄通做实。坚持改进作风狠抓落实，常态化开展党史学习教育，组织读书班 7 次、支部集中学习 12 次，以上率下带动全员学习，用新时代党的创新理论统一思想、凝心铸魂、锤炼党性，推动广大纪检监察干部深刻领悟“两个确立”的决定性意义，不断提高政治判断力、政治领悟力、政治执行力。

（二）强化政治监督，有力推动重大决策部署落实落地。紧扣习近平总书记重要指示批示精神落实情况，聚焦“四件大事”“四个确保”“四个创建”“四个走在前列”，围绕乡村振兴、中央环保督察整改、疫情防控等重大任务，推进政治监督常态化、具体化，制定 52 项政治监督内容，开展监督检查 218 次，发现问题 221 条，推动建立和完善制度 2 项，围绕疫情防控开展监督检查 93 次，对转发涉疫信息 1 人进行提醒谈话，确保重大决策部署一贯到底、落地见效。严明政治纪律和政治规矩，处置违反政治纪律问题线索 5 件 5 人。全面加强“一把手”和领导班子监督，坚持履行协助职责，协助县委制定《落实全面从严治党主体责任 2022 年度任务安排》，完善全县区管市管干部、纪检监察干部廉政档案 132 份，选取 5 家单位“一把手”现场“双述”，常态化开展政治生态谈心谈话和任前廉政谈话，督促各级党组织和广大党员干部令行禁止、步调一致，着力营造良好的政治生态。规范开展党风廉政意见回复工作，对调动、职务调整、提拔及评优评先的 117 批 1888 人次出具廉政意见，提出不予以使用意见建议

1 人，切实把好政治关、廉洁关。

（三）一体推进“三不腐”，治腐综合效能不断提升。坚持严的主基调不动摇，紧盯“关键少数”、重点岗位，强力推进纪法贯通，进一步加大惩治腐败力度，全年共召开反腐败协调小组会议 2 次，接收信访举报 22 件 13 人，受理问题线索 26 件，立案 14 件 16 人，给予党纪政务处分 16 人。办理首个留置案，实现运用“第四种形态”查办案件“零的突破”，形成以案明纪有力震慑。坚持惩前毖后、治病救人，精准有效运用“四种形态”批评教育帮助和处理 32 人次，其中，运用第一、二、三、四种形态分别占比 50%、34%、13%、3%。做实以案为鉴、以案促改、以案促治，全年共下达纪检监察“三书”3 份，组织党员干部参观警示教育基地 31 人次，组织观看专题教育片 9 次，形成以案示警长效机制。

（四）纠“四风”树新风并举，作风建设成果巩固持续深化。密切关注隐形变异“四风”新动向，把握风腐同源、风腐一体特征，开展“四风”监督检查 41 次，查处违规接受管理服务对象宴请、礼品礼金、旅游安排，违规借用管理服务对象车辆，公款吃喝等违反中央八项规定精神问题 3 件 3 人，给予党纪政务处分 3 人。坚持平战结合，紧盯春节、藏历新年等重要时间节点，以节前教育提醒、节中监督检查、节后督促整改严防“节日腐败”，精准纠治“四风”。持续推进“吃公函”“私车公养”、违规占用干部周转房、干部职工长期借用公款等问题专项治理，对 2020 年发现的 156 个作风建设专项整治问题和 2021 年排查出的 68 个“私车公养”问题进行再督导再检查，清退违纪资金 42 万余元，督促 2 名职工清退长期借用公款 35 万元，以小切口、准发力增强专项治理叠加效应。紧盯党员干部、公职人员酒驾醉驾行为，认真梳理分析 2019 年以来党员和公职人员因酒驾醉驾、无证驾驶受党纪政务处分情况，通报典型案例 9 起，对问题多发单位负责人进行提醒，从事前预防、事中查处到事后教育全方位持续发力，狠刹歪风邪气。

（五）坚守人民立场，整治群众身边腐败成效明显。坚持以人民为中心，将群众工作贯穿监督执纪全过程。围绕县乡两级纪检监察机关巩固拓展脱贫攻坚成果同乡村振兴有效衔接“10 个盯”工作要求，开展过渡期专项监督，将权力运行、成果巩固、“三资”管理等落实情况作为监督检查重点，开展监督检查 26 次，发现产业振兴方面问题 31 个，下发整改通知书 1 份，切实解决巩固拓展脱贫攻坚成果同乡村振兴有效衔接工作中的突出问题。聚焦生态环保、粮食购销、社会保险基金管理风险、“一卡通”发放和管理、农村乱占耕地建房、学生餐“微腐败”等民生领域腐败和作风问题开展专项整治，结合“四联四包”“我为群众办实事”“领导干部下基层大接访办实事”等活动，推动解决群众急难愁盼问题，严查贪污侵占、吃拿卡要、优亲厚友等问题 1 件 1 人，让人民群众切实感受到正风肃纪反腐就在身边。

（六）深化政治巡察，巡察利剑作用得到有力彰显。抓好谋划部署推进，制定《中共墨竹工卡县委员会巡察工作规划（2022—2026）》，高质量开展十届县委第二、第三轮巡察，先后组建 4 个巡察组，常规巡察 4 个县直单位党组织和 9 个寺管会党组织，发现并反馈问题 120 个。完善巡察与相关职能部门协调协作机制，推动巡察监督与其他监督贯通融合。强化巡察成果运用，压紧压实被巡察党组织整改主体责任和巡察机构统筹督促责任，强化纪检监察机关、组织部门整改落实情况日常监督，对十届县委第一轮巡察整改情况开展日常督查指导 6 次，涉粮问题整改专项监督 3 次，推动补齐短板、深化标本兼治，以巡察整改促进完善基层治理体系。

（七）加强自身建设，纪检监察铁军战斗力显著增强。突出政治建设，以“党建 +”强化机关党建工作，制定纪委常委会工作规则，带头认真落实民主集中制，“三重一大”事项必先酝酿通气、征求意见，严肃认真开展党内政治生活，扎实推进基层党建“三化”建设，切实发挥党组织战斗堡垒作用和党员先锋模范作用，疫情期间共有 19 名纪检监察干部主动请愿，积极投身到城关区及本县防疫卡点和高风险地区，做好物资保障等志愿工作，推荐自治区纪委监委嘉奖 1 人。抓好能力建设，制定纪检监察干部学习培训计划，有序开展全员培训，参加纪检监察业务专题培训班 7 期，选派 16 名纪检监察干部参加上级纪委监委专题培训、跟班跟案培训，不断提升纪检监察干部依规依纪依法履职能力。树立鲜明选人用人导向，县乡两级纪检监察系统共提拔或交流调整干部28人次。突出严管厚爱，严格执行制度化考核机制，落实干部职工关心关爱办法，签订禁止赌博、规范饮酒承诺书80余份，给纪检监察干部画出红线、定好规矩。

在总结成绩的同时，我们也清醒地看到工作中存在的问题。一是个别党组织和党员干部主体责任意识不强，讲得多做得少，重表态轻行动，落实主体责任向基层传导不够。二是日常监督方式单一，对“一把手”和领导班子监督仍是短板，主动发现问题线索较少。三是案件查办力度还不够，效率还不高，在查深查透查实上需要再下功夫。四是乡（镇）纪委监督难，未实现问题线索“零的突破”，乡（镇）纪委和村纪检监督员存在空编、未及时调整，村级纪检监督员作用发挥有待提高。五是少数纪检监察干部思想观念跟不上新时代纪检监察工作前进步伐，在理论学习、业务能力、自身素质培养等方面还需进一步加强。对此，我们必须高度重视，采取有效措施，切实加以解决。

二、2023年主要工作

2023年是全面贯彻落实党的二十大精神的开局之年，是实施“十四五”规划承前启后的关键之年，是为全面建设社会主义现代化国家奠定基础的重要之年，深入推进全面从严治党具有特殊意义。总体要求是：坚持以习近平新时代中国特色社会主义思想为指导，全面贯彻党的二十大精神，贯彻落实二十届中央纪委二次全会和自治区第十次党代会及自治区党委十届三次全会精神，贯彻落实自治区纪委十届三次全会和拉萨市第十次党代会及市委十届四次全会精神，贯彻落实市纪委十届三次全会和墨竹工卡县第十次党代会及县委十届四次全会精神，深刻领悟“两个确立”的决定性意义，增强“四个意识”、坚定“四个自信”、坚决做到“两个维护”，认真履行在推进党的自我革命中的职责任务，坚定贯彻全面从严治党战略方针，深入正风肃纪反腐，加强规范化、法治化、正规化建设，以新时代纪检监察工作高质量发展为墨竹长治久安和高质量发展提供坚强保障。

（一）坚定捍卫“两个确立”、坚决做到“两个维护”，以更精准的机制推进政治监督具体化常态化。严明政治纪律和政治规矩。督促全县各级党组织和党员干部及时跟进、深入学习、坚决贯彻党的二十大精神和习近平总书记重要讲话和指示批示精神，不断增强“四个意识”、坚定“四个自信”、做到“两个维护”。完善政治监督具体化、常态化机制，做实做细政治生态分析研判、党风廉政意见回复等工作，严肃查处违反政治纪律政治规矩行为，坚决防范“七个有之”，清除政治上的“两面人”。监督推动重大决策部署落地见效。围绕党的二十大精神贯彻落实，聚焦“四件大事”“四个确保”“四个创建”“四个走在前列”，争当“七个排头兵”，形成专项监督清单，推动党中央决策和区市党委部署、县委要求不折不扣落实落地。把监督主动融入“投资落实年”部署之中，在坚持“环境创优、招商落地、项目提速、投资扩量”上发挥作用。压紧压实管党治党责任。坚持抓住“关键少数”以上率下，强化对“一把手”和领导班子监督。推动完善“一岗双责”落实机制，形成管党治党责任落实闭环。压实各级党委（党组）从严管理年轻干部政治责任，以案为鉴加强日常教育管理，督促年轻干部系好“风纪扣”，筑牢思想防线。

（二）坚守政治巡察定位，以更有力的抓手有序推进县委巡察工作。科学谋划巡察工作。聚焦党的全面领导、聚焦权力和责任谋划推进巡察工作，科学拟定2023年巡察工作计划，精心组织实施巡察任务。发挥巡察综合监督作用，深入推进巡察监督与纪检监察、组织、审计、财政等监督联动协调。梳理完善巡察工作规章制度，优化工作流程。发挥政治巡察利剑作用。旗帜鲜明把“两个维护”作为根本任务，把学习宣传贯彻党的二十大精神纳入巡察监督范畴，加强对区市县第十次党代会、自治区党委十届三次全会、市委、县委十届四次全会工作部署落实情况的监督检查，及时发现和纠正政治偏差。推动巡视巡察整改落实。坚持以巡促改、以巡促建、以巡促治，认真落实中央《关于加强巡视整改和成果运用的意见》,发挥巡察标本兼治作用,加强巡察整改日常监督,压紧压实被巡察党组织整改主体责任,推动监督、整改、治理有机贯通。加强巡察"回头看",严肃查纠"新官不理旧账""纸上整改"等问题,切实提高整改质量。

(三)严明纪律整饬作风,以更坚决的态度培土加固中央八项规定精神堤坝。坚决整治享乐主义、奢靡之风。坚持以钉钉子精神加强作风建设,严肃整治违规发放津补贴、超标使用办公用房、违规收送礼品礼金、违规吃喝、参赌涉赌、酒驾醉驾等顽瘴痼疾。督促各级各部门持续开展"四查四问",教育引导党员干部牢记"三个务必",对顶风违纪、屡教不改的,从严处理、绝不手软,坚决通报曝光。坚决惩治损害群众利益的腐败问题、不正之风。继续把"三级书记"抓乡村振兴落实情况纳入政治监督范畴,在蔬菜大棚、"三资"管理、基层党组织软弱涣散等小专项监督上下功夫。持续开展漠视侵害群众利益问题专项整治,坚决纠治就业就学、医疗卫生、养老社保、生态环保、安全生产、食品安全等涉及民生领域的不正之风和腐败问题。常态化开展扫黑除恶"打伞破网"工作,巩固深化专项斗争成果。大力培树新风、弘扬正气。坚持破立并重、纠树并举,加强党性教育,特别是针对新入职公务员、年轻干部、基层党员干部、关键岗位人员等重点对象,开展分层分类专题教育,引导强化敬法畏纪意识。进一步健全规范领导干部"八小时以外"行为的长效机制,研究分析"四风"深层次源头性问题,推动相关部门完善制度、加强监管。

(四)全面加强党的纪律建设,以更丰富的载体打造廉洁建设的经典范例。开展经常性纪律教育。督促把党章党规党纪作为各级党委(党组)理论学习中心组、各类学习培训的必修课,让党员干部学纪明纪守纪。注重将案例资源转化为教育资源,通过召开廉政警示教育大会、通报重大典型案例、更新廉政警示教育基地、组织现场旁听职务犯罪案例庭审,促使党员干部把党的纪律规矩刻在心中。推动树牢党章党纪意识。围绕执行民主集中制、用好批评和自我批评利器、重大事项请示报告、落实"三会一课",加强对纪律规矩和法规制度执行情况的监督检查,推动各级党组织严肃党内政治生活,严格执行党的各项规章制度。坚持执纪必严、违纪必究。严肃查处党员干部顶风违纪行为,督促案发单位党组织召开民主(组织)生活会、处分决定宣布会,深化以案促改、以案促治。

(五)保持反腐政治定力,以更坚韧的意志一体推进"三不腐"机制。坚持以零容忍态度惩治腐败。聚焦政治问题和经济问题交织的腐败案件,紧盯政策支持力度大、投资密集、资源集中的领域和环节,坚决查处基础设施建设、公共资源交易等方面腐败问题。高度关注隐形变异、翻新升级的腐败手段,防止权钱交易、行贿受贿等损害政商关系和营商环境。严格落实办案安全制度,压实办案安全责任,坚决守住安全底线。持续发挥反腐败协调小组作用,凝聚反腐败工作强大合力。严格落实自治区党委《关于加强对"一把手"和领导班子监督的实施意见》,严肃查处领导干部亲属和身边工作人员利用影响力谋私贪腐问题,督促落实领导干部配偶、子女及其配偶经商办企业及涉外行为规范。推动系统施治、标本兼治。用好纪检监察"三书",做到查清问题和查找体制机制漏洞同步开展。用好身边案例鲜活教材,深化同级同类警示教育,引导党员干部从思想上增强拒腐防变免疫力。加大受贿行贿一起查力度,建立健全受贿行贿人"黑名单"制度,形成联合惩戒工作格局。坚持纪法情理贯通。坚持惩前毖后、治病救人,注重把握"三个区分开来"和"四种形态"的政策界限,精准区分故意和过失、因私和因公、违规和试错的边界。严格执行党员权利保障条例,加强申诉复查工作。常态化做好澄清正名、被问责和受处分干部的跟踪回访教育工作,严肃查处诬告陷害行为,不断激发干事创业内生动力。

(六)深化纪检监察体制改革,以更有效的路径推动监督效能大力提升。强化工作领导。坚持纪检监察双重领导体制,严格执行请示报告制度,加强对纪检监察"三项改革"工作的领导统筹。以全面从严治党工作考核为牵引,推动党委(党组)主体责任、职能部门监管责任、纪检监察机关监督责任"三个责任"一体落实。做实机构改革。积极配合调整优化机关内设机构，建立健全乡（镇）纪委协作片区工作机制，推动监督有形有效全覆盖，围绕监督检查、审查调查等关键环节，加强对乡（镇）纪委（派出监察室）的领导，配齐配强乡（镇）纪检监察干部，推动乡（镇）联合监督执纪、交叉协作办案。落实规定任务。按照区市纪委监委安排，稳妥有序开展监察官等级确定工作。加强规范性文件立改废释工作，定期梳理有关规章制度，促进制度更加完善管用。

（七）全面锻造过硬铁军，以更严实的作风树立刚正不阿、秉公执纪、谨慎用权的忠诚卫士形象。持续强化政治建设。坚持以上率下，带头学深悟透习近平新时代中国特色社会主义思想和党的二十大精神，充分发挥示范表率的“领头雁”作用。坚持党建引领，深化运用党史学习教育成果，大力发扬勇于自我革命、敢于善于斗争精神，以理论上清醒保持政治上坚定。坚持打铁必须自身硬，扎实开展党中央和县委“作风建设年”活动，开展纪检监察干部教育整顿，深入推进系统内改进作风狠抓落实工作。锤炼过硬能力素质。按照高素质专业化要求，分级分类推进全员培训，充分运用各类培训资源，通过举办“读书班”活动、组织党支部集中学习，加强执纪执法全流程、全要素的实务培训。拓宽选人用人视野，把好选人用人关，加大对外交流和优秀年轻干部培养使用力度，常态化关心关爱纪检监察干部。始终坚持“刀刃向内”。对纪检监察干部实行最严格的约束和监督，认真落实《中国共产党纪律检查委员会工作条例》《监察法实施条例》等党规党纪、法律法规，扎实推进规范化法治化正规化建设。深化纪检监察机关政治生态调研，完善内控机制，严肃查处执纪违纪、执法违法、失职失责行为，坚决防止“灯下黑”。

同志们，踏上新征程，纪检监察工作责任更加重大、使命更加光荣。让我们更加紧密地团结在以习近平同志为核心的党中央周围，在市纪委监委和县委的坚强领导下，弘扬伟大建党精神，牢记“三个务必”，踔厉奋发、勇毅前行，凝心聚力、团结奋斗，以永远在路上的清醒和坚定，深入推进全面从严治党、党风廉政建设和反腐败斗争，为全面建设社会主义现代化新墨竹提供坚强纪律保障。

墨竹工卡县人民法院工作报告

——在墨竹工卡县第十四届人民代表大会第四次会议上

墨竹工卡县人民法院院长 索朗多吉

（2022 年 12 月 30 日）

2022 年工作回顾

2022 年，我院坚持以习近平新时代中国特色社会主义思想为指导，全面贯彻党的十九大和二十大会议精神，认真落实区市县党委决策部署，在县委的坚强领导、人大的有力监督、上级法院的正确指导和政府、政协及社会各界的大力支持下，紧紧围绕全县工作大局、忠实履行宪法法律赋予的职责，为墨竹长治久安和高质量发展提供了有力的司法保障。

一、坚持党建统领法院工作全局，坚决铸牢政治忠诚

加强基层党组织建设。始终坚持把党的建设作为重点任务与执法办案工作同部署，召开党建、党风廉政建设和审判业务工作同部署会 2 次。认真履行从严管党治院主体责任，全面贯彻《党委（党组）落实全面从严治党主体责任规定》，累计召开党组会议 21 次，统筹推进党务、审务、政务各项工作。坚持党对法院工作的绝对领导，严格执行《中国共产党政法工作条例》及区党委实施细则，向县委、县委政法委请示报告重大事项、重要案件等 22 次。严肃党内政治生活，开展各类主题党日活动 11 次，严格落实“三会一课”制度，规范开展党员大会 2 次、党支部委员会 7 次、支部书记讲党课 2 次。

强化思想政治建设。始终坚持以习近平新时代中国特色社会主义思想为指导，全面贯彻落实习近平法治思想，认真组织开展学习贯彻党的二十大精神和党史学习教育、民族团结进步模范创建、《习近平在厦门》等系列采访实录等内容，以党组会、党组理论中心学习、支部学习例会、人民法院大讲堂、专题研讨会、政治轮训等广泛开展学习，召开廉政警示教育专题会 8 次。强化落实党管意识形态工作责任制，严格执行信息稿件“三审三校”制度，落实“三同步”工作机制，发布各类信息 180 余条，坚决肃清周永康、孙力军等流毒，坚决守住意识形态安全。今年以来，全院干警未出现任何违纪违法问题。

二、围绕县委中心服务大局，忠诚履职担当作为

服务县域维稳安保。全年召开维稳专题会议，邀请县消防大队开展消防安全知识讲解 1 次、消防安全隐患排查 19 次，投入维稳人员力量、车辆参与县域维稳安保。

服务乡村振兴工作。主动延伸司法服务触角到基层，深入开展“四联四包”工作暨“大宣讲大调研大排查大落实”活动，撰写调研报告 3 篇，开展大宣讲活动 10 次，接访群众 40 余人次，为群众解决困难问题 10 件。选派 3 名干警驻宗雪村、章达村担任工作队队员和大学生“村官”，32 名干警结对帮扶 37 户脱贫户，开展惠民政策宣讲 24 次，解决防疫期间群众急难愁盼问题 70 余件，协助村两委调解矛盾纠纷 22 件，协调县乡村振兴局和县发改委等部门落实惠民项目 3 个。

服务疫情防控大局。33 名干部职工分赴门巴乡、阳光村、火车站、县医废组、拉萨临时观察点、县

高速路口、甲玛乡检查站及县域各卡点等地，为群众办实事1000余件，累计投入干部职工1169人次助力疫情防控工作。

狠抓法治宣传工作。紧密结合审判执行、综合治理、维护稳定等工作实际，严格落实“谁执法谁普法”工作任务，围绕民法典、刑法、民族团结进步模范条例、反有组织犯罪法等法律法规开展法治宣传39次，法律咨询60余人次、开展巡回办案2次，现场答疑60余人次，发放宣传资料8500余份，受教育群众达9600余人，实现了我县七乡一镇普法宣传全覆盖。突出宣传重点，对涉黑涉恶犯罪和涉养老诈骗犯罪、交通安全等重点领域突出问题，集中开展法治宣传14次、提供法律咨询30余人次，悬挂宣传横幅6条、印发宣传册300份，发布宣传信息26条，通过走村入户、随案放置排查表、发布线索公告等工作举措，加强源头防范和深挖根治，持续扩大宣传教育和整治人民群众深恶痛绝的突出问题。

三、聚焦执法办案第一要务，努力守好公平正义防线

统筹经济社会发展，优化法治营商环境。依法审理各类民商事案件214件，审结193件，结案率达90.19%。牢固树立以人民为中心的司法理念，依法审理涉劳务、劳动合同纠纷18件，为农民工追索劳动报酬70.26万元。强化民事案件小额诉讼程序适用力度，自11月10日起适用小额诉讼程序审理的案件占新收民事案件的25%，远超10%的比例要求。

聚焦重点领域防范，严惩各类刑事犯罪。共受理刑事案件19件，审结19件，结案率100%，判处罚金16件涉及金额104.6万元，移送强制执行1件。其中审理危险驾驶和交通肇事等易发多发类案件12件，保持惩腐高压态势，审结利用影响力受贿罪1件，邀请12家单位公职人员旁听案件，起到了以身边事教育身边人的警示教育意义。充分发挥青少年维权岗教育宣传作用，选派3名干部担任校外辅导员和法治副校长，运用以案说法和法治讲堂等宣传形式，聚焦校园欺凌等突出问题，常态化开展“法治进校园”活动8次，为预防青少年犯罪打下“预防针”。

坚持温情与强制并用，执行工作取得新进展。共受理执行案件166件，已结145件，结案率达87.35%。秉持司法为民工作理念，对申请人朗某和赤某在人格权纠纷案件执行过程中面临生活急迫困难的实际情况进行司法救助，司法救助金达41.98万元。强化执行工作强制性，严厉打击拒执行为，因违反财产报告制度罚款6人次，罚款金额达1.5万元，司法拘留3人，发布失信被执行人名单38例，限制高消费46人次。同时，努力推进“拒执罪”在执行过程中的实践应用，目前已将1件涉“拒执罪”案件移送公安机关立案。

四、持续深化司法体制改革，助推法院工作高质量发展

统筹推进省以下人财物统管工作。成立统筹推进人财物统管工作领导小组，召开工作领导小组工作会议4次，配合财政部门在第三方公司的协同下开展资产清查工作，现已完成2023年部门预算编报、财政内网专线安装以及财务2.0系统对接等工作，为适应统管后的经费保障体制改革和财政改革做好前期基础准备。

持续深化审判权力运行机制改革。进一步落实法官、合议庭办案责任制，坚持院庭长办案常态化，全年院庭长共办理案件204件，占全院已结案的57.14%，有效促进了整体办案质效和司法公信力的提升。同时以开展“执法司法案件回头看”专项活动为契机，加大“三评查”工作力度，全年开展卷宗评查1次、庭审评查3次、文书评查56次，巡庭20次。召开专业法官会议讨论一起疑难执行案件，充分发挥专业法官会议在辅助办案决策、统一法律适用、强化监督制约作用。

有序完成内设机构改革工作。在县委、县政府的关心支持下，将原有的7个庭室部门整合，设置了立案庭、综合审判庭、执行局、政治部、审判管理办公室5个内设机构，配强配齐内设机构负责人5人，提拔5名副科级干部，完成2名书记员招录。

五、坚持以人民为中心的发展思想，满足群众多元司法需求

持续加强诉源治理，纵深推进基层社会治理。

投入资金 185 万元，强化直孔、日多、工卡镇 3 个中心乡镇人民法庭建设，实现法庭常态化运行。依据地理位置和矛盾纠纷数等多种因素，对法庭功能进行定位，设立 2 个常驻法庭和 1 个流动法庭。法庭法官通过实地走访、开展矛盾纠纷排查、发放便民联系卡等工作，加强法庭与调解组织、乡镇派出所、村委会、乡村干部、驻村工作队等多元解纷力量的合作力度。邀请 3 名调解员和 4 个调解组织入驻法庭，采取线上线下一体推进的方式对特邀调解员开展“一对一”培训。法庭与辖区派出所签订联防联动工作机制，明确工作领导小组职责和具体联络人，努力构建庭所共建工作模式，逐步形成基层矛盾纠纷调解大联动。法庭全年共受理案件 88 件，审结 75 件，结案率 85.23%，采用“诉前调解 + 司法确认”工作方式，积极运用人民法院调解平台线上调解案件 17 件，协调多元解纷力量接访群众 6 次，化解矛盾 17 件。

加快一站式诉讼服务建设，提升司法服务便民度。在院立案大厅设置诉讼自助多功能一体机、自助阅卷一体机、排队叫号机、智能访客一体机，划分综合立案、跨域立案、绿色服务、涉诉信访四个窗口，为群众提供一站式诉讼服务。在立案大厅安排导诉员为群众提供司法服务，引导群众进行诉讼，确定每周三为领导接访日，接访群众 360 余人次，解答群众法律咨询 200 余次。依托智慧法院信息化技术，实现网上立案 44 件，邮寄立案 29 余件、通过“西藏移动微法院”引导当事人远程立案 10 件，律师服务平台立案 10 件。

六、强化司法监督制约，全面提升司法公信力

主动加强代表委员沟通联络。认真落实县第十四届人民代表大会第三次会议上代表委员提出的意见建议，逐项细化分工，加强跟踪督办。邀请人大代表、政协委员旁听案件 1 次 4 人，列席法院一站式诉讼服务建设、司法救助案件听证会等工作会议 6 次 8 人，见证执行 2 次 4 人，向县人大汇报工作 3 次，向县政协汇报工作 1 次，邀请人民陪审员参审案件 6 件 8 人次，参审率达 75%，选派人民陪审员赴林芝参加为期 5 天的专业培训 1 次 1 人。

持续深化司法公开。在中国裁判文书网公开裁判文书 89 份，其中文书 78 件、信息 11 件。利用科技法庭开庭 87 场次、远程开庭 94 次、庭审直播 87 场次、观看次数 23479 次，全面实现电子卷宗随案同步生成和深度应用，让信息化建设成果助推审判质效提升，让公平正义经得起围观。

各位代表，我院工作虽然取得了一定成绩，但是我们清醒认识到，我院工作还存在一些短板，突出表现：一是司法责任制综合配套改革需要进一步落实落细；二是信息化应用水平亟待提高，与审判执行工作融合的深度和广度仍然不够。针对存在的不足，我们将紧紧依靠党的领导和人民群众，采取有力措施，努力加以解决。

2023 年工作思路

2023 年，我院将以全面学习宣传贯彻党的二十大精神为主线，以建设“六型”法院为工作目标，持续推进一站式多元解纷和诉讼服务体系建设、强化新时代人民法庭工作、扎实推进司法体制改革、全面从严管党治院等工作，狠抓审判执行工作，为实现新时代墨竹工作高质量发展贡献法院力量。

强化党的二十大精神学习宣传贯彻。坚持党组班子成员带头学、深入学，党支部组织学，坚持原原本本学、逐字逐句学、全面系统学、融会贯通学，不断提高政治判断力、政治领悟力、政治执行力，坚决把捍卫“两个确立”、做到“两个维护”作为最高政治原则和根本政治规矩，将党的二十大精神融入法院工作的各个方面，切实推动党的二十大作出的各项决策部署在我院得到不折不扣贯彻执行。

持续优化诉讼服务体系建设。以创建“为群众办实事”示范法院活动为抓手，加快推进诉讼服务中心项目建设，全面推进一站式多元解纷和诉讼服务体系建设，积极引入银行、律师、人民调解员等多元解纷新力量入驻诉讼服务中心，不断完善分调裁审工作机制，持续推进民商事案件“分调裁审”改革，强化人民法院调解平台运用和速裁快审团队建设，通过诉非分流、调裁分流、繁简分流等工作举措，着力提升矛盾纠纷化解质效。

全面强化新时代人民法庭工作。坚持以人民

为中心的发展思想，不断完善以“中心法庭为主、巡回审判点”为辅的人民法庭工作模式，加强与乡镇派出所、综治中心、司法所、乡镇调解员、乡镇调解组织的沟通联络，积极开展现场调解、现场开庭、现场执行、司法确认、法治宣传等司法服务工作，探索建立“一庭一品”“一庭一专”特色法庭工作模式，努力打造特色法庭品牌，实现人民法庭工作与基层网格化社会治理精准对接。

落实落细司法体制各项改革。紧扣“努力让人民群众在每一个司法案件中感受到公平正义”目标，持续深化司法体制综合配套改革，全面准确落实司法责任制，统筹抓好以审判为中心的刑事诉讼制度改革和省以下地方法院人财物统管改革等重点任务，不断加强智慧法院建设，严格执行在线诉讼、在线调解、在线运行规则，推动各项改革系统集成、协同高效，加快提升审判质效和司法公信力。

着力锻造过硬法院队伍。要坚持不懈用习近平新时代中国特色社会主义思想凝心铸魂，认真学习新修改的党章，常态化开展党史学习教育，抓紧抓实党的政治建设，将政治建设与业务工作深度融合，坚持以严的总基调强化正风肃纪，严格执行防止干预“司法三个规定”、新时代政法干警“十个严禁”、自治区政法干警行为规范“十个一律”等铁规禁令，纵深推进党风廉政建设和反腐败斗争，加大人才培养力度，坚持严管和厚爱相结合，努力锻造一支党和人民信得过、靠得住、能放心的过硬法院队伍。

各位代表，我院将在县委的坚强领导下，在县人大及其常委会的有力监督下，认真贯彻落实此次大会决议，坚决以党的二十大精神为工作指引，忠实履行宪法法律赋予的职责，踔厉奋发、勇毅前行，为全面建设社会主义现代化新墨竹而不懈奋斗。

墨竹工卡县人民检察院工作报告

——在墨竹工卡县第十四届人民代表大会第四次会议上

墨竹工卡县人民检察院检察长 卢 刚

（2022 年 12 月 29 日）

2022 年工作回顾

2022 年，我院坚持以习近平新时代中国特色社会主义思想为指导，全面贯彻党的二十大精神，认真领会习近平总书记关于西藏工作的重要讲话精神，在县委和上级检察院的坚强领导下，在县人大及其常委会的有力监督下，在县政府、县政协和社会各界的大力支持下，紧紧围绕全县工作大局，忠实履行法律监督职责，检察工作迈上新台阶。

一、坚持政治引领，着力加强党的建设

始终坚持党对检察工作的绝对领导。以政治建设为统揽，结合检察质量建设年和“改进作风、狠抓落实”活动要求，持续推进党史学习教育、政法队伍教育整顿常态化长效化建设，认真落实《中国共产党政法工作条例》，严格执行请示报告制度，主动向县委和上级检察机关报告检察工作重大事项 10 余次，签订各类承诺书 69 份，召开揭批十四世达赖专题会议 2 次，撰写揭批材料 19 份。严格落实意识形态工作责任制，及时学习、专题研究、定期报告意识形态工作 4 次，将意识形态工作纳入干警绩效考核“负面清单”，每半年开展一次干警思想动态分析；建立对外信息宣传审批机制，在“两微一端”上发布信息 200 余条。

深入学习贯彻党的二十大精神。为坚定不移地学习好、宣传好、贯彻好、落实好党的二十大精神，切实把思想和行动统一到党的二十大作出的重大决策部署上来，迅速动员、迅速执行，制定学习宣传落实方案 1 份，通过线上线下、检察云课堂、学习强国、腾讯会议等平台组织与参加学习 20 余次，开展专题研讨 3 次，参加县委党校培训 6 人，理论测试 19 人，撰写心得 30 余篇、发言材料 8 篇。

积极推进党建与业务深度融合。组织干警前往自治区残疾人托养服务中心开展党建基地挂牌仪式暨“学史力行，关爱公益，我为托养人员办实事”主题党日活动 1 次，开启了托养中心运营以来司法助残的先例，对做好托养人员司法保护工作，促进托养人员共享经济社会发展成果奠定了基础。借助“党建 + 检察 + 妇联”的模式，以村级妇女联合会为“情报站”，共同摸排监护缺失线索，办理民事支持起诉案件 2 件，促使监护人依法支付抚养费，实现了涉未成年人民事支持起诉案件破“零”目标。

二、紧紧围绕中心大局，着力推动墨竹高质量发展

倾力投入疫情防控阻击战。面对突发新冠疫情以来，墨竹检察闻令而动、迅速部署，结合各级疫情防控工作会议精神，第一时间召开专题会议，成立专项应对疫情防控工作领导小组，完善疫情防控方案。全院干警主动请战，向组织递交请战书，奔赴一线参加联防联控，凝聚抗疫合力，彰显检察担当。通过网络、“12309”热线等平台，耐心细致地做好人民群众的诉求解答工作 5 件。

积极推进“平安墨竹”建设工作。围绕重要节点、重点领域治理工作，深化维稳措施落实，召开专题维稳工作会议，制定各项应急处突预案及防控方

案，常态化值班备勤，安排干警在墨竹加油站执勤。深化社会治理，加强对养老诈骗、电信诈骗、非法集资、公益诉讼等重点领域的法治宣传，实现了法律进寺庙、进乡村、进学校、进企业、进养老院，共计发放各类宣传资料3200余份，宣传制品350余份，张贴宣传海报20张，利用横幅、电子屏开展法治宣讲活动30余次。

坚决维护国家安全和社会安定。批捕各类刑事犯罪5人，起诉9人；常态化开展扫黑除恶工作，积极排查涉黑涉恶线索，推进四大行业领域整治；严惩危害生产安全犯罪，提前介入非法储存爆炸物案1件1人，提出追捕漏犯及补充侦查建议6条；积极参与反腐败斗争，协同完善监检协同衔接机制，认真抓好各级监察委移送的职务犯罪案件的办理，提前介入贪污罪、受贿罪1件1人，移送审查起诉利用影响力受贿罪1件1人，涉案金额1900余万元；推进网络秩序综合整治，严厉打击跨境电信网络诈骗及上下游“两卡”犯罪，开展专项线索排查3次。

全力服务乡村振兴。积极投入到“下基层大接访办实事”和“四联四包”活动中，共开展走访调研、召开座谈会、政策宣讲等活动20余次，收集意见建议共计12条，办实事4件。按照县委统一部署，我院选派2名检察干警分别在唐加乡卓村、扎西岗加尔多村开展驻村帮扶工作，排查矛盾纠纷20余次。司法救助助力乡村振兴，为防止当事人因案致贫、因案返贫，对被害人占某启动国家司法救助程序，发放司法救助金1万元。

全力营造法治化营商环境。依法平等保护各种所有制企业，坚持依法保障企业权益与促进守法合规经营并重，对涉经营类犯罪，依法能不捕的不捕，能不诉的不诉，对1件1人的诈骗案作出不起诉决定。主动借鉴其他试点地区涉案企业合规改革工作经验，积极探索，扎实有序推进涉案企业合规改革工作落实落地。在上级检察机关的点对点、面对面的指导下，对1起非法占用农用地案启动了第三方监督评估机制，为西藏自治区首例。

三、聚焦法律监督主责主业，着力维护司法公平正义

着力提升刑事检察质效。持续做优刑事检察工作，始终把住案件质量这个根本，对无社会危险性或羁押必要性的决定不批准逮捕6人，不起诉6人。适用认罪认罚从宽制度刑事案件7件，认罪认罚适用率87.5%，落实少捕慎诉慎押刑事司法政策和认罪认罚听取意见同步录音录像制度，不捕率54.5%，不诉率37.5%，确定量刑建议采纳率100%。

紧盯司法不公突出问题。加大对刑事立案、侦查、审判、执行活动监督力度，强化检警协作与监督，开展专项监督工作4次，为复杂、疑难案件侦办明确方向，细化侦查措施。对辖区社区矫正机构开展检察监督，向有关部门制发纠正违法通知书2份，并督促整改。

持续强化民事检察工作。秉持权利监督与权利救济相结合的民事检察思维，全年办理民事执法行为监督案4件，民事审判程序监督案2件，有效推动了民事法律统一正确的实施；民事支持起诉案2件，为农民工讨薪59万元，将矛盾纠纷化解在基层，控制舆情扩大化，为维护社会公平正义守住了最后一道防线。

做实做好行政检察工作。为扎实助推国家治理体系、治理能力现代化，全面贯彻落实习近平法治思想，对标《中共中央关于加强新时代检察机关法律监督工作的意见》，加强对行政违法行为的监督，促进行政机关依法行政、严格执法，共办理行政违法行为监督案6件，制发检察建议1份，督促行政机关完善行政执法程序，保障行政相对人合法权益，有效提升社会治理水平。积极参与行政争议实质性化解工作，切实推动诉源治理，立足行政检察职能，在疫情期间办理1起行政相对人对行政处罚不服的行政争议实质性化解案件，通过释法说理，多方协调最终做到案结事了政和的目标。

深化拓展公益诉讼工作。以公益为定位，以诉前实现保护公益目的达到最佳司法状态的理念为引领，办理生态环境和资源保护领域行政公益诉讼案30件、食品药品安全领域行政公益诉讼案23件、文物和文化遗产领域行政公益诉讼案2件及刑事附带民事公益诉讼案1件，制发检察建议5份，相关行政机关均在法定整改期限内积极履职、有效整改，检察建议达到双赢多赢共赢效果。

四、牢记司法为民宗旨，着力提高人民群众的获得感、幸福感和安全感

强化未成年人全面综合司法保护。常态化开展法治进校园活动，2 名检察官兼任法治副校长、法治辅导员，帮助青少年扣好人生“第一粒扣子”，做到“法治进校园”全覆盖。创新未成年检察工作模式，强化与县妇联、团县委的沟通联系，摸排监护缺失线索，办理民事支持起诉案件 2 件，督促监护人依法履行监护职责。以深化“护蕾行动”为目标，对旅馆接待未成年人“五必须”规定、入职查询制度落实、“有毒”读物线上 + 线下进行排查，为未成年人健康成长撑起司法保护伞，获得市级青少年维权岗荣誉称号。

用情用心处理群众信访。坚持和发展新时代“枫桥经验”，落实“群众信访件件有回复”制度，努力践行“民有所呼，我有所应”。共接受群众来信来访 12 件 13 人，2 件已办结，10 件已转交相关部门，均在 7 日内告知“收到了、谁在办”；3 个月内办理过程或结果答复率达到 100%，做到件件回复不打折扣。

心系人民群众“脚底下”安全。为深入贯彻落实最高检“四号检察建议”，推动有关部门重视窨井盖安全问题，维护人民群众“脚底下”的安全，认真开展安全排查工作 2 次，建议有关部门重视窨井盖安全问题，压实安全责任，形成常态化巡查机制。

五、加强检察队伍建设，着力打造忠诚干净担当的检察铁军

强化自身建设提高服务本领。坚持内部培训与外部培训相结，突出实战、实用、实效，分层分类专项业务、岗位技能培训 90 余人次，分 6 批次 17 人到县委党校参加党员政治教育培训，选派 2 名检察官参加上级检察机关业务竞赛，荣获全市“十佳公诉人”“最佳辩手”“办案标兵”“办案能手”等奖项。加强案件流程管理监督，向办案部门发起期限预警通知 4 次，案件流程监控 4 次，促使检察人员提高办案质效。

坚持“好干部”标准选用干部。院党组以新时期好干部标准为导向把制度执行力和治理能力作为干部选拔任用、考核评价的重要依据，完善检察官及辅助人员的考核机制，强化平时考核，突出政治标准，加强对干部选拔任用工作的监督，实行干部“带病提拔”责任倒查机制。向县委组织部推荐 9 名干部，均已解决职务职级待遇。

六、自觉接受各方监督，着力提升检察公信力

自觉接受外部监督。我院向同级人大及其常委会报告工作 3 次，邀请人大代表、政协委员参加检察机关重要会议、检察开放日、专题讲座、听证会、民主生活会，积极听取代表、委员对检察工作的意见建议，高度重视提出的意见建议，结合“下基层大接访办实事”活动要求，为群众办实事 4 件，并及时反馈结果。

以公开促公正提升司法透明度。以“案件管理中心”为重要窗口，着力解决律师会见难、阅卷难、取证难等问题。2022 年受理 4 次电话咨询，接待律师 11 人，其中律师阅卷 5 次。案件程序性公开 53 件，法律文书公开 39 份。同时，贯彻落实最高人民检察院张军检察长关于公开听证的讲话精神和指示要求，召开公开听证会 3 次，把听证作为开展检察监督的重要方式和有力抓手，接受社会各界的监督，让公平正义看得见，努力实现政治效果、社会效果和法律效果的有机统一。

虽然取得了不少成绩，但我们清醒地认识到，检察工作仍然存在不少突出问题：一是服务大局举措还有待增强，尤其是检察工作在如何服务全县经济高质量发展的实效性上还需提升；二是“四大检察”发展还不够全面充分协调，在能动履职、精准监督上还有差距；三是干警履职能力有待进一步提高，不愿监督、不善监督、不敢监督的问题仍然存在，队伍专业化正规化建设还有很大进步空间。对这些问题，我们将采取有效措施，认真加以解决。

2023 年工作思路

2023 年，我院始终坚持以习近平新时代中国特色社会主义思想为指导，全面贯彻落实党的二十大精神，全面贯彻落实习近平总书记关于西藏工作的重要论述，以高质量发展为主题，以提升法律监督能力为主线，“强化对司法活动的制约监督促进司法公

正”“加强检察机关法律监督工作”“完善公益诉讼制度”，全面开启服务建设美丽幸福墨竹新征程。

一是提高政治站位。把深入学习贯彻习近平总书记关于西藏工作的重要论述作为重要政治任务，始终牢记习近平总书记的殷殷嘱托，深刻认识“两个确立”的决定性意义，增强“四个意识”、坚定“四个自信”、做到“两个维护”。深入贯彻落实各级党委《关于〈中共中央关于加强新时代检察机关法律监督工作的意见〉的具体举措》，确保党的决策部署不折不扣地贯彻落实到各项检察工作中。

二是以服务中心大局。始终把检察工作融入全县大局中谋划和推进，坚持总体国家安全观，坚决维护国家政治安全；坚持在法治轨道上常态化开展扫黑除恶，坚持打早打小，促进常治长效；积极参与市域社会现代化治理，推动平安墨竹建设；加强生态文明司法保护，全力守护“绿水青山”；服务巩固拓展脱贫攻坚成果，全面助力乡村振兴；坚持优化营商环境，依法参与金融风险防范化解；加强知识产权司法保护，推动企业合规管理，不断提高服务保障的针对性和精准度。

三是践行司法为民。始终坚持人民立场，把“国之大者”记于心，把“民之小事”践于行，用心用情办好群众身边小案，努力实现“三个效果”有机统一，坚决杜绝程序了结、机械司法。深化巩固“我为群众办实事”实践活动，紧扣人民群众急难愁盼，依法从严惩治危害食品药品安全、污染环境、电信网络诈骗等直接危害群众切身利益的犯罪，切实解决人民群众的操心事、烦心事、揪心事。坚持和发展新时代“枫桥经验”，持续深化“群众信访件件有回复”制度，重视诉源治理，防患未然、抓源治本，助力国家治理体系和治理能力不断提升。

四是做好法律监督。认真落实党的二十大报告中提出的“加强检察机关法律监督工作”，突出抓好重点业务工作，创造出更多更优的墨竹检察品牌。持续优化刑事检察，认真践行“少捕慎诉慎押”理念；不断强化民事检察，持续加强对生效裁判结果、执行等监督工作；用心做实行政检察，针对性选取重点领域开展专项监督；扎实开展公益诉讼检察，积极在安全生产、保护文化遗产、保护生态环境等领域加大探索力度，推动“四大检察”全面协调充分发展。

五是强化自身建设。推动建立权责明晰、制约有力、运行高效的检察权运行机制。加强年轻干部培养使用，优化队伍结构，夯实检察事业发展根基。坚持推优树人，营造比学赶超的干事创业氛围。持之以恒正风肃纪，努力打造对党忠诚、服务人民、司法公正、纪律严明的检察铁军。

各位代表，墨竹检察工作的发展进步，离不开县委和上级检察院的坚强领导，离不开县人大及其常委会的有力监督，离不开县政府、县政协和各位代表委员的关心支持。同时，检察机关履行法律监督职能过程中，也离不开其他司法机关、行政执法部门的理解、支持、配合与协作。在此，我谨代表县检察院向各位表示衷心的感谢！

2023 年，我们将更加紧密地团结在以习近平同志为核心的党中央周围，坚决落实县委工作部署和本次大会决议，忠诚履职，踏实工作，为全方位推动墨竹经济社会高质量发展贡献检察力量。

墨竹工卡县2022年国民经济和社会发展计划执行情况暨2023年国民经济和社会发展计划的报告

——在墨竹工卡县第十四届人民代表大会第四次会议上

墨竹工卡县发展和改革委员会

（2022年12月27日）

一、2022年国民经济和社会发展计划执行情况

今年以来，面对严峻复杂内外部环境、艰巨繁重的改革发展稳定任务，特别是新冠肺炎疫情的严重冲击，全县上下坚持以习近平新时代中国特色社会主义思想为指导，全面贯彻党的二十大和二十届一中全会精神，深入落实习近平总书记关于西藏工作重要论述精神和新时代党的治藏方略，立足新发展阶段，完整、准确贯彻新发展理念，服务融入新发展格局，锚定“四件大事”“四个确保”，聚焦“四个创建”“四个走在前列，聚力当好“七个排头兵”，统筹疫情防控和经济社会发展，全县经济滚石上山、结构持续优化、民生福祉显著提升、社会大局全面稳定，用艰苦奋斗历程、续写长治久安和高质量发展的新篇章。

（一）经济社会发展稳中加固。经济基本盘得到稳固。地区生产总值增长2.1%，规模以上工业增加值增长59.8%，农牧民人均可支配收入增长7.7%，一般公共预算收入剔除增值税留抵退税因素后完成3.1亿元，全社会固定资产投资实现23亿元，社会消费品零售总额下降10%。政府投资带动有力。落实中央资金、区市县级配套资金16.7亿元，争取地方政府债券资金1.24亿元，123个项目全部实现开复工，带动4166名群众就业增收1107万元。产业基础更加稳固。产业结构比例达7.5∶73.1∶19.4，成功创建国家级农业现代化示范区，全年种植农作物面积11.11万亩，累计完成高标准农田建设10.62万亩，粮食作物产量2.76万吨；牲畜出栏16.38万头（只、匹）。巨龙铜多金属矿15万吨/天采选工程和知不拉铜多金属矿二期改扩建工程获得自治区核准批复，“两龙”销售产值突破百亿大关，年内成功落地招商引资项目23个、到位资金18亿元，规模以上工业总产值实现120亿元。投资138亿元的直孔一期抽水蓄能项目成功纳入国家“十四五”能源发展规划，并有序推进前期工作；积极推进5G智能矿山建设，建成运行137个5G基站，全县接待游客4.4万人次、实现旅游综合收入396.45万元。惠企服务落地见效。全面落实国家和自治区一揽子稳经济政策措施及市级配套举措，全年增值税留抵退税3.02亿元，发放实体类企业贷款累计17.3亿元，落实自治区中小企业发展专项奖补资金350万元，减免国有房租255.61万元，落实企业区内外吸纳就业补贴资金296.28万元。

（二）改革创新工作稳中突破。走深走实重点领域改革。稳步推进国有企业改革，探索国有企业整合发展、资金统一结算监管等新路子，深入推进寺庙财税监管改革，完成乡级农牧综合服务中心及农村产权交易信息平台建设工作。持续优化营商

环境。事项“应尽必进”，提供“一站式”服务，县级政务服务中心和乡镇便民服务大厅共受理行政审批事项和便民服务事项202720件，按时办结率100%，即办件占比71%、网办四级占比80.4%，时限压缩88%、跑动次数减少至0.24次。持续加大市场主体监管力度。全面深化区域协作发展。年内，到位计划内援藏资金8870.19万元，落实计划外援藏资金686.56万元，实施援藏项目12个，继续推进30个“格桑花开·幸福助力”民生微实事。

（三）基础设施建设稳中向好。现代城乡建设取得新成果。启动“三年城市更新及补短板行动”，稳步推进“一街一景”“智慧停车场”“整治线缆”和排污排水管网改造等城区基础设施提升项目，规范运行9座县乡污水处理厂，基本完成雅嫩景区建设项目，高海拔供暖供氧工程，新建改造旅游厕所5个。美丽乡村建设取得新成绩。年内，落实涉农整合资金、援藏资金、财政配套资金4.75亿元，实施7个村214户“美丽乡村·幸福家园”整村推进、13个行政村乡村振兴示范村建设、5处拉萨河及墨竹玛曲河等防洪堤新建及水毁修复工程等一批项目。乡村振兴短板取得新补齐。有序推进30处高海拔饮水改造提升及维修养护工程，完成新建溪桥47座，实施1.88公里农村公路重点隐患路段安全设施精细化提升工程，全县农村公路养护列养率达到100%。新建农牧区公厕11座、新建改造农村卫生厕所1102座，农村卫生厕所普及率达80%以上。

（四）生态环境质量稳中趋优。6个乡镇、29个行政村成功创建为自治区生态文明示范区，高质量完成9个中央环保督察反馈问题整改任务，县域空气质量达到相关限值标准，地表水断面水质稳定在国家Ⅲ类标准以上。加强生态治理修复。推进山水林田湖草沙冰一体化治理体系，完成矿区生态治理修复320.9亩；投入资金1.1亿元，实施退化草原生态修复、沙棘林自然保护区保护与修复、水生态综合修复治理等工程。加大垃圾处置力度。推进二期无害化生活垃圾填埋场、无害化生活垃圾转运站等工程，规划启动建筑垃圾消纳和资源化利用项目前期工作，深入推进河长制、林长制及路长制工作，开展河湖“清四乱”行动清理垃圾85吨，实现6个乡镇生活垃圾分类工作。加强生态环境监管。巩固“三线一单”成果，严把项目环评审批关，提高生态环境准入标准，持续巩固“一保两治三减四提升”成果。

（五）社会保障水平稳步提升。扎实推进就业创业工作。年内开发就业岗位2324个，实现城镇新增就业729人，完成农牧民技能培训2076人，农牧民转移就业10936人、创收1.19亿元，城镇登记失业率控制在4%以内；落实高校毕业生创业资金、一次性求职就业补贴资金676.21万元，通过“12369”就业模式帮助505名应届高校毕业生，实现高质量就业，就业率97.11%。全力健全社会保障体系。全年为7786名困难群众落实各类民生保障资金4729.84万元，落实外来务工人员临时性补助资金34.73万元；投入600万元为全县城乡居民购买医疗互助保险，打造成为“商业医疗保险”的标杆，推动特困集中供养中心标准化建设，挂牌运行7个村农村养老邻里互助服务站。持续完善公共服务能力。投入资金1.95亿元，有序推进县医院门诊医技综合楼、综合住院楼、疾病预防控制中心等项目。全面强化基层治理能力。严格落实国务院安全生产十五条硬措施，启动“三年行动”收尾总结工作，全县非煤矿山安全事故起数和死亡人数实现双下降；投入0.4亿元实施“雪亮工程”、智慧交通、区间测速违法抓拍等信息化建设工程，持续就加强矛盾纠纷排查化解、食品药品监管能力提升、稳控价格等重点工作，全力打造共建共治、共建共享的社会治理格局。

过去一年，从经济社会发展情况来看，全县始终贯彻落实习近平新时代中国特色社会主义思想，坚持稳中求进工作总基调，坚持农业农村优先发展，做大做强工业企业发展，打造新型经济增长极，农牧业总产值、规模以上工业增加值、农村居民人均收入、就业创业等重要指标超目标完成。在新冠肺炎疫情发生、经济持续下行压力增大的情况下，我们能取得这样的成绩，是以习近平同志为核心的党中央举旗定向、谋篇布局的结果，是习近平经济思想指明正确方向、科学指引的结果，是区市县党委、政府坚强领导、高效统筹的结果，是县人大依法监督、县政协民主监督的结果，是南京市大力援助的结果，更是全县各族干部群众团结一心、砥砺前行、真抓实干的结果。

在看到成绩的同时，我们也清醒地看到，我县经济社会发展仍存在一些短板弱项，主要表现在：有效需求收缩，投资和消费的增长潜力还有待进一步挖掘和提升；基本公共服务特别是公共卫生应急保障体系还存在短板；产业提质增效有待提高，营商环境有待进一步优化，招商引资的落地率和项目建设的达效率还不够高，旅游业发展还有巨大提升空间等。对于这些问题，我们一定要高度重视，切实采取有效措施认真加以解决。

二、2023 年经济社会发展主要预期目标、任务和措施

2023 年是全面贯彻落实二十大精神的开局之年，是“十四五”承上启下之年，也是两个百年奋斗目标交汇之年。做好 2023 年工作，我们要以习近平新时代中国特色社会主义思想为指导，全面贯彻党的二十大和二十届一中全会和中央经济工作会议精神，更好统筹疫情防控和经济社会发展，更好统筹发展和安全，全面深化改革开放，大力提振市场信心，把实施扩大内需战略同深化供给侧结构性改革有机结合起来，突出做好稳增长、稳就业、稳物价工作，有效防范化解重大风险，推动经济运行整体好转，实现质的有效提升和量的合理增长，为全面建设社会主义现代化国家开好局起好步。

围绕“十四五”经济社会发展目标任务，2023 年全县经济社会发展的主要预期目标是：全县地区生产总值增长 11% 左右，农村居民人均可支配收入增长 13%，全社会固定资产投资增长 20% 以上，规模以上工业增加值增长 8%，社会消费品零售总额增长 10%，一般公共预算收入平稳增长。围绕主要目标，重点抓好以下六个方面。

（一）积极促投资稳增长，保持经济发展良好劲头。聚焦项目谋划，提升项目储备水平。谋划一批新型城镇化、重点交通水利项目，加快补齐公共安全、卫生教育、生态环保等领域短板，健全接替有序、持续发展的重点项目储备机制。强化项目前期工作经费保障，力争年度 1000 万元以上储备重点项目 30 个以上，储备项目转化为新开工项目达到 30% 以上。聚焦项目引进，提升招大引强水平。以延链补链为主线，以做大做强产业集群，推进华泰龙矿业三期尾矿库及环境恢复治理附属工程、巨龙铜多金属矿 15 万吨 / 天采选工程和二期 20 万吨 / 天改建工程落地工作，并积极引导落实能耗双控政策和智慧化矿山建设，加快产业升级改造力度，推进矿渣再生资源综合利用和绿色新能源项目，延伸末端产业链；全力配合推进直孔一期国家抽水蓄能项目前期工作，着力建设国家清洁能源示范区。聚焦要素配置，提升精细服务水平。持续开展政企银对接，不断拓宽项目融资渠道，完善金融支持体系。依法依规优先保障重点项目的能耗、碳排放、排污权等指标需求。全力推进涉及重大项目征地拆迁工作，做好资金调配和通水、通电、通路、通网等要素保障，打通征拆交地“最后一公里”。聚焦项目推进，提升项目建设水平。继续采取县级领导联系重点项目、联合督导、强化要素供应保障等举措，建立健全项目建设突出问题调度机制，完善 500 万元以上项目“月通报、季点评、半年拉练、年度考核”制度，全面提高项目建设的转化率、开工率、竣工率和达产率。

（二）加快基础设施建设，打造宜居宜业人居环境。以国土空间规划为契机，持续巩固“三线一单”成果，加快落实国土空间规划编制成果，加大土地收储开发力度。启动县城补短板基础设施改造 G318、G349 县城段环境综合整治项目、直孔东路棚户区、工卡村三组二期棚户区提标改造；打通雨花路、南京西路、经三路北段、新竹路四条断头路。建设老城区二期污水处理厂、新区排水管网、排污管网等排水管道提标及雨污分流项目，实施水厂水源地改造及配套管网改造、扎雪乡龙珠岗大桥、扎西岗乡朗杰林大桥工程。投入运行“雪亮工程”、智慧交通工程、区间测速等工程，全方位完善“智慧墨竹”建设，提升城市精细化管理水平。升级城区功能配套设施，推动标准化酒店、农贸市场；完善新能源公共交通及新型配套设施等，规范运营 3 座县城

公共停车场，规划启动 3 座公共停车场。

（三）扎实推进乡村振兴，促进农业农村优先发展。做好乡村规划文章。因地制宜编制剩余 16 个村庄规划工作，深入实施 2 乡 2 村“美丽乡村 · 幸福家园”建设行动，加快补齐农村基础设施、产业发展短板，打造产业振兴、融合发展、美丽宜居新农村。做好深化改革文章。加强社会信用体系建设，落实守信联合激励和失信联合惩罚机制。进一步深化国企改革三年行动工作，不断优化国有经济布局，促进国有企业健康发展。加强政府投资项目审批管理，防范金融风险。继续深化教育、医疗领域“大组团”式援藏工作，扩展“小援藏”优势，开启“大组团 + 小组团”高质量援藏发展新模式。深化农村集体产权制度改革，加强农村闲置资源经营管理，发展壮大新型农村集体经济，规范运营乡级农牧综合服务中心及农村产权交易信息服务中心，促进土地规模流转，增加村集体经济收入。做好环境优化文章。持续推进农村人居环境整治提升行动，因地制宜推动农村厕改、垃圾清运建设，完成 1000 个农村卫生厕所改造任务。实施河湖水系综合治理，加大农业面源污染治理力度，推进畜禽粪污资源化建设项目，提高畜禽粪污资源化利用水平。做好产业发展文章。以国家农村产业融合发展示范区和现代农业产业园创建为契机，立足资源禀赋和园区产业发展基础，推进青稞产业、墨竹小油菜精加工厂房、斯布牦牛扩繁场、斯布牦牛良种繁育场等农牧业发展项目，深入推进乡村生态休闲馆、松赞干布纪念馆、陶瓷展示馆、矿山博物馆、城市规划馆等文化内涵工程。同时，加快建成双创二期基地，依托园区现有标准厂房，强化以园招商、资源招商工作，促进农牧民群众就近就便就业创业。组团式、差异化发展，建设工业商贸强乡、文化旅游名乡，生态宜居民俗村。投入使用塔巴村美丽乡村 · 生态宜居游客服务中心、特色产品展示中心、民俗服务用房。做好人才队伍文章。结合村庄规划编制和美丽乡村 · 幸福家园建设契机，加大乡村农技特岗人员培训计划，储备农技推广后备力量，建立乡、村人才库，采取“政府补贴 + 施工企业 + 农牧民”模式，加大培养当地水电工、泥工、钢筋工、防水工、木工等农村实用型技能人才。

（四）继续做好“六稳”“六保”，增强经济巩固发展基础。牢固树立“过紧日子”思想，全力以赴节流增收。培植优质财源。全力做好华泰龙、巨龙公司稳产增产，推进巨龙铜多金属矿 15 万吨 / 天采选工程采矿权变更工作，做好税费征管，充分挖掘税源潜力，提高矿山生产能力及社会、经济效益。做实土地储备。采取有效措施，提高土地收益价值，清理“僵尸”企业，盘活城区闲置土地资产，充分释放存量建设用地潜力，助推重点建设项目和有效投资落实落地。积极争项争资。大力争取国家、自治区资金支持，确保争项争资同比增长 10% 以上。最大限度发挥好政府投资的撬动作用，积极争取各类债券资金。推进经济普查。精心组织，高质量推进第五次全国经济普查各项任务，为全面建设社会主义现代化国家，提供科学准确的统计信息支持和经济发展打下基础。

（五）加大民生投入力度，提升群众“幸福指数”。人民健康用心守护。着力提升医疗服务能力，加快推进人民医院提标扩能、藏医药能力提升和北部乡镇医疗能力提升项目。持续巩固二甲医院和医共体建设成果，推进分级诊疗，积极开展“优质服务基层行”活动，保障二级等保评估工作及加快推进第三期信息化建设，稳步落实拉萨市试点县医院 DIP 支付改革工作，提升就医满意度。基础教育初心不改。多渠道增加农村普惠性学前教育资源供给，持续改善乡（镇）寄宿制学校办学条件，推动县中学基础教育教学及生活设施工程、中小学运动场改造、供暖等工程。社会保障贴心惠民。开展职业培训 1950 人以上，新增城镇就业 700 人以上，农村劳动力转移就业 11000 人以上，城镇失业率控制在 4% 以内；不断巩固“格桑花开人才 +”计划和“格桑花开就业创业特训营和成长营”成果。实施全民参保计划，实现社保、医保全覆盖，推进电子医保凭证落地，有效降低参保患者个人负担。提升特困集中供养中心基础设施和残疾人康复质量、帮扶就业创业等工作，实现老年人、残疾人各项事业高质量发展。社会大局安心安定。持续开展生活必需品的保价稳供、储备投放工作，确保供应充足、价格稳定。健全完善应急保障体系，继续开展安全生产“打非治违”专项行动，确保全年无重大安全事故发生。推进知识产权创造、运用和保护，创建全区食品安全示范县。推进消防救援站建设工作，提升文物保护及基层防灾减灾救灾能力。抓好市场监管，构筑食品、药品、特种设备和产品质量安全屏障，完善消费维权网络。抓实常态化疫情防控，做好“四防”工作。常态化开展扫黑除恶和禁毒工作，整治交通顽瘴痼疾，加强维稳工作，创建“平安墨竹”。

（六）坚持绿色发展、建设生态文明高地。持续巩固整治整改成效。坚持绿水青山就是金山银山的理念，适时推进“无废城市”建设，加强工业企业从准入到固体废物处置的全流程管控，持续巩固整治整改成效。坚持高位推动第二轮中央生态环境保护督察组反馈问题整改工作，定期开展“回头看”，防止销号问题反弹，确保反馈问题全部整改到位。推进自然生态保护修复。加快生态修复工作，探索建立绿色矿山标准，完善生态环境综合治理体系，扎实推进矿区生态修复、国土绿化及“四旁”植树行动。推进城市水系治理。推动老城区城市防涝及生态水系治理工程、县城段水生态综合治理工程项目，推进水系进城，全面建设城市水系。建立防治城市黑臭水体长效机制，持续推行“林长制、河（湖）长制、路长制”，做好河湖“清四乱”行动，有序实施各乡（镇）有机分布的湿地保护体系，强化水土流失综合治理，确保自然湿地保护率在60%以上。提高生态文明治理能力。在完成乡镇和行政村自治区级生态文明示范区创建工作的基础上，推进国家级生态文明创建工作。推进建筑垃圾消纳和资源化利用建设工作，全面开展农村小微水体整治，促进水环境持续向好。

2023年经济发展工作任务异常艰巨、意义重大。我们要高举习近平新时代中国特色社会主义思想的伟大旗帜，贯彻落实党的二十大精神，准确把握“两个确立”的决定性意义，增强“四个意识”、坚定“四个自信”、做到“两个维护”，围绕“四个创建”“四个走在前列”，以市委“1+7”战略部署和县委“七大行动”争当“七个排头兵”行动部署，围绕“三区两中心”和高质量发展的定位，始终坚持以人民为中心的发展思想，全力做好“七个排头兵”，坚定不移统筹发展和安全、坚定不移保障和改善民生，锲而不舍实施好，用情用心用力办民生工程，努力完成全年目标任务，为长治久安和高质量发展，全面建设社会主义现代化新墨竹而不懈奋斗。

关于墨竹工卡县2022年财政预算执行情况与2023财政收支预算的报告

——在墨竹工卡县第十四届人民代表大会第四次会议上

墨竹工卡县财政局

（2022年12月27日）

一、2022年财政预算执行情况及主要工作

2022年，以习近平新时代中国特色社会主义思想为指导，深入贯彻党的二十大精神，在县委、县政府的坚强领导和县人大及其常委会的监督指导下，锚定“四件大事”“四个确保”，聚焦“四个创建、四个走在前列”，对标对表当好“七个排头兵”，充分发挥财政工作职能，以“量入为出、量力而行”的原则，贯彻落实积极财政政策，加大财政宏观调控力度，有力统筹疫情防控和经济社会发展，有效实施稳住经济一揽子政策措施，凝心聚力、真抓实干，为墨竹长治久安和高质量发展提供了坚实保障。

（一）2022年财政预算执行情况

墨竹工卡县第十四届人民代表大会第三次会议批准的2022年度全县财政总财力247221.79万元，比上年预算增长45.86%，其中，一般公共预算财力241061.9亿元，政府性基金收入6159.53万元（上级安排2597.3万元、本级600万元、上年结转2962.23万元）。国有资本经营预算财力0.364万元。

在年度预算执行过程中，根据财力变化情况，经墨竹工卡县十四届人大常务委员会会议批准，2022年全县财政总财力达到300968.68万元，比上年决算增加58663.28万元，增长26.54%。一般公共预算财力达到286012.6万元，增长22.55%，其中：一般公共预算收入完成31000万元（已剔除留抵退税本级承担15133万元）；一般公共预算支出完成160000万元、上解支出406.11万元、调入预算稳定调解金98778.85万元、结转下年19494.38万元，年内实现收支平衡，略有结余。政府性基金预算财力达到14408.81万元，增长223.14%，其中：政府性基金收入完成7029亿元，增长493.66%；政府性基金预算支出完成4350万元；结转支出10058.81亿元。国有资本经营预算财力达到547.27亿元，其中：国有资本经营预算收入完成546.91万元；调入一般公共预算164.07万元；国有资本经营预算支出完成382.48万元；结转支出0.36万元。

以上财政收支决算执行数待拉萨市财政局审核批复后，将专题向市人大常委会报告。

（二）2022年财政主要工作

1.落实落细稳经济的一揽子政策，助力经济恢复发展。

精准落实税费支持政策。减税与退税并举，加大小微企业增值税留抵退税政策力度，重点支持工矿等行业留抵退税。全县累计退税减税降费3.02万元，其中增值税留抵退税30094.01万元，约占全市增值税留抵退税额的5.84%。

持续强化财力保障。在疫情性减收、经济性减收、政策性减收等叠加因素影响下，财政支出保持较高强度。全县财政总财力在上级的积极支持下，在县委、县政府的坚强领导下，我县财政总财力达

到 300968.68 万元，同比增长 26.54%，其中，一般公共预算财力 286012.6 万元，同比增长 18.67%，总财力大幅提高，切实兜牢“三保”支出和重大项目支出。支出结构进一步优化，持续压减一般性支出，坚持民生支出优先安排，民生支出占一般公共预算支出比例达 70%。按照收付实现制要求，建立县本级预算单位实有账户资金常态化清理工作机制，切实加大盘活财政存量资金力度，累计盘活资金 41296.71 万元，主要用于往年待支付的各类民生项目尾款、质保金、预算无法安排民生项目缺口资金及科目调剂整改。

加快地方政府专项债券发行使用并扩大支持范围。紧盯国家政策导向和资金投向，立足墨竹发展实际，成功申报争取上级一般债券及专项债券 12400 万元，主要用于墨竹工卡县县城排水管网改造建设项目、县人民医院改扩建项目。

全面落实阶段性减免国有房屋租金政策。深入贯彻落实区市党委关于稳经济一揽子政策的决策部署，积极应对疫情带来的不利影响，印发《关于加快落实承租国有房屋租金减免工作有关事项的通知》，持续降低实体经济运营成本。累计减免国有房屋租金 255.61 万元。

2. 全力推进经济发展工作，实现高原经济高质量发展。

加快推进重大项目基础设施投资。着力提高城市品位，稳步提升城市现代化水平。落实资金 40533.37 万元，支持“美丽乡村 · 幸福家园”、墨竹工卡县朗杰林沙棘林自然保护区保护与修复、警务技能训练基地建设及附属设、公安交警智能交通区间测速点位建设项目、“雪亮工程”、美丽乡村示范建设生态宜居整治、林业绿化与建设、中小河流治理、人饮等项目建设，加快推进项目落地，确保产生良好的社会效益、经济效益、生态效益。

全面推进乡村振兴建设。坚持农业农村优先发展，支持巩固拓展脱贫攻坚成果同乡村振兴的有效衔接，投入资金 11500 万元，用于“美丽乡村 · 幸福家园”环境整治项目建设，居民住房条件显著改善。投入“三农”1000 万元，促进“三农”事业高质量发展。统筹整合财政涉农资金 30746.72 万元，支持产业发展、农村基础设施、生态环境保护等 18 个项目建设，总计支出 16893.03 万元、支出率 54.94%，其中中央专项支出 12409.87 万元、支出率 74%，超出上级下达任务 4%。

稳定和扩大企业投资。积极扩大有效投资，增强发展内生动力。全面加强对国有企业监管力度，不断夯实国有企业内控制度，落实国有企业发展资金 770 万元，增强国有企业活力，助推企业健康发展。

3. 坚持人民至上，把以人民为中心的发展思想落到实处

疫情防控保障有力。坚持“急事急办、特事特办、事不隔夜”原则，结合疫情防控实际，积极争取上级资金 500 万元，统筹自有财力 4466 万元，主要用于疫情防控物资、人员补助等支出。开辟疫情防控资金拨付和政府采购“绿色通道”，为墨竹打赢疫情防控攻坚战奠定坚实的基础。

就业形势更加稳定。坚持把稳就业、保民生、促发展作为当前工作的重中之重，不断加大资金投入。落实社招高校毕业生 400 万元、墨竹工卡县“格桑花开”就业创业特训营培训经费 150 万元、就业补助资金 1087 万元。“三支一扶”人员经费 200 万元。

教育优质均衡发展。促进义务教育优质均衡和现代职业教育高质量发展。落实教育投入 44721.65 万元（本级 21% 教育投入资金 11800 元），用于教育“三包”、义务教育阶段学生营养改善、学前教育至高中阶段“十五年”免费教育、教育基础设施、教育事业发展等支出。

文体事业蓬勃发展。高度重视文化传承与保护，坚持规划引领，加强资金保障。落实资金 3614.94 万元，用于文物保护、公共文化服务体系、喜迎党的二十大文化惠民活动等。

卫生健康事业高质量发展。始终坚持以维护人民生命健康为中心，卫生健康支出不断增加。全县医疗卫生保障支出 7807.9 万元，支持医疗服务保障体系建设、重大传染病防控、智慧医疗建设等方面，公共卫生保障能力不断增强，成功争取县人民医院改扩建项目专项债券 10500 万元。

社会保障能力获得新提升。积极融入新发展格局,突出民生为本,落实社保待遇,增强保障能力。落实政策性补助资金 11251.36 万元,用于困难群众生活保障和救助、基本医疗、养老保险补助、草原生态保护补助及村委、村监委、村小组等补助,特别是县本级安排资金 600 万元为广大群众购买城乡居民医疗互助保险,为社会保障事业实现可持续发展,维护人民根本利益,增进民生福祉起到了良好的促进作用。

4. 持续推进国家生态文明建设,加快绿色低碳发展

坚持环保优先意识。落实资金 1537 万元,支持自治区级生态文明县乡村建设创建资金、重点生态功能区经费等领域环境污染和综合治理体系建设。

5. 深化财政体制改革,提高财政管理水平

完善财政管理体制。积极落实基本公共服务、生态环境、教育、交通运输、惠民惠农、应急等领域共同财政事权和支出责任划分改革方案,逐步实现基本公共服务均等化。

深化预算制度管理。加大财政资源统筹,将一般公共预算、政府性基金预算和国有资本经营预算有效衔接,全面实施项目全生命周期管理,推动跨年度预算平衡。深入推进零基预算改革,创新预算管理方式,坚持量入为出、量力而行,集中力量办大事,突出保障重点,切实提高财政资金配置效率和统筹保障能力,严格落实年度预算收支管理制度。加大预决算信息公开的监管力度,压实信息公开主体责任,增强信息公开的及时性、全面性、完整性。

加强预算绩效管理。全面推进预算绩效管理改革,促进财政资源配置优化、财政资金使用合理有效。完善绩效指标评价体系。切实落实 13 项共计资金 12566.88 元项目财评,审减资金 742.84 万元。

加强财政管理。切实把财政管理工作摆在突出位置,确保财政管理程序规范、责任明确、监督有力。严格落实《拉萨市本级行政事业单位公务用车配备使用管理办法》《拉萨市市属国有企业资本金管理办法(试行)》,出台《墨竹工卡县财政各项资金审批制度》,不断提高资金效率和政策效能。

坚决落实政府过紧日子要求。加强预算编制源头管理、强化预算执行刚性约束,加大非急需非刚性支出压减力度,2022 年压减县本级一般性支出 6%,其中,“三公” 经费压减 1%,腾出财力优先用于保障和改善民生。

规范固定资产管理。为有效盘活县属固定资产,避免资产因长期闲置而流失,确保资产发挥最大经济效益。根据地方政府财经秩序专项检查工作要求,财政已聘请第三方对我县 8 家项目单位的固定资产进行全面清理清查;严格落实公务车辆报废处置制度,根据车辆管理规定报废处置 14 辆公务用车;拍卖 2 辆,调剂使用 8 辆,车辆拍卖及报废收回款项价 2.97 万元上缴国库。

强化财经纪律约束。扎实做好财经秩序专项整治工作,结合《拉萨市财经秩序专项整治行动方案》,对标对表做好整改,不断提升财政管理水平。全面清理全县行政事业单位干部职工长期借款不还资金 125 万元、涉及人数 36 人。加大会计信息质量监督检查力度,进一步加强财务管理,严明财经纪律。虽然取得了一定成绩,但仍面临一些困难和问题,面对疫情性减收、经济性减收、政策性减收“三叠加” 等因素影响,财政收入持续下降,财政刚性支出只增不减,财政收支矛盾依然突出;受疫情等多种因素的影响,全县预算执行总体不理想,预算资金闲置在部门的情况较为突出。我们将坚持问题导向,切实加强预算管理,不断规范资金安排的科学性、合理性、做到无效资金不安排、无依据资金不安排。

二、2023 年财政收支预算草案

根据《中华人民共和国预算法》《预算法实施条例》的规定,结合我市实际,编制了 2023 年拉萨市财政预算草案。

(一)预算编制指导思想

坚持以习近平新时代中国特色社会主义思想为指导,全面贯彻落实党的二十大精神、习近平总书记关于西藏工作的重要指示和新时代党的治藏方略,坚持“稳字当头、稳中求进、进中求好” 工作总

基调，把新常态作为谋划部署财政工作的新前提，主动适应新常态，积极引领新常态，聚焦县委、县政府决策部署，加强财力保障，强化零基预算运用，落实财政预算收付实现制，优化财政支出结构，做好“六稳”“六保”，树牢政府“过紧日子”思想，严肃财经纪律，强化预算约束和绩效管理，不断提高预算编制的科学性和精准性。

（二）预算编制基本原则

量入为出，量力而行。强化零基预算运用，坚持能增能减、有保有压的预算分配机制，严控新增支出，既体现实际需求，又兼顾财力可能，合理确定支出预算规模。树牢政府“过紧日子”思想，厉行勤俭节约，严控一般性支出。加强重大政策等财政承受能力评估，做到综合平衡。

科学精准，强化执行。预算编制应与经济社会发展水平相适应，与集中财力办大事相统一，与保障部门正常履职相一致，与本级财力供给相匹配。约束预算行为，加快预算执行。严控预算执行追加，除特殊情况外，一律不予追加。

突出重点，把握实效。积极的财政政策更加积极有为，预算编制重点突出“六稳”“六保”，重点用于保居民就业、保基本民生、保基层运转，切实兜牢民生底线。

数字赋能，强化管理。健全预算编制全过程管理体系。加强项目库管理，预算支出全部以项目形式纳入预算项目库，未纳入项目库的项目一律不得安排预算。严控预算执行调整，尽量避免在预算执行中出现调整调剂情形。

规范透明，提升绩效。加大预算信息公开力度。提升部门绩效自评质量，将开展部门整体支出绩效自评作为预算安排的前置条件，完善事前绩效评估结果运行机制，提升财政资源配置效率和资金使用效益。

严肃纪律，强化责任。压实部门单位预算编制主体责任，坚持先有预算、后有支出，严禁无预算、超预算安排支出。严肃财经纪律，落实巡视巡察、审计和财政监督查出问题与预算安排有效衔接。

（三）2023 年预算安排总体情况

全县总财力预计 286335.12 万元，同比增长 20.38%。其中，一般公共预算收入 277221.19 万元，同比增长 15%；政府性基金收入 9113.21 万元、同比增长 47.95%；国有资本经营预算收入 0.72 万元，同比增长 100%。

1. 一般公共预算收入财力 277221.19 万元，同比增长 15%。其中，本级一般公共预算收入 45000 万元、同比减少 10%；上级转移支付收入 115061.9 万元，与上年持平；直达资金结转 20000 万元；动用预算稳定调节金 97159.29 万元。安排一般公共预算支出 277221.19 万元，实现收支平衡。

2. 政府性基金预算全县政府性基金预算财力 9113.21 万元，同比增长 47.95%，其中上年结转 5163.09 万元、土地出让收入 1000 万元、专项债券对应专项收入 352.82 万元、上级转移支付 2597.3 万元。安排政府性基金预算支出 9113.21 万元，实现收支平衡。

3. 国有资本经营预算全市国有资本经营预算财力 0.72 万元，同比增长 100%。其中，上年结转 0.36 万元、上级转移支付 0.36 万元。安排市本级国有资本经营预算支出 0.76 万元。收支平衡。

以上预算数均为预计数，截至 2022 年 12 月 12 日，拉萨市尚未全部下达 2023 年提前告知数，县级财政将以下达最终数做预算调整，并按法定程序提请市人大常委会审议。

（四）县本级预算安排的重点

1. 持续巩固拓展脱贫攻坚成果，全面推进乡村振兴，不断提高人民生活品质。预计安排涉农整合资金 27620.23 万元，其中，县级配套 3720 万元、中央区市财政衔接推进乡村振兴补助资金 23900.23 万元；高标准农田建设配套资金 1208.9 万元；政策性农业保险资金 1764.92 万元；村级防疫员基本报酬配套资金 48.98 万元；草原生态保护补助奖励 1885 万元；林业绿化资金 1000 万元；净土健康产业发展资金 1000 万元；“厕所革命”整村推进配套资金 360 万元；耕地地力保护补贴 448.17 万元、农机购置补贴 126 万元。

为提高国有企业的社会责任，不断增强国有企业关于助力乡村振兴的能力，确保国有企业保值增值和注册资本金与实际企业资本金相符，根据县委、县政府工作总体部署，安排23600万元作为西藏墨竹工卡大普工贸有限公司增资注册资本金。

2.助力推进教育优先工程，促进教育高质量发展。安排资金25019.22亿元，其中，上级教育事业费资金25019.22万元，本级配套6510万元。

3.支持公共文化服务提升，丰富人民群众精神文化生活。安排村级文艺演出队167万元、文化艺术节200万元、新时代文明实践中心100万元、文物保护资金137万元等，有力支持本县公共文化、文物保护工作。

4.扎实推进健康行动，促进卫生健康服务水平有效提升。安排县乡一体化区域医疗集团保障资金700万元、疫情防控资金500万元、医疗信息化建设经费200万元、城乡居民暨在编僧尼健康体检补助经费466.71万元、乡镇卫生院（村卫生室）能力提升建设及基础设施设备经费200万元、城乡居民医疗互助保险600万元、城乡医疗救助配套资金100万元、农牧民孕产妇住院分娩奖励和孕产妇护送与提前待产项目资金121.61万元、聘用村医补助配套资金303.12万元等。

5.扎实推进住房保障工程，持续改善居民住房条件。预计安排资金10700万元，用于棚户区改造、城镇老旧小区提标改造、新区排水管网、排污管网建设及318国道沿线老城区环境综合整治等一批项目。

6.支持生态环境保护，创建国家生态文明高地。安排重点生态功能区经费730万元、环境质量监测经费60万元、林业绿化建设资金1000万元、生态管护经费267万元等。

7.构建高效能社会治理体系，着力营造团结和谐稳定新氛围。安排维稳及基础设施改善经费350万元、民族团结创建工作经费100万元、爱国守法先进僧尼市、县级表彰经费50万元、政法委维稳经费300万元、政法委市域社会治理现代化建设经费20万元、网格化管理维稳经费100万元等。

8.支持党建工作，夯实基层组织战斗堡垒。安排党建工作经费653.28万元、强基惠民工作经费862.46万元、基层村“两委”补贴资金575.89万元、正常离任村干部生活补贴202万元及乡村振兴专干待遇573万元等。

9.其他方面。安排地方政府债务还本付息资金662.14万元。安排县本级预备费2772万元，占本级财力的比重为1%。合理安排机动经费，用于解决新增、临时、紧急、应急等相关支出。

进一步提高财政保障能力，充分释放财政政策的有效作用，聚焦县中心大局工作，集中财力解决人民群众关心的教育、医疗、生态宜居、城市基础设施等热点、难点问题。结合上级最终下达财力切实加强资金统筹、有效盘活存量资金，科学合理安排各项重点支出。

（五）完成2023年预算任务的主要措施

1.持续涵养财源，提升财政保障能力

充分发挥财政政策资金的杠杆与保障作用，大力促进财政可持续增收和加大存量资金盘活力度。支持项目建设，做强基础财源。优化支出结构，支持产业发展，壮大支柱财源。发展实体经济，培植优质财源。支持招商引资，涵养后续财源。加大挖潜增收力度，强化收入征管，确保财政收入及时足额均衡入库。

2.高质量发展高原经济，推动经济实现质的有效提升

把发展质量摆在更加突出的位置，推动加快构建新发展格局。一方面，兼顾稳增长和防风险需要，加强财政资源统筹，提高财政预算科学精细化，支持建设现代化产业体系，坚持把发展经济的着力点放在实体经济上；聚焦产业短板，强化对乡村振兴产业的支持力度，提高产业配套能力，增强产业链韧性和竞争力；强化财政资金的引导作用，撬动社会资本积极参与战略性新兴产业投资。另一方面，政策执行上更加精准有效，坚持稳中求进工作总基调，落实落细财政政策。既要保证财政支出强度，又要把握好预算支出时效性，切实推动改革发展稳定，增强风险防范化解能力。

3.坚持人民至上，不断增强民生福祉

实施就业优先战略，支持就业技能培训，增加城乡居民收入。保障教育投入，支持办好人民满意的教育。支持公共卫生应急体系建设，更好守护人民健康。支持构建可持续的社会保障体系，不断满

足人民群众多层次多样化需求。支持公共文化服务提升，进一步丰富群众文化生活。强化“外防输入、内防反弹”总策略和“动态清零”总方针，保障疫情防控支出。支持推进平安墨竹建设，全力守护社会安定、人民安宁。聚焦群众急难愁盼问题，支持民生项目建设。

4. 持续深化财政管理体制，提高财政效能

进一步提升预算编制的科学性、精细化，有效加强预算绩效管理。强化增量与存量资源统筹，完善结余资金收回使用机制，存量资金与下年预算安排紧密挂钩。推进部门和单位整体支出绩效自评工作。强化预决算信息公开工作，主动接受社会监督。牢固树立过紧日子思想，严格压减一般性支出。防范化解政府债务风险，确保债务风险可控。坚持“三保”支出优先顺序，切实兜牢兜实“三保”底线。

5. 加强财政监管，规范财经秩序

巩固地方财经秩序专项整治行动成果。加大监督检查和会计培训力度，推动各单位内控体系健全规范，进一步维护财经秩序。建立健全财政支出等日常监督机制，规范收支行为。进一步提升部门预算主体责任意识，强化预算执行力度和资金报销流程管控，确保各项规章制度执行到位。

各位代表，做好2023年财政工作意义重大、任务艰巨。我们将更加紧密团结在以习近平同志为核心的党中央周围，以党的二十大精神为指引，深入践行新发展理念，全面贯彻县委、县政府决策部署，坚决扛起财政人员担当意识，奋力谱写财政改革发展新篇章，用新的伟大奋斗走好新的赶考之路，在推动高原经济高质量发展上展现更大作用。

2022年墨竹工卡县国民经济和社会发展统计公报

2022年，面对严峻复杂的环境，特别是新冠疫情的冲击下，全县上下深入贯彻落实中共二十大精神，统筹疫情防控和经济社会发展，锚定"四件大事""四个确保"，聚焦"四个创建""四个走在前列"，聚力当好"七个排头兵"，全县经济滚石上山，结构持续优化，民生福祉显著提升。

一、综合

区划及面积：全县下辖7个乡1个镇，41个村（居），224个自然村，行政区域面积5500平方公里。

经济增长：全县完成地区生产总值61.61亿元，增速2.1%。其中，第一产业增加值4.22亿元，增长4.9%；第二产业增加值49.54亿元，增长8.1%；第三产业增加值7.85亿元，下降8.2%。

产业结构：三次产业结构由7.5∶73.1∶19.4调整为6.9∶80.4∶12.7，第一产业下降0.6个百分点，第二产业增加7.3个百分点，第三产业下降6.7个百分点。

墨竹工卡县2021—2022年主要经济指标数据情况表

表1

指标	2021年		2022年	
	总量	增速（%）	总量	增速（%）
地区生产总值（亿元）	48.69	6.2	61.61	2.1
其中：第一产业	3.63	-0.9	4.22	4.9
第二产业	35.61	0.7	49.54	8.1
第三产业	9.45	8	7.85	-8.2

二、农牧业

农林牧渔业产值：全县农牧业总产值实现7.52亿元，同比增长16.13%，其中农业3.02亿元、增长13.19%，林业895.28万元，增长33.27%，牧业4.41亿元，增长17.93%。农林牧渔增加值4.33亿元，同比增长14.73%。

农业：建成高标准农田面积10.62公顷。温室大棚353栋。"两品一标"农产品1个。"两品一标"农产品基地面积2.46公顷。农作物播种面积7851.55公顷，其中粮食作物4853.44公顷，油料作物2069.39公顷，蔬菜360.01公顷。粮食总产量2.76万吨，油料0.44万吨，蔬菜0.83万吨。粮经饲比例为62∶31∶7。

林业：全县森林覆盖面积为205172.2公顷，当年植树造林2.96公顷。零星（四旁）植树131935株。草原综合植被覆盖度67.2%。

牧业：全县牲畜总存栏158356头（只、匹）、同比下降6.55%，其中牛、马等大牲畜存栏152090头（匹），猪存栏607头，羊存栏5659只，年末家禽数31650羽。当年肉产量4285.85吨、增长29.48%，其中猪肉25.13吨，牛肉4203.48吨，羊肉7.56吨，禽肉49.68吨。奶产量14930.9吨、增长7.54%。禽蛋产量81.43吨、下降61.52%。

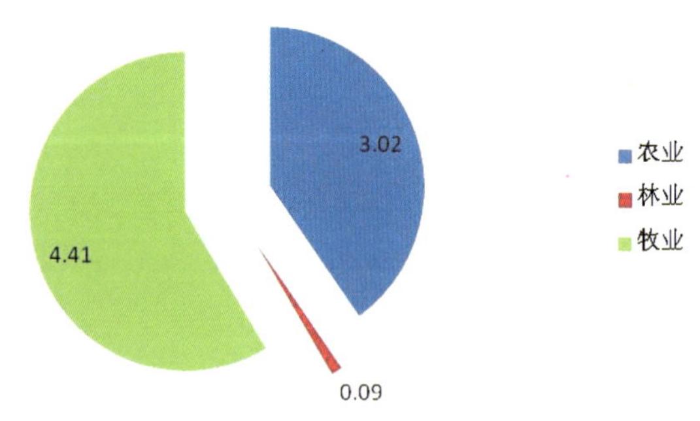

图1 墨竹工卡县2022年农林牧渔构成情况

三、工业

全县规模以上工业企业7家，规上工业总产值125.19亿元、增长83.59%；规上工业销售产值125.19亿元、增长80.66%；规模以上工业增加值增长59.8%。主要工业产品产量330937.32吨，其中金金属含量2.82吨，铅金属含量1642.79吨，石灰石51755.26吨，铁矿石成品矿53130.71吨，铜金属含量200821.13吨，锌金属含量23466.03吨，银金属含量98.58吨。

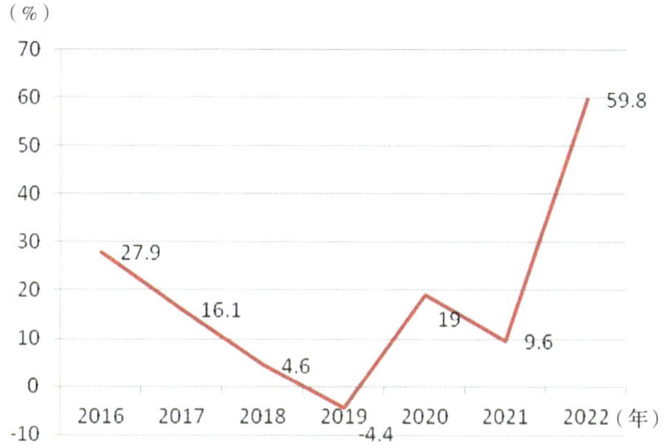

图2 墨竹工卡县2016—2022年工业增加值增长速度

四、固定资产投资及招商引资

固定资产投资：2022年500万元以上项目118个(500—5000万元项目98个，5000万元以上项目20个)，当年竣工15个。固定资产投资增速下降15.8%。根据投资类别来看，民间投资完成下降32.6%，国有投资增长38.68%。

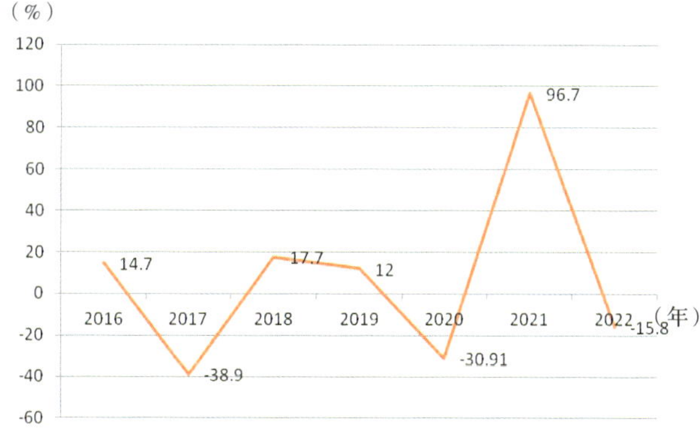

图3 墨竹工卡县2016—2022年全社会固定资产投资增长速度

招商引资：招商引资项目27个，到位资金21.6亿元，同比下降47.25%。

五、人口就业、人民生活、社会保障

人口就业：全县常住人口12355户50100人。全县户籍人口14617户57004人，其中城镇户籍2729户人口4415人。乡村劳动力资源数28504人，其中劳动年龄内23826人。从业人数24197人，其中从事农业11056人，从事工业966人，从事建筑业2050人，从事交通仓储及邮电通信业960人，从事信息、传输、计算机服务和软件业396人，从事批发零售业1497人，从事住宿餐饮业1835人，从事其他行业5437人。

人民生活：农牧民人均可支配收入完成22695元、增长7.7%。其中工资性收入完成8397元、占整个收入的比例为37%，经营性净收入完成8511元、占比37.5%，财产性净收入完成1271元、占比5.6%，转移性净收入完成4516元，占比19.9%。

社会保障：全县城镇低保682人、农村965人，五保户204人，农村传统救济人数313人。社会福利收养单位2个312张床。城乡居民医疗保险参保人数48612人。失业保险参保1319人。

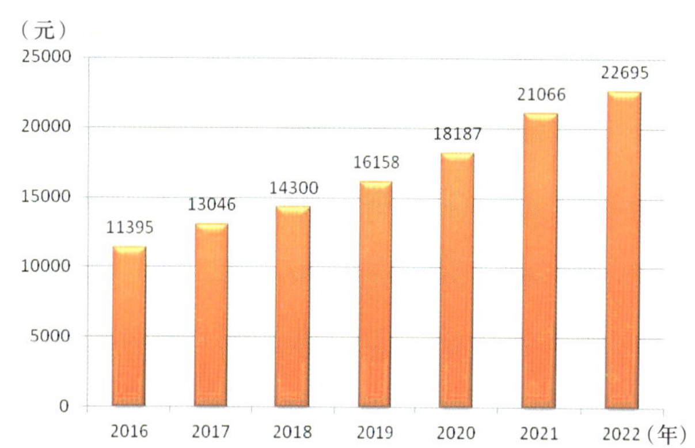

图4 墨竹工卡县2016—2022年农牧民人均可支配收入

六、旅游贸易

旅游：全县接待国内外游客4.38万人次，实现旅游收入396.45万元。

全年社会消费品零售总额：限额以上贸易企业2家、个体户1家。全年社会消费品零售总额完成4.28亿元，同比下降10%。

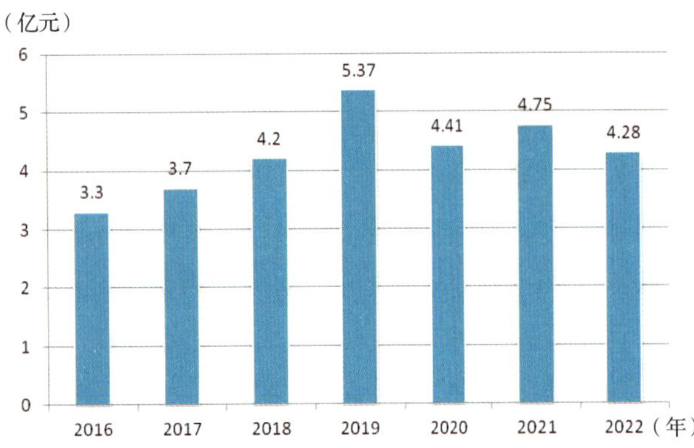

图5 墨竹工卡县2016—2022年社会消费品零售情况

七、财政金融

财政：全县财政总收入 30.74 亿元，同比增长 31.71%。一般公共预算收入 3.16 亿元，同比下降 43.77%。一般公共预算支出 17.64 亿元，同比增长 12.07%，其中农林水 4.59 亿元，医疗卫生 1.36 亿元，教育 3.42 亿元，文化旅游体育与传媒支出 993 万元，社会保障和就业支出 1.67 亿元。

金融：年末全县金融机构人民币存款余额 198250 万元，较年初增长 48.09%。贷款余额 664426 万元，较年初增长 398%。

墨竹工卡县 2020—2022 年财政收支情况表

表 2　　　　单位：亿元

指标	2020 年	2021 年	2022 年
财政总收入	17.06	23.34	30.74
其中，一般公共预算收入	5.85	5.62	3.16
公共财政预算支出	14.84	15.74	17.64

八、教育、文化、卫生

教育：全县学校总数 49 所，其中中学 1 所，小学 8 所，幼儿园 40 所。全县专任教师 666 人，其中中学 163 人，小学 320 人，幼儿园 183 人。教研室 46 人。在校生总数 9973 人，其中中学 2032 人，小学 5335 人，幼儿园 2606 人。小学适龄儿童入学率 100%。学前三年毛入园率 98.12%。义务教育巩固率 99.86%。农村义务教育专任教师本科及以上学历比例为 72.52%。

文化：全县县级以上文明村 25 个。全县县级文化活动中心 1 个，乡镇综合文化站 8 个，“农家书屋” 40 个，“寺庙书屋” 36 个（不包含日追、拉康及无僧尼寺庙）。公共图书馆图书藏量 2 万余册。全县文物点 179 处，其中自治区 22 处、县级 157 处。

卫生：全县共有医疗卫生机构 47 个，其中医院 1 个、乡镇卫生院 8 个、行政村卫生室 33 个、寺庙卫生室 2 个、个体诊所 2 个。疾病预防控制中心（防疫站）1 个，从业人数 17 人。卫生机构床位数 160 张，卫生技术人员数 382 人，其中职业（助理）医师 104 人。

九、交通、邮电、电力

交通：农村公路养护总里程 695.722 公里，其中县道 30.593 公里，乡道 67.281 公里，村道 363.959 公里，专用道路 233.889 公里。41 个村（居）道路通畅率 100%。农村客运班线全覆盖。农村客运人员周转 7817 人次。

邮电：全县电信业务总量 5906.72 万元，同比增长 34.53%。邮政业务总量 35.02 万元，同比下降 82.13%。全县固定电话用户 4233 户，移动电话用户 39025 户，互联网宽带用户 12540 户。

电力：全县年用电量 10734.8 万千瓦时，同比增长 31.8%。其中，工业用电 4895.1 万千瓦时，同比增长 22.4%，农村用电 1932.3 万千瓦时，同比增长 37.8%。

十、气候环境

气候：极端最高气温出现在 7 月、为 27.4℃，全年极端最高低温出现在 2 月、为 -16.3℃，年平均气温为 7.8℃。全年总降水量 473.4 毫米，极端日最大降水量 33.5 毫米。全年日降水量大于等于 5 毫米天数为 29 天。

环境：城市 PM2.5 年平均浓度为 13.6 微克每立方米。

注：

1. 地区生产总值及各产业增加值指标绝对数按现价计算，增长速度按可比价计算。

2. 财政、金融、文化、民政、教育、卫生、社会保障、人口、环境保护、交通邮电等方面的数据均由相关部门提供。

3. 因国家投资统计制度改革，全社会固定资产投资、工业增加值不公布完成量，只公布增速。

索 引

说明

一、本索引采用主题分析法编制。索引范围包括篇目、类目、部(门)目、条目等。
二、本索引按主题词首字汉语拼音音序(同音按音调)排列,若首字拼音相同则按第二字音序排列,以此类推。
三、索引款目后的数字表示内容所在的页码,数字后的拉丁字母(a、b、c)表示栏别(从左至右)。
四、篇目、类目、部(门)目用黑体字。

D

E

F

G

H

J

K

X

Y

Z